Wolfgang George (Hg.)
Laudato Si'

Sachbuch Psychosozial

Wolfgang George (Hg.)

Laudato Si'

Wissenschaftler antworten auf die Enzyklika von Papst Franziskus

Mit Beiträgen von Christoph Bals, Uwe Battenberg, Manfred Becker, Wolfgang Beutin, Andreas Beyer, Harmut Böhme, Martina Eick, Wolfgang George, Armin Grunwald, Ulf Hahne, Thomas Hauf, Hans Peter Klein, Dietmar Kress, Claude-Hélène Mayer, Anja Mertineit, Elmar Nass, Michael Opielka, Fritz Reheis, Peter Rödler, Christine Rösch, Johannes Schmidt, Andreas Suchanek, Georg Toepfer, Martin Visbeck, Yvonne Zwick und einem Geleitwort von Ernst Ulrich von Weizsäcker

Psychosozial-Verlag

Bibliografische Information der Deutschen Nationalbibliothek
Die Deutsche Nationalbibliothek verzeichnet diese Publikation
in der Deutschen Nationalbibliografie; detaillierte bibliografische Daten
sind im Internet über http://dnb.d-nb.de abrufbar.

Originalausgabe
© 2017 Psychosozial-Verlag
Walltorstr. 10, D-35390 Gießen
Fon: 06 41 - 96 99 78 - 18; Fax: 06 41 - 96 99 78 - 19
E-Mail: info@psychosozial-verlag.de
www.psychosozial-verlag.de
Alle Rechte vorbehalten. Kein Teil des Werkes darf in irgendeiner Form
(durch Fotografie, Mikrofilm oder andere Verfahren) ohne schriftliche Genehmigung
des Verlages reproduziert oder unter Verwendung elektronischer Systeme verarbeitet,
vervielfältigt oder verbreitet werden.
Umschlagabbildung: Petersplatz, Vatikanstadt, 2007/Fotografie von David Iliff.
(Lizenz: CC-BY-SA 3.0)
Umschlaggestaltung & Innenlayout nach Entwürfen von Hanspeter Ludwig, Wetzlar
Satz: metiTEC-Software, me-ti GmbH, Berlin
ISBN 978-3-8379-2642-2

Inhalt

Geleitwort 9

Vorwort 11

Einführung in das Werk
krise – kreuz – keim 15
Uwe Battenberg

Einleitung und Übersicht der Beiträge 17
Wolfgang George

Sprache

»Eine gewisse Bergesluft der Gerechtigkeit« 39
Die päpstliche Enzyklika als rhetorisches Kunstwerk
Wolfgang Beutin

Umwelt und Klima

Der Ozean im Wandel 55
Herausforderung für die Zukunft der Menschheit
Martin Visbeck

Anthropogene Stoffströme 69
Christine Rösch

Der Klimawandel und die Tragik des Menschseins 89
Thomas Hauf

Technik, Wissenschaft und Ökonomie

Evolution und Schöpfung 107
Andreas Beyer

**Die Bedeutung der Ordnungen des Handelns und
der Kommunikation** 119
Andreas Suchanek

Ein Lesebericht aus wirtschaftswissenschaftlicher Perspektive 129
Manfred Becker

**Die Verteilungsfrage im Spannungsfeld
zwischen Ökonomie und Ökologie** 149
Johannes Schmidt

Gesellschaft und Konsum

Bewahrung der Schöpfung 163
Wie weit reicht die Verantwortung der Konsumenten?
Armin Grunwald

Soziale Nachhaltigkeit als Wertproblem 175
Michael Opielka

Resonanzen und »ganzheitliche Ökologie« 189
Ein zeitökologischer Blick auf die Enzyklika
Fritz Reheis

Wider die Ökonomisierung aller Lebensbereiche 201
Hans Peter Klein

Kultur, Religion und Psychologie

Die Enzyklika *Laudato Si'* von Papst Franziskus 219
Ökologische Koalitionen und Naturkonzept
Hartmut Böhme

Ökologischer Humanismus 233
Ein neues Paradigma in der Katholischen Soziallehre
Elmar Nass

Päpstliche Verschränkungen 245
Kapitalistische Moderne, Armut und Umweltzerstörung, Mensch
und Nicht-Mensch, Religion und Wissenschaft
Georg Toepfer

**Papst provoziert weltweite Debatte über
Umwelt und Gerechtigkeit** 257
Christoph Bals

Das Wort und das Geschenk der Mitmenschlichkeit 269
Bemerkungen zu Erziehung und Familie
in der Welt der Menschen
Peter Rödler

Salutogene Perspektiven 285
Zur Entstehung und Förderung von Gesundheit
in der Enzyklika
Claude-Hélène Mayer

Transfer

**Nachhaltige regionale Transformation und
räumliche Gerechtigkeit** 299
Ulf Hahne

Lernen, Wissen, Handeln – Globale Lösungen beginnen lokal 313
Dietmar Kress

**Unternehmerische Berichterstattung
mit dem Nachhaltigkeitskodex** 327
Von der gemeinsamen, aber geteilten Verantwortung
für eine nachhaltige Wirtschaftsweise
Yvonne Zwick

Das Haus ist mehr als die Summe seiner Zimmer 339
Chancen und Beitrag eines kollaborativen Ansatzes
Martina Eick

Gutes Essen für Alle 347
Das globalisierte Ernährungssystem gerechter machen
Anja Mertineit

Autorinnen und Autoren 363

Geleitwort

Hunderte Bücher hat es gegeben, die die Zerstörung der Natur, die Überheblichkeit und Selbstsucht des Menschen oder den entfesselten Kapitalismus kritisieren. Viel verändert haben die Bücher nicht. Die ökologischen Zerstörungen gehen rasant weiter, die Selbstsucht wird – in problematischer Berufung auf Adam Smith – als die Antriebskraft des Fortschritts gefeiert, und der Kapitalismus sonnt sich nach dem Ende des Sowjetkommunismus als Sieger in allen vergangenen und zukünftigen Ideologie-Streiten.

Und dann schreibt Papst Franziskus eine neue Enzyklika: *Laudato Si'*. Sie ist eine Art Zusammenfassung der vielen Kritiken an der Naturzerstörung und an den menschlichen Missständen, die diese Zerstörung vorantreiben. Und plötzlich horcht die Welt auf. Dem Heiligen Vater kann niemand unterstellen, er sei Kommunist, er sei weltfern oder ignorant. Seine Stimme hat großes Gewicht, insbesondere bei denen, die für ihr bescheidenes Leben auf eine intakte Natur angewiesen sind und die von der Selbstsucht der Mächtigen gequält sind.

Auch die Spitzen der Wissenschaft reiben sich die Augen und hören die neue Sprache aus dem Vatikan. Der Papst hat offensichtlich die wissenschaftlichen Fakten sorgfältig betrachtet. Er hat rational kombiniert. Aber er verfällt nicht dem Fehler des Reduktionismus, der der analytischen Naturwissenschaft und Philosophie so gefährlich nahe liegt. Er kritisiert einen Wirtschaftsbegriff, dessen Grundprinzip die Gewinnmaximierung ist und der sich von jeder anderen Betrachtungsweise abkapselt. Und er mahnt eine Politik an, die sich nicht unter das Finanzwesen und die Technologie unterwerfen lässt.

Als Wissenschaftler fühlt man sich ertappt und beschämt. Man hat dem Publikationszwang gehorcht, der ja die heutigen Wissenschaftlerkarrieren dominiert.

Und die Zeitschriften, in denen jeder publizieren möchte, atmen ja allermeist den Geist des närrischen Reduktionismus.

Die Enzyklika ist zugleich eine sehr freundliche Einladung zum Dialog gerade mit der so aufgebauten Wissenschaft und erkennt deren wahrheitssuchende Tugenden an.

Der von Wolfgang George zusammengestellte Band enthält bedeutende und kluge Beiträge zu diesem Dialog. Die Autoren verraten eine erfreuliche Offenheit des Geistes und des Herzens zu diesem für das Fortbestehen der Schöpfung und des Menschengeschlechts zentral wichtigen Dialog. Auch der Club of Rome und einzelne seiner Mitglieder beteiligen sich mit innerer Freude an diesem Dialog.

Wohin kann der gemeinsame Weg führen? Der gegenseitige Respekt zwischen einer die weltliche Verantwortung betonenden Religion und einer auf Beweisbarkeit konzentrierten Wissenschaft kann zunehmen. Die offensichtlichen Gefahren eines selbstsüchtigen Materialismus können vorurteilsfrei zur Sprache gebracht werden. Die auf Toleranz und Dialog setzenden Religionen können sich positiv absetzen von denjenigen, die schon den Dialog und erst recht die Aufklärung als Gotteslästerung bekämpfen, womöglich mit Waffen und Terror. In einer humanen, aufgeklärten und toleranten Gesellschaft sollte dies zu einer Gewichtsverschiebung zulasten letzterer Gruppierungen führen.

Ernst Ulrich von Weizsäcker

Vorwort

Handelt es sich in den zentralen Aussagen der Enzyklika *Laudato Si'. Über die Sorge für das gemeinsame Haus* um eine Hiobsbotschaft, also eine Nachricht mit im biblischen Sinn niederschmetternder Wirkung für den Empfänger? Oder schlimmer noch, ist *Laudato Si'* sogar ein Kassandraruf, demzufolge wir nicht nur auf existenzielle Bedrohungen zulaufen, indes der warnende Ruf auf verschlossene Ohren trifft?

Jeder, der das vorliegende Buch aufmerksam liest, wird nicht nur diese der Enzyklika durchaus vorauseilenden Fragen zur Beantwortung bringen. Zugleich ist allerorten auch Lobendes zu *Laudato Si'* zu hören. Sie sei ein Meilenstein in der Geschichte der Enzykliken und möglicherweise für die Zukunft der katholischen Kirche insgesamt.

Ein besonderer Verdienst kommt der zweiten durch Papst Franziskus vorgelegten Enzyklika auch deshalb zu, da der in ihr vollzogene – über die katholische Kirche hinausreichende – Versuch einer globalen und zugleich »universellen Blickführung« sich als zukünftig wertvoll und heuristisch erweisen könnte. Heuristisch insofern, als dass die Zielstellungen, Gegenstände und Formen internationaler Zusammenarbeit neu akzentuierte, auch wissenschaftlich begründete Ausgleichs- und Entwicklungsszenarien zwischen den unverhandelbaren Eckpunkten der Naturverantwortlichkeit (a), der Förderung des Menschen und dessen Lebenswelten (b) sowie der Technik- und Wirtschaftsentwicklung (c) benötigen.

So liest sich die päpstliche Schrift über weite Strecken wie das Bekenntnis und zugleich als Aufruf zugunsten eines für das Überleben im 21. Jahrhundert notwendigen Humanismus, der sich am Gemeinwohl der Menschen und dem nachhaltigen Schutz der Mitwelt orientiert.

Ohne den Ergebnissen der Autoren des vorliegenden Buches vorweggreifen zu wollen, erscheint nur wenig für die Wissenschaft Unerwartetes in der Enzyklika. Dies sollte die betroffenen Disziplinen und Fachexpertisen aber nicht dazu verführen, weiterhin allein nur ihrem eigenen Selbstverständnis, den verwendeten Methoden und den durch diese erreichten Ergebnissen zu vertrauen.

In der nicht hinreichenden Zusammenführung der unterschiedlichen Einzelerkenntnisse und der mit diesem Fehlen eng verbundenen – auch ethischen – Reflexivität liegt die offensichtlich wesentliche Schwäche der gegenwärtigen Wissensgesellschaft und ihres aus diesem begrenzten Paradigma resultierenden reduktiven und damit eingeschränkten Fortschrittprogramms. Diese nicht nur im Zusammenhang der aktuellen Enzyklika formulierte Kritik nehmen mehrere der Buchautoren auf, etwa indem sie die Epoche des Anthropozäns als Langzeitfolge dieses reduzierten Erkenntnishorizontes beschreiben.

Das Timing der Enzyklika-Veröffentlichung im Juni 2015 hätte kaum günstiger gewählt werden können. Ihr positiver Einfluss auf die gelungene Ratifizierung des im anschließenden Herbst verabschiedeten Pariser Klimaabkommens gilt als sicher. Nun wird es im Wesentlichen darauf ankommen, ob die inhaltliche Substanz und vor allem auch die Anregungsqualität von *Laudato Si'* geeignet sind, weitere Wirkungen in Politik, Wissenschaft, Gesellschaft und der Kirche erzielen zu können.

Weitgehende Verifizierung des in der Enzyklika identifizierten, zusehends autonomen bzw. selbstregulierenden Erfolgsprozesses von Technik und Wirtschaft erfährt der Herausgeber dieses Buches durch seine Erfahrungen im Gesundheitswesen. Auch in dessen Konsequenz auf das wissenschaftliche und damit immer auch ethisch zu begründende Handeln der Experten. Auch im Gesundheitswesen führt das – durchaus begründete und notwendige – spezielle und differenzielle Wissen immer häufiger dazu, dass die entstandenen Informationen, die sich ergebenden Handlungsoptionen und die mit diesen verbundenen Leistungen nicht in der hierfür eigentlich notwendigen Weise zugunsten des Patientenwohls und dessen Lebensqualität – und damit immer auch ethisch belastbar – zusammengeführt bzw. konsensuell geprüft werden. Wird diese fachliche und ethische Reflexivität durch ökonomische Zielstellungen ersetzt, sind die Regeln der Gerechtigkeit insgesamt betroffen. Erweitert man diesen Befund um die Tatsache, dass ca. 80 Prozent aller für die Gesunderhaltung von Menschen verwendeten Ressourcen ca. 20 Prozent der Weltbevölkerung für sich beanspruchen, wird klar, vor welchen Gerechtigkeitsproblemen die Weltgesellschaft wirklich steht.

»Eine Wissenschaft, die angeblich Lösungen für die großen Belange anbietet, müsste notwendigerweise alles aufgreifen, was die Erkenntnis in anderen Wissensbereichen hervorgebracht hat, einschließlich der Philosophie und der Sozialethik. Das ist aber eine Leistung, die heutzutage nur schwer erbracht werden kann. Deshalb kann man auch keine wirklichen ethischen Horizonte erkennen, auf die man sich beziehen könnte. Das Leben geht dahin, sich den Umständen zu überlassen, die von der Technik geprägt werden, die ihrerseits als die wesentliche Quelle zur Deutung der Existenz verstanden wird. In der konkreten Wirklichkeit, die uns entgegentritt, werden verschiedene Symptome sichtbar, die den Irrtum aufzeigen – wie zum Beispiel die Umweltverschmutzung, die Angst und der Verlust des Lebens- und Gemeinschaftssinns. So zeigt sich einmal mehr: Die Wirklichkeit steht über der Idee« (110).[1]

Das Buch adressiert sich an unterschiedliche Lesergruppen:
1. an Wissenschaftler, die sich für einen aus ihrer Fachdisziplin begründenden unabhängigen und zugleich werteorientierten Erkenntnisprozess interessieren und die an einer Auseinandersetzung mit den Inhalten der Enzyklika *Laudato Si'* aus ganz unterschiedlicher Perspektive interessiert sind.
2. an Leser, die »Aufklärung«, »Fortschritt«, »Zivilisation« und »Humanismus« auch im 21. Jahrhundert für zu schützende gesellschaftliche und individuelle Zielorientierungen erachten, welche die Enzyklika in diesem Zusammenhang sicher kennenlernen und nach einer Kommentierung des Textes suchen.
3. an Christen, auch solche die aus der Übung gekommen bzw. auf der Suche sind, die die Enzyklika und deren Intention sowie die Einzelstimmen zu dieser wahrgenommen haben und nach einer möglichen Präzisierung – auch für das weitere Vorgehen auf persönlicher, gesellschaftlicher und politischer Ebene – suchen.

Für einzelne Personen scheint die Enzyklika *Laudato Si'* eine Art *Wake-up-Call* gewesen zu sein. Für wie viele, und ob die Aufgewachten nicht wieder rasch einschlafen werden, bleibt offen. Noch, so darf gehofft werden, kann Papst Fran-

---

[1] Auf die Enzyklika *Laudato Si'* wird im vorliegenden Band immer mithilfe der Absatznummerierung verwiesen. Da die Enzyklika auch frei im Internet verfügbar ist, kann jeder Interessierte so schnell die entsprechende Stelle finden – unabhängig von Printausgabe und Online-Version. Die Online-Version der Enzyklika ist unter folgendem Link abrufbar: http://w2.vatican.va/content/dam/francesco/pdf/encyclicals/documents/papa-francesco_20150524_enciclica-laudato-si_ge.pdf (09.11.2016).

ziskus nachlegen. Eine »Weltstimme« der wissenschaftlichen Gemeinde zum Zustand unseres Planten liegt außerhalb deren Selbstverständnis und ist nicht zu erwarten.

Alle Leser und Leserinnen sind zur Diskussion über die Thesen, Argumente und Kommentare der 24 Beiträge der Autoren und Autorinnen bzw. der Enzyklika *Laudato Si'* eingeladen. Dazu ist ein Forum für Ihre Überlegungen und Anregungen unter www.laudato-si.info freigeschaltet.

Wolfgang George

Einführung in das Werk
krise – kreuz – keim

Uwe Battenberg

In der Annäherung an einen Text wie die Enzyklika *Laudato Si'* des Papstes Franziskus liegt für mich als Bildkünstler eine Herausforderung, welche ich mir auf verschiedene Weisen aneigne.

Zum einen die Lektüre, das Verstehen des konkret Geschriebenen. Zum anderen das Abgleichen, das Wiederfinden, das Identifizieren dessen, was ohnehin in mir lebt, am Anderen, in diesem Falle, dem Text. Gelingt dies, so befinde ich mich in einem glücklichen Zustand. Die Bildproduktion scheint wie ein paralleles Prozedere zum schon bestehenden Inhalt.

In dieser Arbeit habe ich zweierlei versucht: Dem Buch, dem wissenschaftlichen Gepräge die Bildwelt beizusteuern, ohne es zu überfrachten oder meinerseits bildhaft zu prägen.

Darüber hinaus, eine Bilderreihe zu schaffen, welche in sich selbst und mit sich selbst ein geschlossenes Ganzes ist, ein visueller Organismus mit einer Öffnung zum Betrachter und einer weiteren zum Text, der Enzyklika des Papstes Franziskus.

Im schönsten Falle wären die Bilder wie ein Okular, durch welches man auf den Text schaut und manche seiner Facetten aus dem zeitlichen Strom des Lesens und Verstehens in ein bildhaftes Wirken, in die Imagination, gar in ein Dauerndes transformiert.

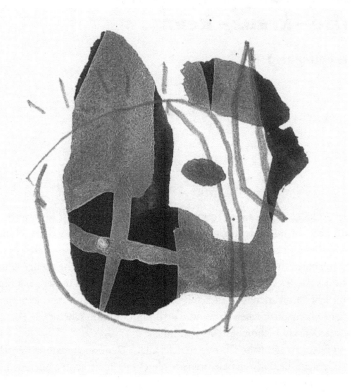

… damit unser Planet das sei, was Er sich erträumte

Einleitung und Übersicht der Beiträge

Wolfgang George

Die Situation sei ausgesprochen besorgniserregend, die Prognose bei einem Immer-weiter-So mehr als nur ungünstig, wenn nicht, und dies am besten mit dem heutigen Tag beginnend, eine harte Zäsur vorgenommen würde: Abkehr von selbstdestruktiven Verhaltensmustern bei gleichzeitiger Infusion heilsamer Interventionen. Bei all dem geht es um nicht weniger als den Erhalt der Menschheit, deren Kultur und lebensermöglichenden Umwelt. So oder doch sehr ähnlich lautet der zentrale Befund der zweiten Enzyklika von Papst Franziskus *Laudato Si'* aus dem Jahr 2015 zum Zustand des »verletzten« Planeten Erde.

Für diejenigen, die bei dieser Botschaft aufhorchen, stellt sich die Frage nach der Art des Wissens, der verwendeten Methoden, der Erfahrungen und wohl auch der Persönlichkeit, über welche der Papst verfügen muss, um solch eine alarmierende Beschreibung der gegenwärtigen Weltlage zu verkünden. Denn es muss dem Papst klar gewesen sein, dass man die Aussagen der Enzyklika *Laudato Si'* auf den Prüfstand nicht nur allgemeiner Vernunft und wissenschaftlicher Belastbarkeit, sondern auch von deren politischen Konsequenzen stellen wird.

Ist allein der Anspruch, eine »Weltdiagnose« zu stellen, bei näherer Prüfung nicht bereits per se vermessen, allemal aber praktisch undurchführbar? Zu zahlreich die zu berücksichtigenden Gegenstände, deren überlagernde Dynamik, Interdependenz und Veränderlichkeit, die in Betracht kommenden analytischen Verfahren und zuletzt immer doch auch die Hürde der Übersetzung, sodass die doch sehr unterschiedlichen Adressatengruppen erreicht werden können. Das Big-Data-Management der Klimaforscher erscheint im Vergleich als relativ einfaches Kalkül.

Offensichtlich trauen sich Papst Franziskus und diejenigen, die mit ihm die Enzyklika verfasst haben, diese diagnostische Herkulesaufgabe zu und mehr noch – und wie dann auch kaum anders zu erwarten – werden die ermittelten Befunde bewertet und in geeignet erscheinende Therapievorschläge überführt. Nun ist es so, dass auch an anderer Stelle versucht wird, sorgfältige und gültige Beschreibungen zum Zustand unseres Planeten, von dessen Bevölkerung, der belebten und unbelebten Natur zu erstellen. Einzelne Forschungseinrichtungen, Fachgesellschaften, Organisationen der Zivilgesellschaft und Persönlichkeiten mühen sich zum Teil seit Jahrzehnten, diesen Zielen beizukommen und die von ihnen erarbeiteten Ergebnisse, wirksam in den gesellschaftlichen bzw. politischen Diskurs einzubringen. Zumeist, dann eben doch, entlang eines fachlich begrenzten und operationalisierbaren Anwendungsbereiches. Wie anders sollte man auch wahrgenommen werden und überhaupt einen Einflussbereich gewinnen? Als ganzheitlicher Lösungsanbieter? Dies bleibt bis heute am ehesten der UNO und für die Menschen in ihren sozialen und lebensnahen Kontexten den Kirchen und Religionsgemeinschaften überlassen. Zumindest ist eine hierfür notwendige interdisziplinäre, maßgeblich wissenschaftlich geprägte Instanz – etwa in Deutschland – nicht wirklich sicht- und hörbar.

Die in *Laudato Si'* formulierte Hauptdiagnose lautet, dass sich unser Planet und damit alles, was auf diesem lebt, in einer bedrohlichen Lage befindet und die Ursachen hierfür maßgeblich menschlichen, das heißt, anthropogenen Ursprungs sind. Was gibt dem Verfasser der Enzyklika die Legitimation für diesen Befund, verfügt man im Vatikan über Spezialkenntnisse, über welche Wissenschaftler, Staaten und deren Institutionen nicht verfügen?

Beim Lesen der Enzyklika wird rasch deutlich, dass diese ein unzweifelhaft komplexes diagnostisch-analytisches Verfahren ausführt, dessen Logik der pfadentwickelnden Verknüpfung erhobener Einzelbefunde, und dabei wie selbstverständlich an unabhängige wissenschaftliche Erkenntnis anschlussnehmend, als Resultat ein eigenes, durchaus als differenzialdiagnostisch zu charakterisierendes Vorgehen entstehen lässt.

Sortiert man bisher veröffentlichte Einlassungen zur Enzyklika, so fällt unter anderem eine überraschend weitgehende Einigkeit dahingehend auf, dass zahlreiche der Verfasser den päpstlichen Ausführungen dahingehend folgen, dass die diversen Problemlagen, vor denen sich die belebte und unbelebte Weltgemeinschaft sieht, nicht als zufällig miteinander koinzidierende Einzelphänomene erfasst, sondern in der Logik eines kausalen Zusammenhangs verstanden werden sollten.

Dabei führt der Papst die verschiedensten, zwischenzeitlich in unterschiedlicher Ausprägung, Wichtigkeit und Dringlichkeit sichtbar gewordenen Symptome, wie etwa klimatische Auslenkungen, Umweltzerstörungen, soziales Elend bei gleichzeitigem maßlosen Konsum, Artenverlust etc. im Äußeren, zusehende Verwahrlosung und Verlust sozialer Werte etc. im Inneren, insbesondere auf ein ursächliches »Syndrom« zurück, das sich auch ohne Einführung einer genetischen Ursache – im Sinne eines bösen Plans (107) – begründen lässt:

Es sind die sich kumulierenden Nebenwirkungen eines zumeist zweckgebundenen reduktiven Programms, dem hiermit einhergehenden Naturverständnis, des Wirtschaftens und Lebensstils. Nebenwirkungen, Rückkoppelungen und Versäumnisse dieses Programms hätten zwischenzeitlich ein Ausmaß erreicht, dass diese den ursprünglich intendierten Nutzen übersteigen würden. Alle haben nur ihr unmittelbares Ziel im Auge (32).

Diese komplexe Krise im Äußeren, aber auch ein weitgehend fehlender Leidensdruck oder gar Mitleid und Trauer über das doch eigentlich für alle Sichtbare im Inneren sind demzufolge Symptome mit unbedingt pathologischem Krankheitswert. Da das Wissenschafts- und das damit verbundene Fortschrittsprogramm in den letzten 200 Jahren maßgeblich durch die westlichen Gesellschaften, deren Staaten, Institute, wirtschaftlichen Gestalter und globalen Imperativ realisiert wurde, ist klar, wo die maßgebliche Verantwortung für dieses – unter dem Strich – selbstdestruktive Paradigma aufläuft. Entsprechend pointiert und trocken fällt die Anklage des Papstes bezüglich des »technokratischen Paradigmas« aus.

Nicht anders als der »gute Arzt« deutet auch Franziskus die problematische Analyse, es gilt die Zukunft zu gewinnen. Trotz der im päpstlichen Text erkennbaren Bemühung, nicht einseitig nur Problemlagen zu identifizieren, sondern auch vorhandene Ressourcen, salutogenetische Prädispositionen und Compliance zu erfassen, bleibt der erhobene Befund schwerwiegend.

Wie schwerwiegend, wird durch die folgende ontologische Konfrontation deutlich:

>»Wir müssen uns bewusst werden, dass unsere eigene Würde auf dem Spiel steht. Wir sind die Ersten, die daran interessiert sind, der Menschheit, die nach uns kommen wird, einen bewohnbaren Planeten zu hinterlassen. Das ist ein Drama für uns selbst, denn dies beleuchtet kritisch den Sinn unseres eigenen Lebensweges auf dieser Erde« (160).

Auch bei sorgfältiger, vielleicht sogar einzigartiger Diagnoseführung werden erfahrungsgemäß Befunde keinesfalls durch dritte Betrachter gleichartig bewertet und so stellt sich die Frage, ob die in der Enzyklika gezogenen Schlüsse und formulierten Empfehlungen »richtig« sind, welche Konsequenzen dies für den erstellten Therapieplan bzw. die verordnete Kur mit sich bringt.

Spätestens jetzt ist es umsichtig, sich einer Zweitmeinung – also in unserem Fall der BuchautorInnen – zu bedienen. Was sagen Zweitexperten zur vollzogenen Analyse, zur Befundbewertung, der sich ergebenden Prognose und dem beschriebenen Vorgehen? Die im Buch versammelten AutorInnen sind nicht die ersten, welche die Enzyklika auf deren Substanz bzw. in oben erkennbar gemachtem Sinn untersuchen. Neu ist indes der Versuch, eine über Einzelmeinungen hinausgehende systematischere Auseinandersetzung und damit Bewertung und Einordung der Enzyklika zu ermöglichen. Um dieses Ziel zu ermöglichen, wurden neben den betroffenen fachlichen Kompetenzträgern auch VertreterInnen aus Organisationen gewonnen, die über substanzielle, häufig weltweit gesammelte Erfahrungen insbesondere zu Kur und Therapie verfügen. Dabei fand die Ansprache und Auswahl der AutorInnen bzw. Organisationen ausschließlich unter dem Kriterium deren fachlicher Expertise – nicht etwa deren Verhältnis zur katholischen Kirche oder zum Vatikan selber – statt. In der Ansprache gab es – aus Begründungslagen, die alle Herausgeber kennen – natürlich auch Absagen und es ist naheliegend, dass auch zusätzliche Begründungen existieren, die zur Bereitschaft der gewonnenen AutorInnen führt, um einen Buchbeitrag zu übernehmen.

Erkenntnisreich und spannend für die LeserInnen ist sicherlich, wie sich die AutorInnen den Argumenten und Inhalten der Enzyklika nähern. Durch die Methode und Erkenntnis ihrer Disziplin und sicher auch durch ihre beruflichen und persönlichen Erfahrungen geprägt, bearbeiten die meisten AutorInnen keinesfalls allein ihr Fachthema, sondern widmen sich der Enzyklika auch insgesamt und kommen dabei zu zum Teil überraschend konsequenten Schlüssen. Das Lesen des Buches wird unzweifelhaft bei den meisten LeserInnen Dissonanz und auch eine Portion Nachdenklichkeit hinterlassen. Bei denjenigen, die sich bisher noch nicht einem Versuch der Zusammenführung von den unsere Zeit prägenden Problem- und Risikolagen ausgesetzt haben und gleichzeitig Enzyklika sowie vorliegendes Buch prüfen, kann durchaus tiefere Besorgnis entstehen. Sollte dies das zufällige Ergebnis oder gar Ziel des vorliegenden Buchs sein?

Es ist kein Zufall, dass das Buch mit einem Kapitel des Germanisten Wolfgang Beutin eröffnet wird, dessen Aufgabe es war, die Enzyklika auf deren sprachlich-rhetorische Form und die damit verbundene Intention des Verfassers zu prüfen. Die von dem Autor gewählte Kapitelbezeichnung: »›Eine gewisse Bergesluft der Gerechtigkeit.‹ Die päpstliche Enzyklika als rhetorisches Kunstwerk« setzt hier die richtigen, und nicht zuletzt auch ermutigenden Akzente. Auch zahlreichen anderen Autoren gelingt es, für ihr Kompetenzfeld, aber regelmäßig auch darüber hinaus, Zielstellungen und Wege aufzuzeigen, die geeignet sein sollten, dass die

Zukunft der natürlichen Mitwelt, der unterschiedlichen Gesellschaften und der kommenden Generationen nicht – wie am Horizont durchaus als Möglichkeit sichtbar – dauerhaft verspielt wird.

Trotzdem es eigentlich naheliegend ist, wird es sicher die meisten Leser wundern, ein durch einen Künstler illustriertes Buch in den Händen zu halten. In der Bemühung, eine breite fachliche Analyse und Reflexion der Inhalte und möglichen Wirkungen von *Laudato Si'* zu erstellen, wurde mit Uwe Battenberg ein kunstschaffender, als Professor lehrender Experte für eine Illustration gewonnen. Seiner künstlerischen Übersetzung zu den Aussagen und Wirkungen der Enzyklika hat er den Namen *krise – kreuz – keim* gegeben. Die sich zu einem Ganzen fügenden Einzelbilder sind durch vom Künstler hierfür ausgewählte Zitate von Franziskus unterlegt. Tiefe Besorgnis und die hiermit verbundene Trauer über das ja eigentlich Offensichtliche sollte als notwendige Voraussetzung gesehen werden, die eigenen Möglichkeiten der Einflussnahme zu erkennen und dann auch Hoffnung gebend praktisch umzusetzen. Die fast vergessene Rolle der Kunst als Werkzeug der Erkenntnis wird durch diesen Beitrag sichtbar.

Das Buch wird eröffnet mit dem Kapitel von Wolfgang Beutin (Germanist und Schriftsteller). In diesem bietet der Autor eine Übersicht und Analyse der sprachlichen und rhetorischen Mittel der Enzyklika. Hierzu wählt er die Formen der Stilkritik, Adressierung und Argumentationsprüfung. In der Präzisierung der Adressierung des Textes ermittelt der Autor zwei Ebenen der Ansprache: eine theologische und eine wissenschaftlich-säkulare. Beutin kommt detailreich und zügig zu dem Schluss, bei der vorliegenden Enzyklika handle es sich um ein rhetorisches Meisterwerk, indem er diese als eine »rühmliche Besonderheit«, »leidenschaftliche Rede«, »ein wahres Sprechen« identifiziert. Begründet wird dies insbesondere durch den Einsatz von Sprachbildern und Allegorien, die eine poetische Grundstimmung der Enzyklika erzeugen, deren stringente Textentwicklung, den hierbei eingesetzten, zum Teil auch leidenschaftlichen und dennoch differenzierenden Denkstil, die konsistente, kombinatorische Logik, um Ziel und Intention des Gesamtwerks verstehen und anwenden zu können. Um die Enzyklika zu verstehen, empfiehlt der Autor, die thematische Entwicklung und Bündelung der diversen Einzelvorgänge aufmerksam zu beobachten. Nachdem die Enzyklika in ihrem Wesenskern von Beutin als deliberative Rede zugeordnet ist, richtet er den Blick abschließend auf die diese charakterisierenden »hilfreichen Ratschläge«: Eingestehen der durch Menschen verursachten Nöte, Entwicklung der kulturellen Voraussetzungen für eine grundlegende Änderung, einen kleineren Gang einzulegen, um auswerten und lenken zu können, wiederzuerkennen, dass die Einzelinteressen und der Besitz dem Gemeinwohl und der

Gerechtigkeit gebeugt werden müssen. Kurzum die Menschen müssten sich als »verantwortliche Verwalter« beweisen.

»Der Ozean im Wandel« lautet das Kapitel von Martin Visbeck (physikalischer Ozeanograf). Eröffnet wird der Beitrag, indem der Autor den Ozean in seiner Wandlungsdynamik erkennbar macht und darauf hinweist, welche Herausforderungen sich daraus für die Zukunft der Menschheit ergeben. In einer Faktenübersicht verdeutlicht Visbeck die überragende und bis heute nicht hinreichend beschriebene Bedeutung des Meeressystems für jegliche Form des Lebens. So leben annähernd drei Milliarden Menschen am Meer und 70 Prozent der Megacitys liegen in unmittelbarer Küstenlage. Die in vielen Hinsichten unfassbare Größe haben die Menschen dazu verleitet, den Ozean zu überbelasten. Gegenwärtig sei ein Stand – auch im marinen System – erreicht, welcher zusehends durch eine Überforderung der Kompensationsfähigkeit irdischer Systeme gekennzeichnet sei. Dazu gehörten nicht nur ein quantitativer Verlust an Meeresbewohnern, sondern eben auch ein Diversitätsverlust, eine Überforderung der Ozeane in deren Absorptionsfähigkeit toxischer und anderer Substanzen, die Störung natürlicher Stoffkreisläufe, der immer wirksamere anthropogene Einfluss auf die klimaprägenden Ozeanzirkulationen und das Meeresströmungssystem. Visbeck sieht die vielseitigen Änderungen und möglichen Belastungen in ihren Wirkungen auch auf die anrainenden gesellschaftlichen, kulturellen und sozialen Systeme. Der Autor beschreibt entlang relevanter Publikationen die Rolle des Ozeans im Klimawandel und nimmt eine zur Enzyklika deckungsgleiche Position in deren Skepsis gegenüber invasiven Interventionen des möglichen *Climate Engineering* ein. Der Autor beschreibt die völkerrechtlichen Stationen zur Sicherung der Ozeane bis zum heutigen *Ocean Governance,* mit der möglichen Zielperspektive eines *Common Heritage of Humankind.* Es sind nach Visbeck insbesondere die von den Vereinigen Nationen formulierten *Sustainable Developement Goals* (SDG) und hier das Entwicklungsziel SDG 14, die in besonderem Maß geeignet sind, die aus diesen Zielen folgenden zukünftigen Wege einer nachhaltigen Sicherung des marinen Systems zu erreichen. Hier sieht der Autor große Übereinstimmungen zu den in der *Laudato Si'* formulierten Ansprüchen. »Wir befinden uns in einem Experiment mit ungewissem Ausgang«, so Visbeck.

Christine Rösch (Agrarbiologin) verfasst das Kapitel »Anthropogene Stoffströme«. Die Autorin verdeutlicht warum anthropogen verursachte Stoffkreisläufe zu einem der zentralen Anliegen des Umwelt- bzw. Mitweltschutzes wurden. In ihrem siebenteiligen Beitrag (Anthropogene Stoffkreisläufe und Wirtschaftswachstum, Nachhaltige Gestaltung von Stoffströmen, Heilsversprechen der Bioökonomie, Lösungen nicht nur in der Technik, sondern auch in der Gangart suchen, Einschätzung der Papstforderungen und nachhaltiges Handeln auf individueller, kommunaler und gesellschaftlicher Ebene) wird deutlich, dass es um mehr als bloße Umweltverschmutzung oder Ressourcenmanagement geht. Wichtige Stichworte bzw. Schlüsselfunktionen bilden die von der Autorin eingeführten Sachverhalte der Obsoleszenz, Nachhaltigkeitsregeln, Brundtlandkommission, Bioökonomie. Die Autorin verdeutlicht die Effizienz-, Konsistenz- und Suffizienzstrategie und beschreibt Schlupflöcher, strategische Lücken und die bekannten Reboundeffekte, die auch aufgrund nicht hinreichender Erfahrungen durch Staaten, Unternehmen und den Menschen (aus-)genutzt werden. Es gelingt der Autorin in der gesamten Breite ihres Expertenwissens, die Argumente und Analysen der Enzyklika zu integrieren bzw. zu teilen. Nochmals spannend wird es, wenn Rösch, das Kapitel abschließend, Strategien und Operationen berichtet, die zu vollziehen sind, um die erkennbar große Transformation auf individueller, lokaler und überregionaler Ebene Erfolg versprechend einzuleiten. Dies kann nicht ohne Auswirkungen auf den geübten Lebensstil bleiben.

Thomas Hauf (Physiker und Meteorologe) verfasst einen Beitrag unter dem Titel »Der Klimawandel und die Tragik des Menschseins«. In einem ersten Teil schafft der Autor Klarheit, führt Unterscheidungen (z. B. die Unterscheidung Umweltzerstörung von Klimawandel) und Begriffsbestimmungen (Treibhauseffekt) ein, um sich dann den Ursachen des Klimawandels bzw. dessen relevanten, multikausalwirksamen Einflussfaktoren zu widmen. Als zentrale Referenz der folgenden Ausführungen greift der Autor auf die aktuellen Ergebnisse des Intergovernmental Panel on Climate Change (IPCC) zurück. Der Autor macht sichtbar, welche Klimafolgen bereits bestehen und warum diese benachteiligte Regionen und Gesellschaften besonders hart betreffen. Als Ursachen des anthropogenen Anteils des Klimawandels beschreibt Hauf die im Menschsein begründeten Elementarrechte auf Fortpflanzung, Verbesserung der Lebenssituation und auf Erforschung der Welt. Er verdeutlicht die sich mit der menschlichen Entwicklung ergebenden unterschiedlichen, häufig bedürfnisbegründeten Dilemmata, deren Auflösungsschwierigkeit mit zum Teil tragischen Konsequenzen. Vermeidung oder Anpassung werden als zentrale Lösungswege vorgestellt, gewichtet und bewertet, eine gelungene Friedenspolitik als Voraussetzung gelungener Klimapolitik ebenso wie ein notwendiger Bewusstseinswandel identifiziert.

Andreas Beyer (Biologe) befasst sich in seinem Kapitel »Evolution und Schöpfung« mit den Spannungen des Begriffspaares. Der Autor eröffnet seinen Beitrag, indem er die aktuelle – mehr oder weniger offen ausgetragene – Polarisation zwischen einem neuen Atheismus, etwa durch die »Brights« vorgetragen, und den fundamentalistisch agierenden, kreationistischen Evangelikalen in der jüngeren Entwicklung aufzeigt. In einem kleinen Ausflug erinnert Beyer an das Selbstverständnis der empirischen Wissenschaft, an ihre Methode und daran, warum ihr Paradigma zu erfolgreich ist. Gerade ihren Objektivitätsanspruch muss diese immer wieder auf ein Neues aufgrund deren »intersubjektiver Nachvollziehbarkeit« bestätigen. Anschließend widmet sich Beyer den Grenzen der Naturwissenschaft und führt hierfür den Sein-Sollen-Fehlschluss von David Hume ein. Für das »Sollen«, und hierbei insbesondere das »Deuten des Lebens«, sind insbesondere die Geisteswissenschaftler, Religion und Ethik zuständig. Nach all dieser Vorarbeit wendet sich der Autor der Enzyklika und deren Intentionen zu. Der Autor entfaltet abschließend als mögliche Konsequenz die Fortführung bzw. Wiederaufnahme eines zusammenführenden »Humanismus«. Eines Humanismus, den er auch durch den Geist der Enzyklika getragen sieht. Beyer beschreibt, dass es nicht mangelnde Kenntnis oder fehlendes Wissen ist, das die globalen Problemlagen kennzeichnet, sondern das fehlende »Wollen«, die erkannten Gefährdungslagen entschieden zu korrigieren. Der Autor mahnt Versäumnisse der katholischen Kirche und des Papstes an.

Das Kapitel von Andreas Suchanek (Volkswirt) »Die Bedeutung der Ordnungen des Handelns und der Kommunikation« analysiert die Enzyklika maßgeblich unter dessen Verständnis, dass menschliches Handeln wie auch dessen Organisation durch regelhafte soziale Interaktion begründet ist. Dies betreffe das persönliche Konsumverhalten gleichermaßen wie auch mögliche gesellschaftliche Beiträge der Beeinflussung des Klimawandels. Es ist die Ermittlung der »Wirklichkeit der menschlichen Natur«, die den Autor nach Antworten in der Enzyklika suchen lässt. Dabei wird die Dialektik von Werten, Ethos und Zielen der Faktizität der empirischen Wirklichkeit der Menschen gegenübergestellt und auch der Einschätzung, dass die beobachtbare globalisierte Gleichgültigkeit auch als Resultat menschlicher Begrenzung zu verstehen ist. Das Eigeninteresse begrenzt die Empathiefähigkeit des Menschen. Hier kommen die Ordnungen, deren unterschiedliche Arten, Ziele, Gegenstände, deren Verlässlichkeit und vor allem auch Wirksamkeit ins Spiel. Rechte und Pflichten werden in unterschiedlichsten Kontexten klar. Suchanek richtet im Folgenden seine Aufmerksamkeit auf das wirtschaftliche und hier insbesondere das Marktgeschehen und darauf, wie dieses derart zu organisieren ist, dass für alle Beteiligten auch in der gegenwärtigen Zeit mit ihren komplexen Anforderungen berechtigte Erwartungen und Verlässlichkeit entstehen. Zuletzt erweitert der Autor seine Überlegungen um den Freiheitsbegriff. Freiheit wird dabei als Möglichkeit für einen konsumorientierten, zeitvergessenen Lebensentwurf, aber eben auch als Chance eines ressourcenorientierten, zeitreflexiven Stils erkennbar, als dessen Ergebnis ein nachhaltiges, weil verantwortliches Handeln entsteht. Vorleistungen, die ihrerseits die Grundlage der zwischen Menschen notwendigen Vertrauenskultur bilden.

In dem Kapitel von Manfred Becker (Betriebswirtschaftslehre) »Ein Leseberichtaus wirtschaftswissenschaftlicher Perspektive« unternimmt der Autor, wie angekündigt, eine grundsätzliche Analyse der Enzyklika aus der Sicht eines Ökonomen. Bereits in seinem Prolog lässt der Autor keinen Zweifel daran, dass er zahlreichen Aspekten der Enzyklika skeptisch gegenübersteht. Die auf allen Seiten erhobenen Forderungen seien eher Inhibitoren als Förderer der von Becker geteilten Zielgröße, um zu einem stärkeren Ausgleich von Natur und Mensch beizutragen. Auch die präskriptive und vor allem normative Beschreibung, die in der Enzyklika gewählt würde, sei aus seiner Sicht wenig geeignet, um die nächsten erforderlichen, wissenschaftlich begründeten Schritte herzuleiten. Auch könnte diese weder den Menschen noch der Politik Vorschriften erteilen und sie sei der Ergebnisoffenheit verpflichtet. Der Abfolge der Kapitel der Enzyklika folgend, nimmt der Autor im Folgenden die Thesen und Empfehlungen des Enzyklikatextes auf und ergänzt diese um Einschätzungen, die sich aus seiner maßgeblich ökonomisch begründeten Perspektive ergeben. Er verteidigt das durch Unternehmen Erreichte und zeigt sich immer wieder überrascht über Diktion und päpstliche Konsequenz. Er teilt Einschätzungen – etwa zum Ausmaß erreichter ökologischer Belastungen –, kommt aber zu akzentuiert anderen Empfehlungen als die im Lehrschreiben formulierten. Er sieht die Enzyklika primär gesinnungsethisch motiviert und kann konkrete Schlussfolgerungen nicht erkennen bzw. findet keinen Anschluss für diese. Aus einem umweltbezogenen Paradigma gar ein mitweltbezogenes einzuleiten, wie es Franziskus formuliert, hält der Autor für absurd und für nicht hinreichend durchdacht. Der Autor lässt keinen Zweifel daran, dass er weder die Menschen noch die Nationen in der Lage sieht, und vor allem auch in der fehlenden intrinsischen Bereitschaft, dem angemahnten Forderungs- bzw. Tatenkatalog nachzukommen. Aber auch für den innerkirchlichen Dialog bzw. deren Botschaft an die Menschen führt Becker zahlreiche kritische Überlegungen aus: »Die Kirche büßt ihre Funktion als kritische Instanz ein, wenn sie die Zufälligkeiten des Gegebenen zur Maxime von Glaube und Welt macht.«

Das Kapitel »Die Verteilungsfrage im Spannungsfeld zwischen Ökonomie und Ökologie« von Johannes Schmidt (Volkswirt) begreift die in der Enzyklika erarbeiteten »Möglichkeiten der nachhaltigen Entwicklung« als zentrale zu beantwortende Herausforderung und löst diese mit der Beantwortung der Verteilungsfrage auf. Hierzu führt er in die historische Entwicklung (Forstwirtschaft), in gegenwärtiges Verständnis (3-Säulen-Konzept), Ziele, Praxis und Konflikte des

Nachhaltigkeitskonzeptes ein, wie sich diese aus den drei Säulen Ökologie, Ökonomie und Soziales und deren Bedeutung und Verhältnis zueinander ergeben. Es werden Argumente und Erwägungen geführt, die aufzeigen, dass Umweltpolitik keinesfalls per se soziale bzw. ökonomische Ziele gefährden muss bzw. dass es die Konjunktionen »und« bzw. »sowohl als auch« sind, die hergestellt werden müssen. Entstehende Konflikt- und Widerspruchslagen entstünden auf Mikronicht auf gesamtwirtschaftlicher Ebene. Der Autor stimmt mit den Forderungen des Papstes bezüglich der ökonomischen Verteilungsgerechtigkeit überein, die sich auch aus volkswirtschaftlicher Kenntnis begründen lässt, erteilt dem »Degrowth«-Ansatz, den er auch in der Enzyklika findet, eine Absage und führt hierfür seine Argumente – insbesondere die der Freiheit – ein. Die gerechte Verteilung von Vermögen und Einkommen als auch der Gemeinschaftsgüter müssen politisch organisiert werden.

Das Kapitel »Bewahrung der Schöpfung. Wie weit reicht die Verantwortung der Konsumenten« von Armin Grunwald (Physiker und Philosoph) fokussiert über die Rolle des aufgeklärten Konsumenten hinaus auf die des politisch engagierten Bürgers. Dieser nutzt die Möglichkeiten seiner Einflussnahme dahingehend, die existierenden strukturellen Rahmenbedingungen (gesellschaftliche, politische, gesetzliche, wirtschaftliche etc.) derart zu entwickeln, dass die Praxis des individuellen und globalen Handelns gelingen kann. Facettenreich und der Logik der Vertreter eines nachhaltig-individuellen Konsums folgend, eröffnet Grunwald die Option der Verhaltensänderung als Notwendigkeit, der letztlich zerstörerischen Spirale der Konsumgesellschaft zu entkommen, und eröffnet gleichsam die Frage, ob auf diese Weise die gebotene Transformation tatsächlich gelingen kann. Der Autor bezweifelt die Wirksamkeit dieser als simplifizierend charakterisierten Vorstellung, die er aktuell – häufig dominierend und einer langen Tradition folgend – als Leitszenario wahrnimmt, indes so nicht in der Analyse der Enzyklika. Grunwald teilt und ergänzt die Einschätzungen des Papstes, dass es das technologische Paradigma – etwa die Energie-, Bio- oder Informationstechnologie – ist, welches eine weltumspannende Dominanz erhalten habe, die diejenigen Akteure, welche über diese verfügten, in eine potenziell problematische Machtstellung gebracht hätten. Entfremdung und zunehmender Kontrollverlust der Selbstbestimmung auf individueller als auch gesellschaftlicher Ebene wären sichtbare Folgen hierfür. Im Textverlauf wird die Rolle und Verantwortung des Einzelnen und mehr noch die der Politik und der von dieser geprägten Rahmenbedingungen und Handlungsmöglichkeiten auf das Konsumverhalten herausgearbeitet. Einer individuellen, gar mit moralisierend erhobenem Zeigefinder durchgeführten Verantwortungszuweisung wird eine deutliche Absage erteilt.

Michael Opielkas (Pädagoge) Kapitel lautet »Soziale Nachhaltigkeit als Wertproblem«. Nach einer Einleitung und Verortung zur Enzyklika und seinen Kapitelintentionen gliedert der Autor seine Einlassungen in Ausführungen zur Politik und zur Wissenschaft der Sozialen Nachhaltigkeit. Nachdem ein zusehends religiös affines Verhältnis Goethes in Abhängigkeit von dessen Lebensalter zum Ausgangspunkt eines genuinen Nachhaltigkeitsprogramms der Weimarer Klassik gemacht wird, setzt der Autor einen bedeutsamen Pflock, indem er eine konzeptionell zu berücksichtigende wertebegründete, »denkenden Menschen zugängliche Spiritualisierung« sozialer Nachhaltigkeit als zu erfüllende Notwendigkeit erkennbar macht. Die politische Wirkung der Enzyklika beschreibt der Autor pointiert entlang der Lerngeschichte Naomi Kleins, ergänzt diese um eigene Erfahrungen aus der Umweltbewegung und zeitaktuelle Autoren wie Mason, Wissen, Paech, Schellnhuber und andere. Der Autor führt die unterschiedlichen Ansätze (Postwachstums- vs. postkapitalistische Gesellschaften) fort, indem er die große Ähnlichkeit der Enzyklika mit der 2015 durch die UN verabschiedeten *Agenda 2030*, deren *Sustainable Development Goals* und mit diesen verbundenen Programmen herausstellt. Den durch die Enzyklika ausgelösten Diskurs sieht Opielka auf drei Ebenen: als Beitrag zur politischen Diskussion (s. o.), als Beitrag zum weitgehend innerhalb der Wissenschaft verstummten Diskurs einer ganzheitlichen Ökologie und letztlich zur Ethik und Religion. In der Verknüpfung der sozialen Dimensionen von Armut, Ungleichheit und Gerechtigkeit mit der öko logischen Dimension der menschlichen und gesellschaftlichen Naturbeziehung sieht der Autor ein erhebliches Beeinflussungspotenzial der Enzyklika – und dies nicht nur als *Wake-up-Call*. Goethe jedenfalls, so Opielka, hätte die Enzyklika gefallen.

»Resonanzen und ›ganzheitliche Ökologie‹. Ein zeitökologischer Blick auf die Enzyklika« lautet der Beitrag von Fritz Reheis (Erziehungswissenschaftler). Der Autor teilt, durch ergänzende Argumente unterstrichen, die »Sorge um das gemeinsame Haus« und bringt hierfür Ergebnisse zur zeitlichen Dimension, genauer deren zeitökologischer Qualität, indem er Schnittstellen zum eigenen Forschungsbereich herstellt. Es ist die zyklische, rhythmische Frequenz von Prozessen, lineare Zeitlichkeit und das soziologische Verständnis von Resonanz und Eigenzeit (Zeit die zur Wiederherstellung eines Systems benötigt wird), die eingeführt werden. So begründet, stellen sich drei relevante Dimensionen dar, auf welche sich Eigenzeitlichkeit beziehen lässt: die personale Innenwelt (1), die soziale Mitwelt (2) und die naturale Umwelt (3). Der Autor begründet die unterschiedlichen Gefährdungslagen und deren Folgen, die aus zeitökologischer Kenntnis bei dauerhafter Missachtung bestehen. Unter diesem Wissen beschreibt

Reheis einführend Funktion und Auswirkung des Geldes bzw. der virtuellen, technologisch ermöglichten Finanz- und Kapitalströme und setzt diese als Kontrapunkt ökologischer bzw. evolutionärer Zeitrhythmen: Geld wächst in den Himmel, Bäume nicht. Geld und Kapital werden als Zeitspeicher erkennbar. Zugleich ist es die menschliche Reflexivität über Erkenntnis- und Handlungssteuerung – also eben auch hier eine insbesondere kognitive Eigenzeit –, welche die Tür zu möglichen Lösungen öffnet. Ob die notwendige Synchronisation hinreicht, um Reflexivität, Reziprozität, Regenerativität und Werte von Gesellschaften und Menschen zu erhalten, lässt der Autor offen.

Der Lehrer und Biologe Hans Peter Klein verdeutlicht in seinem Beitrag »Wider die Ökonomisierung aller Lebensbereiche« die zerstörerische Kraft des neoliberalen Wirtschaftsmodells, die sich insbesondere dann zeigt, wenn letzteres Handlungsbereiche der allgemeinen – bislang öffentlichen – Daseinsvorsorge wie etwa dem Gesundheitswesen, der Pflege oder der Bildung für sich vereinnahme. So habe die im Krankenhauswesen eingeführte Bezahlungslogik zu einer nie gekannten Mengenausweitung geführt, die keiner seriösen Bedarfsprüfung standhalte. Sowohl die Kostenträger als auch die ambulanten Leistungsanbieter würden dem ökonomischen Druck und dessen Zweckbündnissen folgen und fänden gegenwärtig in einer zur minutiösen Rechenschaft verpflichteten Pflegeversorgung ihren Höhepunkt. Der Autor berichtet von einer durch die ungebrochene Ausweitung familiärer Erwerbstätigkeit verursachte Zerschlagung der Familienstrukturen zugunsten des allgegenwärtigen ökonomischen Imperativs. Für Klein ist es ursächlich die unreflektierte Zahlen- und Messbarkeitsgläubigkeit (»Vermessungswahn«), die als Einfalltor der beschriebenen Fehlentwicklungen dringend zu korrigieren wäre. Ein als strategisches Kalkül inszenierter »Vermessungswahn« signalisiere – indes nur scheinbar – objektive Richtigkeit, um den Mythos einer kalkulatorischen Beherrschbarkeit der Welt aufrechtzuerhalten. Als weiteres Beispiel führt Klein die PISA-Studien und die mit diesen verbundenen jüngeren Entwicklungen des deutschen Bildungswesens an. Dabei lässt der Autor keinen Zweifel, dass er diese für vollständig fehlgeleitet und in ihren Auswirkungen für schädlich hält. Kein Schüler habe von diesen profitiert. In seiner Conclusio verdichtet der Autor seine ohnehin pointierte Argumentation. Allein an dem ungebremsten Weltbevölkerungswachstum trage das neoliberale Wirtschaftsmodell keine Schuld.

In dem Kapitel »Die Enzyklika *Laudato Si'* von Papst Franziskus. Ökologische Koalitionen und Naturkonzept« von Hartmut Böhme (Kultur- und Sprachwissenschaftler) stellt dieser die Enzyklika in einen weiteren kirchlichen und kulturwissenschaftlichen Kontext. Er hebt dabei deren Verbindungsfunktion von konservativ-kirchlichen und befreiungstheologischen Positionen hervor, welche für den universalistischen Anspruch von *Laudato Si'* notwendig wären. Allein dieses »planetarische Konzept« sieht der Autor nur schwer erfüllbar, denn an dem Wissen anderer Weltreligionen, Sozialbewegungen oder auch NGOs würde nicht hinreichend Anschluss genommen, die für das Projekt notwendige, erweiternde Pluralität und Integration vieler werde so bereits aufgrund eingeschränkter Referenz der Enzyklika versäumt. Der Autor identifiziert Galilei als wichtigen und in seinem Naturverhältnis richtungsweisenden Wissenschaftler für den historischen Übergang zum technisch-konstruktiven Projekt. In seinen folgenden Ausführungen verdichtet der Autor seine Einschätzung, dass das in der Enzyklika entfaltete Wissen um die Ursachen der ökologischen als auch der sozialen Missstände auch dem wissenschaftlichen Erkenntnisprozess mit entstammt, welcher zugleich maßgeblich für deren Überwindung ist. So sieht der Autor die Religion nicht als konstitutiven Rahmengeber, welcher vonnöten wäre, die Zerstörung des Globus zu verhindern, bestenfalls als einen Bündnispartner.

Elmar Nass (Priester, Theologe und Sozialwissenschaftler) formuliert in seinem Kapitel »Ökologischer Humanismus. Ein neues Paradigma in der Katholischen Soziallehre« bereits in dessen Eröffnung, dass sich *Laudato Si'* insofern von anderen Enzykliken qualitativ unterscheide, indem sie das Paradigma einer (ganzheitlichen) Humanökologie als handlungsleitend begründet. Deren Krise (Kultur menschlicher Selbstzerstörung) der Autor entlang des Ethikdiskurses, der zunehmend durch eine ökonomische Wertbestimmung des Menschen interpunktiert sei, beschreibt. Die Nützlichkeitsermittlung der Ökonomik bleibe nicht auf den Menschen begrenzt, sondern begründe auch das Verhältnis zur Natur und zu deren Geschöpfen. Der Autor greift die in der Enzyklika erkennbar gemachte Logik, Akteure, ethisches Kalkül etc. moralfreier Macht auf, ergänzt und zeigt deren fatale Wirkung auf Mensch, Gesellschaft und Natur und verdeutlicht Notwendigkeit und Qualität eines Kurswechsels. Der hierfür notwendige, sozialethische Universalismus könne nur durch ein internationales Tugendregiment initiiert werden. Um auf individueller Ebene eine Umkehr zu erreichen, greift Nass den in der Enzyklika beschriebenen göttlichen Heilsplan auf. Abschließend würdigt der Autor die Enzyklika, der er erhebliche Innovationswirkung zuspricht. Interessant sind die abschließenden kritisch-relativierenden Einschätzungen des Autors zur Enzyklika, welche deren mögliche Argumentationskraft schärfen.

Das Kapitel von Georg Toepfer (Biologe und Philosoph) »Päpstliche Verschränkungen. Kapitalistische Moderne, Armut und Umweltzerstörung, Mensch und Nicht-Mensch, Religion und Wissenschaft« unterzieht diese drei überschriftlich benannten Bezugssysteme einer näheren Betrachtung. Bevor sich der

Autor diesen widmet, führt er einige formale Beobachtungen zur Enzyklika aus, die in der Kernaussage münden, dass der Papst, indem er ein breites, dialogisch-kommunikatives Angebot unter Einbindung von Wissenschaft formuliere, einen Paradigmenwechsel von zentralistischer Herrschaft zugunsten pluralistischer Verbundenheit einleite. In »Kapitalistische Moderne, Armut und Umweltzerstörung« relativiert der Autor die durch Franziskus formulierten maßgeblichen Verursacher der krisenhaften Entwicklung: Rezession aufseiten der Starken, um ökonomisches Wachstum auf anderer Seite zu ermöglichen, habe sich ebenso wenig als zielführend erwiesen wie Ratschläge zu Verzicht und Sparsamkeit, die Möglichkeiten einer wirksamen Geburtenkontrolle dagegen würden bis heute heruntergespielt. Eine Tendenz zu Massenwirksamkeit und moralischem Appellcharakter sei unverkennbar. In seiner zweiten Verschränkungsanalyse (»Mensch und Nicht Mensch«) verhandelt der Autor maßgeblich die anthroporelationalen Einlassungen bzw. Bewertungen der Enzyklika, verdeutlicht die zu identifizierenden Einflussgrößen und die sich ergebenden Spannungen, Widersprüchlichkeiten und möglichen Motive. »Eigenwert«, »integrale Ökologie« oder »Interdependenz« sind hierfür Operatoren. Um die Verschränkung von Religion und Wissenschaft zu erarbeiten, greift Toepfer Aussagen der Enzyklika wie etwa diejenigen indirekt kritisch formulierten Einschätzungen auf, dass wissenschaftliche Verständnismuster – etwa durch die Methode des empirischen Reduktionismus verursacht – zu Reichweiteneinschränkungen der auf diesem Weg erreichten Ergebnisse führe. Toepfer ist zurückhaltend, ob die Enzyklika bzw. die Religion neue Argumente liefert, deutlich hingegen wird, dass der Autor die integrierende und moderative Funktion anerkennt.

Christoph Bals (Theologe und Philosoph) nennt sein Kapitel »Papst provoziert weltweite Debatte über Umwelt und Gerechtigkeit«. Zur Eröffnung konstatiert der Autor, dass das Wort »Dialog« 23-mal in der Enzyklika an relevanter Stelle Verwendung finde, und sieht hierin eine prinzipielle Qualität deren Zielstellung und Methode. Entlang einer Prüfung auf Akzeptanz unter anderem der Wissenschaft, der Anerkennung der Menschenrechte und eines nichtvereinnahmenden Dialogangebotes an andere Kulturen und Religionen – Kriterien die nach Habermas zu erfüllen sind, um einen Beitrag für die pluralistische Gesellschaft zu leisten – verdeutlicht der Autor die Legitimität der Auseinandersetzung mit den Einlassungen des Papstes. Bals identifiziert einen Paradigmenwechsel von der Herrschaft des Menschen hin zur universalen Geschwisterlichkeit im gemeinsamen Haus. Soziale und ökologische Krise korrespondierten untrennbar. Quanten-, Relativitäts- und Evolutionstheorie begründeten bzw. zeigten die universale Geschwisterlichkeit, die Allverbundenheit. Die Synthese gelänge dem

Papst nicht zuletzt aufgrund einer doppelten Kodierung der Enzyklika. Als Konsequenz aus einem solchen Paradigmenwechsel resultiere der Vorrang des »Seins vor dem Nützlichen« (a), die bedeutsame Rolle der Ästhetik (b), wie mit dem Gemeingütern (etwa Umwelt und Klima) zukünftig zu verfahren sei (c) und wie subsidiare Verantwortlichkeiten neu akzentuiert werden müssten (d). Die Enzyklika sei keine Droh-, sondern Frohbotschaft.

Peter Rödler (Pädagoge) nennt sein Kapitel: »Das Wort und das Geschenk der Mitmenschlichkeit. Bemerkungen zu Erziehung und Familie in der Welt der Menschen«. Der Autor eröffnet mit der These, Menschen integrierten in ihren Entscheidungen immer auch Elemente, die jenseits rationaler Erwägungen begründet wären, etwa das ihrer Freiheit, in deren voraussetzungslosen Form sich die Gewalt einfindet. Ein kurzes prägnantes Beispiel aus der Werbung verdeutlicht seine Überlegung. In einem ersten Hauptteil bestimmt der Autor die »Spezifik der Menschen« und ermittelt hierbei deren in sozialer Interaktion erstellten kollektiven Sprach-, Kultur- bzw. Bedeutungsräume. Der Autor benötigt seine Vorarbeit, um sich im Folgenden dem in der Enzyklika thematisierten Aspekt der »Teilhabe und [des] Teilsein[s]« zu nähern. Es sind die äußeren und inneren wechselseitigen Beziehungen, welche auch durch entstehende Unschärfen, etwa durch verschiedene Kulturen und Verständnisse begründet, als individuelle oder auch gesellschaftliche Vernunft zurückblieben. So öffnet der Autor in seinen abschließenden Überlegungen die Tür zu den möglichen »erzieherischen« Konsequenzen, die er in der unbedingten Annahme des Gegenübers, der Bereitschaft zur Erweiterung eigener Positionen, aber eben auch in verlässlichen sozialen Strukturen erkennt, die über »gute Taten« Einzelner hinausreichen.

In dem Kapitel »Salutogene Perspektiven: Zur Entstehung und Förderung von Gesundheit in der Enzyklika« geht Claude-Hélène Mayer (Psychologin und Ethnologin) der Frage nach, inwieweit diese Anregungen zur Weiterentwicklung bzw. zum Verständnis des salutogenetischen Konzeptes geben kann. Einführend umreißt die Autorin die in der Enzyklika aufgegriffenen Herausforderungen, deren Wirkebenen auf die globale, regionale und personale Situation und stellt das salutogenetische Modell und dessen holistischen Anspruch vor. Dabei sind es der *Sence of Coherence* und die diesen maßgeblich determinierenden »generellen Widerstandsressourcen«, auf welche sich die Autorin zur Entwicklung ihrer Überlegungen insbesondere bezieht. Zahlreiche Ausführungen bzw. das Gesamtansinnen der Enzyklika, etwa dasjenige der ganzheitlichen Ökologie, würden in hohem Maß mit dem salutogenetischen Gesundheitsverständnis übereinstimmen. Bestehende (gesundheitliche) Gefährdungslagen westlicher Gesellschaften bzw. der Moderne können akzentuiert begründet werden. Besondere Bedeutung besitzt für die Autorin die vom Papst gewählte, aufeinander aufbauende logisch-inhaltliche, aber auch psychologische Kapitelentwicklung mit dem Ziel, deren Verständnis (kognitiv), Wirkung (emotional) und Handhabbarkeit (Verhalten) zu erhöhen. Der in der Enzyklika erkennbar gemachte Zukunftsentwurf der globalen Gesellschaften, in welchem eine humanökologisch-spirituelle Wertebasis als Grundlage allen Geschehens antizipiert wird, findet seine Berechtigung und zugleich Vertiefung in dem durch die Autorin vorgestellten »salutogenetischen Lebensstil« des Menschen.

Das Kapitel von Ulf Hahne (Volkswirt) »Nachhaltige regionale Transformation und räumliche Gerechtigkeit« orientiert sich sehr nahe an den Ausführungen der Enzyklika und stellt bereits in dessen Einführung die grundsätzliche Frage, ob Wissenschaftler überhaupt mit dem Papst debattieren sollten, und beantwortet diese mit seinem Beitrag zu den Möglichkeiten regionaler und auch städtischer Entwicklung. Der Autor konstatiert die Nähe zahlreicher Argumentationslinien und Schwerpunkte der Enzyklika zu den gegenwärtigen Fachdiskursen betroffener Wissenschaftsdisziplinen. Hahne greift die in der Enzyklika vermittelte Bedrohlichkeit unterschiedlicher – vom Papst als untrennbar beschriebener – anthropozentrischer Problemlagen auf, ergänzt diese durch Befunde der wissenschaftlichen Community und beklagt zugleich eine vereinfachende Dichotomisierung und Simplifizierung der Beschreibung. In seinem Schwerpunkt »räumliche Disparität« findet er zahlreiche Ansatzpunkte und die zu unterstützende, notwendige Ethik mit deren Gerechtigkeitsanspruch, welche in den zu schützenden Eigenwert jedes Geschöpfes mündet. Der Autor unterstützt den in der Enzyklika formulierten kulturökologischen Ansatz und gibt einem allein technologischen und vereinfacht-gesetzgeberischen, sozial-kulturelle bzw. regionale Bedingungen nicht berücksichtigenden Verfahren eine Absage. So ist es eine Mehrebenenstrategie, die zu verfolgen ist und die auf der einen Seite globale und länderspezifische Anpassung ermöglicht (Große Transformation) und zugleich die Verbesserung lokaler und regionaler Bedingungen (Kleine Transformation). Der Autor beschreibt die Möglichkeiten, wie der städtisch-urbane als auch der ländliche Raum gezielter als bisher zu entwickeln wäre, und gibt hierfür einen Ausblick auf die Möglichkeit einer »postfossilen Raumgestaltung«. Um die Chancen der hierfür notwendigen Transformationen bewerten zu können, führt der Autor den Begriff der Resilienz ein. Aufgrund ungleich verteilter Ressourcen drohe eine Trennung in Wachstumsinseln und Verarmungsregionen. Insbesondere dann, wenn die Große Transformation nicht frühzeitig und entschieden stattfindet.

In dem Kapitel von Dietmar Kress (Pädagoge) »Lernen, Wissen, Handeln – Globale Lösungen beginnen lokal« zieht dieser eine umfassende und stichhaltige Bilanz, von der aus Wege möglicher Entwicklung – akzentuiert durch die Erfahrungen von Greenpeace – aufgezeigt werden. Mittels einer nüchternen und gegenüber der Enzyklika auch erweiterten ökologischen Bilanz, zeigt Kress bestehende Brüche auf und deutet auf die immer wieder begrenzten Möglichkeiten internationaler Kooperationen. Der Autor unternimmt eine sozial-gesellschaftliche und politische Zuordnung der Enzyklika, wie diese insbesondere von einem NGO-Verantwortlichen gezeichnet werden kann. Die vorgestellten Konsequenzen reichen von den Möglichkeiten differenzierter Steueranpassung und der immer notwendigen persönlichen bzw. bürgerschaftlichen Teilhabe (Prinzip der Selbstwirksamkeit von 30 Prozent der Betroffenen) bis hin zur notwendigen Revision grundlegender Gesetzmäßigkeiten westlicher Ökonomien, in welchen das Zielkriterium Wachstum durch das der Gerechtigkeit abgelöst werden müsse. Kress nimmt die Arbeiten von Jürgen Habermas zum Anlass die Enzyklika und mehr noch die Ressource Religion für eine gelungene Zukunftsgestaltung zu nutzen, trotz zum Teil noch immer bestehender Problemlagen. In zahlreichen Themen- und Projektentwicklungen würde seit Jahren erfolgreich kooperiert.

Das Kapitel von Yvonne Zwick (Theologin) »Unternehmerische Berichterstattung mit dem Nachhaltigkeitskodex. Von der gemeinsamen, aber geteilten Verantwortung für eine nachhaltige Wirtschaftsweise« stellt das unternehmerische Verhalten in den Mittelpunkt ihrer Ausführungen und schließt hierbei an den Erfahrungen des Rates Nachhaltige Entwicklung (RNE) an. Eröffnend verdeutlicht die Autorin die Schwierigkeit, einen konsensuell getragenen Begriff der Nachhaltigkeit auszumachen. Zugleich sieht Zwick den RNE in dessen Vorgehen auf einem guten Weg, der auch durch die Enzyklika berechtigt ist. Der von der RNE entwickelte Deutsche Nachhaltigkeitskodex (DNK) gibt Unternehmen die Möglichkeit, transparent, unternehmensspezifisch und dennoch zielgeleitet einen Prozess aufzunehmen, als dessen Resultat nachhaltiges organisatorisches Handeln entsteht. Hierfür wird auch der Diskurs zwischen den Unternehmen gefördert. Zugleich hält der RNE durch seine Zielsetzung, Strategie und Programm engen Kontakt zu den politischen Entscheidern. In den folgenden Ausführungen beschreibt die Autorin den genaueren Ablauf, angesprochene Zielgruppen, Anforderungen und Kriterien des DNK.

»Das Haus ist mehr als die Summe seiner Zimmer – Chancen und Beitrag eines kollaborativen Ansatzes« lautet der Beitrag von Martina Eick. Die Autorin beschreibt einleitend Entstehung, Grundverständnisse und Intention der Enzyklika und akzentuiert hierbei die Bedeutung eines visionäreren Erzählens. Sie wählt das Gipfeltreffen in Rio 1992 zum Ausgangspunkt, die gesammelten Erfahrungen zum Thema Nachhaltigkeit – insbesondere deren Relativierung – zu beschreiben. (Frei-)Handelsabkommen sieht sie in einem starken Widerspruch zu den eigentlich dringend notwendigen fairen Abkommen. Das durch diese erkennbar gemachte gemeinsame Haus erinnere eher an »Zimmerfluchten« und »Tresorräume«. In den folgenden Passagen mahnt die Autorin die Ernsthaftigkeit der auf den Weg gebrachten Bemühungen an, die sich auch in invaliden Evaluationen der eigenen Programme ausdrücken würden. Es sind die Visionen, in welchen Eick die Brücken in eine bessere Zukunft sieht, ganz wie auch durch die Enzyklika vermittelt. Diese eigennützigen Marketingstrukturen der Konzerne zu überlassen, sei fatal und ende in der Welt der Singularitätsidealisten. Die Autorin schließt an dem Wissen an, dass das eigene Haus am nächsten sei, und findet in diesem Bild eine stimmige Verbindung zwischen der notwendigen globalen Verantwortung (große Transformation) und den gezielten Einflussnahmen vor Ort. Die Einschätzung, die Regionen, Städte, Gemeinden und deren Gestalter als Chance und mögliche Ausgangspunkte zu begreifen, teilt Eick mit den entsprechenden Passagen der Enzyklika. Die Ressource Religion, Glaube, Kirche stärker zu nutzen, erscheint dieser zielführend und wegermöglichend.

In dem Kapitel »Gutes Essen für Alle – das globalisierte Ernährungssystem gerechter machen« von Anja Mertineit (Gartenbauerin und Gärtnerin) beschreibt diese eröffnend die drängendsten Problemlagen der globalen Ernährung, Grundverständnis und Ziele von Misereor und sieht diese in hohem Einklang mit den Thesen und Argumenten der Enzyklika. Kleinzellige Produktions- und Bereitstellungsstrukturen blieben vielfach ebenso auf der Strecke wie die Gesundheit der Menschen. Zwei Milliarden Überernährte stehen bis heute 800 Millionen Hungernden gegenüber. Weitere zwei Milliarden leiden am »versteckten Hunger«. Die Frage der Verteilungsgerechtigkeit von Ernährung, Land, Saatgut, Wasser, Rechte und ähnlichem wird zum zentralen Bezugspunkt der Autorin, welche die Praxis landwirtschaftlicher Agrartechnologie in deren bereits gegenwärtig sichtbaren und aufgrund fehlerhafter Weichenstellungen zu erwartenden Auswirkungen detailreich und praxiserfahren als ausgesprochen problematisch kennzeichnet. Der Klimawandel wird die Situation forcieren. Indem die Autorin die Interessenkonflikte zwischen bäuerlicher Produktion und Agroindustrie aufzeigt, werden die bestehenden fachlichen, finanziellen und rechtlichen Fehlanreize erkennbar, in deren Folge es dann zu den beschriebenen Unzulänglichkeiten kommt, die bis hin zu Hunger oder den allseits bekannten Skandalen reichen. Abschließend entwirft Mertineit eine einzuleitende »Ernährungswende«, die sie nicht zuletzt durch die Enzyklika begründet und berechtigt, als deren Ausgangspunkt sie den Verbraucher sieht, ohne die politischen Gewährsträger aus der Verantwortung zu entlassen. Ein gesellschaftlicher Diskurs sei notwendig.

Um die einzelnen Beiträge und deren Zusammenschau, die durchaus Ähnlichkeiten zu einer »Krankenakte« besitzt, zu verstehen und einzuordnen, ist die Kenntnis der Enzyklika unzweifelhaft notwendig, nicht nur, weil sich die Texte der AutorInnen zum Teil dezidiert unter Einführung der genaueren Enzyklika-Signatur auf diese beziehen.

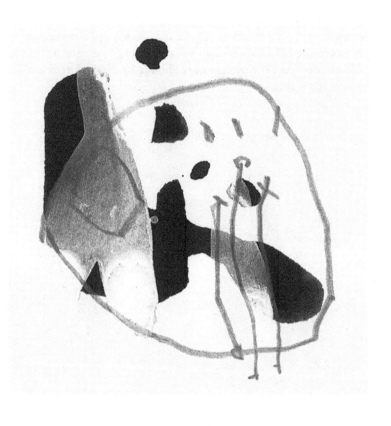

… die Anerkennung der besonderen Würde der Person

Sprache

»Eine gewisse Bergesluft der Gerechtigkeit«

Die päpstliche Enzyklika als rhetorisches Kunstwerk

Wolfgang Beutin

Das rhetorische Kunstwerk als Schriftstück?

Mit der päpstlichen Enzyklika *Laudato Si'* sich vertraut machend, werden die Leserin und der Leser – ob sie sich der römischen Kirche zurechnen, einer sonstigen Glaubensgemeinschaft oder auch keiner – kaum dem Eindruck zu widerstehen vermögen hier liege eine »leidenschaftliche Rede« vor, »Sprache als Gestaltung«, kurz: ein rhetorisches Kunstwerk. Kaum in erster Linie als Reiz für Liebhaber der Sprache gedacht, sondern als Ermahnung aller Erdbewohner, die Existenz der gegenwärtigen Generation ebenso wie jeglicher zukünftigen bewahren zu helfen, zu bewahren den blauen Planeten als Stätte vielfältigen Lebens, der Menschen, der Tiere und Pflanzen.

Aber – ein Schriftstück als *Rede*?

Einstmals erkannte Adam Müller (1779–1829), ein Staatsphilosoph der Romantik: »Die in unsern Tagen am weitesten verbreitete Anwendung der Redekunst ist die Schriftstellerei.« (Müller, 1983, S. 121) Er bestimmte also diese als Sonderfall der Rhetorik, wie denn ja der »Redekunst« älterer Epochen in jüngerer Zeit die Stilistik (Stiltheorie) entwuchs.

Demnach ist der Sprachwissenschaftler berechtigt, die Enzyklika *stilkritisch* zu untersuchen.

Stilkritik

Da – aus der Sicht heutiger Linguistik – jeder Äußerung Stil zugesprochen wird (vgl. Krahl & Kurz, S. 84, zum Eintrag »Rede«), weil sie die Spur der Stilgebung an sich trägt, wird für deren Untersuchung der Begriff *Stilkritik* benutzt. In der Stilkritik wiederum lassen sich unterschiedliche Arbeitsgänge sondern, darunter die Analyse der gedanklichen Struktur der Äußerung oder der Logik der Rede (Argumentation), wofür auch der Terminus *Denkstilkritik* eintritt. Denkstilkritik und die Kritik am Inhalt der Aussage (*Inhaltskritik*) gemeinsam zielen auf die Denk*weise* in einem Einzeltext oder im Gesamtwerk eines Verfassers. Es ist unzweifelhaft der Denkstil der Enzyklika, der ihr ihre Größe verleiht. Als dessen kennzeichnende Elemente sind zum Beispiel ermittelbar: kombinatorischer Elan, Pathos, Bildlichkeit, Lyrismus, Exaktheit, hier und da Lakonismus. Andere fehlen gänzlich, etwa: Widersprüchlichkeit, Laxheit, Monotonie, Sentimentalität.

Stilistische Funktionen

Bei der Stilkritik am Einzeltext ist ferner der Blick auf das System der stilistischen Funktionen dienlich, unter denen als primäre die kognitive und die kommunikative gelten, als sekundäre die archivalische, die rhetorische und die poetische. Die zwei letztgenannten lassen sich mit Karl Kraus (1874–1936) auch apart stellen unter der Überschrift »Sprache als Gestaltung«, das heißt: die Sprache in rhetorischer und poetischer Verwendung. Für deren Spezifik beruft Kraus sich in seiner Polemik »Hier wird Deutsch gespuckt« (1986–1994, Bd. 7, S. 9) auf eine Aussage von Goethe im Schlusspassus von dessen Abhandlung »Deutsche Sprache« (1817). Sie gehört in den Zusammenhang einer Überlegung des älteren Dichters darüber, wer berufen sei, sich an der Sprachreinigung zu beteiligen. – Antwort: Wer vom Leben der Sprache weiß. Und woher rühre dies? Goethe: »Poesie und leidenschaftliche Rede sind die einzigen Quellen, aus denen dieses Leben hervordringt [...]«

Bezweckt Franziskus mit seinem Text, energisch zur Erhaltung des Lebens auf der Erde beizutragen, zur Rettung der Schöpfung, so konnte er dafür kein besser geeignetes Mittel wählen als dies, die Sprache, aus der leidenschaftliches Leben »hervordringt« – sprachliches Leben als Fürsprech des Lebens und der Schöpfung.

Adressierung

Zur guten Tradition der Literatur in Europa zählt seit alters, dass in ihr der Titel eines Werks als Aufbauelement des Textes fungieren kann; anzuführen wären dafür einige berühmte Beispiele: *An den christlichen Adel deutscher Nation von des christlichen Standes Besserung* (Luther, 1520); *An den Mond* (Goethe, im Titel zweier Gedichte, 1768/69 und später); Brecht, *An die Nachgeborenen* (1938). Indessen wählte Papst Franziskus als Titel seiner Enzyklika nicht die Adresse, doch trug er sie alsbald in seinem dritten Abschnitt nach, zugleich die Tradition ausweisend, in die er seinen Text stellt:

> »Vor mehr als fünfzig Jahren, als die Welt am Rand eines Nuklearkrieges stand, schrieb der heilige Papst Johannes XXIII. eine Enzyklika, in der er sich nicht damit begnügte, einen Krieg abzulehnen, sondern einen Vorschlag für den Frieden unterbreiten wollte. Er richtete seine Botschaft *Pacem in terris* an die gesamte ›katholische Welt‹, fügte aber hinzu: ›und an alle Menschen guten Willens‹. Angesichts der weltweiten Umweltschäden möchte ich mich jetzt an jeden Menschen wenden, der auf diesem Planeten wohnt.«

Ersichtlich geht es dem Verfasser also darum, anstatt einer selektiven Adressierung eine umfassende – die ganze Menschengattung meinende – vorzunehmen. Dies in einer Situation ernstlicher Bedrängnis, so wie damals Johannes XXIII. in einem Augenblick des Aufblitzens der Gefahr der Vernichtung allen Lebens auf dem Planeten eingriff, so Franziskus jetzt in einem Augenblick des Sichtbarwerdens »der weltweiten Umweltschäden«, die das Ende der Menschengattung, der Pflanzen- und Tierwelt auf der Erde bewirken könnten.

Eine zweite Parallele: Wie der frühere Papst außer der Markierung der Gefahr die Benennung des Rettungsmittels nicht unterließ, kündigt der jetzige mittelbar – durch Verweis auf das Vorbild – schon hier an, dass auch er sich nicht mit der Aufzählung eingetretener oder eintretender Schäden begnüge, sondern Möglichkeiten der Abhilfe vorschlagen werde.

Zwei Linien

Näherhin betrachtet, enthält die Schrift zwei kategorial zu separierende Ansprachen, zwei miteinander verflochtene: eine an die katholische Christenheit, eine zweite an dieselbe sowie zugleich an den nicht der katholischen Glaubenslehre anhängenden Teil der Menschengattung, womit der Verfasser »an jeden Menschen« appelliert. Der zwiefachen Möglichkeit der Zuweisung entsprechen zwei rhetorische Verästelungen der Darlegung, denen der Verfasser sich abwechselnd widmet: erstens eine theologisierende Linie, spezifisch für die Gläubigen der römischen

Kirche bestimmte, zweitens eine wissenschaftliche, säkular argumentierende, die sich von dem aktuellen Forschungsstand herleitet und in ihn einmündet.

Dazu kommt eine poetisierende Stilaura

als weitere wesentliche Textkomponente, die jene beiden überwölbt.
Die geistliche Tradition, in die der Papst sich eingereiht weiß, bezeichnete er dadurch, dass er bei seiner Erwählung den Namen eines mittelalterlichen Heiligen für sich erkor, des Franziskus von Assisi (1182–1226; heilig gesprochen 1228). Von diesem rührt ein Gedicht her, womit die volkssprachliche italienische Lyrik überhaupt erst anhebt: *Il Cantico delle creature* (entstanden 1224/25; in deutschen Übersetzungen unterschiedlich betitelt: *Sonnengesang*, auch *Lobgesang*). Nicht zufällig beginnt Franziskus, der jüngere, seine Enzyklika damit, dass er ihre Leserschaft zurück an den Beginn italienischer Dichtung geleitet. Er schreibt (förmlich ein klassisches Spitzenzitat):

> »›LAUDATO SI', mi Signore – Gelobt seist du, mein Herr‹, sang der heilige Franziskus von Assisi. In diesem schönen Lobgesang erinnerte er uns daran, dass unser gemeinsames Haus wie eine Schwester ist, mit der wir das Leben teilen, und wie eine schöne Mutter, die uns in ihre Arme schließt: ›Gelobt seist du, mein Herr, durch unsere Schwester, Mutter Erde, die uns erhält und lenkt und vielfältige Früchte hervorbringt und bunte Blumen und Kräuter« (1).[1]

Es ist jedenfalls die *Mutter Erde*, so versicherte vor einem Jahrhundert Sigmund Freud, über deren Wichtigkeit bereits »in den Vorstellungen und Kulten der alten Zeit« das Publikum sich durch die »Mythologen belehren« lassen möge (Freud, 1916–17a, S. 165). Mit Partikeln der Dichtung seines Namensgebers durchsetzte der Autor-Papst die ganze Enzyklika, auf die Verwandtschaft aller Lebenden in einer einzigen Familie ebenso pochend wie auf die innige Verbundenheit der Naturgegebenheiten untereinander und mit der Menschengattung.

---

1   Der Text des mittelalterlichen Autors scheint hier eher frei mitgeteilt worden zu sein. Bei Franziskus von Assisi ist die Reihenfolge so, dass zunächst der Bruder Sonne (»lo frate Sole«) erwähnt wird, hernach die »sora Luna e le stelle« (die Herrin Luna [der Mond] mit den Sternen), endlich unsere Herrin Mutter Erde (»sora nostra matre Terra«)«. Vgl. die Wiedergabe (Enzyklika, Abschnitt 87): »Gelobt seist du, mein Herr, mit allen deinen Geschöpfen, zumal dem Herrn Bruder Sonne [...] Gelobt seist du, mein Herr, durch Schwester Mond und die Sterne [...].«

Hinzu kommt die Allegorie des Hauses, die der Verfasser mit der Allegorik der Familie verflicht, wie dies bereits im Untertitel in Erscheinung tritt: »Über die Sorge für das gemeinsame Haus«. Bildliche Momente aus dem Franziskus-Gedicht wie ebenso die Bildlichkeit des Hauses oder Anspielungen darauf bilden die Leitmotive im gesamten Wortlaut, wobei die Bezeichnungen der Familienmitglieder gelegentlich ineinander verfließen.

So heißt es gleich im folgenden Abschnitt (2):

»Diese Schwester schreit auf wegen des Schadens, den wir ihr aufgrund des unverantwortlichen Gebrauchs und des Missbrauchs der Güter zufügen, die Gott in sie hineingelegt hat. Wir sind in dem Gedanken aufgewachsen, dass wir ihre Eigentümer und Herrscher seien, berechtigt, sie auszuplündern. Die Gewalt des von der Sünde verletzten menschlichen Herzens wird auch in den Krankheitssymptomen deutlich, die wir im Boden, im Wasser, in der Luft und in den Lebewesen bemerken.«

Der Verfasser bleibt dabei, die Mutter Erde mit der Schwester Erde zu kontaminieren, und es ist daher deren Leid, das sich Luft machen muss:

»Diese Situationen rufen das Stöhnen der Schwester Erde hervor, die sich dem Stöhnen der Verlassenen der Welt anschließt, mit einer Klage, die von uns einen Kurswechsel verlangt. Niemals haben wir unser gemeinsames Haus so schlecht behandelt und verletzt wie in den letzten beiden Jahrhunderten. Doch wir sind berufen, die Werkzeuge Gottes des Vaters zu sein, damit unser Planet das sei, was Er sich erträumte, als Er ihn erschuf, und seinem Plan des Friedens, der Schönheit und der Fülle entspreche« (53).

Im letzten Satz des Abschnitts lässt der Autor nicht nur den Silberstreif am Horizont aufschimmern, der Planet könnte unter den Händen der Menschengattung immer noch werden, wie er ursprünglich konzipiert war, sondern er präsentiert zugleich auch den Schöpfer, Gottvater. So freimütig sich der Autor allgemein geriert, so drängend didaktisch tritt er hier auf, indem er die Notwendigkeit des Gottesglaubens betont:

»Wir können nicht eine Spiritualität vertreten, die Gott als den Allmächtigen und den Schöpfer vergisst. Auf diese Weise würden wir schließlich andere Mächte der Welt anbeten oder uns an die Stelle des Herrn setzen und uns sogar anmaßen, die von ihm geschaffene Wirklichkeit unbegrenzt mit Füßen zu treten. Die beste Art, den Menschen auf seinen Platz zu verweisen und seinem Anspruch, ein absoluter Herrscher über die Erde zu sein, ein Ende zu setzen, besteht darin, ihm wieder die Figur eines Vaters vor Augen zu stellen, der Schöpfer und einziger Eigentümer der Welt ist« (75).

Mit dem Beharren auf der Existenz des göttlichen Vaters glückt es dem Autor, die Familie zu komplettieren, und er hat sie in der Tat beisammen, wo er dem Bruder (Sonne), der Schwester (Luna [Mond] und Sterne), der Mutter (Terra [Erde]) den Vater (Gott) hinzugesellt. Die Verschmelzung beider, der Bildlichkeit der Familie und des Hauses, entspringt der Absicht, ein gemeinschaftliches Handeln sämtlicher engen Verwandten – sprich: der Summe aller gegenwärtig auf der Erde Lebenden – zugunsten der Erhaltung ihrer Bleibe (des Planeten) zu inspirieren:

»Die dringende Herausforderung, unser gemeinsames Haus zu schützen, schließt die Sorge ein, die gesamte Menschheitsfamilie in der Suche nach einer nachhaltigen und ganzheitlichen Entwicklung zu vereinen, denn wir wissen, dass sich die Dinge ändern können. Der Schöpfer verlässt uns nicht, niemals macht er in seinem Plan der Liebe einen Rückzieher, noch reut es ihn, uns erschaffen zu haben. Die Menschheit besitzt noch die Fähigkeit zusammenzuarbeiten, um unser gemeinsames Haus aufzubauen« (13).

Die katholische Linie der Argumentation

Im ersten Kapitel (vom Abschnitt 17 an) wagt der Autor sich an ein Tableau, worin er die Menge der bereits vorhandenen Schäden summiert – keine leicht zu überschauende Zahl –: »WAS UNSEREM HAUS WIDERFÄHRT«. Zum guten Ende heißt es dann immerhin, dass das vom Autor angestrebte Ziel nahe gerückt sei: »Inzwischen vereinigen wir uns, um uns dieses Hauses anzunehmen, das uns anvertraut wurde, da wir wissen, dass all das Gute, das es darin gibt, einst in das himmlische Fest aufgenommen wird« (244).

Das der katholischen Welt entstammende Gedankenmaterial der Enzyklika zeigt sich sofort in der Fülle der Zitate aus der kirchlichen Tradition. Ihre Quellen sind: schon einmal die Bibel, zweitens – und in noch umfassenderer Auswahl – ältere Enzykliken, Beschlüsse und Äußerungen von bischöflichen und anderen Versammlungen. Generell bilden Zitate in einem Text sowohl ein formales Aufbauelement wie ein inhaltliches, in der Regel auch ein Mittel der Verankerung eines Gedankengangs in bestimmtem historischen Kontext und institutionellen Zusammenhang. Der Papst selber nominiert den von ihm herangezogenen Ausschnitt aus der Lehrverkündigung der Kirche, den er bei der Abfassung als Grundtext nutzte: Er veröffentliche eine Enzyklika, »die sich an die Soziallehre der Kirche anschließt« (15). Allerdings nicht ohne in aller Offenheit zu fragen: »Warum in dieses, an alle Menschen guten Willens gerichtete Dokument ein Kapitel aufnehmen, das auf Glaubensüberzeugungen bezogen ist?« (2. Kap.; mit Einschluss der Formel »alle Menschen guten Willens« aus dem Aufruf von Johannes XXIII.)

Es ist des Autors Frage nach dem weltanschaulichen Fundament seiner Überlegungen – eine Frage zugleich: Werde die Adressierung »an jeden Menschen« nicht durch die Beanspruchung christlicher Glaubensinhalte dementiert? Ein solcher ist vielleicht bereits die Behauptung der Priorität des Instituts *Familie*: »Ich möchte jedoch die zentrale Bedeutung der Familie hervorheben [...]« (213) und sicher das Verbot der Abtreibung (120). Wie weit sei er verpflichtet, muss der Papst überlegt haben, präponderante Bestandteile christlicher *Dogmatik* einzubringen? So zum Beispiel wenn er ausführt – besondere Aufmerksamkeit erheischend mit dem Signal »christlich« am Kopfende –: »Nach dem christlichen Verständnis der Wirklichkeit geht die Bestimmung der gesamten Schöpfung über das Christusmysterium, das vom Anfang aller Dinge an gegenwärtig ist« (99).

Es ist wahr, einige von Franziskus beigebrachte Einsprengsel aus christlicher Quelle irritieren. So stammt merkwürdigerweise einmal ein Zitat von einer geistlichen Autorin, in deren literarischer Hinterlassenschaft Gedankenelemente auffallen, die der Intention des Papsts Franziskus geradezu widersprechen. Im Passus 230 beruft er sich auf die heilige Therese von Lisieux (1873–1897) wegen ihres Liebesbegriffs. Doch ist ein bei ihr auffälliger Grundzug ein sonst in der Kirchenlehre heutzutage glücklicherweise kaum mehr akzentuierter: ihr Asketismus, ihre Weltverneinung, wenn sie schreibt (Lisieux, 2003, S. 67): »Der liebe Gott hat mir die Gnade gewährt, die Welt nur eben genug zu kennen, um sie geringzuschätzen und mich von ihr abzuwenden.« Die päpstliche Enzyklika dagegen ist ein eindringliches Zeugnis der Hochschätzung der Schöpfung und eine Mahnung, sich gerade von ihr keinesfalls abzuwenden, sondern sich ihr schützend und heilend zuzuwenden! Dieselbe Hochschätzung schließt auch die menschliche Leiblichkeit nicht aus, wie Franziskus schreibt:

»Zu lernen, den eigenen Körper anzunehmen, ihn zu pflegen und seine vielschichtige Bedeutung zu respektieren, ist für eine wahrhaftige Humanökologie wesentlich.

Ebenso ist die Wertschätzung des eigenen Körpers in seiner Weiblichkeit oder Männlichkeit notwendig, um in der Begegnung mit dem anderen Geschlecht sich selbst zu erkennen.« (155)

Ein kluger Kritiker möchte wohl einwerfen, dass die hier vorhandene Sicht auf die Geschlechter – nämlich die disjunktive Vorstellung beider – in der modernen Biologie und Psychologie kaum noch akzeptiert werde, wie ja dem wissenschaftlichen Standard unserer Tage die Aufmerksamkeit zugleich auf die Varietäten der Intersexualität entspreche. Dennoch: Ausdruck einer sinnvollen Modernität ist es, dass Franziskus die Weiblichkeit an erster Stelle nennt; womit er einer mittelalterlichen Tradition seine Reverenz erweist: Germanisten wissen, wie hoch im Minnesang der Begriff »wîp« gestellt wurde, und so darf wohl vom älteren Franziskus der Blick zu seinem Zeitgenossen Walther von der Vogelweide gehen und wieder auch von diesem zum gegenwärtigen Franziskus.

Nun: Weshalb rhetorisches Meisterstück?

Was lässt die päpstliche Enzyklika *Laudato Si'* als rühmliche Besonderheit[2] hervortreten, was sichert ihr den Charakter der »leidenschaftlichen Rede«, was berechtigt dazu, sie als rhetorisches Meisterstück zu qualifizieren?

Sicherlich die Verbindung aus vorzüglich poetisierender Grundstimmung und außerordentlich stringenter Gedankenführung.

Wilhelm Dilthey (1833–1911) untersuchte vor mehr als einem Jahrhundert Lessings theoretische – vor allem theologische und philosophische – Schriften, und er resümierte (1988, S. 75): Der Dichter »ging von der Theologie aus und fand in ihr, wie sie zwischen Geschichte, Philologie und Philosophie gestellt ist, einen kombinatorischen Zug, der seinem Geiste zusagte«. Es ließe sich Diltheys Sentenz wie folgt variieren: Franziskus ging von der Theologie aus und fand in ihr, wie sie zwischen Ökologie, Anthropologie und Philosophie gestellt ist, einen kombinatorischen Zug. Genau dieser ist es, der sich in der Enzyklika überall greifen lässt. Des Autors methodologisches Axiom lautet, dass »die Probleme der Welt isoliert weder analysiert noch erklärt« werden können (61; und praktisch gelöst schon gar nicht). Der kombinatorische Zug bleibt das übergeordnete Kennzeichen des den Text charakterisierenden Denkstils.

---

[2] Im Unterschied zu den meisten anderen Enzykliken der Kirchengeschichte, auch der jüngeren und der Überzahl sonstiger kirchlicher Grundtexte. – vgl. z. B.: Mirbt (1924, passim).

»Eine gewisse Bergesluft der Gerechtigkeit«

Er bedeutet zugleich die Realisation des Vorhabens, welches Franziskus avisiert: »Dann werde ich versuchen, zu den Wurzeln der gegenwärtigen Situation vorzudringen, so dass wir nicht nur die Symptome betrachten, sondern auch die tiefsten Ursachen« (15). Damit verspricht Franziskus, sich der Problematik mit der gebotenen Radikalität zu nähern.

Sein Versprechen löst er vollauf ein.

Der energisch kombinatorische Zug verlangt beim Lesen, die diversen Einzelvorgänge im Text, die zu bündeln waren, zu beobachten. Ein Beispiel ist das oben bereits festgestellte *Zitieren*. Ein anderes eminentes Verfahren *das Definieren*, etwa des Terminus Ökologie – zugleich mit integrierter Kritik am landläufigen Umweltbegriff –:

> »Die Ökologie untersucht die Beziehungen zwischen den lebenden Organismen und der Umwelt, in der sie sich entwickeln. Das erfordert auch darüber nachzudenken und zu diskutieren, was die Lebens- oder Überlebensbedingungen einer Gesellschaft sind, und dabei die Ehrlichkeit zu besitzen, Modelle der Entwicklung, der Produktion und des Konsums in Zweifel zu ziehen. Es ist nicht überflüssig zu betonen, dass alles miteinander verbunden ist. [...] Wenn man von ›Umwelt‹ spricht, weist man insbesondere auf die gegebene Beziehung zwischen der Natur und der Gesellschaft hin, die sie bewohnt. Das hindert uns daran, die Natur als etwas von uns Verschiedenes oder als einen schlichten Rahmen unseres Lebens zu verstehen. Wir sind in sie eingeschlossen, sind ein Teil von ihr und leben mit ihr in wechselseitiger Durchdringung« (138f.).

Strikt warnt Franziskus indes davor, eine für alle Völker und jegliche Kulturen einförmige Begrifflichkeit zu oktroyieren:

> »Es ist nötig, sich die Perspektive der Rechte der Völker und der Kulturen anzueignen, und auf diese Weise zu verstehen, dass die Entwicklung einer sozialen Gruppe einen historischen Prozess im Innern eines bestimmten kulturellen Zusammenhangs voraussetzt und dabei verlangt, dass die lokalen sozialen Akteure *ausgehend von ihrer eigenen Kultur* ständig ihren zentralen Part übernehmen. Nicht einmal den Grundbegriff der Lebensqualität kann man vorschreiben, sondern muss ihn aus dem Innern der Welt der Symbole und Gewohnheiten, die einer bestimmten Menschengruppe eigen sind, verstehen« (144).

Die Methode des *Differenzierens*: Ökologie wird dabei als *zerlegbar* gedacht in »Sozialökologie«, »Kulturökologie« und »Humanökologie« (142f., 155); unvermeidlich muss sogar auch mit einer bloß vorgetäuschten Ökologie gerechnet werden (59). Als Ideal gilt die »ganzheitliche Ökologie«, als deren frühen Repräsentanten der Papst keinen anderen als den heiligen Franziskus benennt: »Ich glaube, dass Franziskus das Beispiel schlechthin für die Achtsamkeit gegenüber dem Schwachen und für eine froh und authentisch gelebte ganzheitliche Ökologie ist« (10).

Ebenfalls zerlegbar erscheint in der Enzyklika *die Geschichte*, zu unterteilen in mehrere Stufen, von denen eine jede unter anderem nach dem Maß einzuschätzen wäre, in welchem sie die Ökologie schädigte:

> »Während die Menschheit des post-industriellen[3] Zeitalters vielleicht als eine der verantwortungslosesten der Geschichte in der Erinnerung bleiben wird, ist zu hoffen, dass die Menschheit vom Anfang des 21. Jahrhunderts in die Erinnerung eingehen kann, weil sie großherzig ihre schwerwiegende Verantwortung auf sich genommen hat« (165).

Die historischen Epochen können aber auch nach dem Maß beurteilt werden, in welchem die Menschengattung sich jeweils der natürlichen Grundlagen ihrer Existenz bewusst wurde. Dabei schneidet die Gegenwart nicht unbedingt übel ab: »Es ist eine steigende Sensibilität für die Umwelt und die Pflege der Natur zu beobachten, und es wächst eine ehrliche, schmerzliche Besorgnis um das, was mit unserem Planeten geschieht« (19).

Als weiteres Stilmittel der Enzyklika findet sich dazu etwa *die Aufstellung oder Auflistung* (von Schäden). Auch der *Fragenkatalog*:

> »Um zu erkennen, ob ein Unternehmen zu einer wahren ganzheitlichen Entwicklung beiträgt, müssten in der gesamten Diskussion die folgenden Fragestellungen bedacht werden: Wozu? Weshalb? Wo? Wann? In welcher Weise? Für wen? Welches sind die Risiken? Zu welchem Preis? Wer kommt für die Kosten auf, und wie wird er das tun?« (185)

Deliberative Rede

Nach der überlieferten, aus der Antike ererbten Skala der unterschiedlichen Arten der Rede liegt in der päpstlichen Enzyklika das Musterbeispiel einer *deliberativen*

---

[3] Zur Terminologie: Nicht vielmehr des »industriellen«?

vor. Darin schildert der Redner einen von ihm als misslich registrierten Sachverhalt mit Verve, wonach er seinen Ratschlag erteilt, wie dem Übelstand abgeholfen werden kann. So nicht anders Franziskus: Die Brennpunkte des gedanklichen Inhalts seiner Enzyklika sind die Darlegung eines Sachverhalts – die Bedrohung des Lebens auf dem Planeten Erde – und der Ratschlag, wie hier zu bessern wäre.

Zum Sachverhalt

Die anfängliche Übersicht (1. Kap.) könnte kaum eindrucksvoller sein. Indem der Autor die Gesamtheit der Umweltschäden in einem vollständigen Konspekt veranschaulicht, enthüllt er eine erschreckende Wahrheit, wie sie so kompakt anderswo selten erscheint (Club of Rome!): wie weit die Zerstörung der Natur und der Gesellschaft auf der Erde schon jetzt fortgeschritten ist. Und die Ursachen? Geistige (immaterielle) wie ebenso materielle. Am tiefsten Grunde:

> »Papst Benedikt XVI. legte uns nahe anzuerkennen, dass die natürliche Umwelt voller Wunden ist, die durch unser unverantwortliches Verhalten hervorgerufen sind. Auch die soziale Umwelt hat ihre Verwundungen. Doch sie alle sind letztlich auf dasselbe Übel zurückzuführen, nämlich auf die Idee, dass es keine unbestreitbaren Wahrheiten gibt, die unser Leben lenken, und deshalb der menschlichen Freiheit keine Grenzen gesetzt sind« (6).

Franziskus nennt dies Übel »Relativismus« und schreibt:

> »Die Kultur des Relativismus ist die gleiche Krankheit, die einen Menschen dazu treibt, einen anderen auszunutzen und ihn als ein bloßes Objekt zu behandeln, indem er ihn zu Zwangsarbeit nötigt oder wegen Schulden zu einem Sklaven macht. Es ist die gleiche Denkweise, die dazu führt, Kinder sexuell auszubeuten oder alte Menschen, die den eigenen Interessen nicht dienen, sich selbst zu überlassen« (123).

Dem Relativismus benachbart seien die »Interessenlosigkeit« und »Gleichgültigkeit« einer großen Anzahl von Menschen (14).

Wenn er hier den Mangel verbindlicher Wertmaßstäbe konstatiert, stimmt sein Monitum überein mit demjenigen bedeutender Denker des 20. Jahrhunderts. Schon Leonard Nelson (1882–1927) empörte sich seinerzeit darüber, dass die Basis des menschlichen Lebens verloren zu gehen drohe, weil verloren zu gehen drohe: eine unabdingbare »Voraussetzung«, »die unseren Relativisten nicht in den Kopf will: die Voraussetzung des Vorhandenseins und der Erkennbarkeit eindeutiger Wertmaßstäbe« (Nelson, 1927, S. 164).

An materiellen Ursachen nominiert Franziskus vor allem das Bündnis von Wirtschaft und Technologie, insofern es sich über Ökologie und gemeinen Nutzen hinwegsetzt (54), im Konnex damit den »Konsumismus« (203), primär jedoch: das »Prinzip der Gewinnmaximierung, das dazu neigt, sich von jeder anderen Betrachtungsweise abzukapseln«; es sei »eine Verzerrung des Wirtschaftsbegriffs«:

> »Wenn die Produktion steigt, kümmert es wenig, dass man auf Kosten der zukünftigen Ressourcen oder der Gesundheit der Umwelt produziert; wenn die Abholzung eines Waldes die Produktion erhöht, wägt niemand in diesem Kalkül den Verlust ab, der in der Verwüstung eines Territoriums, in der Beschädigung der biologischen Vielfalt oder in der Erhöhung der Umweltverschmutzung liegt« (195).

Ratschläge

Die Darlegungen der Enzyklika gipfeln, wie die deliberative Rede es erfordert, in hilfreichen Ratschlägen. Franziskus stellt und beantwortet die Frage: Wie aber die auf dem ganzen Planeten, in der Erde, im Wasser, in der Luft, in allem Leben feststellbaren, nicht wegzuleugnenden ökologischen Schäden beseitigen?

Zunächst einmal gebiete es die Aufrichtigkeit, dass die Menschengattung sich eingesteht, dass sie bisher der ausreichenden *kulturellen* Grundlagen ermangele, die benötigt werden, um der Gefährdung allen Lebens erfolgreich entgegenzuwirken (53). Gewiss, der Rückgriff auf die Tradition könnte helfen (63). Mehr noch die kulturelle Revolution (zu beachten wiederum die Bildlichkeit, diesmal aus der Autotechnik):

> »Was gerade vor sich geht, stellt uns vor die Dringlichkeit, in einer mutigen kulturellen Revolution voranzuschreiten.[4] Wissenschaft und Technologie sind nicht neutral, sondern können vom Anfang bis zum Ende eines Prozesses verschiedene Absichten und Möglichkeiten enthalten und sich auf verschiedene Weise gestalten. Niemand verlangt, in die Zeit der Höhlenmenschen zurückzukehren, es ist

---

[4] Der Begriff der »kulturellen Revolution« im Denken des Papstes fällt keineswegs mit dem der »Kulturrevolution« in Maos China zusammen. Eher schon erweist er sich als mit dem der »kulturellen Revolution« in der Ära des Expressionismus verwandt (etwa bei Kurt Hiller [um 1920]). Auch er strebte mit seiner Lehre des »Aktivismus« eine Re-Ethisierung des öffentlichen Lebens an.

aber unerlässlich, einen kleineren Gang einzulegen, um die Wirklichkeit auf andere Weise zu betrachten, die positiven und nachhaltigen Fortschritte zu sammeln und zugleich die Werte und die großen Ziele wiederzugewinnen, die durch einen hemmungslosen Größenwahn vernichtet wurden« (114).

Im Einzelnen postuliert Franziskus ein effektiv melioriertes Rechtssystem und eine durchdringende »Ethik der internationalen Beziehungen« (51, 53, 229).

»Wir haben schon sehr viel Zeit moralischen Verfalls verstreichen lassen, indem wir die Ethik, die Güte, den Glauben und die Ehrlichkeit bespöttelt haben, und es ist der Moment gekommen zu merken, dass diese fröhliche Oberflächlichkeit uns wenig genützt hat. Diese Zerstörung jeder Grundlage des Gesellschaftslebens bringt uns schließlich um der Wahrung der jeweils eigenen Interessen willen gegeneinander auf, lässt neue Formen von Gewalt und Grausamkeit aufkommen und verhindert die Entwicklung einer wahren Kultur des Umweltschutzes« (229).

Nicht zuletzt verlangt Franziskus die Aufhebung der Priorität des Privateigentums, oder umgekehrt: »Das Prinzip der Unterordnung des Privatbesitzes unter die allgemeine Bestimmung der Güter und daher das allgemeine Anrecht auf seinen Gebrauch ist eine ›goldene Regel‹ des sozialen Verhaltens und das ›Grundprinzip der ganzen sozialethischen Ordnung‹« (93). Was müsste die gewissenhafte Anwendung eines solchen Prinzips für den Umgang des Menschen mit der Natur bedeuten?

Er hätte sich fortan nicht mehr als ihren Herrn, ihren Ausbeuter zu betrachten, sondern als ihren »verantwortlichen Verwalter« (116; biblische Begrifflichkeit!)

Und ein jeder Mensch hätte sich als Glied einer »universalen Gemeinschaft« zu erkennen und einzuordnen, die keinem Rassismus mehr verfällt: »Wenn andererseits das Herz wirklich offen ist für eine universale Gemeinschaft, dann ist nichts und niemand aus dieser Geschwisterlichkeit ausgeschlossen.« Liebe zur Natur erwächst nicht anders als im Junktim mit der Nächstenliebe: »Ein Empfinden inniger Verbundenheit mit den anderen Wesen in der Natur kann nicht echt sein, wenn nicht zugleich im Herzen eine Zärtlichkeit, ein Mitleid und eine Sorge um die Menschen vorhanden ist« (91f.).

»Das wahre Sprechen also ist eine wirkliche Tat«

Nach alledem darf die Enzyklika, obgleich ein schriftlich vorliegender Text, als »leidenschaftliche Rede« bezeichnet werden, mit Adam Müller: als ein »wahres

Sprechen« (1983, S.119). »Das wahre Sprechen also ist eine wirkliche Tat, und es sind solche rednerische Taten, die ich von der Kanzelberedsamkeit verlange.« Das Lob, welches Müller jedem »großen Redner« spendete – es kommt dem Autor der Enzyklika aus gutem Grund ebenfalls zu (ebd., S. 111):

»Es ist eine gewisse Region der Tugend, sage ich, eine gewisse Bergesluft der Gerechtigkeit, worin der große Redner atmen muss [...]«

Literatur

Dilthey, W. (1988). *Das Erlebnis und die Dichtung. Lessing – Goethe – Novalis – Hölderlin.* Leipzig: Reclam.
Freud, S. *(1916–1917a). Vorlesungen zur Einführung in die Psychoanalyse. GW XI.*
Krahl, S. & Kurz, J. (1975). *Kleines Wörterbuch der Stilkunde.* Leipzig: VEB Bibliographisches Institut.
Kraus, K. (1986–1994). *Schriften* (Hrsg. von C. Wagenknecht. 20 Bände). Frankfurt a.M.: Suhrkamp.
Mirbt, C. (1924). *Quellen zur Geschichte des Papsttums und des römischen Katholizismus* (4. Aufl.). Tübingen: Mohr Siebeck.
Müller, A. (1983). *Zwölf Reden über die Beredsamkeit. Gehalten zu Wien im Frühlinge 1812* (Hrsg. von J. Wilke). Stuttgart: Reclam.
Nelson, L. (1927). *Demokratie und Führerschaft* (2. Aufl.). Stuttgart: Verlag »Öffentliches Leben«
Lisieux, Therese von (Therese vom Kinde Jesus). (2003). *Selbstbiographische Schriften. Authentischer Text* (15. Aufl.). Einsiedeln: Johannes-Verlag.

Umwelt und Klima

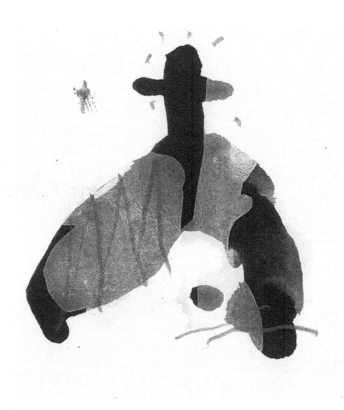

... wenn nicht zugleich im Herzen Zärtlichkeit, ein Mitleid und eine Sorge um die Menschen vorhanden ist

Der Ozean im Wandel

Herausforderung für die Zukunft der Menschheit

Martin Visbeck

Auch wenn die Bibel die Entstehung der Erde und der Menschen in einfachen Bildern erzählt und alles Leben in nur einer Woche entstanden sein soll, wissen wir Menschen heute dank intensiver und globaler Forschung, dass der Ozean eine ganz besondere Rolle bei der Entstehung des Lebens auf der Erde gespielt hat. Die Wissenschaft hat gute Hinweise dafür, dass unser Leben womöglich im Ozean begonnen hat. Auch heute prägt der Ozean mit seinem einzigartigen Lebensraum auf vielfältige Weise den Zustand der Erde und eine positive Entwicklung hängt auch vom Umgang der Menschen mit dem Ozean ab; die Zukunft der Menschheit wird eng mit ihm verbunden bleiben.

Der Ozean bedeckt zwei Drittel der Erdoberfläche und beherbergt das größte zusammenhängende Ökosystem mit einem zum Teil unerforschten Reichtum an Lebensvielfalt. Er produziert mehr als die Hälfte des Sauerstoffs, den wir atmen, treibt den globalen Wasserkreislauf an. Als größte Wärme- und CO_2-Senke nimmt er eine Schlüsselrolle im von menschlichem Handeln beeinflussten Klimageschehen ein. Er versorgt uns mit wichtigen Nahrungsquellen, ist Lieferant von Rohstoffen und Energie, bietet globale Transportwege und formt Siedlungs- und Erholungsräume an den Küsten. Er ist Quelle von Mythen und prägt unterschiedliche Kulturen und deren Religionen weltweit. Der Ozean liefert zweifelsohne eine entscheidende Grundlage des ökonomischen Wohlstands und des soziokulturellen Lebens, insbesondere in küstennahen Bereichen. Hier lebt nach Schätzungen der Vereinten Nationen schon heute fast die Hälfte der Weltbevölkerung, rund 2,8 Milliarden Menschen.

Lange Zeit hielten die Menschen die Ressourcen des Ozeans für unendlich. Die vergangenen Jahrzehnte haben aber gezeigt, dass auch die marinen Leistungen und Ressourcen begrenzt und marine Ökosysteme durch menschliches Handeln veränderbar sind. Durch die insbesondere in Küstennähe rasant wachsende und sich entwickelnde Bevölkerung steigt der Nutzungsdruck auf den Ozean ständig, der Rohstoffbedarf und Verschmutzungen nehmen zu, die Auswirkungen des Klimawandels verstärken sich und Nutzungsinteressen konkurrieren miteinander. Wir wissen, dass die Meere von den industriellen Flotten überfischt sind, der ungebremste CO_2-Eintrag in die Atmosphäre die Meere versauert, der Klimawandel die Meere erwärmt und den Meeresspiegel steigen lässt und den Menschen, die in besonders flachliegenden Zonen leben, ihre Heimat nehmen wird (World Ocean Review 1, 2010). Das marine Ökosystem wird sich weiter verändern und seine Lebensvielfalt verringert werden. Auf der anderen Seite wird für die weiter wachsende Bevölkerung der Ozean als Lieferant vielfältiger ökosystemarer Leistungen immer bedeutender (13). Übernutzung und zu wenig Schutz des Ozeans werden kommenden Generationen ein schwieriges Erbe hinterlassen.

Die Diagnose ist klar und gibt eindeutige Handlungsempfehlungen: Begrenzung des Klimawandels, eine Reduktion der Überfischung, viel weniger Verschmutzung und der Schutz der biologischen Vielfalt der Meere sind notwendige Maßnahmen, um ein gesundes und produktives marines Ökosystem den folgenden Generationen zu vererben. Die Weichen für einen nachhaltigen Umgang mit dem Ozean und einen gerechten Zugang zu seinen Leistungen müssen jetzt gestellt werden. Wie lassen sich Nutzung und Schutz des Ozeans und der Küsten zusammen denken? Und wie lässt sich ein gerechter Zugang zu den Ressourcen des maritimen Systems und ein gerechter Vorteilsausgleich erreichen? (16)

Ein Schlüssel zum Umdenken liegt darin, unser Bewusstsein für den Ozean zu schärfen, einen nachhaltigen Umgang mit ihm zu wollen, daraus globale Konzepte für seinen Schutz zu entwickeln und gemeinsam umzusetzen. Ein wichtiger Impulsgeber für ein verbessertes Verständnis der Mensch-Ozean-Beziehungen kann von der interdisziplinären Erforschung der zugrundliegenden naturwissenschaftlichen, wirtschaftlichen oder gesellschaftlichen Mechanismen ausgehen. In Kiel und an anderen internationalen Wissenschaftsstandorten arbeiten daher Forscher verschiedener Disziplinen zusammen, um die komplexen Wechselwirkungen zu durchdringen. Meeres-, Geo- und Wirtschaftswissenschaftler sowie Mediziner, Mathematiker, Juristen, Philosophen und Gesellschaftswissenschaftler entwickeln gemeinsam Lösungsansätze für eine klügere Nutzung des Ozeans, die Schutz und Nutzung weitgehend vereinen. Sie schaffen wissenschaftliche Erkenntnisse, auf deren Basis politische Entscheidungen und deren Umsetzung in Pläne zur nachhaltigen Nutzung der Meere möglich werden. Von besonderer Bedeutung ist in diesem Zusammenhang ein intensiverer Austausch zwischen

Wissenschaft, politischen Entscheidungsträgern, Wirtschaft und der breiten Gesellschaft. Auch die Enzyklika *Laudato Si'* betont diesen interdisziplinären Ansatz mit ihrem Aufruf nach einer ganzheitlichen Betrachtung der Mensch-Meer-Umwelt-Beziehung (40, 41, 42, 137). Im Folgenden werden einige der zentralen Dimensionen der Rolle des Ozeans für das Leben der Menschen und wie sich ihr Umgang mit dem Ozean und der Küste auf den Ozean auswirkt beschrieben. Es werden einige Lösungsansätze für den Schutz des Ozeans und einer nachhaltigen und gerechten Ressourcennutzung aufgezeigt.

Die Rolle des Ozeans im Klimawandel

In den vergangenen 100 Jahren hat der Ozean ein Drittel des von Menschen in die Atmosphäre abgegebenen Kohlendioxids aufgenommen. Ohne den Ozean als Senke würden schon heute die vergangenen CO_2-Emissionen eine viel deutlichere Klimaerwärmung hervorgerufen haben (World Ocean Assessment I, 2016). Diese Pufferfunktion des Ozeans ist allerdings nicht unendlich: Steigt die Wassertemperatur des Ozeans und/oder verringert sich die Umwälzbewegung der Strömungen, kann er weniger Gase aufnehmen. Zudem ist die Aufnahme von CO_2 im Ozean nicht folgenlos. Das zusätzliche im Ozean gelöste CO_2 bringt als Kohlensäure den Säure-Base-Haushalt in Schieflage und führt zur Versauerung des Ozeans. Dies hat weitreichende Effekte auf Nahrungsketten und Artenvielfalt. Die Forschung über die Folgen der Versauerung zeigt, dass viele kalkbildende Organismen wie Korallen, Muscheln, Seeigel oder Schnecken, die zum Teil wichtige Nahrung für Fische und Wale sind, stark geschädigt werden. Studien zeigen, dass auch marine Lebewesen in frühen Lebensstadien, wie zum Beispiel die Fischlarven, empfindlich auf einen sinkenden pH-Wert reagieren. Nicht alle Organismen im Meer reagieren so empfindlich und die Wissenschaft erwartet eine Verschiebung der Ökosysteme. Es ist ungewiss, ob ein neu eingestelltes Ökosystem die gleichen Mengen an Nahrung liefern kann. Die Erforschung der Reaktion von Arten und Ökosystemen auf den steigenden CO_2-Gehalt im Ozean und die damit verbundene Meereserwärmung bleibt eine komplexe Herausforderung für die Wissenschaft.

Eine weitere folgenreiche Konsequenz der globalen Erwärmung ist der Meeresspiegelanstieg. 90 Prozent der zusätzlichen Wärme durch die veränderte Strahlungsbilanz der Atmosphäre werden vom Ozean absorbiert. Das dadurch erwärmte Wasser dehnt sich aus und bewirkt gemeinsam mit dem zunehmenden Schmelzwassereintrag der Gletscher einen deutlichen Anstieg des Meeresspiegels.

Bis zum Ende des Jahrhunderts wird ein regional unterschiedlich ausgeprägter Meeresspiegelanstieg von bis zu 1 m (IPCC Report, 2013) erwartet. Selbst eine radikale Reduzierung des CO_2 Ausstoßes wird einen weiteren Anstieg um 0.5 m nicht mehr verhindern können. Der Meeresspiegelanstieg sowie die damit verbundenen Landverluste durch Küstenerosion und Überflutungen stellen die Küstenbewohner in den kommenden 20 bis 50 Jahren vor enorme Herausforderungen. Dabei sind die Küstenregionen die am dichtesten besiedelten und sich am stärksten entwickelnden Regionen der Erde; 65 Prozent aller Städte mit mehr als fünf Millionen Einwohnern liegen in diesen niedrig gelegenen Ballungszentren der Küstenregionen. Dabei haben viele betroffene Regionen nicht die ökonomischen Ressourcen, ihre Küsten durch umfangreiche Maßnahmen zu schützen und sich an die veränderten Bedingungen anzupassen. Man wird sich aus manchen Küstenregionen zurückziehen und Ballungsräume aufgeben müssen.

Auch die Zunahme sauerstoffarmer Zonen im Ozean lässt sich auf den Klimawandel und Überdüngung zurückführen. Durch die Erwärmung der oberen Schichten des Ozeans wird weniger Sauerstoff aus der Atmosphäre in den Ozean aufgenommen. Zusätzlich stabilisiert die Erwärmung die Schichtung im Meer und behindert den Austausch von sauerstoffreichem Oberflächenwasser mit nährstoffreichem Tiefenwasser. Die Überdüngung erhöht die Primärproduktion und damit die Sauerstoffzehrung unterhalb der Oberfläche. Sauerstoffarmes Wasser gelangt in die Küstenzonen und bei ungünstigen Wetterlagen bilden sich Todeszonen. Die vollständige Auswirkung des Sauerstoffverlustes auf die marinen Ökosysteme ist noch zu wenig erforscht.

Globale Veränderungen des Klimas, der Ozeanzirkulation und der Chemie des Ozeans haben in der Erdgeschichte häufig zu drastischen Veränderungen des Ökosystems geführt. Diese Veränderungen verliefen aber relativ langsam und die Natur konnte sich über viele Lebenszyklen ihrer Organismen teilweise anpassen. Das menschliche Handeln der letzten 50 Jahre wirkt auf erdgeschichtlich sehr kurzen Zeitskalen und die Anpassung und Regeneration des maritimen Ökosystems läuft oft viel zu langsam ab, um einen direkten Vergleich mit der Erdgeschichte zu ermöglichen. Die Wissenschaft weiß: Wir befinden uns mitten in einem globalen Experiment mit ungewissem Ausgang.

Zur Eindämmung des Klimawandels muss der CO_2-Ausstoß verringert werden; diese Herausforderung betrifft insbesondere die entwickelte Welt und die Schwellenländer und ist ein Aufruf an jeden Einzelnen, seine Aktivitäten bewusst einzuschränken. Gleichzeitig sollten kollektive Anreize geschaffen werden, um die Energiewende zu CO_2-freien Quellen zu beschleunigen. Um die schon jetzt zu hohen CO_2-Konzentrationen zu reduzieren, wird in Politik und Wissenschaft das sogenannte marine *Climate Engineering* kontrovers diskutiert. In dem breiten Bündel von möglichen Verfahren gibt es auch einige, die den Ozean direkt betreffen könnten. Man überlegt die CO_2-Aufnahmekapazität des Ozeans zu erhöhen, zum Beispiel durch Ozean-Düngung, Ozean-Alkalinisierung oder die Manipulation der vertikalen Schichtung im Meer. Die Erforschung der Folgen dieser Verfahren ist wissenschaftlich komplex, ethisch problematisch und steht erst in den Anfängen. Studien zeigen, dass die Wirksamkeit vieler dieser Verfahren gering, die Nebenwirkungen aber erheblich sein können (61). Ob sie jemals zum Einsatz kommen könnten, ist ungewiss.

Weiterhin wird verstärkt nach alternativen, CO_2-freien Energiequellen gesucht. Das Potenzial des Ozeans zur Gewinnung von nachhaltigem Strom ist signifikant: Die Kraft des Windes, der Wellen und der Strömungen sowie Salzgehalts- und Temperaturunterschiede können für die Stromerzeugung genutzt werden. Doch Bau und Betrieb dieser Anlagen (wie Offshore-Windparks mit Fundamenten, Kabeltrassen und einhergehender Lärmverschmutzung) führen gleichzeitig zur Beeinträchtigung und Schädigung mariner Habitate und der dortigen Flora und Fauna (World Ocean Assessment I, 2016). Diese Auswirkungen müssen wo immer möglich untersucht, abgewogen und vermieden werden.

Letztlich bleibt neben der Reduktion des CO_2-Ausstoßes und Ansätzen zum Abbau des CO_2 die Herausforderung der Anpassung an die veränderten klimatischen Bedingungen. Die Meeresforschung ist hier sehr aktiv und arbeitet verstärkt daran, regional spezifische Vorhersagen über den Meeresspiegelanstieg, die Verschiebung der Ökosysteme und die biogeochemischen Wechselwirkungen zu ermöglichen.

Übernutzung des Ozeans – Der Ozean als Quelle nachwachsender und endlicher Ressourcen

Der Ozean ist reich an Arten, Lebensgemeinschaften, -räumen und genetischen Ressourcen. Die Meerestiere gehören zu den nachwachsenden Ressourcen, die für viele Menschen als Grundlage ihrer Ernährung entscheidend sind. In einigen Regionen sind Fisch und Krustentiere die Hauptquelle der Versorgung mit tierischem Eiweiß. Jedes Jahr werden weltweit ca. 90 Millionen Tonnen Fisch industriell gefangen und möglicherweise 50 Prozent mehr durch nicht erfasste Kleinfischerei. Allerdings gelten heute rund 25 Prozent der Speisefische wie Kabeljau, Thunfisch oder Rotbarsch insbesondere durch industrielle Fischerei als überfischt oder von Überfischung bedroht und weitere 50 Prozent werden ohne Sicherheitsreserven vollständig befischt. Weiterhin geben die Daten erste Hinweise darauf, dass die Menge an Fisch im Ozean seit 10 bis 20 Jahren kontinuierlich abnimmt (World Ocean Review 2, 2013). Die Menschheit entzieht sich einer prinzipiell unendlich nachwachsenden Ressource für die Ernährungssicherheit von insbesondere armen Küstenregionen.

Marine Arten haben auch für die Medizin und die chemische Industrie einen hohen Wert: Über die Funktionsweisen ursprünglicher Meeresorganismen können wichtige Rückschlüsse auf die biogeochemischen Vorgänge im Menschen, wie zum Beispiel die Evolution und Regulierung des Immunsystems oder Krankheiten, gezogen werden. Zunehmend werden medizinisch nutzbare Wirkstoffe aus dem Meer gewonnen und können in der Krebstherapie oder bei der Behandlung viraler Infektionen eingesetzt werden. Andere Meeresorganismen werden in der chemischen Industrie beispielsweise als Zusatzstoffe für Kosmetika verwendet (World Ocean Assessment I, 2016). Viele Möglichkeiten sind noch wenig erforscht und ihr ökonomisches Potenzial könnte mit dem Verlust der Artenvielfalt unerkannt und ungenutzt für immer verschwinden.

Als vorwiegend aus dem Ozean gewonnene endliche Ressourcen zur Energiegewinnung sind Erdgas und Erdöl zu nennen. Ungefähr ein Drittel der weltweiten Förderung kommt aus dem Ozean – Tendenz steigend. Der technische Fortschritt erlaubt die Förderungen in immer größeren Wassertiefen. Damit verbunden ist ein wachsendes Gefahrenpotenzial für die Umwelt (World Ocean Assessment I, 2016). Unfälle wie 2010 im Golf von Mexiko (Deepwater Horizon) führen dies drastisch vor Augen. Daneben wird die industrielle Förderung einer weiteren fossilen Energiequelle intensiv erforscht: die der Methanhydrate. Hiermit würde ein Energiereservoir mit viel Potenzial erschlossen, dessen Risiken der Förderung und die damit verbundenen Umweltbelastungen für den Ozean allerdings noch unerforscht sind.

Von großer Bedeutung könnten auch der Abbau von Massivsulfiden und die Gewinnung von Metallen aus mineralischen untermeerischen Rohstofflagern wie Manganknollen und Kobaltkrusten sein. Beim Meeresbergbau sind erhebliche Störungen der Meeresumwelt durch die Baggerarbeiten selbst und die eingesetzten Chemikalien zu erwarten (World Ocean Review 3, 2014). Es existieren zahlreiche Bestrebungen, in den Meeresbergbau zu investieren. Ob es tatsächlich zum intensiven Abbau im Ozean kommt, ist bislang offen. Eine mögliche Realisierung solcher *Ocean Mining*-Projekte ist abhängig von der wirtschaftlichen und technischen Entwicklung, von der Zahl neu zu erschließender Vorkommen an Land, der Nachfrage, aber auch der Gewichtung des ökologischen Schadens und der rechtlichen Regulierung. Industrienationen haben dabei einen Wettbewerbsvorteil, denn Entwicklungsländer können einen Tiefseebergbau nicht finanzieren und technisch umsetzen. Hier muss also auch die gerechte Verteilung der Gewinne geregelt werden und liegt in der besonderen Verantwortung der entwickelten gegenüber den sich entwickelnden Ländern. Nur in der Tiefsee des offenen Ozeans hat das Meeresrechtübereinkommen der Vereinten Nationen ein Regime geschaffen, in dem die Nutzung der Meeresbodenschätze zum Wohle der Menschheit geregelt ist. Ein Teil der Gewinne muss an die Weltbevölkerung zurückgegeben werden.

Um der Übernutzung nachwachsender Ressourcen entgegenzuwirken, bedarf es guter Managementstrategien. Um beispielsweise langfristig die Fischbestände wiederaufzubauen, muss der Überfischung kurzfristig entgegengewirkt werden und Regime für nachhaltige Fischerei eingesetzt werden. Das ist insbesondere in den Entwicklungsländern, in denen die einheimische Kleinfischerei eine Haupteinnahmequelle für die Menschen darstellt, von entscheidender Bedeutung. Diese muss gegenüber der industriellen Fischerei gestärkt werden. Es bedarf des politischen Willens für eine internationale Umsetzung nachhaltiger Strategien und das ist insbesondere problematisch bei schwachen und korrupten Verwaltungsstrukturen, insbesondere in ärmeren Entwicklungsländern.

Dass sich Staaten trotz nationaler Eigeninteressen einigen können, zeigt die neue Gemeinsame Fischereipolitik (GFP) der Europäischen Union. Viele Jahre lang war die EU-Fischereiflotte überdimensioniert. Politiker sprachen sich vor allem in strukturschwachen Gebieten vehement dagegen aus, die Fischerei zu beschränken, und legten jedes Jahr Fangmengen fest, die deutlich über den von Wissenschaftlern empfohlenen Höchstwerten lagen. Somit wurden nach und nach viele Fischbestände in den EU-Gewässern überfischt. Mit der neuen GFP richtet die EU die Fangmengen künftig nach dem maximalen nachhaltigen Ertrag aus – der größtmöglichen Fangmenge, die langfristig entnommen werden kann, ohne die Produktivität des Bestands zu reduzieren. Damit können sich die Fischbestände erholen. Zwar ist derzeit noch unklar, wie schnell die neue Fischereipolitik im Alltag umgesetzt werden wird, aber ein Anfang ist gemacht (World Ocean Review 4, 2015).

Neben nachhaltiger Fischerei wird mit Fischzucht, der Aquakultur bzw. im Meer Marikultur versucht, dem steigenden Nahrungsbedarf der wachsenden Weltbevölkerung nachzukommen. Weltweit werden ca. 60 Millionen Tonnen Fisch, Muscheln, Krebse und andere Wasserorganismen zumeist an Land gezüchtet – fast genauso viel wie die Menge an Meeresfisch und Meeresfrüchten, die wild gefangen werden. Künftig wird die Marikultur vermutlich deutlich wachsen und damit einen wesentlichen Beitrag zur Versorgung der Weltbevölkerung mit hochwertigem Eiweiß liefern (World Ocean Review 2, 2013). Problematisch ist allerdings noch, dass für die Marikultur heute große Mengen Wildfisch gefangen werden und durch starke Überdüngung das maritime System belastet wird. Neben der Fischzucht bietet die Zucht von Algen ein großes Potenzial für die zukünftige Gewinnung von medizinischen und kosmetischen Produkten und Nahrungsmitteln.

Für den Umgang mit den endlichen Schätzen im Ozean bedarf es eines globalen Managementplans für den Ozean. Für jeden Einzelnen bleibt die Herausforderung, sorgsam mit endlichen Ressourcen umzugehen und auf nicht lebenswichtige Dinge zu verzichten. Es bedarf einer breiten Aufklärung über das maritime Ökosystem und seinen Einfluss auf das Leben der Menschen und den menschlichen Einfluss auf den Ozean, um einen verantwortungsvollen Umgang der Menschen mit dem Ozean zu erreichen (42).

Der Ozean als Abfallbecken

Menschen gewinnen nicht nur die Schätze des Ozeans, sie entsorgen in ihm auch riesige Mengen an Abfall. Dabei stammen ca. 80 Prozent der Verschmutzung des Meeres von Land, und nur 20 Prozent von Schiffen. Vor allem über die Flüsse gelangen Abwässer, Chemikalien, aus Überdüngung stammende Nährstoffe und Müll aus Industrie und Landwirtschaft in die Küstenmeere und den Ozean.

Viele hunderttausend Müllteile findet man entlang der dicht besiedelten Küstenabschnitte; mitten im Ozean haben sich in Absinkregionen riesige *Müllwirbel* gebildet. Insbesondere der langlebige Plastikabfall wird zur tödlichen Falle für marine Säugetiere, Vögel, Schildkröten und Fische. Viel gefährlicher sind aber die nicht sichtbaren, mikroskopisch kleinen Zerfallsprodukte der Kunststoffe sowie giftige Zusätze wie Weichmacher und Lösungsmittel. Sie lagern sich in den Meeresorganismen ab und gelangen über die Nahrungskette zurück zum Menschen (World Ocean Assessment I, 2016).

Immer häufiger entdeckt man im Meer auch sogenannte sauerstoffarme, tote Zonen, die frei von den üblichen Meereslebewesen sind. Sie sind auf das Einbringen von Chemikalien und Nährstoffen aus Industrie und Landwirtschaft zurückzuführen. Durch die Düngewirkung großer Stickstoff- und Phosphormengen vermehren sich Algen explosionsartig. Bei ihrer späteren Zersetzung zehren sie vermehrt den im Meerwasser gelösten Sauerstoff auf. Ein besonders drastisches Beispiel ist der Golf von Mexiko: An manchen Tagen bilden sich im Mündungsgebiet des Mississippis großflächige Totzonen. Ganze Strandabschnitte sind für den Menschen gesperrt, weil sich im Wasser neue Organismen angesiedelt haben, die Atemgifte ausstoßen (World Ocean Assessment I, 2016).

Meerwasser wird auch für die Kühlung von industriellen Anlagen genutzt, sodass vermehrt Wärme und Schadstoffe ins Meer gelangen. Nach der Havarie des Atomkraftwerks von Fukushima 2011 in Japan gelangten große Mengen radioaktiven Kühl- und Löschwassers ins Meer – mit noch nicht bekannten Folgen. Verschmutzung unterschiedlichster Art verändert die Küstenmeere und den Ozean: ein schwieriges Erbe an die kommenden Generationen.

Seit jeher ist der Ozean ein wichtiger Transportweg für den Menschen. Mit zunehmenden globalen Handelsbeziehungen, global ausgerichteten Fertigungsketten in den unterschiedlichsten Produktionszweigen und Tourismus steigen das Transportaufkommen und der Seeverkehr. Diskutiert werden die Umweltschädigungen des Meeres durch Schiffe in der Öffentlichkeit hauptsächlich bei schweren Unglücken, aber der Ozean wird genauso durch den alltäglichen Schiffsverkehr belastet. Schiffe verbrennen in ihren Motoren Schweröle minderer Qualität, deren giftige Verbrennungsrückstände ins Meer gelangen. Die großen, medienwirksamen Tankerunfälle haben in der Regel lokal fatale Folgen, sind aber *nur* für etwa 10 Prozent der Ölverschmutzung im Ozean verantwortlich. 35 Prozent der weltweiten Ölverschmutzung stammt aus diffusen Verunreinigungsquellen des regulären Schiffsbetriebs, 45 Prozent aus industriellen und kommunalen Abwässern und dem nicht vorschriftsmäßigen Betrieb von Bohr- und Förderanlagen (World Ocean Review 3, 2014).

Die Meeresumwelt wird auch durch Infrastrukturmaßnahmen und Bebauung von Küstenzonen beeinträchtigt: Der Bau von Küstenstädten, deren Hafenanlagen, das Ausbaggern von Fahrrinnen, Küstenschutzmaßnahmen oder Hotelanlagen schädigen Küstenökosysteme und küstennahe Lebensräume und führen zum Verlust von Salzwiesen, Mangroven, Korallen oder Wattflächen und beeinflussen die Topografie des Küstenraumes dauerhaft. Die oft sehr sichtbaren Veränderungen des natürlichen Küstenraums, den wir Menschen als Kultur- und Erholungsraum nutzen, weisen uns augenscheinlich auf die Notwendigkeit des Meeresschutzes hin.

Guter Meeresschutz beginnt an Land: Um die Verschmutzung einzudämmen, müssen Abfall an Land und die Einleitung in die Meere verringert bzw. vermieden werden. Dazu beeinflussen die Industrie- und Agrarpolitik den Zustand der Meere entscheidend. Aber jeder Einzelne ist dazu aufgerufen, sein Konsumverhalten zu überdenken und möglichst einzuschränken (52). Und es bedarf besserer Aufklärung über die Folgen der Verschmutzung und Vermüllung des Ozeans und der daraus resultierenden Probleme für uns Menschen, insbesondere in den Küstenräumen.

Martin Visbeck

Wem gehört der Ozean?

Laudato Si' erinnert uns daran, dass wir nur eine Erde und einen Ozean haben. Der christliche Glaube erwartet von uns Menschen den verantwortlichen Umgang mit der Natur. Der Ozean trennt die Kontinente der Erde, aber er verbindet die Menschen und ihre Kulturkreise. Aber wem gehört er? Verteilungskämpfe um den Ozean haben eine lange Geschichte. Päpstliche Urteile teilten einst den Ozean auf, später wurden viele Seekriege um die Vorherrschaft über den Ozean und seine Handelswege geführt. Spätere Überlegungen dazu bewegten sich zwischen dem Gedanken der Freiheit des Meeres und der Doktrin des den Küstenstaaten zugesprochenen Meeres unter Ausschluss von Drittstaaten. Die Vereinten Nationen (UN) haben 1982 das internationale Seerechtsübereinkommen verabschiedet und regeln darin, was auf, in und unter den Meeren erlaubt und verboten ist. Die Seerechtskonvention ist von den meisten Staaten der Welt unterzeichnet und teilt das Meer in verschiedene Zonen: Zwölf-Seemeilen-Zone, 200-Seemeilen-Zone und die Hohe See. Die Zwölf-Seemeilen-Zone ist das sogenannte Küstenmeer. Dort ist nationales Recht verbindlich. Damit zählt das Küstenmeer zum Staatsgebiet. An das Küstengewässer grenzt die 200-Seemeilen-Zone, die »Ausschließliche Wirtschaftszone«. Dort verfügt der Küstenstaat über die Nutzung der natürlichen Ressourcen im Meer – über Lebewesen und Bodenschätze. Er darf Fangquoten für die Fischerei festsetzen, Lizenzen für die Suche nach Rohstoffen vergeben und über ihren Abbau entscheiden. Sämtliche Einnahmen aus der Fischerei und dem Rohstoffabbau darf der jeweilige Staat behalten. Um die genaue Grenzziehung gibt es immer wieder Streit zwischen den Küstenstaaten. Plakative Beispiele sind der Nordpol, aber auch das Südchinesische Meer, wo zwischen vier bis sechs Staaten Ansprüche auf die gleichen Gebiete anmelden. Alles außerhalb dieser Grenzen bildet die dritte Zone, die Hohe See. Sie gehört völkerrechtlich bisher niemandem und prinzipiell hat jeder das Recht dort nach Belieben zu fischen. Diesem Gemeinnutz unterstehen heute 64 Prozent des Ozeans, also ca. 40 Prozent der Erdoberfläche. Eine besondere Regelung kennt das Seerecht für den Meeresboden in der Tiefsee. Die dort vorhandenen Bodenschätze werden als »gemeinsames Erbe der Menschheit« von der Internationalen Meeresbodenbehörde auf Jamaika verwaltet. Die Behörde prüft und beurteilt alle Vorhaben, kann Genehmigungen erteilen und würde die Nutzer verpflichten, 30 Prozent der Gewinne an die Weltstaatengemeinschaft zurück zu geben. Allerdings hat bis heute noch keine Nation dort kommerziell Bodenschätze abgebaut.

Bis heute gibt es keine UN-Organisation, die für die Regulierung der Nutzung und des Schutzes des Ozeans als Ganzes verantwortlich ist. Viele Programme und

Organisationen der Vereinten Nationen sind immer nur für Teilaspekte zuständig. Beispiele hierfür sind das Übereinkommen zur Verhütung der Meeresverschmutzung durch die Seefahrt (MARPOL) oder die Biodiversitätskonvention (CBD). Viele Staaten und Regionen kooperieren miteinander, um zumindest den Schutz und die nachhaltige Nutzung von einzelnen Meeresgebieten zu verbessern. Dazu werden regionale Vereinbarungen ausgehandelt wie zum Beispiel das Abkommen zum Schutz der Meeresumwelt des Nordostatlantiks (OSPAR). Die Kapazitäten vieler Küstenstaaten zur Durchsetzung der Abkommen sind jedoch vielfach schwach und die Kontrollmöglichkeiten in der Weite des offenen Ozeans eine kaum zu bewältigende Herausforderung. Trotz der diversen Abkommen hat sich der Zustand des Ozeans verschlechtert und es stellt sich immer häufiger die Frage nach einem globalen Konzept für die Verwaltung des menschlichen Handels auf dem Ozean.

Die Zukunft des Ozeanschutzes durch bessere Verwaltung: Ocean Governance

Die internationale (Staaten-)Gemeinschaft hat sich 2002 auf dem »World Summit on Sustainable Development« und mit der Biodiversitätskonvention der Vertragsstaaten verpflichtet, zehn Prozent der Weltmeere bis 2012 unter Schutz zu stellen. Diese Frist wurde verlängert, da dieses Ziel nicht annähernd erreicht wurde. Heute stehen formal 3,4 Prozent der Meere unter Schutz; im Vergleich dazu sind ca. 15 Prozent der terrestrischen Flächen in irgendeiner Weise geschützt. Fast alle geschützten Meeresgebiete befinden sich in Hoheitsgewässern, überwiegend in unmittelbarer Küstennähe. Der Schutz ist aber häufig ineffektiv. Der Nationalpark Wattenmeer beispielsweise wird von Seekabeln und Fahrwassern durchzogen, Sand- und Kiesabbau oder andere Nutzungsformen sind in vielen Schutzzonen zulässig.

Der umfassend geregelte Umgang mit dem Meer wird unter dem Begriff *Ocean Governance* zusammengefasst – die Nutzung des Meeres soll so reguliert und verwaltet werden, dass sie nachhaltig ist und allen Menschen und nachkommenden Generationen zugutekommt. Dabei spielen sowohl nationale und internationale Gesetze oder politische Maßnahmen als auch Sitten, Traditionen, Kultur und diverse verwandte Institutionen und Prozesse eine Rolle (World Ocean Review 4, 2015). Hoffnung für einen umfassenden Meeresschutz machen regionale Beispielprojekte, wie die Bildung von Schutzgebiets-Netzwerken in der Karibik und der Ostsee, oder die Raumplanung im Meer (*marine spatial planning*). Sie ist ein Planungsprozess für Ökosysteme an Küsten und im Ozean, in dem menschliche

Aktivitäten in marinen Gebieten unter Einbeziehung der verschiedenen Akteure analysiert und in ein Regelwerk gefasst werden. Damit lassen sich verschiedene Vorstellungen über die Nutzung eines Meeresgebietes untereinander aushandeln und in der Regel in Einklang bringen. Wirtschaftliche Tätigkeiten wie die Fischerei, der Bau von Offshore-Windanlagen, die Gewinnung von Kies und Bausand durch Baggerarbeiten, der Schiffsverkehr oder auch die Ölförderung müssen gegen andere Nutzungen wie Freizeit und Erholung und nicht zuletzt den Meeresschutz abgewogen werden. Sowohl die nationale Meerespolitik der USA, als auch die Meeresstrategierahmenrichtlinie (MSRL) der EU haben dieses Instrument als wichtige Grundlage identifiziert, um eine integrierte Strategie für die Meere mit verbesserter Koordination der einzelnen Interessensgruppen einzuführen. Mit der MSRL als einheitlicher Ordnungsrahmen soll in den Meeresgewässern der EU ein guter Zustand der Meeresumwelt erreicht werden. Die Beurteilung des guten Zustands erfolgt über ausgewählte Indikatoren und Maßnahmen, die den guten Zustand bewahren oder zu seinem Erreichen beitragen sollen.

Problematisch bleibt der Schutz der Hohen See, da sie nicht der Hoheitsgewalt eines Küstenstaates unterliegt. Bislang sind nur wenige Schutzgebiete in der Hohen See ausgewiesen und diese sind nicht für alle Staaten bindend und umfassen nicht alle unterschiedlichen ausgeübten Aktivitäten. Es gibt jedoch verschiedene Bestrebungen, weitere Schutzgebiete jenseits der Hoheitsgewalt der Küstenstaaten auszuweisen. Der Beirat für globale Umweltfragen schlägt vor, den gesamten Ozean als ein ökologisches System und als gemeinsames Erbe der Menschheit zu betrachten. Das Prinzip des gemeinsamen Erbes impliziert Rechtansprüche zukünftiger Generationen sowie die Erhaltung und den Schutz der Ressourcen und der Umwelt. Ein ähnlicher Ansatz betrachtet die gegenwärtige Menschheit nur als Verwalter der natürlichen Ressourcen der Welt. Verschiedene Religionen, zum Beispiel das Christentum und der Islam, befürworten diesen Ansatz (93, 201). In den asiatischen Kulturen spricht man hingegen von »in Einklang mit der Natur leben« *(living in harmony with the ocean)*. Die sich daraus ableitenden Handlungsoptionen sind allerdings gleich, die Umwelt bzw. den Ozean möglichst nachhaltig mit gebührendem Respekt für andere Lebewesen und für folgende Generationen zu nutzen.

Die nachhaltige Entwicklung des Ozeans für eine gute Zukunft

Hoffnung macht die fast gleichzeitig mit dem Erscheinen der *Laudato Si'* beschlossenen Entwicklungsagenda 2030. Das Kernstück der Agenda sind 17 globale nachhaltige Entwicklungsziele der Vereinten Nationen – die sogenannten SDGs *(Sustainable Development Goals)* –, deren Ausarbeitung auf der Konferenz Rio+20 für globale Nachhaltigkeit beschlossen wurde. Sie erweitern die Millennium-Entwicklungsziele um eine ganzheitlichere Betrachtung der Entwicklungsagenda für alle Staaten mit dem Ziel, eine nachhaltige Entwicklung unter Berücksichtigung der fünf Dimensionen *(Peace, People, Prosperity, Planet and Partnership)* zu erreichen. Zusätzlich zu Armutsbekämpfung, Gleichberechtigung, Ernährungssicherung und Rohstoffversorgung wird dem Schutz des Klimas, des Ozeans und der Biodiversität eine hohe Bedeutung beigemessen. Neu ist, dass dem Schutz und der nachhaltigen Nutzung des Ozeans ein eigenständig formuliertes Entwicklungsziel (SDG 14) gewidmet wurde, was den vielen Dimensionen des Ozeans angemessen ist (Visbeck et al., 2014). Es wird durch zehn Unterziele spezifiziert, wie zum Beispiel durch das Ziel, die Meeresverschmutzung zu vermeiden beziehungsweise bis 2025 signifikant zu verringern oder bis 2020 einen nachhaltigen Schutz und nachhaltiges Management der marinen und Küstenökosysteme zu etablieren. Diese Ziele zu erreichen, ist die Herausforderung für die kommenden Jahre und Jahrzehnte.

Um einen nachhaltigen Umgang der Menschen mit dem Ozean und seinen Küsten durchzusetzen, braucht es Aufklärung und den gesellschaftlichen und politischen Willen. Das bessere Verstehen der schädigenden Einflüsse auf das Meer und mögliche Kompensationsmechanismen für die marine Umwelt müssen gefördert werden. Hier stellen sich Fragen nach Zuständigkeiten und Kompetenzen. Sie sind sowohl bei der Nutzung der Meeresressourcen als auch für das Schutzmanagement zentral. Die Verteilungsfrage zwischen der entwickelten und sich entwickelnden Welt ist dabei besonders zu beachten, um einen gerechten Umgang mit dem Meer und der Nutzung seiner Leistungen zu sichern. Insbesondere erschweren schwache und korrupte Verwaltungsstrukturen in den ärmeren Entwicklungsländern den Prozess.

Wird es gelingen, den Ozean insgesamt als Menschheitserbe zu verstehen und sorgsam mit ihm auch im Kontext der neuen Nutzungen und der Generationengerechtigkeit umzugehen? Dass die Vereinten Nationen den Meeresschutz zu einem der großen Entwicklungsziele für die Zukunft erklärt haben, ist ein wichtiger Schritt in diese Richtung. Nach wie vor gilt aber auch, dass sich Meeresschutz vor allem dann erreichen lässt, wenn Menschen selbst aktiv werden. Eine gut informierte und für das Meer sensibilisierte Öffentlichkeit kann den nötigen Druck erzeugen, um politische Änderungen zu bewirken. Dazu ist es aber auch vielerorts nötig, Menschen bei der nachhaltigen Bewirtschaftung ihres Lebensraumes zu unterstützen. Dieser Aufbau von Kompetenzen *(Capacity Building)* gilt als

Schlüssel der nachhaltigen Entwicklung. Der bessere Umgang der Menschen mit dem Ozean erfordert auch von der Meeresforschung mehr Interdisziplinarität, mehr Internationalität, mehr Offenheit, um der besonderen Verantwortung für den Ozean gerecht zu werden.

Aus diesem Blickwinkel betrachtet auch *Laudato Si'* unsere Umwelt. Es geht letztlich um die Würde aller Menschen heute und in der Zukunft. Es geht um die Verantwortung unserer Generation für die Zukunft. Wir haben genug Wissen, um komplexe Systeme zu analysieren, aber nie genug Wissen, um alle Folgen unseres Handelns abzusehen. Wir werden das Vorsorgeprinzip nicht aushebeln und unser Handeln beschränken wollen. *Laudato Si'* und die nachhaltigen Entwicklungsziele setzen sich für ein friedliches Zusammenleben aller Menschen, mit gleichen Entwicklungsmöglichkeiten für alle unter Berücksichtigung der planetaren (und ozeanischen) Grenzen, ein. Beide propagieren die Würde jedes Einzelnen und den sozialen Zusammenhalt unter den Menschen, angefangen bei der Familie über Staaten, Regionen bis hin zur ganzen Welt.

Literatur

IPCC (2013). *Climate Change 2013: The Physical Science Basis. Contribution of Working Group I to the Fifth Assessment Report of the Intergovernmental Panel on Climate Change* (Herausgegeben von T.F. Stocker, D. Qin, G.-K. Plattner, M. Tignor, S.K. Allen, J. Boschung, A. Nauels, Y. Xia, V. Bex & P.M. Midgley). Cambridge/New York: Cambridge University Press.

Visbeck, M., Kronfeld-Goharani, U., Neumann, B., Rickels, W., Schmidt, J., van Doorn, E., Matz-Lück, N., Ott, K. & Quaas, M.F. (2014). Securing Blue Wealth: The Need for a Special Sustainable Development Goal for the Ocean and Coasts. *Marine Policy, 48*, 184–191.

Wissenschaftlicher Beirat der Bundesregierung Globale Umweltveränderungen (WBGU). (2013). Welt im Wandel: Menschheitserbe Meer. Hauptgutachten 2013.www.wbgu.de/fileadmin/templates/dateien/veroeffentlichungen/hauptgutachten/hg2013/wbgu_hg2013.pdf (16.07.2016).

World Ocean Assessment I (2016). The First Global Integrated Marine Assessment. www.un.org/depts/los/global_reporting/WOA_RegProcess.html (16.07.2016).

World Ocean Review 1 (2010). Mit den Meeren leben – ein Bericht über den Zustand der Weltmeere. http://worldoceanreview.com/wp-content/downloads/wor1/WOR1_gesamt.pdf (16.07.2016).

World Ocean Review 2 (2013). Die Zukunft der Fische – die Fischerei der Zukunft aus dem Meer. http://worldoceanreview.com/wp-content/downloads/wor2/WOR2_gesamt.pdf (16.07.2016).

World Ocean Review 3 (2014). Rohstoffe aus dem Meer – Chancen und Risiken. http://worldoceanreview.com/wp-content/downloads/wor3/WOR3_gesamt.pdf (16.07.2016).

World Ocean Review 4 (2015). Der nachhaltige Umgang mit unseren Meeren – von der Idee zur Strategie. http://worldoceanreview.com/wp-content/downloads/wor4/WOR4_de.pdf (16.07.2016).

Anthropogene Stoffströme

Christine Rösch

Anthropogene Stoffströme und Wirtschaftswachstum

Die menschliche Existenz basiert in vielfältiger Weise auf stofflichen Grundlagen: auf dem Vorhandensein von Wasser, Nährstoffen und Rohstoffen, aber auch auf den durch Stoffe beeinflussten oder gesteuerten Funktionen des Systems Erde. Die Aufrechterhaltung dieser stofflichen Grundlagen ist daher eine elementare Voraussetzung einer nachhaltigen Entwicklung.

Anthropogene, das heißt, durch menschliche Aktivitäten ausgelöste Stoffströme sind gegenwärtig in zweierlei Hinsicht nicht nachhaltig: einerseits hinsichtlich des Verbrauchs nicht erneuerbarer Ressourcen; andererseits hinsichtlich der Mobilisierung oder Erzeugung von Schadstoffen und deren Wirkungen auf Mensch und Umwelt. Die Nutzung von Ressourcen und die Umweltbelastung durch anthropogene Stoffströme ist regional und insbesondere global gesehen unterschiedlich verteilt. Von der Weltbevölkerung nutzen 20 Prozent der Menschen rund 80 Prozent der Ressourcen und sind verantwortlich für die damit verbundenen Stoffströme. Für den Großteil der Menschheit steht dagegen nur ein kleiner Teil der Ressourcen zur Verfügung.

Seit Beginn der ersten industriellen Revolution sind die meisten der von Menschen bewegten Stoffströme exponentiell angestiegen, in vielen Fällen wesentlich schneller als der Zuwachs der Weltbevölkerung. Heute setzt die Menschheit auf den Kontinenten mehr Masse in Bewegung als die Natur. Diese Stoffströme werden bewegt, um den Menschen in den Industriestaaten einen hohen materiellen Wohlstand zu verschaffen. Damit werden Tempo und Art der auch natürlich stattfindenden ökologischen Veränderungen beschleunigt. Dies kann in der Folge zu Funktionseinschränkungen und einer Destabilisierung der Ökosysteme führen.

Anthropogene Stoffströme sind problematisch, weil sie in die natürlichen Systeme in vergleichsweise kurzer Zeit und in der Regel großräumig zusätzliche Mengen an schon vorhandenen Stoffen, wie zum Beispiel Kohlendioxid, oder bisher nicht vorhandene Stoffe einbringen. Die Auswirkungen anthropogener Stoffströme können sich in den unterschiedlichen Umweltmedien Boden, Wasser und Luft zeigen oder natürliche Kreisläufe und Wechselwirkungen zwischen den Medien beeinflussen. Die Einschätzung der vielfältigen Interdependenzen einzelner Stoffströme mit der Umwelt sowie mit anderen Stoffströmen ist nur unter großen Unsicherheiten möglich, da jede Stoff- bzw. Materiebewegung Auswirkungen auf ökologische Zusammenhänge hat, die angesichts der Vielzahl von Stoffen und Wirkmöglichkeiten nie vollständig quantifizierbar und qualifizierbar sind.

Umfang und Art anthropogener Stoffströme werden bestimmt durch die Wechselwirkungen zwischen menschlichen Bedürfnissen, die eine Nachfrage nach Produkten und Dienstleistungen auslösen, sowie der eingesetzten Technik und industriellen Verfahren zur Generierung dieser Produkte und Dienstleistungen. Die gegenwärtigen und künftigen Stoffströme und Abfallmengen werden dabei maßgeblich durch die Nutzungs- und Lebensdauer von Produkten beeinflusst. Deren Gestaltung ist deshalb von zentraler Bedeutung für die Steuerung anthropogener Stoffströme. Bei vielen Produktgruppen sind diese seit der Jahrtausendwende zurückgegangen, bedingt durch eine beschleunigte natürliche oder künstliche Alterung des Produktes (sogenannte Obsoleszenz). Man unterscheidet vier Arten von Obsoleszenz:

1. Das Produkt altert und nutzt sich ab. Dies führt zu einer Verringerung der Leistungsfähigkeit und in der Folge dazu, dass das Produkt unbrauchbar wird (werkstoffliche Obsoleszenz).
2. Die technischen und funktionalen Anforderungen an das Produkt verändern sich. Es »veraltet« und kann unbrauchbar werden, weil zum Beispiel Schnittstellen von Hard- und Software nicht mehr kompatibel sind (funktionale Obsoleszenz).
3. Das Produkt kommt aufgrund von neuen technischen Trends und Konsummustern aus der Mode. Dies führt dazu, dass noch voll funktionsfähige Produkte ausgetauscht werden (psychologische Obsoleszenz). Ein Beispiel hierfür ist der Kauf von TV-Geräten. Mehr als die Hälfte funktionierender Flachbildschirmfernseher wird ersetzt, weil die Konsumenten ein Gerät mit größerer Bildschirmdiagonale oder besserer Bildqualität besitzen möchten (UBA, 2015).
4. Das Produkt wird unbrauchbar, weil die Kosten und der Aufwand, es zu reparieren oder Instand zu setzen, so hoch sind, dass die Reparaturen im Ver-

gleich zu einem Neukauf finanziell uninteressant erscheinen. Gründe hierfür sind beispielsweise schneller Preisverfall, reparaturunfreundliches Design, hohe Reparaturkosten und mangelnde Verfügbarkeit von Ersatzteilen, Werkzeugen und Reparaturdienstleistungen (ökonomische Obsoleszenz).

Die wirtschaftlichen Rahmenbedingungen beeinflussen die ökonomische Obsoleszenz und damit die Kaufentscheidungen der Verbraucher bezüglich einer Neuanschaffung oder einer weiteren Nutzung eines Produkts. Kritiker unterstellen den Herstellern gezielte Designmanipulationen, die dazu führen sollen, dass Geräte schneller »altern« und von den Verbrauchern früher nachgekauft werden müssen. Mit dieser Strategie würden der Geräteneukauf und damit der Absatz angekurbelt. Die beschleunigte Obsoleszenz von Produkten zur Steigerung des Konsums lässt die anthropogenen Stoffströme weiter anwachsen. Trotz inzwischen hoher Regeldichte und Einzelerfolgen in der Umweltpolitik nehmen damit auch die durch den Konsum bedingten Umweltrisiken zu. Dies betrifft insbesondere die Risiken mit globaler und generationenübergreifender Dimension wie beispielsweise den Treibhauseffekt, die Überfischung der Meere und den Arten- und Biotopschwund. Materielles Wachstum mit hohem Energie- und Ressourcenverbrauch und umfangreichen anthropogenen Stoffströmen ist demnach dauerhaft nicht mit dem Leitbild einer nachhaltigen Entwicklung vereinbar. Vice versa bedeutet dies aber auch, dass ökonomische Entwicklung ohne die Erhaltung einer intakten Umwelt und der Ökosysteme auf lange Sicht nicht realisierbar ist. Diese Erkenntnis hat zur Formulierung von Strategien und Zielen zur nachhaltigen Gestaltung der Ressourcennutzung und anthropogenen Stoffströme geführt.

Nachhaltige Gestaltung von Stoffströmen

Auf die Verknappung natürlicher Ressourcen haben bereits 1972 eine Reihe von Wissenschaftlern unter der Leitung von Dennis L. Meadows im ersten Bericht an den Club of Rome (»Die Grenzen des Wachstums«) hingewiesen. Als Reaktion auf diesen Bericht fand 1972 die erste internationale Konferenz über die menschliche Umwelt (United Nations Conference on the Environment) in Stockholm statt. In dieser Zeit wurde auch ein eigenes Umweltprogramm (UNEP) eingerichtet, das den Begriff des »Eco-Development« prägte und Maßnahmen zur Ressourcenschonung beinhaltete. Mit dem Brundtland-Bericht 1987 und der Umweltkonferenz von Rio 1992 wurde eine gesellschaftliche Debatte über die Definition einer nachhaltigen Wirtschaftsweise ausgelöst. Gemäß der Brundtland-Kommission muss diese so gestaltet werden, dass sich die Bedürfnisse der heute lebenden Generationen so befriedigen lassen, dass auch nachfolgende Generationen noch zufriedengestellt werden können.

Dieses Leitbild einer nachhaltigen Entwicklung ist ein abstraktes gesellschaftliches Entwicklungsziel, das kontextualisiert und konkretisiert werden muss, um es anwenden zu können. Dabei muss berücksichtigt werden, dass die gesellschaftlichen, ökonomischen und ökologischen Entwicklungen eng verzahnt sind und bei der Festlegung umweltpolitischer Ziele ökonomische und gesellschaftliche Belange genauso einbezogen werden wie die Verfügbarkeit von Ressourcen und die Sicherstellung der Umweltnutzungsmöglichkeiten.

Zur Verwirklichung einer nachhaltigen Entwicklung muss der Fluss aller Stoffe über Verarbeitung, Einsatz und Verbrauch so gesteuert werden, dass eine optimale Wiederverwertung erleichtert wird, womit Abfall vermieden, der Abbau des Vorrats an natürlichen Ressourcen verlangsamt und die Stoffströme verringert werden können (EU-Kommission, 1992). Die Enquête-Kommission »Schutz des Menschen und der Umwelt« des 12. Deutschen Bundestages hat Leitbilder einer Stoffpolitik formuliert und Entwicklungslinien für den Umgang mit Stoffen herausgearbeitet (Enquête, 1993). Demzufolge können die Umweltrisiken menschlichen Wirtschaftens durch Einhaltung der Grundregeln für einen nachhaltigen Umgang mit Ressourcen und der Umwelt reduziert werden (siehe Tab. 1).

Der weiteren Konkretisierung dieser ökologischen Nachhaltigkeitsregeln stehen erhebliche kognitive Defizite gegenüber. Das bisherige Wissen zum Beispiel über die Leistungsfähigkeit von Ökosystemen, anthropogene Stoffströme zu absorbieren und wesentliche Strukturen und Funktionen durch Adaption zu erhalten, ist begrenzt und mit hohen Unsicherheiten behaftet. Davon abgesehen, werden drei unterschiedliche Strategien verfolgt, um die Ressourcennutzung und die anthropogenen Stoffeinträge in die Umwelt zu begrenzen: die Effizienzstrategie, die Konsistenzstrategie und die Suffizienzstrategie. Diese werden nachfolgend vorgestellt und diskutiert.

Ökologische Nachhaltigkeitsregeln	Erläuterung der Regeln
Nachhaltige Nutzung nicht erneuerbarer Ressourcen	Nicht erneuerbare Ressourcen sollen nur soweit genutzt werden wie ein physisch und funktionell gleichwertiger Ersatz, z. B. durch erneuerbare Ressourcen oder eine höhere Ressourcenproduktivität, geschaffen werden kann.
Nachhaltige Nutzung erneuerbarer Ressourcen	Die Abbaurate erneuerbarer Ressourcen soll deren Regenerationsraten nicht überschreiten und ihre ökologische Leistungsfähigkeit nicht einschränken.
Erhalt der Umweltfunktionen	Stoffeinträge in die Umwelt sollen die Belastbarkeit der Umweltmedien nicht überschreiten, wobei alle Funktionen der Umweltmedien zu berücksichtigen sind.
Sicherung der Resilienz von Ökosystemen	Das Zeitmaß anthropogener Einträge bzw. Eingriffe in die Umwelt muss in einem ausgewogenen Verhältnis zum Zeitmaß der für das Reaktionsvermögen der Umwelt relevanten natürlichen Prozesse stehen.
Vermeidung von Gesundheitsrisiken	Gefahren und unvertretbare Risiken für die menschliche Gesundheit durch anthropogene Eingriffe sind zu vermeiden.

Tab. 1: Ökologische Nachhaltigkeitsregeln zum Schutz der Ressourcen und der Umwelt

Effizienzstrategie

Die Effizienzstrategie zielt darauf ab, den Material- und Energiebedarf eines Produktes möglichst gering zu halten und die Wirtschaftsleistung von den anthropogenen Stoffströmen zu entkoppeln. Mit gleichem Ressourceneinsatz sollen mehr materielle Güter erzeugt bzw. der Ressourcenverbrauch zum Erhalt des materiellen Wohlstands verringert werden. Die Effizienzstrategie setzt auf technischen Fortschritt zur Lösung der Umweltprobleme, das heißt auf besser gedämmte Häuser, sparsamere Autos und effizientere Haushaltsgeräte. Dadurch ist sie in Wirtschaft und Gesellschaft gut anschlussfähig und dementsprechend weit verbreitet. Prominente Beispiele hierfür sind das »3 Liter Auto« von VW (Lupo 3L) und die Energiesparlampe. Nach Weizsäcker und Lovins (1995) kann die Ressourceneffizienz für ausgewählte Bereiche oder Produkte um das Vier- bis Zehnfache gesteigert werden. Die Ziele der nationalen Nachhaltigkeitsstrategie sind dagegen deutlich bescheidener. Angestrebt wird eine Verdoppelung der Energieproduktivität (Wirtschaftsleistung je bestimmter Energiemenge) und der Rohstoffproduktivität (Verhältnis Bruttoinlandprodukt zum Rohstoffverbrauch) gegenüber 1990 (Bundesregierung, 2002). Die Grenzen der Effizienzstrategie liegen im sogenannten Rebound-Effekt. Eine Effizienzsteigerung bei einem Produkt wirkt wie eine Preissenkung und ist damit, ceteris paribus, mit einer Zunahme der Nachfrage nach diesem Produkt oder einer stärkeren Nutzung des Produkts verbunden. Dies kann dazu führen, dass die ursprünglichen Einsparungen verringert oder im Extremfall die Einspareffekte komplett zunichte gemacht werden. Hierzu ein Beispiel: Wer sich ein neues, sparsameres Auto zulegt, fährt damit vielleicht mehr, gerade weil jeder Kilometer im Verbrauch günstiger ist. So kann eine steigende Energieeffizienz den Verbrauch von Treibstoff sogar noch weiter ankurbeln.

Konsistenzstrategie

Während die Effizienzstrategie mengenorientiert ist und auf die Verringerung des Energiebedarfs und Materialverbrauchs ausgelegt ist, zielt die Konsistenzstrategie auf die Veränderung der Qualität der Stoff- und Energieströme ab. Damit ist gemeint, dass die Stoff- und Energieströme naturnaher und umweltverträglicher gestaltet und qualitativ und quantitativ an die Belastbarkeit und Regenerationsfähigkeit der Ökosysteme angepasst werden. Beispiele für die Konsistenzstrategie sind der Ersatz fossiler Energieträger durch regenerative Energiequellen wie Sonne und Wind sowie die Substitution von Erdöl durch Biomasse in industriellen Produktionsverfahren. Im Kern geht es dabei um einen Systemwechsel hin zu naturintegrierten Produktions- und Konsumprozessen und um die Kreislaufführung von Stoffen und Energie. Mit der Konsistenzstrategie sind nicht nur technische Veränderungen verbunden, sondern auch strukturelle Änderungen beim Design, der Herstellung, Distribution und Redistribution der Produkte. Konsistente Prozesse und Produkte bedingen ebenfalls Umweltwirkungen, diese führen aber nicht zwangsläufig zu Umweltbelastungen. Die Umstellung der Wirtschaftsprozesse von nicht-erneuerbaren auf erneuerbare Ressourcen und die Anwendung des Prinzips der Kreislaufwirtschaft kann neben den gewünschten Effekten auch nicht intendierte Folgen haben, die negative Umweltimplikationen mit sich bringen. Dies zeigt die systemische Konsistenzstrategie Bioökonomie, der einerseits eine große Reichweite und ein großes Problemlösungspotenzial zugetraut werden und die andererseits vielfältige, teilweise unerwünschte Wechselwirkungen mit der Umwelt impliziert.

Suffizienzstrategie

Die Suffizienzstrategie zielt im Gegensatz zur Effizienz- und Konsistenzstrategie nicht auf Industrie und Wirtschaft, sondern setzt auf der Ebene des individuellen Akteurs und des Lebensstils an und fordert eine Änderung des Nutzungs- und Konsumverhaltens. Nach dem Prinzip »Weniger ist manchmal mehr« soll eine Ethik des »Maßhaltens« entwickelt und der materielle Konsum und der absolute Verbrauch an Produkten und Gütern auf ein nachhaltiges Maß reduziert werden. Die Suffizienzstrategie verlangt einschneidende Veränderungen der Lebensweise, vor allem in den wirtschaftlich und technisch hoch entwickelten Ländern. Nur so kann eine Angleichung des Verbrauchsniveaus stattfinden, das in den Industrieländern um das Vier- bis Fünffache über dem liegt, was global, also für alle Menschen, möglich ist. Die Suffizienzstrategie bedeutet einen Paradigmenwechsel, weil dabei der Schwerpunkt von der Produktionsseite auf die Konsumseite verschoben wird. Es gibt bereits gute Beispiele für die Realisierung der Suffizienzstrategie wie Carsharing oder vegane Ernährung. Die organisierte gemeinschaftliche Nutzung eines oder mehrerer Automobile hat einen reflexiven Konsum von Mobilitätsleistungen zur Folge; die vegane Lebensweise trägt über den Verzicht auf Nahrungsmittel tierischen Ursprungs zum Klima- und Umweltschutz bei. Mit der angestrebten Neuorientierung an Lebensqualität statt am Konsum könnte die Suffizienzstrategie einen deutlich größeren Beitrag zur Ressourcenschonung und Verringerung der anthropogenen Stoffströme leisten als die Effizienz- und Konsistenzstrategie. Jedoch ist fraglich, ob das sozio-kulturelle Anschluss- und Resonanzpotenzial der Suffizienzstrategie ausreichend ist, um ein signifikantes Einsparpotenzial zu realisieren. Die zentrale und noch weitgehend unbeantwortete Frage, die hier zu adressieren ist, lautet: Was ist ein nachhaltiges Maß bzw. wie viel ist genug? Erdbeeren im Winter genießen zu können, in der Stadt einen Geländewagen zu fahren und stets das neuste Smartphone-Modell zu besitzen, ist für viele Menschen zur Selbstverständlichkeit geworden und wird als persönliches Recht wahrgenommen. Unter dieser Voraussetzung steht die Suffizienzstrategie der großen Gefahr gegenüber, vom Gros der Bevölkerung abgelehnt zu werden.

Die Konsistenzstrategie Bioökonomie

Die Bioökonomie ist eine Konsistenzstrategie, die gesellschaftlich anerkannt und in nationalen Politiken implementiert ist. Ihr Ziel ist ein Paradigmenwechsel von der erdölbasierten zur pflanzenbasierten Ökonomie und die ausschließliche Nutzung natürlicher biologischer Ressourcen wie Pflanzen, Tiere und Mikroorganismen als Rohstoffbasis eines nachhaltigen Energie- und Wirtschaftssystems. Ein Beispiel hierfür sind biologisch abbaubare Waschmittel. Bis in die 1990er Jahre wurde Schmutz bei hohen Temperaturen und unter starker Umweltbelastung aus der Kleidung entfernt. Heute sorgen biologisch abbaubare Waschenzyme, Biotenside und Zitronensäure für eine effektive Fleckentfernung bei niedrigen Temperaturen und verringern damit den Energiebedarf beim Waschen. Allerdings gibt es auch Beispiele, die eine Verringerung der Energieeffizienz zur Folge haben. Der Kraftstoff E10, der bis zu 10 Prozent Bioethanol enthält, erhöht den Kraftstoffverbrauch, da Ethanol 34 Prozent weniger Energie enthält als herkömmliches Benzin.

Die Biomasse ist mit einem Anteil von 58 Prozent der Energiebereitstellung der wichtigste erneuerbare Energieträger in Deutschland. Im Wärme- und Verkehrssektor ist Biomasse für 88 Prozent bzw. 89 Prozent des Endenergieverbrauchs aus erneuerbaren Energien verantwortlich. Aufgrund ihrer Volumina, ihrer Wertschöpfungspotenziale und ihrer Beschäftigungswirkung stellt sie neben der Erzeugung von Nahrungsmitteln und der stofflichen Holznutzung den Kernbereich der Bioökonomie dar. Doch die Erzeugung von Biodiesel, Rapsöl, Ethanol und Methan aus Biogas ist alles andere als umweltfreundlich, da die Rohstoffe in großflächigen Monokulturen angebaut werden. Auch die Holznutzung als Energiequelle gerät zunehmend in Kritik, weil die Biomasseentnahme aus den Wälder weiter zunimmt und die Gefahr besteht, dass bald mehr Holz entnommen wird als nachwächst. Der Flächenbedarf für den Anbau von Energiepflanzen führt zu direkten oder indirekten Landnutzungsänderungen und im Extremfall zur Rodung von Regenwäldern und Zerstörung anderer wichtiger Ökosysteme. Zur Vermeidung dieser nicht-intendierten Folgen der Bioenergienutzung wurden in der EU 2009 Nachhaltigkeitskriterien für Biokraftstoffe und Bio-Öle für die Strom- und Wärmeerzeugung eingeführt. Nur Biokraftstoffe und Bio-Öle, die diese Kriterien erfüllen, werden auf die Ziele für erneuerbare Energien angerechnet. Im Jahr 2015 wurden weitere Nachhaltigkeitskriterien definiert (z. B. die Erneuerbare-Energien-Richtlinie), um das Risiko von indirekter Landnutzungsänderung und damit auch die Abholzung von Regenwald zu verringern.

Die Bioökonomie setzt sehr stark auf industrielle Biotechnologie und technischen Fortschritt. Sie suggeriert die Vorstellung, dass allein durch neue Technologien und Verfahren der Nutzung nachwachsender Rohstoffe die Umweltprobleme gelöst werden können. Jedoch hinkt die Realität den Erwartungen hinterher. Moderne Verfahren der stofflichen und energetischen Biomassenutzung, wie beispielsweise die Bioraffinerien und die Herstellung von Kraftstoffen der zweiten Generation, stecken immer noch in den Kinderschuhen. Zunehmend wird deshalb das Heilsversprechen der Bioökonomie in Bezug auf Nachhaltigkeit und Ressourcenverfügbarkeit hinterfragt. Zweifel bestehen darin, ob mit landwirtschaftlichen Rohstoffen die Menge an Kohlenstoff bereitgestellt werden kann, die weltweit derzeit und zukünftig verbraucht wird. Die Auswirkungen industrieller Biomasseproduktion und -nutzung auf die Ökosysteme und deren Klima- und Umweltschutzfunktionen sowie das Konfliktpotenzial für die Landnutzung und den Wettbewerb zwischen der Biomassenutzung verschiedener Sektoren (Energie, industrielle Nutzung, Nahrung) werden ebenfalls kritisch betrachtet.

Die Bioökonomie erhöht den Biomassebedarf und den Import von Holz, Palm- und Sojaöl aus Afrika, Südamerika und Asien, da die inländisch verfügbaren Flächen nicht ausreichen, um den Bedarf zu decken. Durch den Import und die energetische Nutzung von als Nahrungs- und Futtermittel verwendeten Rohstoffen wie Mais und Pflanzenöle können sich die Nahrungsmittelpreise verteuern. Dieser Zusammenhang wurde 2007 evident, als in Mexiko die »Tortilla-Krise« ausbrach. Der Preis für Mais – Grundlage der Fladenbrote – war innerhalb weniger Wochen auf das Doppelte gestiegen und für viele Mexikaner unerschwinglich geworden. Grund dafür war die stark wachsende Produktion von Bioethanol in den USA. Der Mais wurde dort zu lukrativem Treibstoff verarbeitet und nicht mehr nach Mexiko geliefert. Die kurze Formel »Tank oder Teller« bringt das Dilemma auf den Punkt. Um den Tank eines Autos mit Biokraftstoff zu füllen (50 Liter) werden etwa 200 Kilogramm Mais benötigt. Damit könnte ein Mensch während eines Jahres ernährt werden.

Eine Lösung des Dilemmas über die Steigerung der Agrarproduktion durch züchterische und technische Forstschritte oder eine Ausdehnung der Anbauflächen ist nur bedingt möglich. Nur in Kombination mit der Suffizienzstrategie, die auch eine nachhaltige Ernährung mit überwiegend pflanzlichen Lebensmitteln und eine starke Verringerung des Verzehrs an Lebensmitteln tierischen Ursprungs beinhaltet, kann die Bioökonomie nennenswert zur nachhaltigen Entwicklung beitragen. Dennoch wird weiter intensiv nur nach technischen Lösungen gesucht. Dies zeigt das Beispiel Biokraftstoffe. Statt aus Nahrungspflanzen wie Getreide, Mais und Zuckerrohr sollen zukünftig nur noch nicht essbare Pflanzenrückstände wie Stroh oder in technischen Systemen kultivierte Mikroalgen zur Produktion von Biokraftstoffen genutzt werden. Die Bioökonomie und ihre Fokussierung auf biotechnologische Lösungen werden als Irrweg bezeichnet (Gottwald & Krätzer, 2014). Kritisiert wird, dass durch die Bioökonomie Tiere und Pflanzen erklärtermaßen zum Rohstoff Biomasse degradiert werden und tiefgreifende Eingriffe in das Lebendige, wie sie etwa durch die grüne Gentechnik oder synthetische Biologie vorgenommen werden, gebilligt oder gar gefordert werden, um die Potenziale der Bioökonomie besser ausschöpfen zu können.

Lösungen nicht nur in der Technik suchen, sondern die Gangart verlangsamen

In seiner Enzyklika *Laudato Si'* fordert Papst Franziskus die Menschen zum Umdenken auf und macht auf die ethischen und spirituellen Wurzeln der Umweltprobleme aufmerksam (9). Er kritisiert das System der Durchflusswirtschaft und dass die Erde dadurch zu einer »unermesslichen Mülldeponie verkommt« (21). Der Papst beklagt die in Wirtschaft und Gesellschaft weit verbreitete Technik- und Wachstumsgläubigkeit und die damit verbundene naive Hoffnung, dass technischer Fortschritt und Wirtschaftswachstum alle Umwelt- und Verteilungsprobleme der Welt lösen können (109). Er weist darauf hin, dass die ökologische Kultur nicht auf eine Serie von dringenden Teilantworten auf die Probleme reduziert werden kann, die bezüglich der Umweltschäden, der Erschöpfung der natürlichen Ressourcen und der Verschmutzung auftreten.

Papst Franziskus fordert auf zum Umdenken und zur Entwicklung eines Lebensstils und einer Spiritualität, die einen Widerstand gegen den Vormarsch des technokratischen Paradigmas bilden (111). Franziskus empfiehlt, Lösungen nicht nur in der Technik, sondern auch in einer Veränderung des Menschen zu suchen. Ohne einen Wandel gesellschaftlicher und individueller Normen und Wertvorstellungen bestünde – so der Papst – die Gefahr, dass auch die besten ökologischen Initiativen schließlich in derselben globalisierten Logik stecken bleiben (111). Er ruft den Menschen ins Bewusstsein, dass die planetaren Grenzen durch die Lebens- und Wirtschaftsweise der Menschen in vielen Bereichen erreicht sind und Ressourcen- und Ökosystemleistungen nicht unbegrenzt zur Verfügung stehen. Franziskus warnt davor, dass der Rhythmus des Konsums, der Verschwendung und der Veränderung der Umwelt die Kapazität des Planeten derart überschritten hat, dass der gegenwärtige Lebensstil nur in Katastrophen enden könne (161).

Der Papst mahnt angesichts des jahrzehntelangen, unersättlichen und unverantwortlichen Wachstums an, die »Gangart ein wenig zu verlangsamen«, bevor es zu spät sei. Er hält es für ethisch nicht vertretbar, dass der Konsum einiger Menschen immer weiter zunimmt und die Umwelt damit immer stärker belastet, während andere Menschen noch nicht entsprechend der Menschenwürde leben können (135). Er zitiert Benedikt XVI, der bereits gefordert hatte, dass »die technologisch fortgeschrittenen Gesellschaften bereit sein [müssen], Verhaltensweisen zu fördern, die von einem Maßhalten geprägt sind, indem sie den eigenen Energiebedarf reduzieren und die Nutzungsbedingungen verbessern«.

Papst Franziskus weist in seiner Enzyklika auf die Notwendigkeit einer inter- und transdisziplinären Betrachtung und Lösung der Umweltprobleme hin. Er kommt zu dem Schluss, dass durch technische Lösungen für auftretende Umweltprobleme, die Dinge meist isoliert betrachtet werden, obwohl diese in der Wirklichkeit miteinander verknüpft sind, und nur durch die Gesamtschau die wahren Probleme des weltweiten Systems erkannt und gelöst werden können (111). Er empfiehlt das Ganze in den Blick zu nehmen und das Geheimnis der vielfältigen Beziehungen zu sehen, die zwischen den Dingen bestehen. Er fordert die Menschen auf, eine gesunde Technikskepsis walten zu lassen und sich auch frühzeitig mit den nicht-intendierten Folgen einer Technologie zu beschäftigen. Ansonsten bestünde – so Franziskus – die Gefahr, dass technische Einzellösungen verfolgt werden, die ein Problem dadurch lösen, indem sie andere schaffen. Er stellt fest, dass es noch nicht gelungen sei, ein auf den Kreislauf ausgerichtetes Wirtschaftsmodell zu etablieren. Eine Umstellung vom Durchflussprinzip auf das Kreislaufprinzip (Wiederverwertung und Recycling) sei jedoch notwendig, um die Ressourcenverfügbarkeit für die heutigen und die kommenden Generationen zu gewährleisten. Dies allein sei jedoch nicht hinreichend für eine nachhaltige Entwicklung. Vielmehr sei es – so Franziskus – geboten, die Effizienz der Ressourcennutzung maximal zu steigern, den Gebrauch der nicht erneuerbaren Reserven aufs Äußerste zu beschränken und den Konsum zu mäßigen.

Mit seiner Enzyklika sprengt Papst Franziskus den ökonomisch-technokratisch verengten Horizont der Umwelt- und Entwicklungsdiskurse und öffnet den Raum für Kritik an den vorherrschenden Paradigmen Wirtschaftswachstum und technischer Fortschritt. Er thematisiert auch die generationenübergreifende Gerechtigkeit, ein zentraler Aspekt nachhaltiger Entwicklung. Er weist darauf hin, dass die Erde nicht allein von einem utilitaristischen Kriterium der Effizienz und der Produktivität für den individuellen Nutzen her gedacht werden darf. Vielmehr ginge es um die grundlegende Frage der Gerechtigkeit zwischen den heutigen und künftigen Generationen, da die Erde, die wir empfangen haben, auch jenen gehöre, die erst noch kommen. Sie sei eine Leihgabe, die jede Generation empfängt und an die nächste Generation weitergeben muss (159).

Einschätzung zur Forderung des Papstes

Die Enzyklika *Laudato Si'* ist eine fundamentale Kritik am bestehenden, auf schnellen Konsum ausgelegten Wirtschaftssystem und ein ethisch fundierter Appel an die Menschheit mit der Botschaft, dass technischer Fortschritt zur Steigerung der Ressourceneffizienz und technikbasierte Konzepte zur Erhöhung der Konsistenz anthropogener Stoffströme nicht hinreichend sind, um die Umweltprobleme der Welt umfassend und nachhaltig zu lösen und die Verfügbarkeit von Ressourcen für zukünftige Generationen sicherzustellen.

Dieser Botschaft schließe ich mich an. Die Ausführungen in den vorangegangenen Kapiteln haben gezeigt, dass die technisch-orientierten Effizienz- und Konsistenzstrategien nur begrenzt zur Ressourcenschonung und zur Umweltentlastung beitragen können. Beide Strategien sind entweder mit Kosteneinsparungen oder einer Verbesserung des Produktimages verbunden. Diese haben wiederum Rückwirkungen auf das Kaufverhalten und den Gebrauch der Produkte. Ein Beispiel: Ein sparsamer Pkw verursacht geringere Treibstoffkosten pro gefahrenen Kilometer. Dies kann dazu führen, dass Wege häufiger mit dem Pkw zurückgelegt, längere Strecken gefahren und öffentliche Verkehrsmittel oder das Fahrrad dafür weniger genutzt werden. So kommt es, dass die technisch möglichen Effizienzgewinne in der Praxis oftmals nicht erreicht werden, weil das Produkt häufiger oder intensiver genutzt wird. Neben der unmittelbaren Veränderung bei der Nutzung des betreffenden Produkts (direkter Rebound) sind weitere umweltrelevante Änderungen des Nachfrageverhaltens möglich. In dem Beispiel bedeutet das, dass das beim Pkw eingesparte Geld zum Beispiel für Flugreisen ausgegeben werden könnte (indirekter Rebound) und auf diese Weise ein Teil der Energieeinsparung kompensiert wird. Deshalb können Effizienzstrategien das Gegenteil von dem bewirken, was sie eigentlich erreichen wollen.

Ähnliche Effekte sind auch bei der Konsistenzstrategie zu beobachten. Ein Beispiel hierfür ist die aus Mais hergestellte Tüte aus Biokunststoff. Diese suggeriert einen Umweltnutzen, der jedoch meist nicht eingelöst wird, da er erst realisiert werden kann, wenn die Strukturen hierfür geschaffen sind. Konkret heißt das: Nur wenn die Bio-Tüte recycelt oder kompostiert wird und hierbei nicht große Mengen an Treibhausgasen entstehen, ist diese nachhaltiger als die herkömmliche Plastiktüte aus erdölbasierten Rohstoffen. Nach der Nutzung landet die Tüte dann oft im Müll oder auch in der Landschaft. Auch weggeworfene Bio-Tüten können Jahre überdauern. Wenn die Bio-Tüten im Biomüll landen, werden sie genauso aussortiert wie konventionelle Plastik-Tüten und kommen in die Müllverbrennung, da die Verweildauer in der Kompostierungsanlage nicht ausreicht, um sie abzubauen. Das Problem, dass die Plastiktütenflut kontinuierlich wächst, wird also durch die Bio-Tüte nicht gelöst, sondern nur verschleiert.

Die Einschätzung des Papstes, dass es technisch und ökonomisch machbar sei, fossile Energieträger durch erneuerbare Energieformen zu ersetzen, teile ich grundsätzlich. Allerdings muss hierbei bedacht werden, dass die Energiewende eine große sozio-technische Transformation darstellt, bei der es Gewinner und Verlierer gibt. Dies zeigt folgendes Beispiel: Höhere Energiekosten durch die Energiewende erschweren es Haushalten mit niedrigem Einkommen, die notwendigen Ausgaben zur Deckung ihres Grundenergiebedarfs selbst zu bestreiten. Bleiben staatliche Kompensationen für die zusätzlichen Energiekosten aus, können diese Familien in die Armut abgedrängt werden. Die steigende Zahl der Stromsperren ist ein Indiz dafür, dass Grundsicherungsempfänger die Stromrechnung nicht mehr bezahlen können, weil das Budget für Stromkosten zu knapp bemessen ist. Diese sogenannte Energiearmut nur mit den höheren Stromkosten durch den Ausbau erneuerbarer Energien zu verbinden, ergibt allerdings ein schiefes Bild, denn der Strom macht nur rund ein Viertel der Energierechnung aus. Weit mehr Geld wird für die Heizung und das Autofahren benötigt. Das Beispiel zeigt, wie wichtig es ist, die Effekte der Substitution fossiler durch erneuerbare Energiequellen gesamtheitlich zu betrachten und auch die sozioökonomischen Auswirkungen zu bedenken. Ein anderes Beispiel ist die Subventionierung der Anschaffung energieeffizienter Haushaltsgeräte. Leistungsempfänger erhalten einen 150-Euro-Gutschein, müssen dafür aber ein teures Gerät der höchsten Energieeffizienzklasse kaufen. Aufgrund des deutlich höheren Anschaffungspreises für einen Kühlschrank mit der höchsten Energieeffizienzklasse (A+++) werden Personen, die Arbeitslosengeld II, Sozialhilfe oder Wohngeld beziehen, möglicherweise Schwierigkeiten haben, den Rest der Kaufsumme aufzubringen. Ob finanzschwache Haushalte durch einen Kühlschrankaustausch wirklich entlastet werden, wird sich erst in einigen Jahren zeigen. Die Anzahl der im Zuge der »Abwrackprämie« entgegengenommenen alten Kühlschränke ist deutlich hinter den Erwartungen zurückgeblieben. Dies zeigt, dass Effizienzstrategien in finanzschwachen Haushalten auch bei staatlicher Förderung kaum greifen. Ähnliches gilt auch für die Konsistenzstrategie, da umweltverträgliche Produkte, wie das Beispiel Bioprodukte zeigt, meist teurer sind als nicht nachhaltige Produkte.

Die Strategien zur Erhöhung der Energie- und Ressourceneffizienz und zur Verbesserung der Konsistenz des Wirtschaftssystems sind notwendig und wichtig, aber nicht hinreichend, um das für eine nachhaltige Entwicklung erforderliche Maß an Ressourcenschonung und Umweltentlastung zu erreichen. Haushalte mit hohem Einkommen führen in der Regel zu deutlich höheren Ressourcenverbräuchen und Stoffströmen als Haushalte mit geringem Einkommen, aufgrund der großen Wohnungen, oft in Ein- und Zweifamilienhäusern, und überdurchschnittlichen Ausstattung mit Kraftfahrzeugen und anderen hochwertigen Gebrauchsgütern. Ohne Änderung der material- bzw. stoffintensiven Lebensstile in den Haushalten mit hohem Einkommen besteht die Gefahr, dass die Lebensgrundlagen auf der Erde dauerhaft beeinträchtigt werden. Dieser Prozess würde beschleunigt, wenn die Entwicklungsländer ihren berechtigten Nachholbedarf in Zukunft in ähnlich energie- und materialintensiver Weise befriedigen würden. Papst Franziskus fordert deshalb völlig zu Recht ein weltweites Umdenken und eine Änderung der Lebensstile, vor allem in den wirtschaftlich und technisch hoch entwickelten Ländern.

Vor dem Papst haben bereits der Club of Rome, die Brundtland-Kommission und die Enquete-Kommission des 12. Deutschen Bundestages auf die ökologischen Grenzen des Wachstums hingewiesen und Regeln, Ziele und Strategien für eine nachhaltige Entwicklung definiert. Trotz dieser Weichenstellungen kommt die Politik beim Schutz der natürlichen Lebensgrundlagen und der Umsetzung des Leitbilds nachhaltiger Entwicklung nur im Schneckentempo voran. Dies liegt daran, dass diese Aufgabe nicht durch den Staat alleine zu bewältigen ist. Eine nachhaltige Entwicklung kann nicht verordnet werden, sondern erfordert das aktive Zusammenwirken von Individuen, Gesellschaft und Staat. Obwohl das allgemeine Bewusstsein für den Bedarf an nachhaltiger Entwicklung vorhanden ist, bleibt die Realität von einem Primat der kapitalistischen Marktwirtschaft und einem konsumorientierten Lebensstil geprägt. Die weitgehende Beliebigkeit, mit der sich heute ein jeder des Nachhaltigkeitsbegriffs bedienen kann, ist dafür symptomatisch. Dies kommt auch in den unterschiedlichen Vorstellungen der wohlhabenden Industrieländer, der wachsenden Zahl sogenannter Schwellenländer und der hochverschuldeten Entwicklungsländer immer wieder zum Ausdruck. Während sie alle global das Ziel der Nachhaltigkeit befürworten, verbinden sie damit im Detail mitunter gegenläufige Interessen. Wie wichtig aus meiner Sicht das Verständnis und die Umsetzung von nachhaltiger Entwicklung auf der individuellen, kommunalen und staatlichen Ebene zur Transformation des Wirtschaftssystems sind, werde ich im Folgenden verdeutlichen.

Nachhaltiges Handeln auf individueller, kommunaler und gesellschaftlicher Ebene

Wer tiefgreifende Veränderungen in Wirtschaft und Gesellschaft umsetzen will, muss sich über den richtigen Ansatz Gedanken machen. Eine kontrovers diskutierte Frage hierbei ist, auf welcher Ebene das Umdenken und der Wandel ansetzen und wie die Umsetzung gestaltet werden soll. Während die einen den Bottom-up-Ansatz, also eine Veränderung im persönlichen Konsumstil, für dringend geboten und erfolgversprechend halten, sehen die anderen das politische System in der zentralen Verantwortung die »Nachhaltigkeitswende« in einem Top-down-Ansatz zu verordnen und durchzusetzen. Wie so oft liegt der richtige Weg vermutlich in der Integration der beiden Alternativen. Der Zwitter aus »top-down« und »bottom-up«, auch als »both directions« bezeichnet, verzahnt die beiden Ansätze und kann dadurch mehr als die Summe der einzelnen Strategien bewirken und im besten Fall zu einer Potenzierung der Wirkungen führen. Nachfolgend werden die Möglichkeiten des Handels für Nachhaltigkeit auf der individuellen, kommunalen und gesellschaftlichen Ebene verdeutlicht und die darauf aufbauenden Nachhaltigkeitsansätze »bottom-up«, » Multiple-Nucleus « und »top-down« erläutert und mit Beispielen illustriert.

a. Bottom-up-Nachhaltigkeitsansatz

»Was kann ich schon tun?« lautet häufig die resignierte Reaktion auf globale Probleme wie Klimawandel oder Umweltverschmutzung. »Du kannst sehr wohl etwas tun«, antwortet das Konzept der Nachhaltigkeit. »Du musst etwas tun!« fordert Papst Franziskus, denn die ökologische und die soziale Nachhaltigkeit sind eng mit einander verwoben. Nachhaltigkeit umfasst nicht nur alle Ebenen von der globalen bis zur lokalen Ebene, Nachhaltigkeit bezieht auch und gerade die individuelle Ebene mit ein: Ohne einen persönlichen Werte- und Sinneswandel kann keine Richtungsänderung hin zu nachhaltiger Entwicklung gelingen. Damit ist gemeint, dass der Konsum keine rein private Angelegenheit ist, sondern in einem regionalen und globalen Kontext steht und materielle, ökologische und soziale Auswirkungen hat. Ansatzpunkte für nachhaltiges Verhalten und nachhaltigen Konsum gibt es praktisch in allen menschlichen Aktivitätsfeldern, angefangen von der Ernährung über Wohnen und Bauen sowie Mobilität bis hin zu Freizeit und Tourismus. Nachhaltiger Konsum betrifft dabei nicht nur den Kauf von Produkten und Gütern sowie den Bezug von Dienstleistungen, sondern auch das Nutzungs- und Entsorgungsverhalten im Alltag. In Tabelle 2 sind für die drei verschiedenen Konsumphasen Kaufen, Nutzen und Entsorgen beispielhaft Maßnahmen zur Umsetzung der Effizienz-, Konsistenz- und Suffizienzstrategie aufgeführt.

Kosumphase	Nachhaltigkeitsstrategie	Maßnahmen (Beispiele)
Kaufen	Effizienzstrategie	Dünne Plastiktüte Niedrigenergiefahrzeug
	Konsistenzstrategie	Bio-Tüte Biokraftstoff-/Elektroauto
	Suffizienzstrategie	Tasche/Korb Carsharing/Fahrrad
Nutzen	Effizienzstrategie	Mehrfachnutzung Tüte Auto Start Stopp-Funktion
	Konsistenzstrategie	Biokraftstoff/EE-Strom tanken
	Suffizienzstrategie	ÖPV/Fahrrad benutzen
Entsorgen	Effizienzstrategie	Stofflich-energetisch nutzen
	Konsistenzstrategie	Recyceln, kompostieren
	Suffizienzstrategie	Reparieren, wiederverwenden

Tab. 2: Strategien und Maßnahmen für nachhaltigen Konsum

Der Veränderungsprozess auf der individuellen Ebene nach Maßstäben der Nachhaltigkeit kann dazu führen, dass das Wirtschaftssystem zunehmend nachhaltige Produkte und Dienstleistungen anbietet und sich schließlich ganz auf das neue Konsumverhalten einstellt. Die Wirkung des Bottom-up-Ansatzes kann über Menschen mit Vorbildfunktion zu einem Dominoeffekt führen. Der Ausstrahlungseffekt der Verhaltensänderung kann auch über die Nachbarschaft oder Kommune hinaus wirken. Modelle nachhaltigen Konsums sind wichtig, um alternative Wege zum Wohlstandsgewinn aufzuzeigen. Sie müssen in Haushalten, Nachbarschaften, Stadtbezirken oder Städten entwickelt, ausprobiert und kommuniziert werden und lassen sich kaum staatlich verordnen.

Der Vorteil des Bottom-up-Ansatzes ist, dass die Menschen am besten wissen und entscheiden können, welche Veränderungen in den eigenen Bereichen notwendig und wirkungsvoll sind. Die Nachteile sind offensichtlich: Die Bereitschaft der Menschen, sich freiwillig aus ihrer Komfortzone heraus zu begeben und ihren auf Wohlstand und ökonomischer Freiheit basierenden Konsumstil zu ändern, ist begrenzt. Beharrungsvermögen, fehlende Mobilisierungsfähigkeit und Widerstände der Privatpersonen gegen einen Werte- und Konsumwandel sorgen dafür, dass die in Haushalten schlummernden Nachhaltigkeitspotenziale nicht gehoben werden können. Trotz Umwelt-, Bio- und Fair Trade-Zeichen und Fußabdruck-Rechner fehlt auf der persönlichen Ebene zudem oft das erforderliche Wissen, um die Nachhaltigkeit des Handels beurteilen und eine bereichsübergreifende Veränderung organisieren zu können. Auch fehlt es an positiven Rückkopplungen, inwieweit ein veränderter individueller Konsum, wie zum Beispiel Energiesparen, der Umwelt zugutekommt. Korrektes Handeln auf der individuellen Ebene alleine reicht deshalb nicht aus für eine nachhaltige Entwicklung der Stoffströme. Ohne eine Umsetzung der Strategien nachhaltiger Entwicklung auf der nationalen und globalen Ebene kann eine Umsteuerung nicht gelingen. Dies ist Aufgabe der politischen Systeme und der Wirtschaft.

b. Multiple-Nucleus-Nachhaltigkeitsansatz

Nachhaltige Entwicklung kann nicht einfach »top-down« verordnet werden, da sie ohne Beteiligung der Bürger nicht umsetzbar ist. Sie muss vielmehr horizontal implementiert werden und an mehreren Stellen gleichzeitig erfolgen. Dieser sogenannte Multiple-Nucleus-Ansatz beinhaltet eine punktuelle Umsetzung nachhaltiger Entwicklung und die gleichzeitige Implementierung an unterschiedlichen Stellen. Die Agenda 21, die auf der UN-Konferenz für Umwelt und Entwicklung 1992 in Rio de Janeiro von 179 Ländern verabschiedet wurde, verfolgt diesen Nachhaltigkeitsansatz. Mit ihrem Handlungsprogramm zur Umsetzung der nachhaltigen Entwicklung setzt sie auf Ebene der Städte und Gemeinden an. Sie gibt den Bürgern und gesellschaftlichen Gruppen vor Ort die Möglichkeit, sich aktiv in Arbeitskreisen zu beteiligen und sich so in die kommunale Verwaltung einzubringen und gezielt und koordiniert bei der Entwicklung von lokalen Strategien nachhaltiger Entwicklung mitzuwirken. In Deutschland haben viele Bundesländer Agenda 21-Prozesse eingeleitet und Handlungsprogramme zur nachhaltigen Entwicklung vorgelegt. Über 2.600 Kommunen haben bereits einen Gemeinderatsbeschluss zur Erarbeitung einer lokalen Agenda 21 gefasst. Dies entspricht fast einem Viertel aller Gemeinden in Deutschlands.

Ein Beispiel für lokale und regionale Handlungsprogramme zur nachhaltigen Entwicklung sind die Verpflichtungen von Regionen, Kommunen und Städten, ihre Energieversorgung auf lange Sicht vollständig auf erneuerbare Energien umzustellen (sogenannte 100ee-Regionen). Derzeit gibt es bereits über 150 Landkreise, Gemeinden, Regionalverbünde und Städte in Deutschland, die dieses Ziel verfolgen. Ein anderes Beispiel für nachhaltiges Handeln auf lokaler

Ebene sind die sogenannten »Energie-Kommunen«, welche die kommunalen Handlungsmöglichkeiten beim Ausbau der erneuerbaren Energien, insbesondere in der Nahwärmeversorgung, ausschöpfen und über Informationsveranstaltungen die Eigenstromerzeugung mittels Photovoltaikanlagen für Haushalt und Gewerbe fördern.

c. Top-down-Nachhaltigkeitsansatz

Nachhaltige Entwicklung ist eine Sache der Gesellschaft und der politischen Systeme. Dies ist einerseits anhand der Geschichte der Nachhaltigkeitsbewegung über Brundtland und den Rio-Prozess bis hin zu den europäischen, nationalen und regionalen Aktivitäten erkennbar. Zum anderen liegt es in der Natur der Sache selbst. Nachhaltigkeit betrifft »das Ganze«, Gegenwart und Zukunft unserer Lebensweise, unsere gesellschaftliche Organisation und die Organisation unseres Verhältnisses zur natürlichen Umwelt im Rahmen der globalen Dimension. Nachhaltigkeit ist deshalb in ihrer inhaltlichen Ausgestaltung wie auch in der Umsetzung eine öffentliche Aufgabe, die auf den unterschiedlichsten Ebenen der politischen Systeme bearbeitet werden muss.

Der Nachteil dieses Top-down-Ansatzes ist die Ablehnung und der Widerstand gegenüber Veränderungen, die von oben herab »per Ordrè« angewiesen werden – insbesondere, wenn die Veränderungen tiefgreifend sind und die Mitglieder der Gesellschaft selbst etwas verändern und ihre Komfortzone verlassen müssen.

Fazit

Wirtschaftswachstum und technischer Fortschritt werden immer noch als wichtige Basis zur Sicherung der menschlichen Existenz und zur Verbesserung der Lebensqualität angesehen. Sowohl die Effizienz- als auch die Konsistenzstrategien nachhaltiger Entwicklung passen in dieses Weltbild und sind damit anschlussfähig an das bestehende Wirtschaftssystem. Beide Strategien können jedoch zu einer Verhaltensänderung und einem Konsumanstieg führen, der ihre Effekte, die auf dem Heilsversprechen der Technikentwickler basieren, deutlich reduziert oder gar überkompensiert. Zudem greifen die Strategien vor allem bei Haushalten mit höherem Einkommen. Diese tragen pro Kopf überproportional zum Ressourcenverbrauch und zu den anthropogenen Stoffströmen bei, haben aber nur einen Anteil von 20 Prozent an der Bevölkerung. Haushalte mit geringerem Einkommen sind aufgrund ihrer wirtschaftlichen Situation meist nicht in der Lage und auch nicht bereit, diese »teuren« Strategien umzusetzen. Ohne einen für viele als unbequem angesehenen individuellen und gesellschaftlichen Wertewandel vom unbegrenzten Güterkonsum hin zu einem genügsamen Lebensstil kann weder eine ökologisch noch sozial gerechte Verteilung der Ressourcen- und Umweltnutzungsmöglichkeiten realisiert und die Entwicklung anthropogener Stoffströme nachhaltiger gestaltet werden.

Literatur

Agenda 21. Konferenz der Vereinten Nationen für Umwelt und Entwicklung (Rio de Janeiro, Juni 1992). http://www.un.org/depts/german/conf/agenda21/agenda_21.pdf (02.11.2016).
Biokraft-NachV (Biokraftstoff-Nachhaltigkeitsverordnung). (2009). Verordnung über Anforderungen an eine nachhaltige Herstellung von Biokraftstoffen. http://www.gesetze-im-internet. de/bundesrecht/biokraft-nachv/gesamt.pdf (02.11.2016).
Brundtland Report (1987). Report of the World Commission on Environment and Development: Our Common Future. http://www.un-documents.net/wced-ocf.htm (2.11.2016).
Die Bundesregierung (1992). Perspektiven für Deutschland. Unsere Strategie für eine nachhaltige Entwicklung. http://www.bundesregierung.de/Content/DE/_Anlagen/Nachhaltigkeit -wiederhergestellt/perspektiven-fuer-deutschland-langfassung.pdf?__blob= publicationFile (02.11.2016).
Enquête-Kommission (1993). Schutz des Menschen und der Umwelt: Ziele und Rahmenbedingungen einer nachhaltig zukunftsverträglichen Entwicklung. Abschlussbericht Deutscher Bundestag. 13. Wahlperiode Drucksache 311200. http://dip21.bundestag.de/dip21/btd/ 13/112/1311200.pdf (02.11.2016).
Gottwald, F.-T & Krätzer, A. (2014). *Irrweg Bioökonomie*. Berlin: Insel.
Meadows, D., Meadows, D., Randers, J. & Behrens, W. W. III (1972). *The Limits to Growth*. New York, Universe Books. A Potomac Associates Book.
Rio-Erklärung über Umwelt und Entwicklung (1992). http://www.un.org/depts/german/conf/ agenda21/rio.pdf (02.11.2016).
UBA (Umweltbundesamt). (2015). Einfluss der Nutzungsdauer von Produkten auf ihre Umweltwirkung: Schaffung einer Informationsgrundlage und Entwicklung von Strategien gegen »Obsoleszenz«. *UBA Texte, 10*. https://www.umweltbundesamt.de/sites/default/ files/medien/378/publikationen/texte_10_2015_einfluss_der_nutzungsdauer_von_ produkten_auf_ihre_umwelt_obsoleszenz_17.3.2015.pdf (02.11.2016).
Weizsäcker, E. U. v., Lovins, A. B. & Lovins, L. H. (1995). *Faktor Vier. Doppelter Wohlstand – halbierter Naturverbrauch*. München: Droemer Knaur.

Wozu gehen wir durch diese Welt

Der Klimawandel und die Tragik des Menschseins

Thomas Hauf

Einige erste Gedanken

Wer Ohren hat, der höre: Die Erde stöhnt, ob der Wunden, die der Mensch in sie geschlagen hat.

Tschernobyl, das Atomwaffentestgelände Hanford, das Muroroa Atoll – auf Jahrtausende für Menschen unbrauchbare, verseuchte Erde. Vergiftete Flüsse ohne jegliches Leben. Die Liste der Umweltfrevel ist lang – ohne Zweifel. Und ohne Zweifel hört man auch viele ob des Klimawandels stöhnen. Zunächst sind es die frustrierten Klimaschützer, die trotz internationalem Engagement und in einer in diesem Maße unbekannten Solidarität mit der Klimaforschung immer noch keine globale Reduktion der Treibhausgase erreicht haben (Abb. 1). Und es sind immer mehr Menschen, die von Naturkatastrophen und Wetterextremen in ihrer Existenz bedroht sind (IPCC, 2014). Unter den Opfern, der Papst hat Recht, sind es vor allem die Armen, die unter Dürre und Hitze leiden und deren Vieh keine Nahrung mehr findet, während die Saat vertrocknet (Welthungerhilfe, 2016).

Doch, trotz der Tränen in unseren Augen, ist eine differenzierte Betrachtung hilfreich, ja sogar notwendig, will man die Ursachen bekämpfen. Zunächst gilt es, zwischen Umweltbedrohung und Klimawandel klar zu unterscheiden. Umweltverschmutzung beeinträchtigt durch Schadstoffe die Lebensräume von Menschen, Tieren und Pflanzen und schädigt deren Gesundheit und Entwicklung in unterschiedlichem und verschieden lang anhaltendem Maße. Hier ist die Verschmutzung von Luft, Wasser und Boden unterschiedlich zu bewerten. Die chinesische Regierung demonstriert eindrucksvoll, wie der Smog in Peking, der manchmal nur eine Sicht von zehn Metern erlaubt, innerhalb weniger Ta-

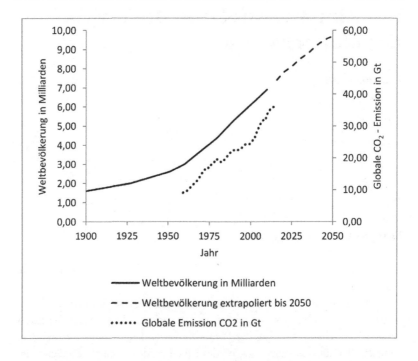

Abb. 1: Die Entwicklung der Weltbevölkerung seit 1900 bis 2010 mit Prognose bis 2050 (linke Achse) und die globalen CO_2-Emissionen von 1959 bis 2014 (rechte Achse)

gen verschwindet, schaltet man alle Fabriken und andere schadstoffemittierenden Anlagen ab und schränkt gleichzeitig den Kfz-Verkehr signifikant ein. Leider war und konnte dies aus chinesischer Sicht keine Dauermaßnahme sein. Ähnliche Erfahrungen konnte man in Deutschland nach der Wiedervereinigung und dem Zusammenbruch der Schwerindustrie in den Gebieten der ehemaligen DDR machen. Umweltbelastete Gewässer hingegen benötigen Jahrzehnte bis Jahrhunderte für ihre Regeneration. Und Böden können auf Jahrtausende, wenn nicht noch länger, vergiftet sein. Ob es, so gesehen, in Fukushima oder in Tschernobyl jemals wieder eine sorgenfreie Nutzung des Bodens geben wird, erscheint äußerst fraglich. Die Ursachen des Klimawandels hingegen sind anderer Natur. Zunächst einmal ist festzuhalten, dass die Treibhausgase wie Kohlendioxid (CO_2), Methan (CH_4, Sumpfgas, Grubengas), Distickstoffoxid (Lachgas, N_2O), Ozon (O_3) und die Fluorchlorkohlenwasserstoffe (FCKW), von deren Anstieg in den letzten beiden Jahrhunderten der derzeitige rasche Klimawandel auszugehen scheint, in den in der Atmosphäre vorkommenden Konzentrationen für den Menschen *direkt* unschädlich sind.[1]

Auch ist zu fragen, ob die Erde wirklich unter dem Klimawandel stöhnt? Keineswegs, sie hat im Laufe ihres 4,6 Milliarden Jahre langen Lebens schon anderes erlebt: Eiszeiten und komplett eisfreie, tropische Zeiten, gewaltige Meteoriteneinschläge und den Himmel verdüsternde Vulkanzeiten. Sie hat sich von alledem erholt und eine Atmosphäre entwickelt, in der sich Leben in seiner uns bekannten Fülle entfalten konnte. Man sollte daher Umweltverschmutzung und Klimawandel differenziert betrachten, auch wenn beide durch viele Prozesse aneinander gekoppelt sind. So führt etwa der Anstieg der Kohlendioxidkonzentration (CO_2) in der Atmosphäre nicht nur zu einer globalen Temperaturerhöhung, sondern auch zu einer Versauerung der Ozeane mit Auswirkungen auf die Tier- und Pflanzenwelt, was wiederum den Temperaturanstieg beschleunigen kann.

Klimawandel und Umweltverschmutzung sind zwar beide anthropogen verursacht, aber im Hinblick auf die Verantwortung des Menschen unterschiedlich zu bewerten. Dies wird deutlich, wenn wir die beim Menschen liegenden Ursachen analysieren. Wir werden sehen, dass die Ursachen des Klimawandels nicht in einer Verführung des Menschen durch böse Mächte wie dem Finanzmarkt und geldgierigen Firmen liegen, sondern letztlich im Menschsein begründet sind. Eine in der Enzyklika vollkommen ignorierte, aber im Kontext des Klimawandels wesentliche Ursache ist das Bevölkerungswachstum (Abb. 1). Die allseits beklagte steigende Opferzahl durch Extremwetter hat gerade darin eine stärkere Ursache als im Klimawandel (Münchner Rück, 2016). Deswegen auch der Titel dieses Beitrags: »Der Klimawandel und die Tragik des Menschseins«.

Die Literatur zu Klimawandel, seinen Auswirkungen und möglichen Maßnahmen ist äußerst umfangreich. Hier kann nur eine vereinfachte und in vielerlei Hinsicht auch vereinfachende Darstellung der Problematik gegeben werden. Der interessierte Leser wird auf einige Referenzen verwiesen.

Das Klima

Unter Klima versteht die Wissenschaft die 30-jährigen Mittelwerte der atmosphärischen Zustandsvariablen an einem Ort oder in einem Gebiet oder auch

---

[1] Eine Ausnahme bildet das bodennahe Ozon, das gerade bei sommerlichen, austauscharmen Wetterlagen lokal auch in für den Menschen gesundheitsbeeinträchtigenden Konzentrationen von 180 µg/m³ und mehr vorkommen kann.

global, wie etwa die mittlere Temperatur in Berlin der Jahre 1961 bis 1990, die Schneehöhe in Zermatt, die Zahl der Hurrikane im Golf von Mexiko oder die globale Mitteltemperatur. Die Mittelung über 30 Jahre eliminiert mehrjährige Schwankungen. Eine solche ist beispielsweise das im Abstand von drei bis acht Jahren immer wieder auftretende Ozean-Atmosphäre-Phänomen *El Niño* mit seinen auf der ganzen Welt beobachtbaren Wetterkapriolen. Auch die Bibel berichtet schon von den sieben mageren und den sieben fetten Jahren. Vor Beginn der regelmäßigen, flächendeckenden meteorologischen Beobachtungen im 19. Jahrhundert und vor Beginn des instrumentellen Zeitalters im 17. Jahrhundert wird das Klima anhand von indirekten Messungen, sogenannten Proxydaten, über größere Zeiträume als 30 Jahre dargestellt.

Die Klimageschichte der letzten 2.000 Jahre weist Temperaturmaxima zur Zeit der Römer und im Hochmittelalter auf, dazwischen liegt ein Minimum während der Völkerwanderung und ein nachfolgendes um 1600, das als kleine Eiszeit bezeichnet wird. In dieser Zeit wuchsen die Gletscher kontinuierlich an und erreichten um 1840 ihre größte Ausdehnung. Seitdem stieg die globale Mitteltemperatur um etwas über einen Grad bis heute an, was man allgemein als den gegenwärtigen Klimawandel bezeichnet.

Was bestimmt das lokale und regionale und was das globale Klima? Regional ist dies der Strahlungsenergiehaushalt[2] und dessen Veränderung durch die chemische Zusammensetzung der Atmosphäre einschließlich der Aerosole[3], die atmosphärische und ozeanische Zirkulation, die geografische Breite, die Höhenlage und die Entfernung zum Meer. Hinzu kommen unter anderem die Exposition zur Sonne, die Nähe zu Flüssen und Seen und die Art von Bewuchs und Bodennutzung (z. B. Urwald oder Großstadt), um einige weitere zu nennen. Ändern sich diese Faktoren, etwa durch großräumige Abholzungen, Trockenlegung von Sümpfen, Erhöhung der Siedlungsdichte oder ähnliche Veränderungen der Bodennutzung, so ändert sich auch das lokale und regionale Klima. Aber wodurch ändert sich das globale Klima?

Viele Ursachen sind hier zu nennen:
1. die Bahnschwankungen der Erde[4]
2. Vulkanausbrüche

---

2   Die Absorption und Reflexion kurzwelliger, solarer Strahlung (Wellenlänge ~0,1–3 μm) und die Absorption und Emission infraroter oder terrestrischer Strahlung (Wellenlänge ~3–60 μm).
3   Aerosol = luftgetragene Partikel (Staub) außer Wolken- und Niederschlagspartikel.
4   Ursache der Eiszeiten nach der Theorie von Milanković (Milutin Milanković, serbischer Astronom, 1879–1958).

3. größere Meteoriteneinschläge, wie zum Beispiel vor 14,6 Millionen Jahren im Nördlinger Ries
4. der natürliche Treibhauseffekt; Spurenstoffe wie der Wasserdampf, Kohlendioxid, Methan, Distickstoffoxid und Ozon absorbieren die vom Boden ausgehende langwellige Strahlung und remittieren diese unmittelbar und in alle Richtungen wieder. Im sich einstellenden Strahlungsgleichgewicht zwischen Erdboden und Treibhausgasen erhöht sich die Temperatur in der unteren Atmosphäre um 33 Grad (im Vergleich zur Situation komplett ohne Treibhausgase), wobei der Wasserdampf mit ~ 62 Prozent den Löwenanteil stellt. Ohne diesen – natürlichen – Treibhauseffekt wäre somit kein Leben auf der Erde möglich, da es sonst zu kalt wäre.
5. der anthropogene oder auch zusätzliche Treibhauseffekt. Die Konzentration der Treibhausgase hat sich seit Beginn der industriellen Revolution um 1800 signifikant erhöht und zu einer globalen Temperaturerhöhung von etwas über einem Grad geführt. Dies bezeichnet man als den zusätzlichen oder anthropogenen Treibhauseffekt. Den größten Anteil von mehr als der Hälfte hat dabei das Kohlendioxid, dessen Konzentration sich von 280 ppmv[5] um 1800 auf heute über 400 ppmv erhöht hat. Auch die anderen Treibhausgase sind mehr geworden, und es sind neue Stoffe wie die Fluorchlorkohlenwasserstoffe (FCKW)[6] hinzugekommen, die ebenfalls, trotz ihrer geringen Konzentration von wenigen hundert pptv[7], zu 12%, zum anthropogenen Treibhauseffekt beitragen.
6. Sonnenstrahlung; auch die Sonne verändert ihre Leuchtkraft in unregelmäßigen Abständen, wie etwa an der Sonnenfleckenzahl erkennbar. Die Gesamtvariabilität liegt bei ~ 2% des gesamten anthropogenen Einflusses und trägt entsprechend zur beobachteten Temperaturvariabilität bei. Der Einfluss der Sonne erscheint zwar gering, ist aber gut belegt, statistisch signifikant, wenn auch noch nicht voll verstanden.
7. Ozean und Meeresströmungen
8. Kontinentalverschiebungen
9. Veränderungen der Landnutzung (z. B. Abholzung)

---

5   ppmv = ein millionstel Volumenanteil = 0,0001% Volumenanteil
6   FCKW sind sehr langlebige vom Menschen geschaffene Stoffe, die neben ihrer Wirkung als Treibhausgas vor allem durch die temporäre Zerstörung der stratosphärischen Ozonschicht, dem Ozonloch, bekannt sind. Aufgrund einer internationalen Vereinbarung im Montrealer Protokoll (1987) sinkt ihre Konzentration langsam wieder.
7   1 pptv = ein billionstel Volumenanteil = 0,0000000001% Volumenanteil

10. Atmosphärischer Staubgehalt[8]
11. Atmosphärische Strömungssysteme

Die Botschaft lautet: Das Klima wird durch viele Faktoren bestimmt und der Klimawandel hat viele und gleichzeitig stattfindende Ursachen. Manche Faktoren wirken rasch wie die Vulkanasche, andere langsam wie die Kontinentaldriften. Manche sind vom Menschen beeinflussbar wie die Freisetzung von Treibhausgasen und die Bodennutzung, andere, wie Vulkanausbrüche und Meteoriteneinschläge, entziehen sich dem menschlichen Einfluss. Kurzum, der Klimawandel ist multikausal. Ein Ausspielen von Sonneneinfluss (»Die Sonne ruft den Klimawandel hervor.«) gegen den anthropogen Einfluss (»Der Mensch ist alleine schuld.«) macht es sich zu leicht und geht an der Realität vorbei.

Die Wissenschaft ist sich einig und jeder Einzelne findet in seinem Lebensbereich auch deutliche Belege dafür: Das Klima hat sich in den letzten hundert Jahren verändert. Am deutlichsten sieht man dies an dem Rückzug der Gletscher, an den kürzer werdenden Schneeperioden und an der Zunahme und Intensität sommerlicher Hitzeperioden. Der temperatur- und ausdehnungsbedingte Anstieg des Meeresspiegels (~ 19 cm im 20. Jahrhundert) wird weltweit beobachtet, der mit Satelliten und Schiffen erkennbare Rückgang der sommerlichen Meereisbedeckung im nördlichen Polarmeer, die Veränderung der Wetterlagen mit Ausbleiben von Regenzeiten in dem einen Gebiet der Erde und die Zunahme von Starkniederschlägen in dem anderen, der aufwendig zu ermittelnde, aber in seinem Ergebnis eindeutige Anstieg der globalen Mitteltemperatur, die Temperaturabnahme in den oberen Luftschichten der Atmosphäre – all dies sind eindeutige Indizien des gegenwärtigen Klimawandels. Der Klimawandel vollzieht sich regional in unterschiedlicher Gestalt, Intensität und Tempo, und all unserem Verständnis nach ist der Mensch durch den anthropogenen Treibhauseffekt und zusammen mit der veränderten Landnutzung und der Luftverschmutzung der Hauptverursacher, dem andere natürliche Einflussfaktoren überlagert sind.

Die Forschung hat sich international unter dem Dach der UN in einer bisher einmaligen Weise im »Intergovernmental Panel on Climate Change« (IPCC) zusammengetan und die Grundlagen, die Ergebnisse aktueller Forschung, die

---

8 Aerosole wirken im Allgemeinen abkühlend durch Abschattung des Sonnenlichts. Eine Ausnahme ist der Ruß, der das Sonnenlicht absorbiert und an Ort und Stelle zu einer Erwärmung führt, wie sehr deutlich bei Ruß auf Schnee erkennbar ist.

Folgen des Klimawandels und Zukunftsszenarien in bisher fünf Sachstandsberichten zusammengetragen und in Abstimmung mit der Politik veröffentlicht. Der neueste, fünfte IPCC-Bericht dokumentiert den aktuellen Stand des Wissens (IPCC, 2014). Das heißt nicht, dass das IPCC mit seinen 10.000 beteiligten Wissenschaftlern sich nicht irren könnte, in Details oder aber auch in größeren Aussagen. Aber mehr als die IPCC Berichte kann eine Wissenschaft nicht leisten. Zu beachten ist, dass die wissenschaftlichen Beiträge des IPCC am Ende auf politischer Ebene der beteiligten Staaten bewertet und entsprechend den eigenen nationalen Sichtweisen in einem komplexen Abstimmungsprozess formuliert werden. Dadurch verlieren die Aussagen, insbesondere solche, die eine politische Verantwortung zu den Ursachen als auch zu den zu ergreifenden Maßnahmen enthalten, an Deutlichkeit. Dennoch kann der fünfte Sachstandsbericht als Referenz für den Klimawandel empfohlen werden. Es ist hervorzuheben, dass auch *Laudato Si'* in vollem Einklang mit dem heutigen Stand der Wissenschaft ist, wie er vom IPCC dokumentiert wird.

Schon beobachtete Klimafolgen

Aufgrund der Klimaforschung weltweit und insbesondere der Arbeiten des IPCC hat seit den 1990er Jahren eine international operierende und immer interdisziplinärer werdende Wissenschaftsaktivität eingesetzt, die alle möglichen Einflussbereiche eines sich verändernden Klimas analysiert (PIK, 2016). Was sind die schon beobachteten Klimafolgen?

Die Folgen sind am deutlichsten bei natürlichen Systemen, aber auch schon in manchen sozio-ökonomischen Bereichen zu sehen. Gletscher schmelzen weltweit aufgrund des Klimawandels und beeinflussen damit auch die vom Gletscherwasser gespeisten Flüsse und Wasserreservoire. Der Permafrost in höheren Regionen und polaren Breiten taut mit Folgen für die dort bisher fixierten Treibhausgase auf. Viele im Wasser lebende Spezies haben ihren Lebensbereich und ihre Wanderbewegungen verändert, einige wenige sind schon aufgrund des Klimawandels ausgestorben. Gesamte Ökosysteme sind starkem Klimastress ausgesetzt. Die landwirtschaftlichen Erträge sind global gesehen in der Summe mehr negativ als positiv beeinflusst. Der negative Einfluss auf die menschliche Gesundheit geht bisher im Vergleich zu anderen Stressfaktoren unter, auch wenn die Zahl der Hitzetoten zu- und die der Kälte bedingten Toten abgenommen hat. Temperatur- und Niederschlagsveränderungen haben nachgewiesenermaßen das entsprechende Auftreten bestimmter Krankheiten verändert.

Aus welchem Grund auch immer: Benachteiligte Gesellschaften sind besonders vom Klimawandel betroffen, ein Umstand, auf den der Papst sehr deutlich hinweist. Ihr Anteil am Treibhauseffekt mag gering sein, aber ihre Möglichkeiten, sich gegen die Folgen des Klimawandels zu schützen oder sogar durch Flucht zu entziehen, sind ebenfalls gering. Selten liegt hier eine eindeutige Ursache vor, sondern viele soziale Prozesse, wie zum Beispiel Krieg und Vertreibung, korrelieren zum Beispiel mit Dürreperioden. Extremereignisse wie Hitzewellen, Zyklonen oder Überschwemmungen belegen eine erhöhte Verletzlichkeit vieler Ökosysteme und Gesellschaften, die sich in Schäden für die Infrastruktur eines Landes, sich verschlechternder Versorgungslage, erhöhter Sterblichkeit, verringertem Gesundheitszustand und allgemein in unzureichenden Schutzmöglichkeiten eines Landes offenbaren.

Ursachen des Treibhauseffektes nach allgemeinen Kategorien

Primäre Ursachen

Wir gehen hier zunächst der Frage nach, aus welchen Quellen die Treibhausgase des anthropogenen Treibhauseffektes stammen und unterscheiden nach Sektoren mit jährlichen Quellstärken in tCO_2eq/a, in denen alle Treibhausgasemissionen[9] in CO_2-Äquivalente umgerechnet wurden. Bezugsjahr ist das Jahr 2010. Bei der Primärenergieerzeugung, das heißt Emissionen während der Energieumwandlung, sind dies 16,8, in der Agrar- und Forstwirtschaft und durch sonstige Landnutzung 12, hervorgerufen durch Düngung, Reisanbau, Tierzucht, Abholzung etc., durch die Industrie (aus Öl, Kohle, Gas) 8,8, vom Verkehr 7, aus Gebäuden durch Heizung und Kochen 3,2 und durch Müll bei Verbrennung und aus der Deponie 1,5 jeweils Gt CO_2eq/a. THG stammen aus Bereichen, die typisch für eine hoch industrialisierte Gesellschaft sind. Auch die Land- und Forstwirtschaft ist nicht unschuldig – hier spiegelt sich der hohe Entwicklungsgrad der land- und forstwirtschaftlichen Produktionsprozesse mit Düngung, Automatisierung, Intensivtierhaltung neben den massiven Waldrodungen in Südamerika und Südostasien wider.

Aufschlussreich ist der ungebrochen ansteigende zeitliche Trend der THG mit einer Gesamtzunahme um 80% zwischen 1970 und 2010, wobei die letzte

---

9 Im Folgenden THG genannt.

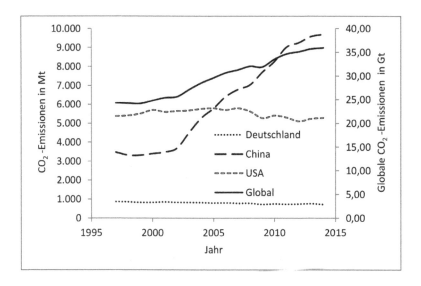

Abb. 2: Die jährlichen Gesamtemissionen von China, USA und Deutschland (linke Achse) und global (rechte Achse) (nach Le Quere et al., 2015)

Dekade mit einer jährlichen Steigerungsrate von 2,2% die höchste in der Menschheitsgeschichte ist. Hervorzuheben ist, dass 78% der THG aus der Verbrennung fossiler Brennstoffe und industriellen Prozessen stammen, trotz deutlicher Zunahme alternativer Energien. Den stärksten Zuwachs in den letzten vier Jahrzehnten finden wir in Asien mit 330%, gefolgt vom Nahen Osten und Afrika mit 70%, Lateinamerika mit 57%, den OECD-Ländern mit 22% und den Reformländern (Russland, zentralasiatische und osteuropäische Länder) mit 4% (Le Quere et al., 2015). USA und China tragen dazu am meisten bei (Abb. 2), wobei der Pro-Kopf-Ausstoß in den USA deutlich über dem von China liegt (Abb. 3). Der Wachstumstrend in China, Indien und den in der Entwicklung befindlichen Ländern ist ungebrochen, während die Pro-Kopf-Abnahme in Europa und den USA durch eine höhere Energieeffizienz und teilweise einem Wandel zu einer Dienstleistungsgesellschaft deutlich abknickt. In der Summe kann diese allgemeine Effizienzsteigerung aber den globalen konsum- und wachstumsbedingten Anstieg nicht kompensieren. Brisant wird es für das Klima, wenn die bevölkerungsreichsten Länder China und Indien nur annähernd die gleichen Pro-Kopf-Emissionen wie die westlichen Länder erreichen sollten, denn dann werden die Gesamtemissionen signifikant weiter steigen.

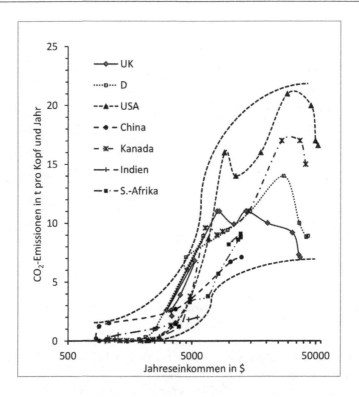

Abb. 3: Jährliche Pro-Kopf-Emissionen einzelner Länder. Einhüllende Kurven charakterisieren den Gesamtverlauf aller Länder. Zu beachten ist die jüngste Entwicklung der Industrieländer auf hohem Niveau (Kurven knicken ab) im Vergleich zur ungebremsten Entwicklung der Schwellenländer auf niedrigem Niveau. Zu vergleichen mit Abb. 2.

Zugrunde liegende Antriebe

Schwieriger als diese primären kategorischen Ursachen der THG sind die diesen Zahlen zugrunde liegenden Antriebe zu quantifizieren. Der IPCC-Bericht identifiziert in Kapitel 5 als die beiden größten Antriebe den Anstieg (1) des Bruttosozialprodukts und (2) den des Verbrauchs (IPCC, 2014). Wo das Einkommen steigt, steigen auch Verbrauch und Lebensstandard (Eigentum, Freizeit, Bildung etc.). Dies deckt sich mit der Beobachtung, dass in Ländern mit hohem Einkommen 13 tCO$_2$eq pro Kopf und nur ein Zehntel davon mit 1,4 tCO$_2$eq pro Kopf in Ländern mit niedrigem Einkommen emittiert werden (Abb. 3). Die Unterschiede zwischen arm und reich sind groß: Ein Mensch in einem reichen Land trägt fünfzigmal mehr als sein Mitmensch in einem armen Land zu den THG bei.

Technologische Entwicklungen offenbaren ein Janusgesicht. Einerseits helfen sie die Energieeffizienz zu verbessern, wie man unter anderem an der Abnahme der Pro-Kopf-Emissionen in den westlichen Ländern erkennen kann (Abb. 3), andererseits generieren sie neue Produkte wie zum Beispiel Smartphones, Raumfahrzeuge oder das Internet, die selbst wieder zu höherem Verbrauch führen. Ein geringerer Energieverbrauch pro Gerät führt nicht zwangsweise zur Verringerung der THG aller Geräte. Verbraucht ein Auto weniger Sprit, dann kann man für das gleiche Geld weiter fahren. Dies ist ein Beispiel für den sogenannten *Rebound*-Effekt. Technischen Fortschritt gibt es auch in vielen anderen Bereichen, in denen der Klimaschutz mehr oder minder außen vor ist. Dazu zählt beispielsweise das Militär. So ist die Amerikanische Armee der weltweit größte Einzelemittent an Treibhausgasen.[10] Wer will schon zugunsten des Treibhauseffektes an militärischer Sicherheit sparen?

Im Menschsein begründete Antriebe

Trotz der Komplexität der Ursachen des Treibhauseffektes und ihrer Vernetzung fassen wir sie in drei Kategorien zusammen, die allesamt im Menschsein ihren Ursprung haben. Die zentrale These dieses Beitrages lautet:

Die Ursachen des anthropogenen Klimawandels liegen im Streben des Menschen nach
➤ Fortpflanzung
➤ Verbesserung der Lebenssituation
➤ Erforschen der Welt

Man könnte diese Antriebe auch als Elementarrechte formulieren: 1. Das Recht auf Fortpflanzung. 2. Das Recht auf Verbesserung der Lebenssituation. 3. Das Recht auf die Freiheit des Forschens und Erforschens. Da diese Rechte oder auch Bedürfnisse, Motivationen, Antriebe, Triebe, Ziele seines Strebens im Menschen verwurzelt und untrennbar mit ihm verbunden sind, können sie ihm weder streitig gemacht werden noch bergen sie a priori eine Schuld in sich.

---

10 http://www.washingtonsblog.com/2009/12/removing-war-from-global-warming.html (06.08.2016).

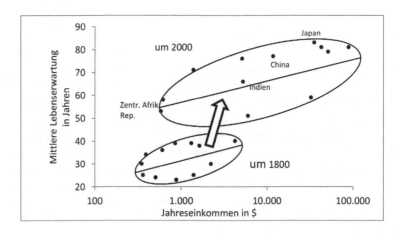

Abb. 4: Lebenserwartung versus Jahreseinkommen einzelner ausgewählter Länder um 1800 und um 2000. Die beiden Ellipsen umschließen die Daten aller Länder und zeigen die erfolgte kollektive Entwicklung zu mehr Wohlstand und längerem Leben (nach https://www.gapminder.org, 06.08.2016)

Wer will es einer Familie absprechen, für Nachkommenschaft zu sorgen?[11] Doch jeder neue Weltenbürger beansprucht durch sein Lebensrecht und die daraus entstehenden Bedürfnisse einen Teil des Allgemeingutes Atmosphäre, benutzt und verschmutzt diese und verändert so das Klima (Abb. 1). Das Bevölkerungswachstum ist weiterhin ungebrochen. Allein seit 1949 bis dato (2016) hat sich die Weltbevölkerung verdreifacht. *Laudato Si'* schweigt sich hier mehr oder minder aus.

Die Menschheitsgeschichte lehrt uns, dass der Mensch stets nach einer Verbesserung seiner Lebenssituation strebt, nach ausreichender Nahrung und Trinkwasser, Kleidung, Unterkunft, ärztlicher Versorgung, Lebenspartnern, Frieden und Freiheit, letztlich nach Wohlstand und Luxus. Wer will es jemandem übelnehmen, wenn er gut und länger leben will – und damit zwangsläufig die THG erhöht (Abb. 4)? Können die elementarsten unter diesen Bedürfnissen nicht mehr befriedigt werden, machen sich die Menschen in letzter Konsequenz auf den Weg und suchen ihr Heil woanders. Die Völkerwanderung, die sich in den derzeiti-

---

[11] China hat es in der Vergangenheit im Rahmen der Ein-Kind-Politik getan, auf verwerfliche und unethische Weise. Mittlerweile ist man davon abgekommen, weniger aus ethischen, vielmehr aus ökonomischen Gründen.

gen und kommenden Flüchtlingsströmen aus Kriegs- und Notzustandsgebieten äußert, hat hier ihren Ursprung. Liegt hier eine Schuld vor? Wohl kaum. Die menschliche Neugier hilft die Lebenssituation zu verbessern. Zum Erkundungstrieb, der die Entdeckung fremder Gebiete der Erde ermöglichte und heute bis in die Tiefen des Weltalls reicht, kommt die Neugier als das Faust'sche Element hinzu – dass ich erkenne, was die Welt im Innersten zusammenhält – und als ihr Resultat Naturwissenschaft und technischer Fortschritt. Der technische Fortschritt mit der Industrialisierung brachte Wohlstand und ein längeres Leben (Abb. 4), aber auch zunehmende THG (Abb. 3).

In diesem Streben ist nichts Böses zu erkennen. Zunächst! Lautet der Schöpfungsauftrag nicht: Macht Euch die Erde untertan? Gewiss, heute ergänzt man ihn um das Gebot von Nachhaltigkeit und Verantwortung für die Schöpfung. Aber ist in der Menschheitsgeschichte die Befolgung dieses Auftrags nicht deutlich zu erkennen?

Natürlich ist, um die christliche Terminologie zu verwenden, der Teufel überall und modifiziert oder lenkt sogar unser Handeln. Wie viel Wohlstand ist Sünde? Brauchen wir Luxusyachten und Fernreisen, sind zwei oder drei Autos pro Familie genug? Ist es nicht unser Eindruck, dass nicht die Zufriedenheit sondern die Raffgier mit zunehmendem Wohlstand wächst? Dürfen wir alles Forschen und Erforschen, wozu wir in der Lage sind? Bomben bauen und künstliche Krankheitserreger schaffen, die die Menschheit vernichten können, Menschen klonen? Wir können nicht die absichtlichen oder auch wohl vermeidbaren Umweltvergehen leugnen. Hier ist dem Papst nur zuzustimmen. Trotzdem bleibt festzuhalten: Das menschliche Streben ist frei von Schuld. Das Böse überlagert jedoch dieses schuldfreie Streben in unterschiedlicher Weise und Strenge.

Wenn dies alles schuldfrei ist, so macht sich auch der frömmste und beste Mensch dennoch schuldig, indem er zum Treibhauseffekt beiträgt, eben auf die eine oder andere Weise. Es handelt sich daher um eine neue Art der Schuld, eine, die im Menschsein begründet ist. Vielen Naturvölkern war dies schon immer bewusst, und sie haben Nachgeborene aus ihrer Gemeinschaft verstoßen, wenn für die wachsende Zahl der Menschen keine ausreichende Lebensgrundlage mehr gegeben war. Der Verstoßene war schuldig geworden, nur weil er lebte. So ist es auch heute. Nur weil der Mensch lebt, weil er seine Lebenssituation verbessern will, weil er neugierig ist, wird er schuldig. Das ist die Tragik des Menschseins heute im Zeichen des Klimawandels.[12]

---

12 Schellnhuber (2015) spricht in seinem Buch *Selbstverbrennung* hier von der fatalen Dreiecksbeziehung zwischen Mensch, Kohlenstoff und Klima.

Thomas Hauf

Die Zukunft

Was kann man tun, um die Folgen des Klimawandels zu begrenzen? Gibt es überhaupt Optionen? Zwei Strategien bieten sich an: Vermeidung und Anpassung.

Vermeidung

Wie und in welchem Maße lassen sich THG reduzieren? Um eine Vorstellung davon zu bekommen, wie sich THG in der zukünftigen Weltwirtschaft, mit dem globalen Bevölkerungswachstum, unter dem steuernden Einfluss der Politik, aber auch mithilfe neuer Umwelt- und Klimaschutztechnologien entwickeln könnten, hat man eine Reihe von Zukunftsszenarien entwickelt.[13] Sie reichen vom *business as usual* bis hin zu einer vollständig ökologischen Welt. Welches dieser Szenarien eintreten wird, ist a priori unklar. Der bisherige Verlauf der Emissionen folgt allerdings dem *business as usual*-Szenario ungebremster Emissionen. Die Anstrengungen der Klimapolitik mit einer Reihe internationaler Klimaschutzabkommen haben keinen Erfolg gezeigt, da sie den Trend wachsender Emissionen in den Schwellenländern, insbesondere in China, nicht brechen konnten (Abb. 2 und 3). Dies hieße, das Streben der Menschen dort nach Verbesserung der Lebenssituation zu stoppen. Politisch nicht umsetzbar und ethisch angreifbar, denn die Pro-Kopf-Emissionen des Westens sind immer noch höher als die der Schwellenländer. Ein Dilemma tut sich auf: So wenig die drei genannten Rechte (Fortpflanzung, Verbesserung der Lebenssituation, Erforschen der Umwelt) schuldbehaftet sind, so wenig lassen sie sich durch politische Maßnahmen von oben begrenzen. Das IPCC und die nationalen Regierungen setzen auf den technologischen Fortschritt: die Dekarbonisierung unserer Industriegesellschaft, die ausschließliche Nutzung alternativer Energien, die Hoffnung, dass auch in den Ländern mit dem höchsten Bevölkerungswachstum die wirtschaftliche Entwicklung zu einer stabilen Bevölkerungssituation führt. Eine vernunftgeprägte globale Vorgehensweise. Sie kann jedoch nur Erfolg haben, wenn sie von allen Ländern mitgetragen wird. Dies setzt Frieden in diesen Ländern voraus. Dazu brauchen sie Solidarität und finanzielle Mittel der reichen Länder. Es gibt berechtigte Zweifel an dieser Strategie. Nicht nur sind es die Trittbrettfahrer, die anderen Ländern den Klimaschutz überlassen, selbst aber von niedrigen Energiepreisen profitieren. Sondern die Sor-

---

[13] http://wiki.bildungsserver.de/klimawandel/index.php/Klimaszenarien (zuletzt aufgerufen am 06.08.2016).

ge um das Weltklima steht auch hintenan, wenn es um Krieg im eigenen Lande, politische Stabilität und Unterentwicklung geht. Will man den globalen Ressourcenverbrauch einschließlich der THG verringern, sodass eine nachhaltige Welt entsteht, so geht es dem heutigen Kenntnisstand nach in den westlichen Ländern nicht ohne Verzicht. Ob ein solcher politisch durchsetzbar ist, darf bezweifelt werden.

Anpassung

Die zukünftigen Klimafolgen werden mit Klimamodellen auf der Basis der angenommenen zukünftigen THG berechnet. Je nach Szenario variieren die Klimafolgen. Gemeinsam ist allen, dass es von heute aus gesehen in Zukunft wärmer wird, so oder so, um ein bis drei Grad am Ende des Jahrhunderts. Der Meeresspiegel wird weiter steigen, die Niederschlagsmuster werden sich verschieben, die Extrema werden zunehmen (siehe IPCC, 2014). Insgesamt sind die Folgen dramatisch. Die Klimafolgen erzwingen Anpassungsmaßnahmen wie Erhöhung der Deiche, Einsatz von Klimaanlagen, neue Anbaumethoden, künstliche Bewässerung etc. Anpassung ist politisch leichter umsetzbar, da sie reaktiv ist, im Gegensatz zu proaktiver Vermeidung, sie kostet jedoch. Die reichen Staaten können sich Schutzmaßnahmen leisten, nicht die armen. Wir klagen mit dem Papst!

Schluss

Die Reduktion der Treibhausgase erscheint heute als eine Utopie, da die Menschen in ihrem Streben bei der gegebenen Heterogenität von Wohlstand, Frieden und politischer Stabilität nicht aus reinen Vernunftgründen gebremst werden können. Das Klimaproblem offenbart eine neue, elementare Tragik des Menschseins, aus der es keinen schmerzfreien Ausweg zu geben scheint.

Zeigt uns die christliche Botschaft einen Weg? Ja, gemäß Luthers Apfelbaum und mit dem Papst gesprochen, sollten wir trotz aller Skepsis handeln. Und Friede, Solidarität und Genügsamkeit sollten dieses Handeln prägen. Klimapolitik ist primär Friedenspolitik. Mit dem Frieden reduziert sich der Flüchtlingsstrom, der wirtschaftliche Aufschwung kann auch in den ärmsten Ländern beginnen, der Bildungsstand kann allgemein und insbesondere bei den Frauen erhöht werden und damit ist die wesentliche Voraussetzung für eine erfolgreiche Bevölkerungspolitik gegeben. Mit Frieden und zunehmendem Wohlstand wächst auch das

Verständnis für eine vernunftgeprägte Klimapolitik. Wir in den reichen Ländern sollten uns solidarisch zeigen mit den ärmsten Ländern im Kampf gegen wirtschaftliche Missstände, Klimafolgen und Friedenshindernisse. Und wir brauchen einen Bewusstseinswandel hin zu mehr Genügsamkeit.

Literatur

IPCC (2014). *Climate Change 2014: Synthesis Report. Contribution of Working Groups I, II and III to the Fifth Assessment Report of the Intergovernmental Panel on Climate Change* (Herausgegeben vom Core Writing Team, R.K. Pachauri & L.A. Meyer). Genf: IPCC [Onlinezugriff: http://ar5-syr.ipcc.ch/(06.08.2016)].
Le Quéré, C. et al. (2015). Global Carbon Budget. *Earth Syst. Sci. Data, 7*(2). 349–396. http://www.earth-syst-sci-data.net/7/349/2015/(06.08.2016).
Münchner Rück (2016). https://www.munichre.com/de/group/focus/climate-change/index.html (06.08.2016).
PIK (2016). Potsdam-Institut für Klimafolgenforschung (PIK). http://www.klimafolgenonline.com (06.08.2016)
Schellnhuber, H.J. (2015). *Selbstverbrennung: Die fatale Dreiecksbeziehung zwischen Klima, Mensch und Kohlenstoff.* München: Bertelsmann.
Welthungerhilfe (2016). www.welthungerhilfe.de (06.08.2016).

Technik, Wissenschaft und Ökonomie

Wenn jemand die Erdenbewohner von außen beobachten würde...

Evolution und Schöpfung

Andreas Beyer

Wer in den 1960er Jahren oder vorher geboren wurde – ich selber bin Jahrgang 1962 – und danach »bürgerlich« sozialisiert, der erfuhr in aller Regel eine christlich-humanistische Erziehung, dabei oftmals mit kritischer Denke gegenüber Kirche und Klerus, stets aber mehr oder weniger religiös orientiert. Glaube und Wissenschaft, Religion und laizistische[1] Weltsicht galten als vereinbar; der Religionsunterricht in der Schule wurde genauso wenig infrage gestellt wie ein wissenschaftliches Weltbild. Sicher – schon damals gab es einige kompromisslose Atheisten ebenso wie fundamentalistische[2] Freikirchler, aber sie prägten nicht das Bild und nicht den öffentlichen Diskurs. Dies änderte sich, als im letzten Drittel des 20. Jahrhunderts eine kreationistische[3] Welle, ausgehend von den evangelikalen[4] Fundamentalisten aus den USA, Deutschland erreichte. Im deutschen Sprachraum begann der Import des Kreationismus in großem Stil damit, dass der Hänssler Verlag ab 1970 Bücher von Arthur Ernest Wilder-Smith ins Deutsche übersetzte.

Ab dann waren es nicht mehr nur die Zeugen Jehovas und eine kleine, geschlossen Gruppe konservativer, deutscher Freikirchler, die kreationistisch – und

---

1 Laizismus = Trennung von Staat und Kirche oder allgemeiner Trennung von Religion und Politik.
2 Als Fundamentalismus könnte man allgemein und in aller Kürze die Ansicht bezeichnen, dass nur der eigene Standpunkt »wahr« und von Gott sanktioniert ist: Konkurrierende Sichtweisen werden vehement abgelehnt.
3 Die sinnvollste und trennschärfste Definition von »Kreationismus« lautet in etwa so: Ansicht, dass dieser Kosmos und insbesondere das Leben durch einzelne, separate Schöpfungsereignisse übernatürlicher Ursache zustande gekommen sind.
4 »evangelikal« bedeutet, dass die heilige Schrift als einzige, zumindest aber primäre Erkenntnisquelle anerkannt und als grundsätzlich irrtumslos angesehen wird.

darüber hinaus deutlich antiwissenschaftlich[5] – eingestellt waren: Es erschien entsprechende Literatur in größerem Umfang, die Propaganda erreichte größere Bevölkerungsschichten, die fundamentalistisch-evangelikale Studiengemeinschaft Wort und Wissen in Baiersbronn wurde gegründet, die seitdem im deutschen Sprachraum hochaktiv ist. Wenngleich die Evolutionstheorie wissenschaftlich längst schon derart gut untermauert ist, dass ein vernünftiger Zweifel am *Naturprinzip Evolution* nicht mehr möglich ist, versuchen diese Kreise seit Jahrzehnten über den Weg populär»wissenschaftlicher« Literatur in der Bevölkerung Zweifel an der Evolutionstheorie zu säen und für die überkommene Idee einer göttlichen Schöpfung durch einzelne Erschaffungsakte zu werben. Hierzu als Gegenbewegung ist dann sicherlich – neben anderen Ursachen – die Entstehung des *Neuen Atheismus* und die Gründung der *Brights* Ende des 20. Jahrhunderts zu sehen.

Als Ergebnis hat sich die Weltsicht der Menschen in unserem Lande deutlich verändert: Man könnte sagen, dass sich »die Mitte geleert« hat. Wo früher Glaube und Naturwissenschaft als vereinbar galten und darüber hinaus die Haltung dazu als reine Privatsache angesehen wurde, so muss man sich heute offenbar entscheiden: Entweder man ist »dumm-naiv gläubig« oder aber ein »gottloser Bright«; dies hat mittlerweile die Dimensionen eines »Kulturkampfes« angenommen – eine Vielzahl der Menschen jedoch, so hat man manchmal den Eindruck, weichen in die Ignoranz aus: Für sie ist das Thema bedeutungslos.

Atheisten sowie konservativ-evangelikal bzw. fundamentalistisch Gläubige versuchen mit mehr und mehr Verve, Einfluss auf Kultur, Bildung und Politik zu nehmen. Beide proklamieren für sich, allein auf der Grundlage der Naturwissenschaften bzw. allein auf der Basis des Glaubens, ein geschlossenes, vollständiges Weltbild inklusive einer Ethik entwerfen zu können.

An einem banalen Fakt kommt jedoch niemand vorbei: Wenngleich die Weltanschauungen und die Ziele der beiden Pole in krassem Widerspruch zueinander stehen, so gehen wir alle auf derselben Erde, atmen dieselbe Luft, leben auf demselben Planeten und sind allesamt gleichermaßen von ihm abhängig. Die vor 1965 geborene Generation hat miterlebt, wie in den 1980er Jahren das *Thema Umwelt* von einer absoluten Marginalie zu einem zentralen Thema des (gesellschafts-)politischen Diskurses wurde. Ressourcen und deren Verteilung sowie Schonung gehen uns alle an – egal, was wir denken oder glauben. Jetzt hat Papst Franziskus die Öko-Enzyklika *Laudato Si'* herausgegeben, in der es um unser Verhältnis

---

5   Mit dem Kreationismus geht – fast automatisch – eine breite Ablehnung weiterer Wissenschaftszweige wie Kosmologie, Geologie, Paläontologie etc. einher, soweit sie mit dem jeweils vertretenen Schöpfungsszenario unvereinbar sind.

Evolution und Schöpfung

mit unserer Umwelt, mit unserem Planeten, aber auch mit unseren Mitmenschen geht. Vor dem Hintergrund des hier grob umrissenen »Kulturkampfes« ist dies sicherlich keine leichte Aufgabe: Es geht um eine Positionierung in einem Problemfeld, das in der Praxis nur von Technik und Wissenschaft angegangen werden kann, jedoch mit einer Argumentationslinie aus einer religiösen Perspektive heraus, und dies in einer mehr und mehr multikulturell geprägten Welt.

Daher wollen wir jetzt zunächst einmal reflektieren, was Naturwissenschaft ist, wo sie Gültigkeit hat, und wie ihr Verhältnis zu den Geisteswissenschaften – konkret: zu weltanschaulichen Ideengebäuden – beschrieben werden kann. Danach können wir untersuchen, wie Franziskus sich hier positioniert – insbesondere, wie er den Begriff *Schöpfung* interpretiert und inwieweit er dabei vielleicht eine opponierende Stellung gegenüber den Naturwissenschaften einnimmt.

Was ist Naturwissenschaft?

Eigentlich müsste man, wenn es um die Methodologie geht, nicht von *Naturwissenschaften*, sondern allgemeiner von *empirischen Wissenschaften* sprechen. Dieser Unterschied ist in hiesigen Kontext aber kaum relevant, sodass wir beides synonym verwenden können.

Was also zeichnet die Naturwissenschaften aus? – Es ist vor allem ihre Vorgehensweise, die Art, wie Erkenntnisse gewonnen und überprüft werden. Charakteristisch ist der sogenannte *methodische Zirkel*, den man durch folgende Rahmenbedingungen und Schritte charakterisieren kann:

➢ Zunächst wird eine bestimmte Weltsicht – der Naturalismus[6] – zugrunde gelegt. Er geht, ausgedrückt in Alltagssprache, davon aus, »dass es auf der Welt mit rechten Dingen zugeht«. Anders gesagt: Die Existenz von Zauberei, Wundern, Paranormalem, Geistern, Göttern, Kobolden wird negiert; wir legen bei der Betrachtung der Welt ausschließlich kausale, in irgendeiner Art dinglich-materielle Ursachen und Wechselwirkungen zugrunde. Falls es tatsächlich Supranaturales – Götter, Elfen etc. – gibt, so gehen wir

---

6   Die hier skizzierte Variante des Naturalismus möchte ich als »intrinsisch-ontologischen« oder »immanent-ontologischen Naturalismus« bezeichnen. Er postuliert, dass *in* unserer Welt, *in* unserer Realität nur besagte, »natürliche« Ursachen und Wechselwirkungen gelten, dies wird sowohl bei der praktischen Arbeit (Experiment, Beobachtung) wie auch bei der Theorienbildung und -überprüfung zugrunde gelegt. Darüber hinaus macht ein so verstandener Naturalismus über ein »Außerhalb« oder »Jenseits« schlichtweg keinerlei Aussage.

davon aus, dass sie in unserer Welt nicht wirksam sind. Dabei handelt es sich aus meiner Sicht als Wissenschaftler nicht um eine a-priori Setzung, also eine Vorab-Festlegung, und nicht um ein Dogma, sondern um eine Hypothese, die überprüft werden kann (und dabei auch ständig geprüft wird!): Man könnte also sagen, die Maxime des Naturwissenschaftlers lautet

»Geh einfach mal davon aus, dass es Wunder, Kobolde, Feinstoffessenzen, Geister, Zauberei und Götter nicht gibt, sondern dass der Lauf dieser Welt vom Dinglichen, vom Materiellen und von Kausalität bestimmt wird. Dann schau einfach mal, wie weit du in deiner Wissenschaft damit kommst. Wenn es wirklich Wunder gibt, wirst du es schon merken, dann wird dein Naturalismus nämlich vor die Wand laufen.«

➢ Auf Basis dieser Annahme wird beobachtet und experimentiert. Das, was wir dann sehen, versuchen wir zu formalisieren, also in ein theoretisches Modell[7] zu »gießen«. Diese Theorie bildet also bestimmte Aspekte (nämlich idealerweise genau die, welche uns im gegebenen Kontext interessieren) ab und vernachlässigt Irrelevantes. Dadurch treten die Ursachen klarer hervor, eine kausale Erfassung und Verallgemeinerung des Problems wird möglich. Beispiel: Wenn ich durch Beobachtung und Experiment ermittelt habe, dass für den freien Fall die Beziehungen $v = gt$ und $s = \frac{1}{2}gt^2$ gilt, so kann ich damit jeden beliebigen freien Fall in einem beliebig starken Schwerefeld berechnen. Freilich muss ich dabei die Gültigkeitsbereiche (hier u. a. relativistische Effekte) beachten. Auch dazu ein griffiges Beispiel: In der Physik gilt das universelle Gasgesetz $pv = nRT$ eben nur für (ideale) Gase, nicht aber für Flüssigkeiten und Festkörper.

➢ Quelle unserer Ideen ist also immer die Realität, niemals eine wie auch immer geartete Offenbarung.[8] Dieser Punkt muss zwar erwähnt werden, ist aber eigentlich ohne Belang, denn das Wichtigste kommt jetzt erst: die Überprüfung der Theorie – und dafür ist es völlig gleichgültig, woher sie

---

7 Streng genommen müsste man genauer zwischen Modell, Theorie und Hypothese unterscheiden, aber auch dies ist hier faktisch belanglos.
8 Es kursieren viele Geschichten von »Geistesblitzen«, z.B. soll Newton die Idee zu seinem allgemeinen Gravitationsgesetz gekommen sein, als ihm ein Apfel auf den Kopf fiel. Kekulée soll die chemische Strukturformal von Benzol geträumt haben. All dies (soweit die Geschichten überhaupt wahr sind) sind jedoch keine Offenbarungen: Alle Betroffenen hatten sich lange Zeit mit dem jeweiligen Problem befasst und verfügten – freilich ohne dass es ihnen bewusst war – zum Zeitpunkt ihres »Geistesblitzes« bereits über alle zur Lösung des Problems notwendigen Fakten.

stammt! Die Logik der Überprüfung lautet wie folgt: Wenn unser Modell, unsere Theorie »stimmt« (d. h., wenn die modellierte Abbildung auch tatsächlich die betreffenden Aspekte der Realität kongruent abbildet), dann muss man aus der Theorie, aus dem Modell Vorhersagen ableiten (im Fachjargon der Wissenschaftstheorie: *deduzieren*) können. Jene kann man dann in Experiment oder Beobachtung prüfen. Wenn meine Fallgesetze »richtig« sind, also wenn sie die Zusammenhänge auf treffende Weise abbilden, so kann man damit eine unendliche Anzahl von Fallereignissen berechnen und somit auch vorhersagen. Wenn diese Vorhersagen eintreffen, dann ist meine Theorie, mein Modell bestätigt; wenn nicht, dann ist die Theorie geschwächt oder sogar widerlegt.

Die Arbeit des Naturwissenschaftlers besteht nun nicht nur darin, immer neue, immer weitere Theorien zu entwickeln, sondern – wichtiger noch! – auch darin, bestehende zu überprüfen und zu verfeinern. Kniffelig (und interessant) wird es eben dann, wenn Theorie und Experiment bzw. Beobachtung *nicht* übereinstimmen. In solchem Falle kann [1.] die Theorie völlig falsch sein (wie die mittelalterliche Impetus-Theorie[9]). [2.] Es könnte sein, dass die Theorie im beobachteten Bereich nicht mehr gilt (die Gesetze der klassischen Mechanik gelten nur fernab der Lichtgeschwindigkeit). [3.] Möglicherweise haben wir etwas übersehen (z. B. beim freien Fall den Luftwiderstand) oder [4.] uns sind schlichtweg Mess- oder Beobachtungsfehler unterlaufen.

Somit wird auch klar, warum man vom *methodischen Zirkel* spricht: Empirische Wissenschaften sind ein nicht endendes Wechselspiel von Beobachtung und Experiment, Ableitungen *(Deduktion)* von Vorhersagen, die dann wiederum in der nächsten Experimentalrunde überprüft werden, und somit eine Prüfung bzw. Verfeinerung der theoretischen Modelle.

So können wir festhalten: Empirische Wissenschaften beziehen sich ausschließlich auf *Realität* in einer recht engen Definition des Wortes. Was sie auszeichnet, ist die Prüfbarkeit ihrer Modelle und Theorien – diese müssen *fallibel* sein, das heißt, sie müssen sich im Lichte der erfahrbaren Realität – Experimente, Beobachtungen – bewähren und es muss prinzipiell immer möglich sein, dass sie dabei scheitern. Diese Ergebnisoffenheit ist die große Stärke empirischer Wissenschaft.

---

9 Diese Theorie ging davon aus, dass ein sich bewegender Körper einen »Impetus«, also so etwas wie einen »Bewegungsinhalt«, einen Vorrat an »Bewegungsdrang« beinhalte. Die Bewegung käme zum Stillstand, wenn der Impetus »verbraucht« wäre.

Andreas Beyer

Das Primat der Naturwissenschaften

Wir haben also gesehen: Empirische Wissenschaft kennt kein Dogma, keine Offenbarung, keine geheimen oder versteckten Quellen. Unter *Objektivität* versteht sie eine *intersubjektive Nachvollziehbarkeit*: Wer immer das Experiment vollzieht, wo und wann auch immer (vorausgesetzt, er macht keinen methodischen Fehler): Es muss immer dasselbe Ergebnis herauskommen. Die strikte Methodologie, die notwendige Beschränkung auf Realität (also auf ausschließlich das, was in irgendeiner Weise erfassbar, messbar, beschreibbar ist), die Intersubjektivität, die nie endenden Überprüfungen – all diese Eigenschaften sind eine charakteristische und einzigartige Merkmalskombination, die eine ganz erstaunliche Annäherung unseres Denkens, unserer Erkenntnis und unseres Wissens an die Wirklichkeit erlaubt haben. Das ist der Grund, wieso Naturwissenschaften und Technik einen beispiellosen Siegeszug angetreten haben. Bei der Beschreibung und Analyse der belebten und unbelebten Natur sind sie völlig konkurrenzlos. All unsere Technik – von Hausbau und Kleidung bis zu Teilchenbeschleunigern und der Raumfahrt – fußt ausschließlich auf ihr. Jedwede Technik und jegliche prüfbare Theorie, die sich als erklärungsmächtig erwiesen hat, basiert auf diesem Prinzip – dabei ist es unerheblich, ob die betreffende Kultur das zugrunde liegende Prinzip erkenntnistheoretisch explizit ausformuliert hat(te) oder nicht.

Grenzen der Naturwissenschaften

Gerade durch ihre strikte Methodologie definieren die Naturwissenschaften ihre eigenen Grenzen selbst. Diese ergeben sich letztlich durch die Tatsache, dass der Interessens- und Geltungsbereich die erfahrbare (im Sinne von: intersubjektiv erfassbare, messbare, beschreibbare) Realität ist.

➢ Dadurch, dass Naturwissenschaften immer *innerweltlich* bleiben, führen sie alles, womit sie sich befassen, auch stets auf Innerweltliches zurück. Das mag banal klingen (denn wie sollte es auch sonst sein?), aber es hat eine wichtige Konsequenz: Es bedeutet, dass wir irgendwann – z. T. sicherlich bereits jetzt! – bei einem basalen Satz von Naturprinzipien, -gesetzen und -konstanten ankommen, die nicht weiter hinterfragbar sind und daher einfach hingenommen werden müssen. Wieso diese Welt so beschaffen ist, wie sie ist, kann daher kein Thema empirischer Wissenschaft mehr sein. Selbst wenn man zur Begründung bestimmter, grundlegender Konstanten und Gesetze *Multiversen* und *viele Welten* bemüht, so bleibt immer noch die Frage: »Und wieso ist *das* jetzt genau so und nicht anders?« – Die Grenzen werden nur verschoben, ein Ende wird nie erreicht.

➤ Empirische Wissenschaften beschreiben stets das, was *ist*, beantworten also immer die Frage nach dem *Wie (Modus)* und dem *Wieso (Kausalität)*, aber niemals die Frage nach dem *Warum (Telos, Absicht)* und nach einem Sinn. Sie sind daher ausschließlich *deskriptiv* (beschreiben und analysieren das Ist), aber nie *präskriptiv*, definieren also niemals ein Sollen.

Bis weit in die Neuzeit hinein galt die Welt als Produkt einzelner und gezielter, göttlicher Schöpfungsakte. Folglich konnte man die Natur als »Botschaft Gottes« förmlich »lesen«; aus ihren Merkmalen und Eigenschaften konnte man seinen Willen ableiten und deduzieren, was »gut« und »böse«, »richtig« und »falsch« ist. Reste davon haben sich bis heute erhalten, wer kennt nicht zum Beispiel den »bösen Wolf« oder die »gute Mutter Natur«? Auf der Ebene der Naturwissenschaften hat erst die Evolutionstheorie sowie die Übertragung des Entwicklungsgedankens auf den gesamten Kosmos dieses Denken beendet: Die Welt wurde als Produkt Geist-loser und Sinn-loser Prozesse begriffen, womit die Natur bzw. deren Beobachtung und Analyse nicht mehr als Quelle für Sinnkriterien dienen konnte.

Bemerkenswerterweise war es die Aufklärung, die diesen Bruch bereits früher – also noch *vor* der Naturwissenschaft – vollzogen hatte: Es war David Hume (1740), der eine scharfsinnige Begründung für diesen Sachverhalt lieferte; auf ihn geht die Formulierung des sogenannten *Sein-Sollen-Fehlschlusses* (auch *Humes Gesetz*) zurück. Er begründete analytisch, dass und warum aus dem Sein, aus dem Ist, kein Sollen, keine Moral erfolgen kann, denn hier liegen ganz grundlegend unterschiedliche Denkkategorien zugrunde: Ersteres ist rein analytisch, beschreibend, ohne jede Wertung. Ein Sollen, also eine Ethik, umfasst hingegen stets Wertungen, Absichten und Zielvorgaben, die es in der Natur in dieser Form nicht geben kann. George Edward Moore (1903) hat einen weiteren Aspekt hinzugefügt; er formulierte und begründete den *Naturalistischen Fehlschluss*: Aus einer (beobachtbaren, objektivierbaren) Eigenschaft kann keine Wertung erfolgen – es bedarf zumindest *einer* bestimmten, wertenden Prämisse, die man vorab postuliert. Zwei konkrete, etwas plakative Beispiele hierzu:

➤ Wenn Menschen nach Macht und Reichtum streben (= Ist), kann man nicht folgern, dass dies so in Ordnung ist (= Soll) – ein Sein-Sollen-Fehlschluss. Es bedarf wertender Prämissen, in diesem Falle eine Beurteilung, unter welchen Umständen und Rahmenbedingungen ein solches Streben akzeptabel oder gar gut ist und unter welchen Umständen nicht.

➤ »Medizin rettet Leben« (= Eigenschaft der Medizin), also ist sie gut (= Wertung). Um so zu urteilen, muss man zuerst die normative Prämisse »Es ist gut, Leben zu retten« aufstellen. Dabei ist es gleichgültig, wie »überzeugend« oder »selbstverständlich« die betreffende Prämisse ist – es ist und bleibt eine wertende, selbst nicht empirisch oder logisch deduzierbare, moralische Prämisse.

Aus diesen Gründen kann empirische Wissenschaft weder Letztbegründungen[10] geben, noch Sinnaussagen treffen und damit auch keine ethischen Normen begründen.

Was also kann Quelle einer normativen Ethik sein? Und hier kommen diejenigen Wissenschaften (oder sollte man vielleicht besser sagen »Denkschulen«?) ins Spiel, die sich zur Aufgaben gemacht haben, menschliches Leben zu *deuten* statt analytisch zu beschreiben.

Das Primat der Geisteswissenschaften

Unbestreitbar sind wir Menschen Wesen, die nach Sinn suchen und für ihre Handlungen inhaltliche Begründungen und Rechtfertigungen brauchen – anders ist Menschsein gar nicht denkbar. Zwar kann empirische Wissenschaft nur auf naturalistischer Basis erfolgreich sein. Aber Naturalismus wird niemals Sinnkriterien liefern können, das ist Aufgabe eines jeden weltanschaulichen Ideengebäudes – und somit der Geisteswissenschaften. Unbestritten können Naturwissenschaften hierzu Beiträge leisten – aber eben nur, indem sie Fakten liefern, keine Zielvorgaben. Zum Beispiel kann die Ökologie über den Zustand unserer Umwelt Auskunft geben und einigermaßen gesicherte Zukunftsprognosen für verschiedene Szenarien liefern. Was jedoch das Prädikat »schützenswert« erhalten soll, ist keine naturwissenschaftliche Frage. Die Evolutionswissenschaften, speziell die Soziobiologie, kann erklären, warum der Mensch so ist, wie er ist, und vielleicht auch noch, was man von ihm verlangen kann und was nicht. Sie kann aber keine Definitionen von »gut«, »böse«, falsch« und »richtig« liefern: Es ist eine Aufgabe der Geisteswissenschaften, hier Begriffsklarheit zu schaffen und in immer wiederkehrenden hermeneutischen Zirkeln einen offenen Diskurs über normative Fragen zu führen und dabei unsere Existenz als Menschen auszudeuten.

Dabei liegt es in unserem Schicksal als Menschen, dass diese Deutungen niemals *bewiesen* werden können, niemals den Charakter und die Verlässlichkeit von

---

10 Sie beantwortet also keine ontologisch-metaphysischen Fragen.

Naturgesetzen erlangen. Dies wiederum ist einerseits unsere Tragik – niemals »angekommen« zu sein –, andererseits aber unsere große Chance – wir sind nicht nur *verpflichtet* und dazu *verdammt*, sondern auch *berechtigt* und *fähig*, unsere Maximen selber zu durchdenken, zu reflektieren und letztlich auf dem Boden sorgfältiger Abwägungen und guter Begründungen zu definieren.

Dabei sind die empirischen Wissenschaften den Geisteswissenschaften zeitlich sowohl vor- als auch nachgelagert: Zuerst liefern sie empirisch gewonnene Daten und Fakten, diese müssen daraufhin von einer geisteswissenschaftlichen Disziplin bewertet und ausgedeutet werden. Zweck dieser Hermeneutik sind normative Aussagen, Vorgabe und Bewertungen von Zielen. Bei deren Umsetzung sind wiederum empirischen Wissenschaften gefragt – vor allem Naturwissenschaften und Technik.

Laudato Si'

Was sagt Papst Franziskus? Ganz offensichtlich erkennt er das wissenschaftliche Primat der empirischen Wissenschaften an: Er zitiert quer durch das erste Kapitel der Enzyklika gesicherte Erkenntnisse aus Ökologie, Soziologie, Klimatologie usw., um den Zustand unserer Welt zu beschreiben. Dass er die Kritikpunkte, die er vorbringt, und die Handlungsmaximen, die er vertritt, aus einer christlichen Sicht heraus ableitet, ist nicht überraschend – bemerkenswert ist jedoch, dass er keine Gruppe, keine Kultur und keine Religion ausgrenzt (siehe z. B. Absatz 63) und das »Kunststück« fertig bringt, aus seiner christlich-katholischen Sicht Forderungen vorzutragen, denen kaum jemand widersprechen kann, weil sie durchdrungen sind von humanitären Idealen, Humanität und Humanismus.

In Kapitel 2.II entfaltet er eine Schöpfungstheologie; ein wichtiger Bezugspunkt seines Denkens und seiner Argumentation ist der Lobpreis des Franz von Assisi auf die Schöpfung – *Laudato Si'*. Im Kontext von Kapitel 2.III tritt die Dichotomie zwischen *Beschreibung* (also *empirische Wissenschaft*) und *Deutung* (also *geisteswissenschaftliche Hermeneutik*) klar zutage. Franziskus hält am Bild einer göttlichen Schöpfung fest, die er jedoch konsequenterweise nicht in einem naturwissenschaftlichen Sinn zu beschreiben oder gar zu analysieren versucht, sondern in genuin geisteswissenschaftlicher Manier hermeneutisch ausdeutet: »Die Schöpfungsberichte im Buch Genesis enthalten in ihrer symbolischen und narrativen Sprache tiefgründige Lehren über das Menschsein und seine historische Wirklichkeit« (66). Sicher – wenn man mit aller Gewalt will, kann man seinen Text als kreationistisch bzw. anti-evolutionär verstehen, aber dafür muss man die Enzyklika »gegen den Strich lesen«, der Kontext gibt das nicht her.

Somit ergeben sich zwischen Franziskus' Anliegen und der Sichtweise empirischer Wissenschaften keine Konflikte und kaum Berührungspunkte: Naturwissenschaft und Technik kommen erst wieder ins Spiel, wenn es um die Umsetzung solcher Forderungen wie der von ihm erhobenen geht. Ergo kann und sollte sich der Naturwissenschaftler aus dem Diskurs um die Intention dieser Enzyklika heraus halten, er geht ihn nichts an, denn sein Gebiet ist nicht betroffen.

Nun sind Naturwissenschaftler aber auch Menschen, die diese Welt bewohnen wie alle anderen Menschen auch. Schlichtweg aus diesem einfachen Grund haben sich Naturwissenschaftler immer wieder zu ethischen Fragen – auch und insbesondere zum Umweltschutz und zu humanitären Problemen – geäußert. Allerdings muss klar sein, dass dies allein »aus der Perspektive des Menschen« möglich ist, nicht aus der des empirischen Wissenschaftlers. Verlassen wir also im letzten Teil unserer Betrachtung die analytisch-wissenschaftliche Ebene und steigen in aller Kürze ein in einen umweltethischen und sozialethischen, also im weiteren Sinn bioethischen Diskurs.

Das grundsätzliche Problem aller religiösen Ethiken liegt in der Tatsache begründet, dass religiöse Überzeugungen nur bindend sein können für die Anhänger der jeweiligen Anschauung, denn sie sind nicht objektivierbar: Man kann (und muss!) sie glauben – oder eben auch nicht. Im Übrigen gilt dies ebenso für viele atheistische Weltanschauungen – in der Weltsicht des »wissenschaftlichen Sozialismus« zum Beispiel liegt mehr Glauben, als seinen Anhängern lieb sein kann.

Nach meiner persönlichen Ansicht gibt es nur eine einzige Sprache, nur eine einzige »Wellenlänge«, auf der wir Menschen allesamt ansprechbar sind: eben wenn wir als *Menschen* mit unserem *Menschsein* angesprochen werden. Ein so verstandener Humanismus kann sicherlich nicht alle Menschen dieser Erde erreichen – das wäre zu schön, um wahr zu sein. Aber man wird unzählige Menschen über alle Grenzen, Kulturen und Konfessionen hinweg ansprechen und überzeugen können – weit mehr als mit jeder anderen Denkart. Franziskus argumentiert zwar von seinem christlich-katholischen Standpunkt aus, dabei aber stets human, humanitär und humanistisch. Daher dürfte es wohl ziemlich gleichgültig sein, ob man gläubig, agnostisch oder atheistisch eingestellt ist – dem Tenor der Enzyklika wird man kaum widersprechen können und wollen.

Handlungsmaximen – was tun?

Glücklicherweise hat Franziskus nicht versucht, das Rad neu zu erfinden. Die Probleme sind bekannt und hinreichend gut analysiert, wirksame Ansätze zu deren Bekämpfung ebenfalls. Wir sind dabei, regenerative Energien zu entwickeln und bestehende Energiegewinnungssysteme effizienter, sauberer und sicherer zu machen. Recycling-Technologien werden immer besser. Wir wissen, dass Bildung der Schlüssel zum Fortschritt und zu besseren Gesellschaften ist; wir wissen ebenfalls, wie man Schulsysteme aufbaut und strukturiert – auch in der Dritten Welt. Uns ist klar, dass sauberes Wasser wichtig ist und wir haben die Technologien zu dessen Gewinnung sowie zum Schutz der Wasserreserven. Längst weiß jeder, wie Ost und West den Rest der Welt seit Jahrhunderten übervorteilt – um nicht zu sagen: ausgebeutet – haben und dass diese Probleme dabei sind, uns einzuholen. Längst gibt es Modelle für nachhaltige Produktion und fairen Handel. Auch wie viele und welche Weltanschauungen und politischen Systeme Humanität und Fortschritt bremsen oder gar mit Füßen treten, kann jeder Historiker und Politologe bis ins Detail aufzählen.

Nein, es mangelt nicht an Wissen, nicht an Möglichkeiten – es mangelt letztlich am Wollen. Wir bringen nicht die Einigkeit und Entschlossenheit, nicht den Willen und die Beharrlichkeit auf, nach unserem Wissen zu handeln. Abgesehen von der Trägheit unserer politischen Systeme – insbesondere internationaler Instanzen – sind es die Selbsterhaltungskräfte der Nomenklatura, der Schicht der Herrschenden und Mächtigen, die das verhindern, aber ebenso auch die Trägheit der Masse, die nichts verändern mag. Genau hier setzt Franziskus an, und das ist ein guter Ansatzpunkt, denn genau das ist der Dreh- und Angelpunkt der ganzen Misere.

Allerdings muss sich Franziskus hier die Rückfrage gefallen lassen, was er selber bzw. die katholische Kirche an eigenem Beitrag leisten kann und wo in der römisch-katholischen Kirche noch Bedarf besteht, Sichtweisen zu ändern und Handlungsleitlinien zu überdenken. Im Kontext von Ressourcenschonung, Nachhaltigkeit und Humanität ist es vor allem das Thema Geburtenkontrolle, das zu kritisieren ist. Mit mehr als 7 Milliarden Menschen ist der Planet weit über die Grenzen des Fassbaren mit *Homo sapiens* belastet. Wir dringen mehr und mehr in Regionen ein, die für menschliches Leben nicht gut geeignet sind und in Gebiete, deren Besiedlung mit großflächigen Umweltzerstörungen verbunden sind. Alles weitere – Verschmutzung, Ressourcenverbrauch, Energieverschwendung, Klimawandel – ist die logische Konsequenz. Betroffen sind ausgerechnet die Armen und die Ärmsten der Armen. Es entbehrt nicht einer gewissen Ironie, dass die katholische Kirche bislang ausgerechnet bei den wenig gebildeten und strenger gläubigen Menschen in den Entwicklungsländern konsequent gegen Verhütung predigte und agitierte, während sie sich – so der Eindruck, den man haben kann – in den Industrienationen dies nicht mehr getraut.

Bisher hat sich Franziskus durch konsequentes und mutiges Handeln ausgezeichnet, zum Beispiel in der Affäre um den Limburger Bischof Tebartz-van Elst, im Missbrauchsskandal und in weiteren Angelegenheiten. Allerdings schreibt er in der Enzyklika zum Thema Geburtenkontrolle:

> »Anstatt die Probleme der Armen zu lösen und an eine andere Welt zu denken, haben einige nichts anderes vorzuschlagen als eine Reduzierung der Geburtenrate [...]. [Es] muss auch anerkannt werden, dass eine wachsende Bevölkerung mit einer umfassenden und solidarischen Entwicklung voll und ganz zu vereinbaren ist. Die Schuld dem Bevölkerungszuwachs und nicht dem extremen und selektiven Konsumverhalten einiger anzulasten, ist eine Art, sich den Problemen nicht zu stellen.« (50)

In dieser Textstelle werden von Franziskus bedauerlicherweise zwei Dinge vermischt, die strikt auseinander zu halten sind: Es ist zwar einerseits völlig richtig, dass ein ganzes Bündel von Ursachen Armut und soziale Ungerechtigkeit verursachen. Es ist aber andererseits ebenso zutreffend, dass wir viel zu viele Menschen sind und dass obendrein gerade in den Entwicklungsländern die Bevölkerungswachstumsraten *viel* zu hoch sind. Da es ist mehr als bedauerlich, dass Franziskus zum Thema Verhütung nicht mehr als gerade dies zu sagen hat. Es wird abzuwarten sein, ob die Kirche selber das tun wird, was in der Enzyklika von der Welt gefordert wird: Einsicht und das Handeln danach.

Gegen die drängenden Probleme unserer Zeit helfen keine Beschwörungen und keine Gebete, aber auch keine Grabenkämpfe – Taten sind gefragt. Solange die Ziele dieselben sind, und solange sie – im neutralsten und besten Sinne des Wortes – human und humanistisch geprägt sind, ist es für die betroffenen Menschen und erst recht für unsere (Um)Welt egal, ob sie auf dem Boden einer religiösen oder einer atheistischen Weltsicht formuliert wurden. Hauptsache, wir *handeln* danach. Handeln *endlich* danach.

Literatur

Hume, D. (2004 [1740]). *Ein Traktat über die menschliche Natur* (Bd. 3: Über die Moral). Berlin: Xenomoi [OT: *A Treatise of Human Nature*].
Moore, G. E. (1996 [1903]). *Principia ethica*. Stuttgart: Reclam.

Die Bedeutung der Ordnungen des Handelns und der Kommunikation

Andreas Suchanek

Einleitung

Am 8. Juni 2015 wurde die Enzyklika *Laudato Si'* der Öffentlichkeit vorgelegt. In ihr bringt Papst Franziskus zum Ausdruck, was viele Menschen empfinden: die »Sorge für das gemeinsame Haus«. Unter Bezugnahme auf zahlreiche Lehrschreiben und andere Texte der katholischen Kirche gelingt es ihm, das menschliche Eingebettetsein in die Natur zu preisen und zugleich aufzuzeigen, wie vielfältig die Gefährdungen sind, denen wir Menschen uns durch unser eigenes Handeln aussetzen: »Niemals haben wir unser gemeinsames Haus so schlecht behandelt und verletzt wie in den letzten beiden Jahrhunderten« (53).[1]

Als Ursache diagnostiziert Franziskus ein bestimmtes (Selbst-)Verständnis, nämlich eine »große anthropozentrische Maßlosigkeit« (116): »Wenn der Mensch sich selbst ins Zentrum stellt, gibt er am Ende seinen durch die Umstände bedingten Vorteilen absoluten Vorrang« (122), woraus ein »Relativismus« (ebd.) resultiert, der alles andere zum Objekt bzw. Mittel degradiert. »Wenn sich der Mensch für unabhängig von der Wirklichkeit erklärt und als absoluter Herrscher auftritt, bricht seine Existenzgrundlage selbst zusammen« (117). Daraus resultiert, »dass das gegenwärtige weltweite System unter verschiedenen Gesichtspunkten unhaltbar ist, denn wir haben aufgehört, an den Zweck menschlichen Handelns zu denken« (61). Mit diesem Kern der *Diagnose* ist auch der Grundgedanke einer *Therapie* angelegt: »Es wird keine neue Beziehung zur Natur geben ohne einen neuen Menschen« (118).

---

1   Im Text werden neben *Laudato Si'* zwei weitere Enzykliken zitiert: *Evangelii Gaudium* (EG) und *Centesimus Annus* (CA).

Ich will an dieser Stelle offenlassen, wie die Chancen eines »neuen Menschen«, also einer allgemeinen, grundlegend veränderten Haltung der Menschen gegenüber sich selbst, den anderen und der Natur, stehen. Vielmehr soll es im Folgenden um ein notwendiges Komplement gehen. Denn wir Menschen sind nicht nur in die Natur eingebettet, sondern auch in soziale Ordnungen, von denen hier zwei thematisiert werden, die *Ordnung des Handelns* (Institutionen) und die *Ordnung der Kommunikation* (das [gemeinsame] Grundverständnis von uns selbst und unserem Zusammenleben in der Gesellschaft ebenso wie die Art und Weise, wie wir miteinander kommunizieren)[2]. Diese Ordnungen prägen maßgeblich, welche Interessen wir entwickeln, welche Pläne wir machen, und auch: wie erfolgreich wir darin sind, unsere Ziele, Interessen und Werte zur Geltung zu bringen. Denn sie sind es, die uns Erwartungen über das Verhalten der anderen ermöglichen bzw. die wechselseitigen Verhaltenserwartungen aufeinander abstimmen. Ob es Konsumverhalten, Investitionsentscheidungen, Anstrengungen im Kampf gegen Hunger und Korruption oder Beiträge zur Bewältigung des Klimawandels sind, praktisch immer sind es keine einsamen, vom Handeln anderer isolierten Entscheidungen, die wir treffen, sondern solche, die sich immer auch am Verhalten der anderen orientieren – und diese Orientierungen werden in hohem Maße bestimmt durch die Ordnungen des Handelns und der Kommunikation.

Deshalb ist es von grundlegender Bedeutung, diese beiden Ordnungen gut zu verstehen (ebenso wie die bessere Kenntnis der Naturgesetze uns geholfen hat, sie für die menschliche Entwicklung zu nutzen), sollten wir uns um ein vertieftes Verständnis von Sozialgesetzen bemühen, um dieses Verständnis in den Dienst um das »gemeinsame Haus« zu stellen.

Das ist in gewisser Weise ein Balanceakt. Denn wie die Indienstnahme naturwissenschaftlicher Erkenntnisse auch zu höchst unerwünschten Folgen führen kann, wenn sie im Geiste einer Hybris geschieht, die in der Enzyklika als »technokratisches Paradigma« (passim) kritisiert wird, gilt dies erst recht, wenn die stets partikularen Einsichten in die Gesetzmäßigkeiten sozialer Interaktionen von einem solchen Geiste der Hybris erfasst werden und man meint, in umfassendem Sinne gesellschaftliche Entwicklungen steuern und kontrollieren zu wollen – und auch zu können. Angemessener ist es, Prozesse gesellschaftlicher Gestaltung in einem Geiste vorzunehmen, der dem Diktum von Ignatius entspricht: »Bete, als hinge alles von dir ab und handle, als hinge alles von Gott ab.«

Die Gefahr der Anmaßung, die Welt, die Natur, die Wirklichkeit unserem Willen zu unterwerfen und nach unseren Wünschen zu formen, darf mithin nicht

---

2   Man könnte soziologisch auch von Sozialstruktur und Semantik sprechen.

zu der Vorstellung führen, dass man sich jeglicher Eingriffe zu enthalten habe und man sich fatalistisch dem Schicksal hinzugeben hat. Worum es geht, ist zweierlei: zum einen nach den bestmöglichen Wegen suchen, um uns den Herausforderungen sachgerecht anzunehmen, zum anderen dies in einer Haltung zu tun, die um die eigene Begrenztheit weiß – und um das Eingebettetsein in die *Wirklichkeit*. Eben deshalb sind Impulse wie *Laudato Si'* so wichtig.

Die Wirklichkeit der menschlichen Natur

Ausgangspunkt der weiteren Überlegungen ist ein Satz, der sich mehrfach bei Franziskus finden lässt und der nicht zuletzt für Ethiker eine enorme Herausforderung darstellt: »Die Wirklichkeit steht über der Idee« (110, 201). Ich interpretiere dies in dem Sinne, dass wir uns zwar viel ausdenken können, doch letztlich werden wir immer die realen gegebenen Verhältnisse zur Kenntnis nehmen müssen; mehr noch: Aus genau diesem Grund sollten wir uns stets der jeweiligen Situation – ihrer Wahrheit also – stellen, auch wenn das alles andere als angenehm ist.

Dies gilt dann auch für den Blick auf den Menschen und das, was daraus für soziale Interaktionen folgt. In präziser Weise wird dies in einer anderen Enzyklika, *Centesimus Annus*, zum Ausdruck gebracht:

>»Der zur Freiheit geschaffene Mensch trägt in sich die Wunde der Ursünde, die ihn ständig zum Bösen treibt und erlösungsbedürftig macht. Diese Lehre ist nicht nur ein *wesentlicher Bestandteil der christlichen Offenbarung*, sondern sie besitzt auch einen großen hermeneutischen Wert, weil sie die *Wirklichkeit* [Hervorh.d.A.] des Menschen begreifen hilft. Der Mensch strebt zum Guten, aber er ist auch des Bösen fähig; er kann über sein unmittelbares Interesse hinausgehen und bleibt dennoch daran gebunden. Die Gesellschaftsordnung wird um so beständiger sein, je mehr sie dieser Tatsache Rechnung trägt. Sie wird nicht das persönliche Interesse dem Gesamtinteresse der Gesellschaft entgegenstellen, sondern nach Möglichkeiten einer fruchtbaren Zusammenarbeit suchen. Denn wo das Interesse des einzelnen gewaltsam unterdrückt wird, wird es durch ein drückendes System bürokratischer Kontrolle ersetzt, das die Quellen der Initiative und Kreativität versiegen läßt« (CA 25).

Hier kommt, wenn man so will, die Doppelnatur des Menschen zum Ausdruck: Wir Menschen sind moralische Subjekte, mit Würde und Freiheit begabt. Zugleich sind wir empirische Wesen, die empirischen, das heißt biologischen, physiologischen, psychologischen usw. Bedingungen unterworfen sind. Es sind maßgeblich diese Bedingungen, die das prägen, was oft pejorativ als »Eigeninteresse« charakterisiert wird, was aber tatsächlich die vielfältigen *Grenzen individueller Empathiefähigkeit* meint: Wir können uns um unsere Familie und Freunde sorgen und auch für sie sorgen. Wir können auch Anteil nehmen am Schicksal anderer, die uns an sich nicht so nahe stehen, doch wird unser Einsatz dann schon begrenzter sein (müssen). Und je mehr Menschen und deren Anliegen in den Blick treten, umso – relativ – begrenzter wird unsere Sorge sein (können).

Eben dies dürfte auch der empirische Hintergrund der »Globalisierung der Gleichgültigkeit« (52; vgl. a. EG 54) sein, von der Papst Franziskus spricht. Diese kritische Beschreibung einer weitverbreiteten Haltung ist einerseits nachvollziehbar, doch gilt es, einen möglichst sachlichen Blick auf die *Wirklichkeit* (der menschlichen Natur und der sozialen Ordnungen) zu entwickeln. Das meint nicht nur den Umstand, dass es zweifelsohne Menschen gibt, die in einem engen Horizont eigener Interessen gefangen sind. Doch auch all jene, von denen es nicht gerade wenige gibt, denen auch das Wohlergehen anderer am Herzen liegt, werden unweigerlich Grenzen erfahren und sie werden sich gegenüber vielerlei Leid und drängenden Problemen abschotten – und aus psychologischer Sicht auch abschotten müssen. Dies gilt in besonderem Maße in unserer Zeit, in der einem jederzeit präsent sein kann, wie viel Leid global herrscht und was es alles zu tun geben könnte; und es wäre eine Überforderung in jeder Hinsicht, sich all der vielen großen und kleinen gesellschaftlichen Probleme annehmen und für sie verantwortlich sein zu wollen.

Schon (und gerade) im normalen Alltag stellt sich die Frage, wie viel Zeit und Energie man als Konsument auf Fragen wie die folgenden verwenden will: Ist das T-Shirt, das man kaufen will, von Kindern unter unwürdigen Bedingungen hergestellt worden? Welche Nachhaltigkeitsstandards sollte ich beim Kauf eines Autos beachten? Und woher weiß ich, ob die Angaben des Herstellers stimmen? Ist es moralisch verwerflich, ein neues Smartphone zu kaufen, wenn man weiß, dass darin sogenannte Konfliktmineralien verarbeitet sind? (Und muss ich überhaupt wissen, was »Konfliktmineralien« sind?) Ist es in Ordnung, mit dem Flugzeug in den Urlaub zu fliegen? Diese Fragenliste lässt sich beliebig erweitern, insbesondere wenn man Konflikte aus dem Berufsleben hinzunimmt – und dann noch womöglich bedenkt, dass einem im Alltag auch so manche Sorgen plagen.

Unter diesem immensen Ansturm gesellschaftlicher Herausforderungen wird einem gar nichts anderes übrig bleiben, als sich gegenüber sehr vielem gleichgültig zu zeigen.

Dabei steht außer Frage, dass Menschen in der Lage sind, empathisch und mitfühlend zu sein. So lässt beispielsweise der Moralphilosoph Adam Smith sein bedeutendes Werk *Theory of Moral Sentiments* mit dem Satz beginnen:

> »How selfish soever man may be supposed, there are evidently some principles in his nature, which interest him in the fortune of others, and render their happiness necessary to him, though he derives nothing from it except the pleasure of seeing it« (TMS I, 1, 1)[3].

Zugleich erkennt Smith sehr klar die Grenzen, die dieses Mitgefühl hat. Eben dies ist der Grund, warum er in seinem zweiten großen Werk *Wealth of Nations* den Gedanken entwickelt, dass eine wirtschaftliche Ordnung, die den »Reichtum der Nationen« fördert, auf dem Eigeninteresse aufzubauen ist:

> »It is not from the benevolence of the butcher, the brewer, or the baker, that we expect our dinner, but from their regard to their own interest. We address ourselves, not to their humanity but to their self-love, and never talk to them of our necessities but of their advantages« (WN I, 2, 2).

In einer großen Gesellschaft die Wirtschaft aufbauen zu wollen auf der Vorstellung, dass wir im Alltag einander dienen und jederzeit bereit sind, unsere eigenen Interessen hinter die anderer zu stellen, wird der *Wirklichkeit* der menschlichen Natur nicht gerecht. Wir brauchen *Ordnungen* der Wirtschaft, die dem Eigeninteresse – in seinen vielfältigen Ausprägungen – angemessen Rechnung tragen. Genauer: Wir brauchen Ordnungen, die die gesellschaftliche Kooperation und Wertschöpfung fördern und Konflikte zivilisieren.

Ordnungen

Solche Ordnungen dienen vor allem einem Zweck: *wechselseitig verlässliche Erwartungen im Hinblick auf das Verhalten und auch die Erwartungen anderer zu stabilisieren*, wodurch es allererst möglich wird, planvoll zu kooperieren und allgemeiner, friedlich und gut miteinander zu leben.

Dabei sei gleich einem etwaigen Fehlschluss vorgebeugt: Solche Ordnungen können nur teilweise gezielt auf einem menschlichen Entwurf beruhen (Hayek, 1969). Vielmehr entwickeln sie sich über die Zeit, werden dabei aber kontinu-

---

[3] Die beiden Werke Smiths (Smith 1976a, 1976b) werden im Folgenden nicht nach Seitenzahlen, sondern nach der folgenden Einteilung zitiert: TMS = The Theory of Moral Sentiments: Teil/Abschnitt/Kapitel; WN = An Inquiry Into the Nature and Causes of the Wealth of Nations: Buch/Kapitel/Abschnitt.

ierlich beeinflusst durch das, was Menschen tun und sagen. So werden Regeln dadurch gefestigt, dass ihnen fraglos gefolgt wird, wohingegen der Bruch von Regeln diese unterminieren, unter Umständen aber auch stärken kann, je nachdem, wie auf den Regelbruch reagiert wird.

Der zuvor genannte Zweck der Ordnungen umfasst im Wesentlichen zwei Aspekte: Zum einen geht es um die *Koordination* von Handlungen, zum anderen um die *Vermeidung oder Bewältigung von Konflikten*.

Ein typisches Koordinationsproblem ist die Klärung, auf welcher Straßenseite man fährt oder wann und wo man sich mit Bekannten oder Geschäftspartnern trifft.[4] Weitaus verbreiteter sind Interaktionssituationen, in denen auch Elemente von Konflikten enthalten sind, auch wenn es bei »guten« Ordnungen oft so ist, dass diese Konfliktelemente in den Hintergrund treten, weil sie durch die Ordnungen so vorstrukturiert sind, dass die Kooperation das Selbstverständliche zu sein scheint.[5] So ist bei jeder Kooperation, die von Einzelnen Beiträge verlangt, ein mögliches Konfliktelement, diesen Beitrag zu verringern oder ganz vorzuenthalten; ein anderes Element kann die Frage der Verteilung der gemeinsam erarbeiteten Werte (Produkte, etc.) betreffen. Auch in Tauschprozessen, die an sich primär von gemeinsamen Interessen geprägt sind, gibt es gegensätzliche Interessen, etwa was den Preis oder einzelne Elemente der Tauschleistungen betrifft. Verstärkt werden Konflikte unter anderem durch den unvermeidbaren Wettbewerb in menschlichen Gruppen. Dabei ist zu betonen, dass dieser Wettbewerb durchaus erwünscht sein kann. So kann es als eine der bedeutendsten Leistungen der modernen Gesellschaft angesehen werden, dass es in ihr gelang, den Wettbewerb zu einem zentralen Element für gesellschaftliche Kooperation werden zu lassen.

Auch andere Elemente – die im Übrigen nicht zufällig von Karl Marx als entfremdungsstiftend charakterisiert wurden: Privateigentum, Staat und auch Familie – sind Elemente gesellschaftlicher Ordnungen, die darauf abzielen, das menschliche Miteinander buchstäblich zu ordnen und die Kooperation auf Dauer zu erzielen; und zugleich bergen sie in sich Trennendes sowie Risiken des verfehlten Gebrauchs.

Gleichwohl ist gegenüber all den Kritiken dieser (potenziell oder aktuell) entfremdungsstiftenden, und manchmal auch dysfunktionalen, institutionellen Strukturen zunächst zu betonen, dass sie eine fundamentale Funktion für das menschliche Zusammenleben haben: die Ordnung eben dieses Zusammenlebens unter Ansehung der *Wirklichkeit*. Das heißt: Wenn wir Menschen alle Engel wären, wären bestimmte Elemente von institutionellen Strukturen nicht nötig, nämlich all

---

4   Allerdings kann es auch dabei schon zu Konflikten kommen.
5   Ein Beispiel ist die Anerkennung von Eigentumsrechten anderer.

jene, die der Konfliktregelung dienen; und diese Konflikte gehen eben zurück auf die (Doppel-)Natur des Menschen. Indem bestimmte institutionelle Strukturen ein besseres Miteinander trotz der stets präsenten Konflikte ermöglichen, können sie – sofern bestimmte Voraussetzungen erfüllt sind, auf die gleich noch eingegangen wird – als eine *Infrastruktur der Freiheit* verstanden werden (Suchanek, 2007).

Oder um es noch einmal anders auszudrücken: (Funktionierende) Ordnungen geben dem Einzelnen einen Handlungsraum vor, in dem Rechte und Pflichten einigermaßen klar bestimmt sind, sodass man eben *nicht* für alles verantwortlich ist – denn das ist gar nicht möglich –, sondern für einen überschaubaren Raum und in einer Weise, die abgestimmt ist mit den Verantwortlichkeiten anderer.

Märkte und ihre Voraussetzungen

Dies auch für große, anonyme Gesellschaften ermöglicht zu haben, ist eine immense zivilisatorische Errungenschaft. Und sie basiert, was die Wirtschaft betrifft, vor allem auf der Schaffung von Märkten und Unternehmen[6]; sie sind es, die individuelle Verantwortung buchstäblich regeln und organisieren.

So bewältigen Märkte, sofern nur eine Reihe von Bedingungen erfüllt ist, das Problem der gesellschaftlichen Wertschöpfung, das heißt der Produktion und Verteilung von Gütern und Dienstleistungen in einer großen anonymen Gesellschaft, besser als jedes andere bekannte Wirtschaftssystem. Man darf davon ausgehen, dass es keine andere Wirtschaftsordnung geben wird, die es ermöglichen wird, im Kampf gegen Hunger und Armut erfolgreich zu sein. Insofern können Märkte sogar als *Systeme institutionalisierter Solidarität* verstanden werden.

Doch das hat, wie gesagt, bestimmte Bedingungen als Voraussetzung. Dauerhaft funktionsfähige Märkte benötigen (1) gute Regeln, (2) verantwortliches Verhalten der Marktteilnehmer sowie (3) ein hinreichend gemeinsames Grundverständnis hinsichtlich der grundsätzlichen Akzeptanz von Märkten.

Ad (1): Kein Markt kann überhaupt nur entstehen, geschweige denn funktionieren, wenn es keine institutionelle Ordnung gibt, die klärt, wer über welche Ressourcen verfügen darf, wie deren Tausch in geordneter und verlässlicher Form durchgeführt wird, wer wofür haftet, mithilfe welchen Mediums – typischer-

---

6 Auf die Rolle von Unternehmen – allgemeiner Organisationen – als institutionelle Arrangements, die ebenfalls dem Zweck dienen, individuelle Handlungen aufeinander abzustimmen und gemeinsame Zwecke zu verfolgen, sei hier nicht näher eingegangen. Doch gerade mit Bezug auf die Bewältigung der in der Enzyklika angesprochenen Herausforderungen wird dies nur *mit* und *nicht gegen* Unternehmen möglich sein.

weise: Geld – die Tauschprozesse gefördert werden usw. Insofern ist die Rede von »freien« Märkten des Öfteren irreführend, weil jeder Markt eine Fülle solcher Regeln benötigt: Eigentumsrecht, Vertragsrecht, Haftungsrecht, etc.; und diese Regeln dürfen nicht nur auf dem Papier existieren, sondern benötigen das *Vertrauen* aller Marktteilnehmer im Hinblick auf ihre Geltung, das heißt ihre Durchsetzung im Fall von Regelbrüchen.

Ad (2): Doch es kann und soll nicht alles geregelt werden, weil es die individuelle Freiheit ersticken und letztlich ein vernünftiges Marktgeschehen unmöglich machen würde; weder soll den Konsumenten vorgeschrieben werden, was sie zu welchen Bedingungen konsumieren sollen, noch soll den Anbietern bis ins Einzelne diktiert werden, was sie wie und unter welchen Bedingungen produzieren sollen.[7] Indes geht mit dieser Freiheit der Marktteilnehmer zwingend auch eine gewisse Verantwortung einher, nämlich diese Freiheit nicht zulasten Dritter zu gebrauchen, das heißt, auf Korruption und andere reguluntermininierende Handlungen zu verzichten, Kosten nicht in unverantwortlicher Weise auf andere bzw. die Umwelt abzuwälzen, das heißt, soziale und ökologische (Mindest-)Standards einzuhalten, Machtstellungen nicht zu missbrauchen, Informationsasymmetrien nicht auszubeuten usw.

Ad (3): Diese individuelle Verantwortung hängt ihrerseits maßgeblich mit dem generellen individuellen und geteilten Grundverständnis zusammen, welches sowohl den Blick auf die Marktwirtschaft, und noch allgemeiner: die Gesellschaft, als auch die Wahrnehmungen der konkreten Situation prägt. Dieses Grundverständnis ist angesprochen, wenn in der Enzyklika von der »anthropologischen Maßlosigkeit« (116) die Rede ist, aber auch, wenn vom eigentlichen »Zweck menschlichen Handelns« (61) gesprochen wird: Beide Formulierungen drücken Sichtweisen bzw. Haltungen aus, die möglich sind, doch nur die zweite bezieht sich auf jenes Grundverständnis, das sich auf das Wohlergehen aller – das eigene eingeschlossen! – richtet, dabei zugleich die *Wirklichkeit* in angemessener Weise wahrnimmt und beides so zusammen denkt, dass sich daraus entsprechende Handlungsorientierungen, aber auch Akzeptanz mancher Beschwernis ergibt.

Freiheit

Ein zentraler Aspekt dieses Grundverständnisses ist das individuelle Verständnis von *Freiheit*. Hier lassen sich zwei grundsätzlich verschiedene Perspektiven unterscheiden.

---

[7] Der entsprechende Versuch, die Zentralverwaltungswirtschaft, ist historisch gescheitert.

Zum einen lässt sich Freiheit verstehen als Möglichkeit, seine konkreten, individuellen Wünsche und Interessen möglichst unmittelbar und ohne Behinderung verwirklichen zu können: *Freiheit als Konsum*. Die Wirklichkeit wird dabei nur in sehr reduzierter Weise wahrgenommen und zu einem Reservoir an Mitteln für die eigenen Wünsche – und gegebenenfalls auch zu einem Hindernis, das man vermeiden oder ändern oder über das man sich ärgern muss. Dies entspricht dem, was in der Enzyklika als »konsumorientierter Lebensstil« (204; vgl. a. 109) bzw. »technokratisches Paradigma« angesprochen wird.

Zum anderen lässt sich Freiheit als Verwirklichung der in dieser Wirklichkeit angelegten Potenziale eines guten Lebens verstehen, das gemeinsam mit anderen verwirklicht wird – unter Nutzung der Möglichkeiten und auch Hindernisse als Chance des Lernens und des Reifens: Ökonomisch formuliert: *Freiheit als Möglichkeit zur Investition*[8]. In dieser Perspektive geht es gerade nicht darum, in jeder Situation zu raschem Genuss zu kommen. Vielmehr besteht ein selbstbestimmtes gelingendes Leben im Wesentlichen darin, sein Tun in den Dienst dessen zu stellen, was die jeweilige Situation erfordert, seien es große Projekte oder – vermutlich weit häufiger – alltägliche Aufgaben in Familie und Beruf, um damit letztlich zu einem gelingenden Leben aller, das eigene eingeschlossen, beizutragen.

Entscheidend ist hierbei ein Gedanke, der sich wiederum in der Enzyklika finden lässt: die Betonung der Bedeutung der *Zeit*. Schon in *Evangelii Gaudium* heißt es: »Die Zeit ist mehr wert als der Raum« (EG 222); ein Gedanke, der sich auch in *Laudato Si'* wieder findet (178). So lassen sich die beiden erwähnten unterschiedlichen Verständnisse von Freiheit auch danach unterscheiden, wie sie sich in der Zeit eingebettet sehen.

Das erste Verständnis ist in aller Regel dadurch gekennzeichnet, dass ein Bewusstsein bezüglich des Eingebettetseins in der Zeit – sei es die eigene Herkunft, sei es die eigene Zukunft – fehlt. Weder werden Prozesse, Traditionen und Institutionen, die sich über die Zeit entwickelt haben und in die je aktuelle Situation mündeten, verstanden noch wird die Frage gestellt, die als die grundlegende Frage der Nachhaltigkeit angesehen werden kann: »Und was dann?«

Demgegenüber ist das zweite Verständnis, wenngleich nicht immer auf rationaler Ebene, von der Einsicht geprägt, dass das eigene Tun von Voraussetzungen lebt, die es gegebenenfalls zu bewahren gilt, um auch künftig frei sein zu können.

---

8 »Investitionen« in diesem Sinne haben nichts mit Geld zu tun. Gemeint sind individuelle Leistungen, die in der jeweiligen Situation anstrengend und mit unmittelbaren Nachteilen (»Kosten«) verbunden sein können, deren Folgen aber der Sache nach gut für einen selbst und für andere sind. Ausführlich hierzu: Suchanek, 2015.

Zwei dieser Voraussetzungen seien kurz benannt: Die eine betrifft die beiden Ordnungen des Denkens und der Kommunikation, die zuvor angesprochen wurden; die andere, eng damit verknüpfte, lässt sich zusammenfassend charakterisieren in dem Begriff *Vertrauen*. So ist jede erfolgreiche Kooperation und erst recht jede vernünftige Bewältigung von Konflikten auf diese »Vermögenswerte«, auf gute Ordnungen und eine Vertrauensatmosphäre angewiesen. Genauer betrachtet sind die genannten Voraussetzungen eng miteinander verflochten; denn die Vertrauensatmosphäre resultiert wesentlich aus dem gelingenden Zusammenspiel von guten Ordnungen und individuellen Handlungen unter diesen Ordnungen. So betrachtet lässt sich das zweite Verständnis auch auf die Kurzformel bringen: *Investiere in Vertrauen!*[9] Denn Vertrauen ist die wichtigste Grundlage für ein gelingendes gesellschaftliches Zusammenleben – und dies erst recht bei der Bewältigung tiefgreifender Konflikte, wie sie in der Enzyklika thematisiert werden.

Daher kann diese Formel dazu dienen, die hier angestellten Überlegungen zusammenzufassen. Denn die Ordnungen, deren Bedeutung hier herausgestellt wurde, werden nur dann ihren Dienst tun, wenn wir sie im Alltag immer wieder bestätigen bzw., sofern das angezeigt ist, weiterentwickeln. Dafür ist Vertrauen auf andere und ihr Mitwirken nötig, doch immer auch die eigene Vorleistung. Die Lektüre von *Laudato Si'* ist dazu angetan, diese Vorleistung zu motivieren.

Literatur

Hayek, F. A. V. (1969). Die Ergebnisse menschlichen Handelns, aber nicht menschlichen Entwurfs. In ders., *Freiburger Studien – Gesammelte Aufsätze* (S. 97–107). Tübingen: Mohr Siebeck.
Papst Franziskus (2014). *Evangelii Gaudium* (Enzyklika).
Papst Johannes Paul II (1991). *Centesimus Annus* (Enzyklika).
Smith, Adam (1976a). *The Theory of Moral Sentiments* (Bd. 1 der Glasgow Edition of the Works and Correspondence of Adam Smith. Hrsg. v. D. D. Raphael & A. Skinner). Oxford: Oxford University Press.
Smith, Adam. (1976b). *An Inquiry into the Nature and Causes of the Wealth of Nations* (Bd. 2 der Glasgow Edition of the Works and Correspondence of Adam Smith. Hrsg. v. D. D. Raphael & A. Skinner). Oxford: Oxford University Press.
Suchanek, A. (2007). *Ökonomische Ethik* (2. Aufl.). Tübingen: Mohr Siebeck.
Suchanek, A. (2015). *Unternehmensethik. In Vertrauen investieren*. Tübingen: Mohr Siebeck.

---

[9] Ausführlich hierzu: Suchanek, 2015.

Ein Lesebericht aus wirtschaftswissenschaftlicher Perspektive

Manfred Becker

Einordnung der Enzyklika *Laudato Si'*

Prolog aus wissenschaftlicher Perspektive

Wissenschaftler nähern sich der Enzyklika in der Absicht, die wissenschaftlichen Positionen im Text zu analysieren. Als liberal orientierter Wissenschaftler fragt man sich nach der Lektüre der Enzyklika, warum die höchste katholische Autorität, Papst Franziskus, ein derart marktkritisches Lehr- und Erziehungsschreiben herausbringen muss? Die Enzyklika liest sich über weite Strecken als Forderungskatalog nach Mäßigung, Genügsamkeit, Schonung der Natur und fordert die Verschwisterung mit der Natur. Fordern ist gut, aber nur eine Seite der Medaille. Ein weiterer Eindruck kommt hinzu. Aus wissenschaftlicher Perspektive verbleibt der Text der Enzyklika dem Präskriptiven und dem Normativen verhaftet. Gebots- und Verbotsdiktate ziehen sich wie ein roter Faden durch den Text. Postulate werden formuliert, Belege und empirische Befunde fehlen. Man könnte nach der Lektüre der Enzyklika folgern, dass viele Vorwürfe gegenüber dem gegenwärtigen Lebensstil der urbanen Menschen auch viel Änderungsbereitschaft erzeugen. Leider ist das Gegenteil wahrscheinlicher. Wenn nahezu alles, was die Menschen tun, die »Schwester Natur« schädigt, wenn nahezu jede Handlung die Beziehung zwischen den Menschen und der Schöpfung stört, dann verzagen die Menschen ob des großen Umfanges der Forderungen, statt unverzüglich mit der Versöhnungsarbeit zwischen Mensch und Natur zu beginnen. Sind die Menschen der Auffassung, den Forderungen der Enzyklika ohnehin nicht genügen zu können, dann legen sie die Hände resignierend in den Schoß. Mit einem schlechten Gewissen, versteht sich, aber sie bleiben untätig!

Es ist auch zweifelhaft, dass diese Enzyklika ihre pastorale Wirkung erzielen wird. Es sprechen viele Argumente dagegen. Das erste Argument gegen eine große Wirkung ist die abstrakte, blumenreiche, im Unverbindlichen verbleibende Sprache der Enzyklika. Ein weiteres Argument dagegen ist die pastorale Überforderung all derjenigen Menschen, die von der Hand in den Mund leben und wenig Zeit haben, sich eine »dann heile Welt« vorzustellen. Die pastorale Wirkung ist aber auch bei der urbanen Weltbevölkerung der reichen Staaten fraglich. Die Naturferne der Bevölkerung der nördlichen Hemisphäre ist bereits so groß, dass das Schicksal von Würmern, Vögeln, Blumen und Bäumen sie nicht mehr erreicht. Hinzu kommt die Gottesferne, wie Papst Benedikt XVI. den Glaubensschwund nennt. Wenn nur wenige Menschen enge Bindungen an die Kirche haben, dann werden die Mahnungen des Papstes sie auch nicht erreichen. Man könnte Papst Franziskus fragen, wo bleibt die Fröhlichkeit, wo die Verankerung in Glaube, Hoffnung und Liebe, wenn wir doch alles so grundfalsch machen?

Aus wissenschaftlicher Perspektive bleibt die Enzyklika *Laudato Si'* dem Präskriptiven verhaftet. Die Themen werden im wissenschaftlichen Vorhof behandelt. Die Enzyklika verbleibt im Basisbereich wissenschaftlicher Arbeit. Dort postuliert der Wissenschaftler Annahmen und Ansprüche zu Forschungsaspekten. Es werden Vermutungen aufgestellt und Erwartungen formuliert. Forschung als ergebnisoffener Prozess der Erhebung, der Beobachtung, der Vergleiche, findet im Objektbereich werturteilsfreier Forschung statt. Ergebnisse des Forschens stellt der Wissenschaftler dann im Aussagenbereich zusammen (vgl. Albert, 1971, S. 55). Wissenschaftlicher Fortschritt dient der Verbesserung der Lebensgrundlagen der Menschen. Wissenschaftliche Erkenntnissuche ist stets ergebnisoffen. Die Umsetzung von Erkenntnissen in praktisch-politisches Handeln gehört nicht mehr zum Auftrag der Wissenschaft. Das sind die Forderungen an eine leistungsfähige Wissenschaft.

Nun kann man sicherlich nicht erwarten, dass ein päpstliches Lehrschreiben die Strenge eines wissenschaftlichen Ergebnisberichts haben sollte oder haben könnte. Die allgemein gehaltenen Texte haben dann allerdings den Mangel, dass die Postulate nicht mit erforschten Argumenten belegt werden.

Wenn die Enzyklika gegenwärtige Unzulänglichkeiten im schwesterlichen Umgang der Menschen mit der Natur beklagt, dann könnte man nahelegen, weniger zu forschen und weniger zu unternehmen. Man kann aber auch auf die Kreativität und die unternehmerische Leistung vertrauen und aus der Forschung und den Produktivitätsfortschritten der Wirtschaft eine stärkere Schonung von Umwelt und Natur erwarten.

Es wäre aus wissenschaftlicher Perspektive sicherlich einfacher, einen Beitrag zu einer Enzyklika von Papst Benedikt XVI. zu schreiben. Die Enzykliken der beiden Päpste unterscheiden sich ganz wesentlich hinsichtlich der Problemnähe (bei Papst Franziskus sehr stark) und der Erkenntnisstrenge (bei Papst Benedikt sehr stark). Die Lehrschreiben von Benedikt XVI. zeichnen sich durch eine theologisch-philosophische Abgeschlossenheit aus. Pastorale Ableitungen für den gläubigen Menschen und alle, die guten Willens sind, folgen bei Benedikt XVI. der Trias Verstehen – Akzeptieren – Handeln! Die Enzyklika *Laudato Si'* ist ein Lehr- und Mahnschreiben, das ethische Postulate zu drängenden praktischen Problemen der Menschheit aufgreift und beschreibt. Die moralischen Postulate, Ermahnungen und Sorgen des Papstes sind gesinnungsethische Ausrufezeichen. Handlungsempfehlungen werden mit Bezugnahmen zum Neuen Testament und zu anderen Lehrschreiben argumentativ zwar gefestigt, verbleiben aber auf einer unpraktischen Abstraktionshöhe. Niemand kann den Gedanken der Enzyklika wirklich widersprechen, aber es erfährt auch niemand, wie die Welt ganz konkret besser werden könnte.

Die Enzyklika *Laudato Si'* im Zusammenhang der Sozialenzykliken

Die Päpste haben in allen Sozialenzykliken Marktwirtschaft und Kapitalismus stets kritisiert, die soziale Marktwirtschaft aber im Kern anerkannt. Ihre Sorge gilt Ungleichgewichten, Fehlentwicklungen, der Sorge um die Teilhabe aller an den Erfolgen der Wirtschaft und der Bekämpfung von Ungerechtigkeit in der Welt.

Die wirtschaftswissenschaftliche Perspektive

Wirtschaftswissenschaftler erforschen Zusammenhänge wirtschaftlicher Aktivitäten und Institutionen mit der Absicht, das Grundphänomen des Wirtschaftens, die Knappheit, besser in den Griff zu bekommen. Wirtschaftswissenschaften sind »Relationen-Wissenschaften«, die stets nach neuen Erkenntnissen zur Verbesserung von Input und Output, von Produkten und Produktionsprozessen suchen. Die Wirtschaftswissenschaften erforschen die ökonomischen Institutionen mit dem Ziel der Optimierung ihrer Leistungen. Auf der Mikroebene erforschen die Wirtschaftswissenschaften die Arbeitsbedingungen, die Arbeitsvoraussetzungen und die Leistungsparameter der arbeitenden Menschen in Wirtschaft und Verwaltung.

Auf der Mesoebene interessieren sich die Wirtschaftswissenschaften für die Gestaltung der Unternehmen, die die lebensnotwendigen Güter und Dienste erzeugen. Ganz im Sinne der Enzyklika *Laudato Si'* ist es das Anliegen der Betriebswirtschaftslehre, den Einsatz von Ressourcen zur Produktion von Gütern und Diensten auf das Betriebsnotwendige zu begrenzen. *Waste Operations* verteuern die Produkte, schmälern den Gewinn, belasten die Umwelt und gefährden den Bestand der Unternehmen in der Zukunft. Die Wirtschaftswissenschaften erforschen den Einsatz von Menschen und Maschinen mit dem Ziel einer effektiven und effizienten Wertschöpfung und suchen nach Erkenntnissen, wie der Wohlstand der Menschen verbessert werden kann. Die Enzyklika ist auf dem produktiven Auge der Wirtschaftswissenschaften ein wenig blind, weil sie die wissenschaftlichen Errungenschaften zur Verbesserung der materiellen Lebensbedingungen zu sehr in die Nähe der Gewinnsucht rückt. Übertreibungen im Lebensstil, Orgien bei Unternehmensgewinnen, Ausbeutung der Natur und die Entfremdung von Flora und Fauna dominieren den Text. Gepriesen werden die *Degrowthers*, die Asketen, die (in der von anderen geschaffenen) urbanen Infrastruktur singuläre Beispiele des Verzichts zelebrieren. Fortschrittsverweigerer werden gepriesen, Fortschritt wird angeprangert. Der Papst folgt den Parolen der Umweltaktivisten und der gewerbsmäßigen Kapitalismuskritiker, die uns glauben machen wollen, die Welt könne und solle sich in den Rousseau'schen Naturzustand zurückentwickeln. Weil aber Ursache-Wirkungs-Zusammenhänge den gegenwärtigen Blick für die langfristigen Folgen und Nebenfolgen, wie es Max Weber nennt (1919, S. 549), verstellen, bedarf es einer intensiven ökonomischen Bildung der Menschen. In diesem Punkt stimmen die Wirtschaftswissenschaften mit den Forderungen der Enzyklika überein.

Alle wirtschaftliche Forschung und alle ökonomischen Entscheidungen sind ergebnisoffen. Die Entdeckung naturwissenschaftlicher Zusammenhänge kann stets zu friedlichen Zwecken oder zu destruktiven Zwecken genutzt werden. Ex ante weiß der Forscher nicht, was er entdeckt und was die Menschheit mit einer Entdeckung anstellt. Wirtschaftliches Tun ist ebenfalls in »ex ante Planung und Entscheidung«, »in den Prozess sich vollziehender Leistungserstellung« und in »ex post zu bewertende Ergebnisse« zu unterscheiden. Wüsste ein Unternehmer im Vorhinein, dass seine Produkte von den Kunden nicht angenommen werden, dann würde er kein Kapital einsetzen. Wüsste ein Forscher, dass seine Entdeckung Schaden anrichten könnte, dann würde er keine Forschung betreiben. Sorgfalt in der Planung, Wirtschaftlichkeit im Prozess und Nachhaltigkeit in der Nutzung, mehr kann man nicht verlangen und man muss akzeptieren, dass die zukünftige Entwicklung viele Rechnungen nicht begleicht.

Die sich wie ein roter Faden durch die Enzyklika ziehende Kapitalismuskritik ignoriert die Wohlstandserfolge der Marktwirtschaft. Staatliche Finanz- und Steuerpolitik, standardisierte Rahmenverträge zwischen Volkswirtschaften wie TTIP und Ceta schaffen Rahmenbedingungen des Ausgleichs zwischen den Volkswirtschaften, senken Verwaltungskosten und machen so beide Seiten reicher als sie wären, wenn umständliche Zollprozeduren Produktivität aufzehrten. Man ist geneigt, in Papst Franziskus einen späten Vertreter der Physiokraten zu sehen.

Man kann mit einiger Gewissheit sagen, dass Papst Franziskus kein Anhänger des Utilitarismus ist. Der Utilitarismus als ethische Grundposition, zu dessen Vertretern neben dem Physiokraten Hume[1] auch Mill und Bentham zählen,[2] betrachtet die Nützlichkeit von Handlungen als Wertkriterium ihrer Richtigkeit. »Nur dasjenige Handeln ist richtig, das aufgrund seiner Konsequenzen nützlich ist für das größtmöglichste Glück aller von dem Handeln betroffenen Personen, den Handelnden eingeschlossen« (Williams, 1979, S. 8). Gut und richtig sind die Handlungen des Menschen, die im Sinne der individuellen und der kollektiven Nutzenmehrung zweckdienlich sind.

Die Betriebswirtschaftslehre untersucht die Voraussetzungen, die Gestaltungsmöglichkeiten, das strategische Verhalten und die Kultur von Unternehmen. Im Vordergrund stehen die Ziele der Unternehmen. Das Formalziel stellt das unternehmerische Handeln unter die Forderung der Erwirtschaftung eines angemessenen Gewinns zur Sicherung der Existenz des Unternehmens auf lange Sicht. Entgegen dem Grundton der Enzyklika fragt der marktwirtschaftliche Unternehmer: »Gewinn? Was denn sonst!« Formal ist die Gewinnerzielungsabsicht in der Wirtschaftsverfassung der Marktwirtschaft abgesichert. In der öffentlichen Meinung kommt die Gewinnerzielung bei vielen Menschen einer Todsünde gleich. Viele vergessen, dass Gewinne die Grundlage für Reinvestitionen, für Forschung und Entwicklung und die Verbesserung der Arbeitsbedingungen sind. Ein rational denkender Unternehmer gründet folglich nur dann ein Unternehmen, in das er sein Eigenkapital investiert, wenn er mit hinreichender Wahrscheinlichkeit annehmen kann, dass er mit dem Unternehmen

---

1 David Hume (1711–1776), Hauptwerk: *A Treatise of Human Nature: Being an Attempt to introduce the experimental Method of Reasoning into Moral Subjects* (1739–40); vgl. ausführlicher zum Leben und Werk Humes: Spiegel, 1991, S. 206ff.

2 John Stuart Mill (1806–1873), Hauptwerk: *Principles of Political Economy* (1848); Jeremy Bentham (1748–1832), Hauptwerk: *Defence of Usury* (1787); vgl. zu Bentham und seiner Sicht des Utilitarismus sowie dem *Principle of Utility*: Spiegel, 1991, S. 340ff. bzw. zu Mill und dem Utilitarismus: ebd., S. 370ff.

Gewinne erwirtschaftet. Der Gewinn ist auch Grundlage für die Zahlung eines Unternehmerlohns.

Es dürfte eigentlich weder Papst Franziskus noch den Wissenschaftlern der Kurie entgangen sein, dass die marktwirtschaftliche Konstruktion der Produktion und Distribution von Gütern und Diensten signifikant bessere Ergebnisse erzielt als staatskapitalistische Produktions- und Distributionskonzepte.

Übernahme persönlicher Haftung, die Auseinandersetzung mit Wettbewerbern und die Befriedigung immer vielfältiger werdender Kundenwünsche sind sozialistischen Kapitalismuskritikern fremd. Was auch die Enzyklika weitgehend ausblendet, ist die Tatsache, dass Unternehmer und Wirtschaftspolitiker Entscheidungen unter Unsicherheit treffen. Was sie entscheiden, geschieht in der Zukunft. Fehler in der Beurteilung sind zu einem gewissen Grade wahrscheinlich. Eine unternehmerische Entscheidung kann ein Unternehmen ruinieren.

Der Text der Enzyklika blendet den Mangel an Einblick in die Zukunft weitgehend aus, ruft lediglich in allgemeiner Form dazu auf, den Wohlstand der Menschen und das Wohlergehen der Natur miteinander zu versöhnen. Die »Protestanten« der diversen »Umweltschutz-Unternehmen« tun so, als wüssten sie mit Sicherheit, mit 100-prozentiger Wahrscheinlichkeit, was Handelsabkommen in der Praxis bewirken, welche Nachteile Gentechnik, Big Data und ein Konsum oberhalb des Existenzminimums tatsächlich haben werden. Positive Wirkungen werden ausgeblendet. Die Enzyklika *Laudato Si'* folgt leider über weite Strecken diesem Paradigma der Aneinanderreihung apokalyptischer Bedrohungsszenarien. Die Kapitalismuskritik ähnelt in ihrer Dogmatik vorkonziliaren Weltgerichtsveranstaltungen der inneren Mission der katholischen Kirche.

Lesebericht der Enzyklika aus wirtschaftswissenschaftlicher Perspektive

Die Lektüre der Enzyklika soll als Lesebericht die Absichten und die wahrscheinliche Wirkung der Enzyklika aus wirtschaftswissenschaftlicher Perspektive beleuchten. Es ist der Versuch, zu verstehen, welche Erwartungen Papst Franziskus an die Wirtschaft und die Wirtschaftswissenschaften stellt. Es soll im Laufe dieser Lesereise herausgearbeitet werden, ob der Papst einen puristischen Erkenntnisanspruch an die Wirtschaftswissenschaften richtet oder ob er von den Wirtschaftswissenschaften verlangt, dass sie Partei ergreifen für die praktische Ausgestaltung des geschwisterlichen Verhältnisses zwischen den Menschen und der Natur.

Moral und Wissenschaft

Liest man die Enzyklika mit der Absicht, wirtschaftswissenschaftliche Positionen auszumachen, dann muss diese Lesereise zwei Klassen von Fundsachen unterscheiden. Zum einen bietet die Enzyklika sehr viele moralisch fordernde Fundstellen. Es mangelt nicht an Postulaten, wie sich Papst Franziskus eine »heile« und eine »heilende« Ökonomie vorstellt. Weniger häufig sind rationale Argumentationsstränge zur Erklärung von Ursache-Wirkungs-Beziehungen zu finden. Kosten-Nutzen-Kalküle, die jedem ehrbaren Kaufmann geläufig sind, bietet die Enzyklika nicht. Volkswirtschaftliche Wohlstandsmodelle arbeiten mit Annahmen und entwickeln aufgrund dieser Annahmen Zielsysteme. Werden Annahmen und Zielsysteme verändert, dann ändern sich auch die Handlungen und die Resultate. Würde zum Beispiel das Privateigentum an Produktionsmitteln verstaatlicht, dann würden sich auch die Zielsysteme der Akteure verändern. Werden umweltschonende Techniken zur Gewinnung von Rohstoffen eingesetzt, dann erhöhen sich die Verbraucherpreise, der Konsum wird wahrscheinlich sinken.

Als Wirtschaftswissenschaftler liegt es nahe, die gesinnungsethischen Postulate der Enzyklika aus der Sicht der Volkswirtschaftslehre und der Betriebswirtschaftslehre auf ihren zweifelsfreien Gehalt zu prüfen und nach der Umsetzbarkeit der Forderungen in der Lebenspraxis zu fragen. Dabei soll grundsätzlich davon ausgegangen werden, dass die Menschen Wohlstand anstreben. Sie wollen, dass es ihnen gut und ihren Kindern noch besser geht. Die verantwortungsethische Begründungskette hat viele Glieder. Das Individuum mit seinem Wunsch nach einem guten Leben, die Unternehmen mit ihrem Ziel, Gewinne zu erzielen, Volkswirtschaften mit der Absicht, den Wohlstand aller zu mehren, bestimmen als Handlungsmaximen das wirtschaftliche Handeln. Volkswirtschaften wollen im internationalen Vergleich bestehen und mit globalem Handel den Wohlstand mehren.

Die Wirtschaftswissenschaften sind nicht für die moralische Beurteilung der Handlungen auf den unterschiedlichen Ebenen wirtschaftlichen Handelns zuständig. »Die Wissenschaft schafft Probleme, die die Wissenschaft dann, wenn sie es schafft, wieder abschafft« sagt, dass Wissenschaft ergebnisoffen zu gestalten ist, der Prozess der Erkenntnissuche »sine ira et studio« zu geschehen hat und dass die Wissenschaft keine Empfehlungen für das konkrete Handeln geben darf. Das Lehrschreiben des Papstes darf fordern, darf zur Umkehr mahnen, der Wissenschaftler darf das nicht.

Manfred Becker

Was unserem Haus widerfährt

In der Überschrift spricht der Papst von »unserem Haus«, im Text dann von »unserem gemeinsamen Haus« (17). Der Unterschied ist nicht trivial. Gehört uns das Haus nur, dann ist größere Distanz möglich, als es der Fall ist, wenn das Haus uns, also alle, folglich Menschen und Natur, beherbergt. Der Leser muss entscheiden, ob er die Enzyklika aus der Perspektive des Betrachters oder aus der Perspektive von Tätern und Opfern liest.

Papst Franziskus arbeitet im ersten Kapitel die unterschiedlichen Tempi der Entwicklung von Kultur und Wirtschaft einerseits und der Natur andererseits heraus. Die Natur ist »naturgemäß« langsam, Wirtschaft und Kultur akzelerieren und sind daher im Tempo der Natur mittlerweile haushoch überlegen. Die ökonomischen Früchte, so der Papst, ernten wenige. Partikulare Interessen würden gegenwärtig gestärkt, nicht aber das Gemeinwohl. Hier ist der Papst in guter Gesellschaft mit den Gerechtigkeitsethikern, die das Auseinanderdriften von Arm und Reich in der einseitigen Aneignung der Profite durch die Kapitalisten sehen.

Im Kapitel »Umweltverschmutzung« prangert der Papst die Müllberge, die Wegwerfkultur, die Erderwärmung an und fordert dazu auf, den Konsum zu drosseln (22). Die Schilderung der Missstände ist nachvollziehbar. Es bleibt aber die Frage unbeantwortet, welche Anreize geschaffen werden können, die den dekadenten Umgang mit der »Schwester Natur« bremsen können. Es bleibt ungeklärt, wie aus dem schonenden Umgang mit der Natur wirtschaftliche Geschäftsmodelle entwickelt werden könnten. Oder umgekehrt, welche wirtschaftlich erfolgreichen Geschäftsmodelle müssten entwickelt werden, damit die Umwelt bestmöglich geschont würde?

Es ist nicht verwunderlich, dass Papst Franziskus Wasser als meritorisches Gut einstuft, auf das jeder Mensch unabhängig von seiner Kaufkraft ein natürliches Zugangsrecht besitzt. Wasser dürfe nicht kommerzialisiert werden, Wasser sei keine Ware, so Papst Franziskus. Die Realität sieht allerdings ganz anders aus. Global agierende Unternehmen kontrollieren den Handel mit Wasser, insbesondere in den Gegenden der Erde, wo Wassermangel herrscht. Das Wasserproblem sollte – so der Papst zu recht – entschärft werden, bevor die Wasserversorgung zu einem prominenten Konfliktfeld wird (vgl. S. 28). Marktlösungen werden aber ausgeschlossen.

Der Verlust der biologischen Vielfalt (32ff.) verarmt nicht nur den Menschen, sondern auch die Natur. Die Umwelt besitzt Eigenwert, die Natur ist nicht lediglich Ressource, so die Position des Papstes. Die Vernichtung natürlicher Vielfalt werde um des schnellen wirtschaftlichen Erfolges in Kauf genommen. Die Menschen würden vergessen, dass sie in der Abfolge der Generationen kein Recht haben, eine einfältige Natur zu hinterlassen (35). Es ist leichter geschrieben als befolgt, wenn der Papst fordert, dass Umweltschutz über das Unmittelbare hinausgehen müsse. Es wäre erforderlich, den Eigenwert und den Funktionswert der Natur miteinander zu versöhnen.

An dieser Stelle ist die Enzyklika nahe an den Wissenschaften. Mehr Forschung, um die Ökosysteme besser verstehen zu können, um Zusammenhänge aufzudecken, sei erforderlich. Der Papst stellt die Verarmung der Umwelt in einen direkten Zusammenhang mit der Verschlechterung der Lebensqualität der Menschen (35). Wenn die Menschen in unwirtliche urbane Kunstwelten »einzementiert« sind, dann hat das Auswirkungen auf das Zusammenleben, den humanen Gehalt der Arbeit, die Art und den Umfang der Teilhabe am gesellschaftlichen Leben der »einzementierten« Menschen. In der Tat werden die sozialen und die finanziellen Folgen der Naturzerstörung in Politik und Wirtschaft zu wenig beachtet. Einen Grund mangelnder Sensibilität für die Erhaltung der Umweltdiversität sieht der Papst in der Verdummung durch die Medien (47). In der Tat servieren die Massenmedien den Menschen lediglich winzige Ausschnitte der Realität, Zusammenhänge bleiben verborgen, es fehlt die Sendezeit, den Dingen auf den Grund zu gehen, Folgen und Nebenfolgen aufzuzeigen.

Die fortschreitende Digitalisierung sieht der Papst ebenfalls sehr kritisch, wenn er Big Data als geistige Umweltverschmutzung anprangert (47). Menschen würden mit dem Siegeszug der cyber-physischen Systeme zu Objekten degradiert. Dem arbeitenden und konsumierenden Menschen ergeht es daher ebenso wie der Natur. Die Menschen sind nicht länger Koch, sie sind Kellner in der digitalisierten Welt. Wenn die Menschen mit Big Data zwar reicher an Daten, aber ärmer an Beziehungen werden, dann sind politische Systeme gefährdet, Demokratien, die von der aktiven Beteiligung der Bürger an der Willensbildung leben, werden Opfer radikaler Außenseiter, die sich mit großen Datenmengen Gehör verschaffen.

Kapitalismuskritik klingt stark an, wenn der Papst die soziale Ungleichheit thematisiert (63). Man kann sagen, die Welt trennt sich in zwei Sphären. Es sind einerseits diejenigen, die über Armut schreiben, und andererseits diejenigen, die in Armut leben. Es sei an dieser Stelle betont, dass Armut sich nicht dadurch bekämpfen lässt, indem alle ärmer werden und man sich schließlich in einem globalen Armenhaus friedlich zusammenfinden würde. Das entspricht nicht der Natur des Menschen und auch nicht dem christlichen Glauben. Die Menschen sind darauf programmiert, »etwas aus sich zu machen«, sie sind auf Entwicklung und Mehrung ihrer intellektuellen und materiellen Existenz ausgerichtet. Was helfen kann, ist individuelle Bildung, die die Eigenverantwortung stärkt und die es ermöglicht, die persönlichen Talente für den persönlichen Erfolg einzusetzen. Die Parole »Weniger ist mehr« kann nur für die Erzeugung von *Wast-Goods* gelten.

Auf Unternehmensebene gibt es keine leistungsfähige Alternative zur Refinanzierung über Gewinne. Unternehmen müssen im Wettbewerb um Ideen und Marktchancen streiten. Das sichert Innovation, Wohlstand und schafft die Grundlage für sozialen Ausgleich. Alle staatsunternehmerischen Versuche, die Eigeninitiative der Unternehmer durch Staatskommissare zu ersetzen, sind gescheitert. Das wissen die Deutschen aus der Übernahme des bankrotten Staatskapitalismus der DDR recht gut. Die Unternehmen sind an die Gesetze, die Wirtschaftsordnung und an die Grundsätze des ehrbaren Kaufmanns gebunden. Man hätte sich gewünscht, dass Papst Franziskus die Leistungen der Unternehmer deutlicher hervorhebt. Auswüchse und Fehlentwicklungen nehmen im Text der Enzyklika viel Raum ein. Unternehmerisches Lob wird spärlich verteilt. Auf der Makroebene zielen bilaterale und globale Handelsabkommen auf die Nutzung komparativer Vorteile. Faire Rahmenbedingungen stärken den Wohlstand aller wesentlich besser, als nationale Abschottung dies vermag. Was kommt dem Gedanken der Menschheitsfamilie (52) näher als wirtschaftliche Absprachen zum beiderseitigen Vorteil? »Do ut des« muss die globale Wirtschaft bestimmen, dann ist die Weltwirtschaft ein Segen.

Ganz Gesinnungsethiker verlangt der Papst im Kapitel »Die Schwäche der Reaktionen« (56), jeweils nur so viel zu konsumieren, dass die künftigen Generationen nicht belastet werden. Die gesinnungsethischen Postulate der Mäßigung in der Gegenwart übersehen die Möglichkeit, dass die nachfolgenden Generationen wirtschaftliche Formen der Produktion und der Konsumtion erforschen und realisieren können, die den Verzicht in der Gegenwart nachträglich als nicht notwendig erscheinen lassen. Außerdem übersieht diese Forderung einer extrem naturschonenden Mäßigung, dass wir in einer ausgeprägten Kultur des Individualismus leben. Die postmoderne Lebensweise dreht sich um die Quadriga aus Individualisierung, Temporalisierung, Fragmentierung und Ästhetisierung der Lebensweisen. Fristentransformation des Verzichts ist dem postmodernen Individualisten fremd. Der postmoderne Mensch lebt in einem Reichtum der Möglichkeiten. Es belastet den postmodernen Menschen die Entbehrungstrauer, die er durch die Entscheidung für eine Handlungsalternative insofern erleidet bzw. erleiden würde, wenn er andere lustvolle Handlungen nicht realisieren kann, wenn er sich für eine Alternative entschieden hat oder entscheiden würde. Für den postmodernen Menschen trifft die Aussage des Papstes zu, dass sie alles ausklammern, was nicht der Befriedigung der unmittelbaren Bedürfnisse und Interessen dient (53). Das schließt als »postfaktische Inhaltsleere« auch die Medienberichte ein.

Dem »Bündnis von Wirtschaft und Technologie«, wie es der Papst nennt, unterstellt er Unfähigkeit. Beute machen, Korruption, Unreife, die ökologischen Probleme zu sehen und zu lösen. Das Böse ist sicherlich nach wie vor in der Welt, nicht alle Handlungen der Unternehmer und Wirtschaftspolitiker verschaffen Anwartschaften auf einen Platz im Himmel. Aber wo bleibt das Lob für den ehrbaren Kaufmann, der sein Kapital in risikoreiche Aktivitäten investiert, der hart arbeitet und Arbeitsplätze schafft? Der Dualismus zwischen Technikgläubigkeit und blindem Fortschrittsglauben einerseits und der Verzichtsmentalität der ökonomischen Minimalisten andererseits, führt lediglich zu Grabenkämpfen, spaltet die Gesellschaft und führt vermutlich zu weniger, statt zu mehr Umweltschutz. Es muss gelingen, die Vorteile, auch und insbesondere die wirtschaftlichen Vorteile, des Umweltschutzes in den Blick zu nehmen.

Das Kapitel »Die Unterschiedlichkeit der Meinungen« offenbart ein zentrales Problem dieser Enzyklika. »In Bezug auf viele konkrete Fragen ist es nicht Sache der Kirche, endgültige Vorschläge zu unterbreiten, und sie versteht, dass sie zuhören muss« (61). Der Papst spricht von »der Kirche« und überlässt damit Besserung der Institution Kirche. Wenn lediglich Institutionen in die Pflicht genommen werden, dann führt das meist nur zu Arbeitskreisen, deren Resultate allenfalls Resolutionen sind. Konkreter Umweltschutz muss beim Individuum und seinen Präferenzen ansetzen.

Die besondere Verpflichtung des Christen, die Welt in Ordnung zu bringen, betont der Papst am Beginn des zweiten Kapitels der Enzyklika. Es ist dies die Schöpfung, die wir im Namen Gottes, des Schöpfers von Himmel und Erde, heilig zu halten haben (63). Der Mensch sollte seine Beziehungen zu Gott, zum Nächsten und zur Erde in Ordnung bringen. Spiritualität ohne Gott ist Götzendienst, so Papst Franziskus. Die Welt ist von dem Harmoniegedanken des heiligen Franz von Assisi weiter entfernt als jemals zuvor in der Menschheitsgeschichte. Der Papst verlangt von uns, die Aufforderung aus Genesis 2,15 »Macht Euch die Erde untertan« neu zu denken (67). Bebauen, Nutzen, Schützen, Pflegen sind Auftrag des Menschen. Überforderung der Natur durch Raubbau und Verschmutzung sind demnach Sünde. Immer wieder, so auch an dieser Stelle der Enzyklika, gerät der Papst in das Dilemma des ökonomisch-ökologischen Gutmenschentums. Es werden keine Maße, keine Grenzen der Produktion und des Konsums angegeben. Der pauschalen Forderung nach Mäßigung fehlt die Substanz des daraus abzuleitenden Handelns auf individueller und institutioneller Ebene. Somit bleiben wichtige Fragen ausgeklammert, weil sich der Papst nicht in die konkreten Händel der Politik einmischen will.

Der Papst stellt das Sein vor das Haben, die Nützlichkeit hinter den Eigenwert der Schöpfung (70). Gewiss, Haben verdinglicht die Natur, macht diese zur Ressource, schließlich zur Ware und endlich zur Umweltbelastung, zur Schädigung ihrer selbst. Aber der Gebrauch der natürlichen Ressourcen darf nicht als bloße Befriedigung von Pseudo-Bedürfnissen, nicht als bloße Sucht des Haben-Wollens verteufelt werden. Menschen wollen genießen, nicht lediglich ihre bloße Existenz sichern. Der Mensch muss sich an schönen Dingen freuen dürfen. Nicht jede Kaufhandlung darf als Orgie egoistischer Selbstverliebtheit gebrandmarkt werden.

»Eine Rückkehr zur Natur darf nicht auf Kosten der Freiheit und der Verantwortung des Menschen geschehen« (78). Dieser Forderung kann man zustimmen, aber sie verlangt im Interesse der Versöhnung von Mensch und Natur, dass die Menschen besser lernen, die Befriedigung ihrer wirtschaftlichen Bedürfnisse im Einklang mit der Natur zu treffen. Soll der moderne Mensch, wie es der Papst verlangt, mit dem »Mythos des unbegrenzten Fortschritts Schluss machen« (75), dann müssten zum Beispiel kontemplative Güter den frei gewordenen Platz des materiellen Konsums füllen. Eine Welle neuer Gläubigkeit ist aber zumindest in Europa nicht in Sicht.

Technischer Fortschritt ermöglicht es den Menschen, mehr zu haben, mehr zu konsumieren. Technischer Fortschritt lindert die Knappheit. Kapitalismuskritik und Fortschrittspessimismus sind keine gute Grundlage, die Armut in der Welt zu bekämpfen. Das sieht Papst Franziskus mit Bezugnahme auf die Enzyklika *Caritas in veritate* seines Vorgängers Benedikt XVI. anders. (39). Mit der Eroberung der Welt durch die cyber-physischen Systeme wachse die Gefahr, dass der Mensch zum willenlosen Anhängsel der Algorithmensysteme wird. Maschinen geben dem Menschen Anweisungen, bestimmen den Takt der Arbeit und verhindern Transparenz des Geschehens. Die Subjektperspektive des Menschen steht gegen die Objektperspektive, die aus den Menschen Befehlsempfänger macht. Die digitale Revolution der Arbeitswelt 4.0 und der Lebenswelt 4.0 fordern in besonderem Maße dazu heraus, eine neue Ethik der Arbeit zu entwerfen. In dieser Ethik muss die Personalität des Menschen im Vordergrund stehen und geschützt werden.

Im Abschnitt »Die gemeinsame Bestimmung der Güter« stellt der Papst der ökologischen Perspektive die soziale Gerechtigkeit an die Seite. Papst Franziskus ist bekennender Umverteiler. Privateigentum lehnt der Papst nicht kategorisch ab, aber er stellt das Privateigentum unter die strikte Klausel der Sozialpflichtigkeit. Die gemeinsame Bestimmung und Nutzung der natürlichen Ressourcen muss aus der Geltung ordnender Prinzipien heraus erfolgen. Wachstum und Wohlstand sollten als Ziele ökonomischen Handelns schon deshalb akzeptiert werden, weil es ansonsten schwierig werden wird, die wachsende Weltbevölkerung zu ernähren. Wirtschaftlichkeit und Nachhaltigkeit sollten als Handlungsmaximen das wirtschaftliche Tun ebenso bestimmen wie Humanität und Spiritualität. Humane, ökologische und spirituelle Resilienz schützen den Menschen und die Natur vor Überforderung. Wenn diese geschwisterlichen Gemeinsamkeiten menschlicher Handlungen und natürlicher Erfordernisse beachtet würden, dann gewännen die Worte des Papstes praktische Relevanz.

Das dritte Kapitel der Enzyklika »Die menschliche Wurzel der ökologischen Krise« verbindet das menschliche Handeln mit den Zielen und Resultaten der Technik. Papst Franziskus greift diese Techniksicht seines Vorgängers auf. Er lobt die Errungenschaften der Technik für den Menschen. Dem kurzen Hinweis auf die positiven Seiten der Technik folgen die mahnenden Worte und die Schilderung der Nachteile von Technologie, Technikmacht und Technikfolgen (105.). Der Gebrauch von Technik bedarf in der Tat des ethischen Überbaus, der sich zum Beispiel aus dem demokratischen Diskurs ergibt. Avancieren die technischen Mittel zur zweckbestimmenden Instanz, dann verliert der Mensch die Möglichkeit, sich die Welt im positiven Sinne nutzbar zu machen. Der Papst sieht diese Gefahr der Entfremdung des Menschen von der Natur und den Dingen, weil der Mensch sich alles nimmt, »was irgend möglich ist« (106). Grenzenloses Wachstum sei die ideologische Metapher dafür, dass der Mensch fälschlicherweise annehme, die Gaben der Natur seien unbegrenzt.

Umweltverschmutzung sei die Folge dieses falschen Verständnisses. Das technokratische Paradigma des »Immer-Mehr« mache sich zum Herrscher über die Wirtschaft und die Politik (108). Auch unter Berufung auf seinen Vorgänger Papst Benedikt XVI. prangert der Papst die Gewinnorientierung der Wirtschaft als einziges Ziel wirtschaftlichen Handelns ein weiteres Mal an. Diese Kritik der Aneignung des Gewinns durch den Kapitalisten ist ebenso alt wie falsch. Gewinne entlohnen den Unternehmer für seine Arbeit, Gewinne schaffen Kapital für die Erneuerung und Erweiterung der Produktionsanlagen. Gewinne ermöglichen die Ausschüttung von Leistungs- und Erfolgsprämien an die Belegschaft. Gewinne werden besteuert und schaffen so die Grundlage der Umverteilung in einer Gesellschaft. Wenn der Papst die fortschreitende Spezialisierung als Grund dafür anprangert, dass die Menschen lediglich Detailgeschicklichkeit erlernen und den Blick für die Zusammenhänge verlieren, dann bleibt unerwähnt, dass gerade die Spezialisierung und die Arbeitsteilung des Industriezeitalters den Wohlstand der Menschen erst ermöglicht hat. »Die Aufsplitterung des Wissens erfüllt ihre Funktion, wenn sie konkrete Anwendungen erzielt, führt aber gewöhnlich dazu, den Sinn für die Gesamtheit, für die zwischen den Dingen bestehende Beziehungen, für den weiten Horizont zu verlieren« (110). Spezialwissenschaften müssten (eigentlich) über ihren Tellerrand schauen, so der Papst, um ihre Arbeit und ihre Resultate im Gesamtzusammenhang beurteilen zu können. Diese Anspielung auf den Universalgelehrten kann in der arbeitsteiligen Postmoderne nicht mehr sein als eine Rückschau in die vermeintlich einfache Welt der Vergangenheit.

Bezugnehmend auf sein Apostolisches Schreiben *Evangelii Gaudium* (vom 24. November 2013) zitiert der Papst: »So zeigt sich einmal mehr: ›Die Wirklichkeit steht über der Idee.‹« Was will der Papst uns hier sagen? Stellt er in der Tat die normative Kraft des Faktischen über die Idee? Möglicherweise dann auch über die Heilsidee Gottes?

Das hieße, die Menschen sind den Händeln der Welt, der Technik ausgeliefert, sie sind Kellner und nicht Koch in der technisierten Welt. Das mag man befürchten, aber es bleibt der Mensch wohl auch in der Welt von Big Data Herr in seinem Hause. Nicht Technokraten, sondern Philosophen verändern die Welt. Das Denken bestimmt, was Techniker planen und produzieren. Wenn Papst Franziskus einen Ausweg aus der Übermacht der Technik über den Menschen in Gemeinschaften von Kleinproduzenten sieht, dann übersieht er die globale Vernetzung, die internationale Arbeitsteilung, die weltweite Wissenschaftskooperation und den globalen Kulturaustausch.

Am Ende des zweiten Abschnitts rudert der Papst zurück, wenn er schreibt: »Niemand verlangt, in die Zeit der Höhlenmenschen zurückzukehren, es ist aber unerlässlich, einen kleineren Gang einzulegen [...]« (114.). Ob das Tempo der wirtschaftlichen Entwicklung steuerbar ist, ob eine globale Ökonomie so einfach »einen kleineren Gang« einlegen kann, muss man bezweifeln, wenn man die unsichtbare Hand des Marktes als immanenten Steuerungsmechanismus der Wirtschaft anerkennt und die großen Probleme der Welt vor Augen hat. Aber das lehnt der Papst ab. Die freien Kräfte des Marktes fördern den schädlichen Relativismus, der sagt: »Lassen wir die unsichtbare Hand des Marktes die Wirtschaft regulieren« (S. 89), dann führe das zu derselben Ausbeutung wie sexueller Missbrauch von Kindern, Organhandel und Sklavenarbeit (122). Am Schluss des zweiten Kapitels greift der Papst die Technikkritik wieder auf, wenn er sagt, dass die menschlichen Wurzeln der ökologischen Krise eng mit der technologischen Entwicklung verbunden seien. Dem ist zuzustimmen, ist doch die Technik Ergebnis menschlicher Gestaltung.

Der Papst sieht die kapitalistische Wirtschaftsordnung sehr skeptisch, die technische Entwicklung eher pessimistisch und hat wenig Hoffnung auf kulturellen Fortschritt der Menschheit. Der naturwissenschaftlichen Forschung gesteht der Papst das Recht und wohl auch die Pflicht zu, »all dem Aufmerksamkeit zu schenken, was die unabhängig gegenüber wirtschaftlichen Interessen entwickelte biologische Wissenschaft selbst im Hinblick auf die biologischen Strukturen und deren Möglichkeiten und Veränderungen lehren kann« (132.). Forschung ist dann legitim, wenn sie der Natur behilflich ist, ihre eigenen Potenziale besser zu entfalten. Unentschieden ist der Papst bei der Beurteilung gentechnischer Forschung. Wo ist hier der fröhliche Hirte zu erkennen?

Im dritten Kapitel »Krise und Auswirkungen des modernen Anthropozentrismus« bemängelt der Papst die vom Menschen ausgehende und auf seine Zwecke ausgerichtete Sicht auf die Schöpfung. Die Welt wird einseitig aus der Perspektive der Nützlichkeit für menschliche Zwecke beurteilt. Scheinbar funktionslose Lebewesen, Pflanzen, Landschaftsformen etc. erachtet der anthropozentrisch denkende Mensch als nutzlos. Diese Denkweise der wertenden und wissenden Dominanz bestimmt auch die moderne Wissenschaft. Papst Franziskus sieht in der Moderne eine »große anthropozentrische Maßlosigkeit« (S. 85). Die Verdinglichung der Welt führt zu Raubbau und Schädigung der Umwelt. Das kann man so sehen, man kann aber auch umgekehrt hervorheben, dass die Wissenschaften und die rationale Führung von Unternehmen schon aus Eigennutz dafür sorgen werden, dass der Ast auf dem der Mensch sitzt, nicht abgeschnitten wird. »Ein fehlgeleiteter Anthropozentrismus gibt Anlass zu einem fehlgeleiteten Lebensstil« (122). Der Papst sieht in der Überschätzung der menschlichen Macht einen Grund für die Ablehnung einer übergeordneten Vernunft. Anthropozentriker brauchen Gott nicht, so könnte man mit dem Papst sagen, sie sind sich selbst genug! Der Egoismus wächst in der Welt, Selbstbezogenheit nach dem Motto »Ich mach mein Ding« bestimmt den Lebensstil der postmodernen Beliebigkeit. Unmittelbarer ich-bezogener Genuss und hat den temporären Verzicht, das Warten auf das Reifen der Früchte, abgelöst. Insofern sind Anthropozentriker sicherlich keine missionarischen Botschafter des Umweltschutzes und der Erhaltung der Vielfalt der Natur.

Papst Franziskus sieht ein unverfügbares Recht des Menschen auf Arbeit. Arbeit ist Quelle menschlicher Entfaltung, sie zu schützen und Arbeit zu ermöglichen, ist Aufgabe aller Institutionen. Wenn Arbeit eine »elementare condito humana« ist, dann muss in die Befähigung der Menschen investiert werden, damit sie in die Lage versetzt werden, professionell zu arbeiten. »Aufzuhören, in die Menschen zu investieren, um einen größeren Sofortertrag zu erzielen, ist ein schlechtes Geschäft für die Gesellschaft« (128). Diese Sorge ist sicherlich für wenig weitsichtige Unternehmer berechtigt. Die Mehrzahl hat dagegen erkannt, dass die Menschen Nadelöhr des unternehmerischen Erfolges sind.

Kapitel vier ist mit »Eine ganzheitliche Ökologie« überschrieben und verlangt von den Institutionen, den umfassenden ganzheitlichen Zusammenhang der Welt zu beachten. Hier ist einzuwenden, dass Unsicherheit hinsichtlich der Folgen und Nebenfolgen menschlichen Handelns schlicht aus der unpräzisen Voraussicht resultiert, die die Menschen im Augenblick wirtschaftlicher Entscheidungen haben. Ex ante ist es schlicht unmöglich, alle Folgen zu bedenken, ganzheitliche Auswirkungen exakt zu benennen. Der Mensch muss wagen, das ist sein Wesen!

Mangelhafte Qualität der Planung sieht Papst Franziskus in der Schwäche der Institutionen. Umweltschäden und Wohlfahrtsverluste entstünden auch aus dem fehlenden Rechtsschutz (142). Die Globalisierung führe zu kultureller Einfalt, statt Vielfalt herrsche weltweite Kulturöde. Die Einöde der Kultur resultiert nach Papst Franziskus aus der unseligen Koppelung der Kultur an die Wirtschaft. Die globale Ökonomie schleife Unterschiede, Völker und Kulturen seien von der Einfalt globaler Ökonomie bedroht. Auch die Ökologie des Alltags mit Ghettobildung, Lärm und Schmutz, die Unwirtlichkeit der Lebensräume führen zu Kriminalität, Unterentwicklung und Ausgrenzung. Mensch und Natur leiden an Wohnungsnot, an Staus, an Wassermangel und fehlender Hygiene. Das ist alles sehr gut nachvollziehbar. Man muss aber die Frage stellen, ob die Mängel und Zumutungen nicht noch größer wären, wenn die Wirtschaft nicht nach rationalen Prinzipien betrieben würde, wenn Sozialismus statt Kapitalismus ordnendes Prinzip der Wirtschaft wäre?

Papst Franziskus betont das Gemeinwohl, den Ausgleich nach dem Subsidiaritätsprinzip und die Notwendigkeit funktionierender Verteilungsgerechtigkeit, die jedem den Anteil am Ertrag zugesteht, der seiner Leistung für die Entstehung der Leistung entspricht (157). Aber auch denjenigen, die nicht zu Leistung fähig sind, gewährt das Subsidiaritätsprinzip in Verbindung mit dem Solidarprinzip den Anspruch auf ein im Rahmen einer Gesellschaft mögliches menschenwürdiges Leben. Kranke, Alte und Behinderte dürfen aus diesem Grunde nicht diskriminiert werden. Um an Bedürftige umverteilen zu können, braucht es ertragsstarke Unternehmen.

Im fünften Kapitel »Einige Leitlinien für Orientierung und Handlung« gibt der Papst Anleitungen und beschreibt Wege, um »aus der Spirale der Selbstzerstörung herauszukommen, in der wir untergehen« (163). Der Papst verlangt Korrekturen in der Landwirtschaft, der Energieversorgung und der Verfügbarkeit von Trinkwasser. Fossiler Kraftstoffverbrauch sei zurückzufahren, so der Papst (164).

Politik, Unternehmen und dem postmodernen Menschen stellt der Papst ein denkbar schlechtes Zeugnis aus. »Politik und Unternehmen reagieren langsam, weit davon entfernt, den weltweiten Herausforderungen gewachsen zu sein« (ebd.). Gipfeltreffen zu Umweltfragen fehlt die praktische Umsetzung und es fehlen Kontrollmechanismen, die gute Beispiele belohnen und schlechte Beispiele bestrafen. Der Papst setzt auf die kommende Generation (ebd.). In der Tat muss man feststellen, dass die Politiker der Staaten im Wesentlichen nur die Kraft zu gesinnungsethischen Postulaten aufbringen, die Umsetzung umweltschützender Maßnahmen durch verantwortungsethische Aktivitäten aber Mangelware bleibt. Ein wesentlicher Grund dafür sind fehlende Alternativen, insbesondere der Bevölkerung in den Entwicklungsländern. Wie kann man verlangen, dass die Menschen an die Reduzierung von Treibgas denken, wenn sie mit der Bewältigung des Mangels im Alltag, mit Dürre, Arbeitslosigkeit und Hoffnungslosigkeit voll beschäftigt sind. Wie kann es gelingen, die Kosten einer radikalen Umweltpolitik »gerecht« zu verteilen, wenn die Staaten sich nicht vertrauen und sich in der Absicht, partikulare Interessen besser durchsetzen zu können, nicht zu globalen oder bilateralen Abkommen wie TTIP und Ceta durchringen können. Die Solidaritätsforderungen der Enzyklika stehen in krassem Widerspruch zu den Kriegen und Krisen in der Welt. Politische Weltautoritäten – wie sie Johannes XXII. gefordert hat, sind nicht in Sicht. Die Vereinten Nationen sind zahnlos, die OECD ist gut in der Fertigung von Berichten, weit weniger gut in der Bekämpfung von Armut, Nationalismus und Egoismus. Es erscheint erfolgversprechender, den längeren induktiven Weg der Verbesserung des Verhältnisses von Mensch und Natur zu gehen. Angefangen bei der Bildung der Menschen, fortgesetzt bei der Organisation der lokalen und nationalen Institutionen, könnte schließlich ein globales Umweltbewusstsein entstehen, das die Menschen mit Natur und Umwelt versöhnt. Umweltfragen müssen Agendapunkte aller Planungen auf allen Ebenen werden. Die Ratifizierung des 2015 in Paris ausgehandelten Klimaabkommens durch ausreichend viele Staaten ist ein Lichtblick der Umweltvernunft.

Papst Franziskus verlangt ein Bewusstsein der Vermeidung von Umweltschädigung. Die Vermeidung von Umweltschäden ist allemal kostengünstiger als die Beseitigung entstandener negativer Folgen wirtschaftlichen Handelns. Papst Franziskus verlangt die Rückkehr zum Primat der Politik über die Wirtschaft und einen intensiven Dialog zwischen Politik und Wirtschaft. Papst Franziskus hat kein Vertrauen in Unternehmen, die Gewinnmaximierung anstreben (190). Diese negative Sicht und die Verdammung von Gewinn, stehen im Gegensatz zu der

Figur des »ehrbaren Kaufmanns«. Dieser sucht den langfristigen Erfolg und den fairen Umgang mit den Kunden und den Mitarbeitern.

Es leuchtet ein, wenn die Enzyklika Recycling vor weitere Ausbeutung der Natur stellt (196). Es leuchtet aber nicht unmittelbar ein, wenn die Enzyklika fordert, das Wirtschaftswachstum zu bremsen (vgl. S. 134). Wirtschaftswachstum ist Grundlage einer besseren Versorgung der Menschen. Zudem sind die auf Wettbewerb gründenden Unternehmen gezwungen Marktchancen zu realisieren. Wachstumsverzicht würde Wohlstandsverzicht und Unternehmenssterben bedeuten. Das kann der Papst nicht wollen.

Das Kapitel »Die Religionen im Dialog mit den Wissenschaften« offenbart die Schwäche der Kirche, ihren Verlust an Autorität und ihre schwindende Kraft, Normen zu setzen, die die Menschen befolgen. Wenn Papst Franziskus am Ende dieses Kapitels unter Bezugnahme auf seine Enzyklika *Evangelii Gaudium* schreibt: »Die Wirklichkeit steht über der Idee«, dann kann man diesen Satz als Nähe der Kirche zu den Problemen der Welt interpretieren. Man kann aber auch ratlos fragen, ob der Papst hier den Offenbarungseid des Verlustes der Deutungshoheit der Kirche geleistet hat. Wenn das (zufällige) Sein Moral und Glauben bestimmt, dann ist der Beliebigkeit Tür und Tor geöffnet. Dem Glaubenden fehlt dann jede Orientierung, der Kirche fehlt der Anspruch des Glaubens, auf den Kern des Lebens, die Erlösung durch Glaube und Gnade, ausgerichtet zu sein. Wenn der Papst materialistisch und antiintellektualistisch denkt, dann begibt er sich in die Gefahr, der Beliebigkeit das Wort zu reden. Statt nachhaltige Ordnung zu denken und dann entsprechendes Handeln zu fordern, bleibt alles möglich. Die Kirche büßt ihre Funktion als kritische Instanz ein, wenn sie die Zufälligkeiten des Gegebenen zur Maxime von Glaube und Welt macht.

Im sechsten Kapitel »Ökologische Erziehung und Spiritualität« setzt Papst Franziskus seine Marktkritik fort. »Da der Markt dazu neigt, einen unwiderstehlichen Konsum-Mechanismus zu schaffen, um seine Produkte abzusetzen, versinken die Menschen schließlich in einem Strudel von unnötigen Anschaffungen und Ausgaben« (203). Pure Kapitalismuskritik folgt, Marktmacht, Manipulation, Nötigung, Dinge zu kaufen, die man nicht braucht, mit einem Wort, ein zwanghafter Konsumismus wird als »Markenzeichen« der kapitalistischen Wirtschaft angeprangert. Man fühlt sich in eine sozialistische Seminarveranstaltung versetzt, wenn man liest: »Dieses Modell wiegt alle in dem Glauben, frei zu sein, solange sie eine vermeintliche Konsumfreiheit haben, während in Wirklichkeit jene Minderheit die Freiheit besitzt, welche die wirtschaftliche und finanzielle Macht innehat« (203.). Hoffnung kommt nach Ansicht des Papstes von den Bewegungen, die den Konsumegoismus bekämpfen, »die durch den

Boykott gewisser Produkte auf das Verhalten der Unternehmen ändernd einwirken« (S. 144). Wie der Weg zu welcher besseren Wirtschaftsordnung aussehen könnte, bleibt offen. Der Papst treibt hier einen Keil zwischen die Guten, die wenig und nichts Falsches kaufen, und diejenigen, die viel und Unnötiges produzieren und den Menschen aufdrängen.

Papst Franziskus fordert zu einem Bündnis zwischen der Menschheit und der Umwelt auf. Allein die Überschrift dieses Kapitels verkennt, dass es kein Bündnis mit der Umwelt geben kann, wenn man den Menschen insofern über die Schöpfung stellt, weil er als vernunftbegabtes Wesen Ziele setzen und bewusste Handlungen vollziehen kann. Es kann nur eine menschliche Einsicht, gewissermaßen einen Vertrag der Menschheit mit sich selbst geben, der verhindert, dass die Umwelt geschädigt wird.

Zusammenfassung

Das Pontifikat von Papst Franziskus betont eindeutig den pastoralen Auftrag der katholischen Kirche. Am Gründonnerstag des Jahres 2013 ruft Papst Franziskus im Petersdom die Priester der katholischen Kirche auf, sich den Gläubigen im Alltag zuzuwenden. Wer sich nicht zu den Gläubigen begibt, droht ein trauriger Priester zu werden, so seine Osterbotschaft. Wer die Not des einzelnen nicht sieht, ist kein Seelsorger. Papst Franziskus denkt den einzelnen, die Gemeinden, Staaten, die Natur und die Kirche von der jeweils konkreten Not her, seine Sorge ist von den praktischen Bedürfnissen der Menschen bestimmt. Seine pastorale Denkweise folgt dem Prinzip vom Besonderen zum Allgemeinen. Sein Vorgänger denkt die Welt vom Allgemeinen zum Besonderen, das Praktische muss den Glaubensfundamenten folgen. Bezieht man die beiden Positionen zum Beispiel auf die besondere Lage wiederverheirateter geschiedener katholischer Christen, dann ist für Benedikt und für Franziskus die Ehe gleichermaßen ein Sakrament, das nicht zur Disposition steht. Papst Franziskus will aber die besondere Lage des Einzelnen sehen. Barmherzigkeit im Einzelfall zu üben, ist praktizierte Nächstenliebe.

So kann man zusammenfassend sagen, dass Barmherzigkeit im Einzelfall und Prinzipientreue im Allgemeinen die großen Herausforderungen der Kirche in einer individualisierten, fragmentierten, temporalisierten und ästhetisierten Welt sein werden. Ökonomisch ist es ebenso. Die Wirtschaft muss sich den Nöten und Sorgen des einzelnen Bürgers widmen und gleichzeitig ordnende Prinzipien erarbeiten, die geeignet sind, eine möglichst große interpersonale Gerechtigkeit sicherzustellen. Gleichheit im Grundsätzlichen, Vielfalt im Praktischen und

Gestaltung nach den Prinzipien der Leistungsfähigkeit, der Solidarität und der Subsidiarität versöhnen die Christen mit der Kirche und die Bürger mit dem Staat. Die Fundamente des Glaubens stehen nicht zur Disposition!

Literatur

Albert, M. (1971). Plädoyer für den kritischen Rationalismus. München: Piper.
Spiegel, H.W. (1991). *The Growth of Economic Thought* (3. Aufl.). Durham/London: Duke University Press.
Weber, M. (1919). *Wissenschaft und Politik als Beruf*. München.
Williams, B. (1979). *Kritik des Utilitarismus*. Frankfurt a.M.: Vittorio Klostermann.

Die Verteilungsfrage im Spannungsfeld zwischen Ökonomie und Ökologie

Johannes Schmidt

In *Laudato Si'* befasst sich Papst Franziskus intensiv mit der Entwicklung der Gesellschaft in Richtung Nachhaltigkeit. Zwar ist sein Aufhänger das Umwelt- und insbesondere das Klimaproblem, es ist jedoch zutreffend beobachtet worden, dass *Laudato Si'* keineswegs eine bloße »Klima-Enzyklika« darstellt (Edenhofer & Flachsland, 2013, S. 579), sondern vielmehr dieses Problem verbindet mit Fragen der Gerechtigkeit, des menschlichen Zusammenlebens und nach den Institutionen, die dieses Zusammenleben organisieren; sie befasst sich also mit den zentralen Aspekten der nachhaltigen Entwicklung. Nicht weniger als elfmal wird der Begriff der nachhaltigen Entwicklung in der Enzyklika verwendet (in den Abschnitten 13, 18, 52, 102, 141, 159, 167, 169, 192, 193, 207). Dabei wird in mehrerlei Hinsicht die Bedeutung der Verteilung thematisiert: nicht nur in Bezug auf die Gleichheit oder Ungleichheit der Einkommens- und Vermögensverteilung (109), sondern auch im Sinne eines gleichen Zugangs zu elementaren Ressourcen wie zum Beispiel Wasser (30) oder auch ganz allgemein im Sinne einer gleichen Teilhabe an Lebenschancen.

Die Verteilungsfrage ist nun vor allem deshalb interessant, weil das Verhältnis von ökonomischer Entwicklung, Verteilung und Schutz der natürlichen Lebensgrundlagen immer spannungsreich war; es wurde und wird versucht, die eine Seite der nachhaltigen Entwicklung gegen eine andere auszuspielen; auf diese Weise kommt es dann häufig zu einer gegenseitigen Blockade widerstreitender Interessen. Im Folgenden soll daher zunächst auf das Konzept der nachhaltigen Entwicklung eingegangen und skizziert werden, welche Bedeutung Verteilungsfragen darin haben. Dabei wird es vor allem darum gehen, wie das Verhältnis der heute gängigen Nachhaltigkeitsdimensionen zueinander – Ökologie, Ökonomie und Soziales/Verteilung – gesehen wird: Damit ist die Frage gemeint, ob diese Dimensionen miteinander harmonieren oder in Konflikt stehen. Danach soll dargelegt werden, wie die Enzyklika dieses Verhältnis der genannten Nachhaltigkeitsdimensionen thematisiert: Die Behandlung des Verhältnisses von Ökonomie und Verteilung weist deutliche Parallelen zur Sichtweise der Verteilungsfrage in der Ökonomik auf, hingegen hinsichtlich des Verhältnisses von ökonomischen und ökologischen Zielen die Argumentation der Enzyklika abweichende Akzente setzt; bei der Frage nach dem Verhältnis von sozialen und ökologischen Fragen reicht die Enzyklika deutlich über bestehende Ansätze hinaus.

Der Streit um den Nachhaltigkeitsbegriff und seine Dimensionen

Die Idee der »starken« Nachhaltigkeit

Nachhaltigkeit ist bekanntermaßen ursprünglich ein Bewirtschaftungskonzept in der Forstwirtschaft, das – ganz vereinfacht formuliert – fordert, einem Wald nur so viel Holz zu entnehmen wie nachwächst, um eine dauerhafte – nachhaltige – Nutzungsmöglichkeit zu gewährleisten. Dieses Konzept wurde, insbesondere ausgehend vom Brundtland-Bericht, zu einem umfassenden Konzept der nachhaltigen Naturnutzung ausgedehnt; einen ersten Höhepunkt im politischen Prozess erreichte das Konzept mit der Verabschiedung der Abschlusserklärung des UN-Gipfels in Rio de Janeiro im Jahre 1992. Das Konzept der Nachhaltigkeit, wie es in dieser und in anderen Erklärungen formuliert ist, bezieht sich zunächst und vor allem auf die ökologische Dimension: Die natürlichen Lebensgrundlagen sollen so geschützt werden, dass auch für alle künftigen Generationen ein befriedigendes Leben möglich ist.

Die Rio-Deklaration ist getragen von der Idee der sogenannten starken Nachhaltigkeit, wenngleich dieser Begriff zu dieser Zeit noch nicht verwendet wurde: Das Konzept geht erstens von einer nur begrenzten Substituierbarkeit natürlicher Ressourcen durch produziertes Kapital aus, da viele Dienste der Natur nicht durch (industrielle) Produktionsprozesse ersetzt werden können; zweitens wird von absoluten Schranken der Tragfähigkeit der Natur ausgegangen, sodass sich wirtschaftliche Entwicklung und Wachstum nur innerhalb bestimmter ökologischer Leitplanken abspielen dürfen; und schließlich geht es darum, das Naturkapital für kommende Generationen zu erhalten (oder sogar zu steigern). Diese Betonung der Wahl- und Entscheidungsmöglichkeiten künftiger Generationen war zunächst der einzige Bezug innerhalb des Nachhaltigkeitskonzepts zum Verteilungsproblem: Verteilung nicht im Sinne der Einkommens- und Vermögensverteilung zwischen den heute Lebenden, sondern im Sinne der intergenerationellen Verteilung der Nutzungsmöglichkeiten und Lebenschancen. In der weiteren Ausformulierung des Konzepts wurden dann Regeln formuliert, mit denen die Grundidee operationalisiert und in Handlungsempfehlungen insbesondere für Politik und Unternehmen umgesetzt wurde; ein Beispiel dafür findet sich bei Rogall (2012, S. 365ff.).

Das Drei-Säulen-Konzept der Nachhaltigkeit

Die Rio-Deklaration und die Betonung der starken Nachhaltigkeit mit ihrem Fokus auf die ökologische Dimension bedeutete, wenn sie ernstgenommen wird, das Erfordernis einer sehr starken Restrukturierung der Wirtschaft, die zweifelsohne für viele Unternehmen und Branchen nicht ohne Probleme war und ist. Deshalb ist es vielleicht nicht verwunderlich, dass in den weiteren Debatten versucht wurde, die Radikalität des Konzepts aufzuweichen. Dies geschah im Zuge der Entwicklung des sogenannten Drei-Säulen-Konzepts der Nachhaltigkeit: Darin trat neben die ökologischen Säule auch noch die ökonomische und soziale Säule, und es war häufig auch vom Dreiklang der ökonomischen, ökologischen und sozialen Nachhaltigkeit die Rede.

Zunächst schien diese Debatte davon geprägt zu sein, dass das »Primat des Ökologischen« davon nicht berührt war; vielmehr ging es darum, bei der Um- und Durchsetzung der ökologischen Umsteuerung zu beachten, dass entsprechende Maßnahmen nicht in einem institutionellen Vakuum stattfinden, sondern die Funktionsbedingungen der (Markt-)Wirtschaft und die Fragen des sozialen Ausgleichs nicht unbeachtet gelassen werden dürfen. Allerdings war die zentrale Frage stets, wie das (markt-)wirtschaftliche System umgestellt werden muss, um den Postulaten der ökologischen Nachhaltigkeit Geltung zu verschaffen. Außer in bestimmten Zirkeln stand dabei aber nie zur Debatte, die Marktwirtschaft abzuschaffen, sondern sie in Richtung einer ökologischen Nachhaltigkeit weiter zu entwickeln und in diesem Zuge auch genuin ökonomische und soziale Fragestellungen zu behandeln.

In den diesbezüglich entwickelten Managementregeln heißt es etwa in Bezug auf das sozial-kulturelle System: »Die demokratisch legitimierten Entscheidungsträger haben die Verpflichtung, dafür zu sorgen, dass *im Rahmen der natürlichen Tragfähigkeit* eine gerechte Verteilung der Lebenschancen und Einkommen für heutige und zukünftige Generationen sichergestellt wird« (Rogall, 2013, S. 491;

Hervorh.d.A.). Ebenso heißt es in Bezug auf ökonomische Fragen unter anderem: »Das ökonomische System muss individuelle und gesellschaftliche Bedürfnisse *im Rahmen der natürlichen Tragfähigkeit* so effizient wie möglich befriedigen« (ebd., S. 490; Hervorh.d.A.). Hier geht es also eher darum, Wirtschaftsordnung und Sozialsysteme so umzugestalten, dass sie ihre Aufgaben ohne untragbare Umweltbelastungen erfüllen können.

Allerdings wurde und wird das Drei-Säulen-Modell auch anders verstanden, nämlich im Sinne einer Gleichrangigkeit ökologischer, ökonomischer und sozialer Ziele, die im Rahmen eines gesellschaftlichen Diskursprozesses auszubalancieren seien. Dabei, so diese Position, könne dies nicht ohne Zielkonflikte vonstattengehen, für die jeweils eine Lösung gefunden werden müsse.

Derartige Zielkonflikte werden *erstens* zwischen ökonomischen und sozialen Zielen behauptet: Häufig wird davon ausgegangen, dass eine ausgreifende Verteilungspolitik, die auch auf eine Verringerung der Einkommens- und Vermögensunterschiede ausgerichtet ist, wesentlich dazu beitrage, die (Arbeits-)Anreize der Menschen zu verringern, sodass Wirtschaftswachstum und Entwicklung gefährdet oder zumindest eingeschränkt werden. Beispielsweise werden Systeme der sozialen Sicherung in dieser Argumentation als Kostenbelastung für die Unternehmen betrachtet (Stichwort: Lohnnebenkosten), die wiederum den ökonomischen Erfolg und damit die Überlebensfähigkeit von Unternehmen beeinträchtigen können.

Zweitens wird zwischen Umweltpolitik und der Ökonomie bzw. ökonomischen Zielen ein Konflikt ausgemacht. Die Argumentation ist ähnlich: Eine ausgreifende Umweltpolitik könnte möglicherweise die Wirtschaftlichkeit vieler Unternehmen und Branchen bedrohen und auf diese Weise etwa zu größerer Arbeitslosigkeit oder anderen Einbußen bei gesamtwirtschaftlichen Zielen (beispielsweise eine Inflation aufgrund der Verteuerung umweltschädlicher Produkte) führen. Umgekehrt wird zugestanden, dass wirtschaftliches Wachstum mit Umweltproblemen verbunden sei, aber zwischen diesen beiden Zielen eben eine Balance gefunden werden müsse.

Auch werden *drittens* beim Vergleich von sozialen und ökologischen Zielen Konflikte vermutet, die durch gesellschaftliche Diskursprozesse gelöst oder zumindest bewältigt werden müssen: So könne eine umweltpolitische Maßnahme zu Preiserhöhungen bei den betreffenden Produkten führen, sodass sich die Realeinkommen vermindern, was insbesondere bei Geringverdienern zu einem bedeutsamen Problem werden könne. In Deutschland wäre ein Beispiel für eine solche Maßnahme die Förderung erneuerbarer Energien, insbesondere der Solarenergie, die im wesentlichen durch die EEG-Umlage finanziert wird (anstatt aus dem allgemeinen Steueraufkommen), was regressiv wirkt, da der prozentuale Anteil der Ausgaben für Strom bei Geringverdienern im Allgemeinen höher ist als bei Spitzenverdienern. Auch auf internationaler Ebene wird versucht, eine engagierte Umwelt- und insbesondere Klimapolitik mit Verweis auf entsprechende negative soziale Folgen zu relativieren: So sei es etwa für die Bekämpfung der Armut wichtiger, den Zugang zu Bildung, medizinischer Versorgung und sauberem Wasser sicherzustellen – Maßnahmen, die möglicherweise unterlassen würden, wenn stattdessen die Mittel vorzugsweise in den Klimaschutz gesteckt würden.

Aber wie verhält es sich mit diesen Zielkonflikten tatsächlich?

Erstens muss es zwischen wirtschaftlichem Erfolg bzw. wirtschaftlicher Entwicklung oder bestimmten gesamtwirtschaftlichen Zielen einerseits und sozialen bzw. Verteilungszielen andererseits keinen prinzipiellen Gegensatz geben. Natürlich darf man die Anreizproblematik nicht völlig außen vor lassen: Eine gewisse Ungleichheit kann ein Ansporn für eigene Anstrengungen sein, wie auch umgekehrt eine völlige Gleichheit im Ergebnis entsprechende Antriebe zum Erliegen bringen und Entwicklung und Wachstum behindern kann. Aber die Vorstellung, es gäbe so etwas wie einen durchgehend negativen Trade-Off zwischen Wachstum und Verteilung – je ungleicher die Verteilung, desto höher das Wachstum – ist vom Stand der wissenschaftlichen Diskussion keineswegs gedeckt. Inzwischen hat sich gezeigt, dass eine gleichmäßigere Einkommens- und Vermögensverteilung keineswegs schädlich für Wachstum und Entwicklung ist, sondern vielmehr auch und gerade ökonomische Ziele positiv beeinflussen kann: So bedeutet eine größere Gleichheit in der Einkommens- und Vermögensverteilung etwa, dass mehr Menschen Zugang zu Krediten erhalten (weil sie nun eher in der Lage sind, die erforderlichen Sicherheiten zu stellen), die es ihnen ermöglichen, Unternehmen zu gründen und somit selbst die wirtschaftliche Entwicklung mitzugestalten. Auch kann die Überzeugung, dass die wirtschaftlichen Unterschiede nicht unüberwindbar groß sind, den Wunsch verstärken, aktiv die eigene Lage zu verbessern; sind jedoch die Unterschiede so groß, dass man es für aussichtslos erachtet, die eigene Lage verbessern zu können, kann Ungleichheit eher lähmend wirken (ein Überblick über die ökonomischen Wirkungen der Vermögenskonzentration findet sich bei Schmidt [2016]). Ganz generell gibt es zahlreiche Indizien dafür, dass eine größere Gleichheit sowohl mit besseren ökonomischen Ergebnissen als auch mit einem besseren gesellschaftlichen Zusammenhalt einhergeht (vgl. Wilkinson & Pickett, 2013).

Zweitens ist nicht zu bestreiten, dass umwelt- und klimapolitische Maßnahmen in einer Weise durchgeführt werden können, die zumindest kurzfristig auch wirtschaftliche Probleme verursacht oder sogar zu Arbeitslosigkeit und/oder anderen gesamtwirtschaftlich unerwünschten Folgen führt. Dies ist aber weniger ein Argument gegen Klimapolitik per se als vielmehr gegen ihre dilettantische Handhabung. »Schließt man deshalb diese Interpretation aus, dann gerät man unweigerlich zu der absurden Behauptung, im marktwirtschaftlichen System könnten bestimmte Präferenzen nur unter der Hinnahme von Beschäftigungseinbußen und/oder inflationären Tendenzen erreicht werden« (Maier-Rigaud, 1997, S. 315). Aber auch das ist schon eine sehr gewagte These: Sicherlich schließt eine engagierte Umwelt- und Klimapolitik bestimmte Entwicklungen und bestimmte Produktionsweisen aus; aber es ist ein Trugschluss, wenn man daraus folgert, dass jede Art von wirtschaftlicher Entwicklung notwendigerweise mit untragbaren Umweltschäden einhergehe und deshalb umgekehrt jede engagierte Umweltpolitik zwingend mit gesamtwirtschaftlichen Zielverzichten wie dauernder Arbeitslosigkeit verbunden sein müsse. Umweltpolitik ist Strukturpolitik: Sie hat die Aufgabe, die Struktur der Wirtschaft und der Produktion zu verändern in Richtung einer größeren Umweltverträglichkeit; das bedingt möglicherweise den Verzicht auf bestimmte Güter, die nur in umweltbelastender Weise hergestellt werden können, aber keineswegs zwingend den Verzicht auf Entwicklung als solche. Bedauerlicherweise haben jedoch auch manche engagierten Verfechter von Umweltschutz und Nachhaltigkeit den Gedanken verfolgt, dass man im Interesse der Nachhaltigkeit möglicherweise auf das Ziel der Vollbeschäftigung verzichten müsse. Aber eine Veränderung der Wirtschafts- und damit auch der Beschäftigungs*struktur*, wie sie die Umsteuerung in Richtung Nachhaltigkeit erfordert, hat keine logisch notwendige Verbindung zum Beschäftigungs*volumen*.

Auch muss *drittens* zwischen sozialen bzw. Verteilungszielen einerseits und Umweltpolitik andererseits kein zwingender Gegensatz bestehen: Sofern von einer umweltpolitischen Maßnahme Ärmere stärker betroffen sind – beispielsweise weil bestimmte Güter, die einen großen Anteil an den Konsumausgaben der Geringverdiener ausmachen, im Preis steigen oder sogar komplett durch andere Güter ersetzt werden müssen, die mit einer geringeren Umweltbelastung hergestellt wurden, aber dafür teurer sind –, so können für die Ärmeren Kompensationen (etwa in Form von direkten Einkommensbeihilfen) gezahlt werden. Auch hier gilt: Selbstverständlich ist denkbar, dass eine falsch oder dilettantisch gehandhabte Umweltpolitik mit sozialen Verwerfungen einhergeht, aber auch in diesem Fall ist das kein grundsätzlicher Konflikt. Noch viel weniger gilt das auf internationaler Ebene: Hier sind gerade ärmere und weniger entwickelte Länder diejenigen, die vom Klimawandel besonders stark betroffen sind. Die Frage, ob es nicht besser wäre, sich auf die Armutsbekämpfung in diesen Ländern zu konzentrieren anstatt auf die Bekämpfung des Klimawandels, ist in vielen Fällen eine Scheinalternative: Denn es zeigt sich, dass in vielen ärmeren Ländern die Möglichkeiten der Anpassung an den Klimawandel erschöpft sind und der Klimawandel im Gegenteil bereits erreichte Fortschritte bei der Armutsbekämpfung zunichtezumachen droht (vgl. Edenhofer & Flachsland, 2015, S. 581; Edenhofer et al., 2010, S. 21ff.). Wirtschaftliche Entwicklung sowie Armutsbekämpfung einerseits und Bekämpfung des Klimawandels andererseits sind also nicht als grundsätzlich konflikthafte Alternativen zu verstehen, sondern es muss ein Weg gefunden werden, der den armen Ländern eine weitere Entwicklung ermöglicht, ohne dass diese mit der gleichen »Kohlenstoff-Intensität« abläuft, wie es bei der Entwicklung der heutigen Industrieländer im 19. und 20. Jahrhundert der Fall war. Dies macht die Verantwortung der Industrieländer besonders deutlich, die ja durch ihre kohlenstoff-intensive Entwicklung die heutige Klimaproblematik wesentlich verursacht haben – die ökologische Schuld, von der die Enzyklika spricht (51).

Alles in allem ist die Konflikthypothese nicht in dem Maße zutreffend, wie dies häufig suggeriert wird. Konflikte und Probleme können auf der Mikroebene, also auf der Ebene einzelner Unternehmen und Branchen auftreten, aber nicht auf der Ebene gesamtgesellschaftlicher oder gesamtwirtschaftlicher Ziele (vgl. Maier-Rigaud, 1997, S. 21ff.). Man muss viel eher davon ausgehen, dass diejenigen, die von einer Veränderung der Wirtschaftsstruktur negativ betroffen sind, weil ihre Produkte und Produktionsweisen unter Nachhaltigkeitsgesichtspunkten nicht mehr vertretbar sind, diese einzelwirtschaftlichen Probleme zu einem gesamtwirtschaftlichen Konflikt stilisieren, um auf diese Weise ihnen unerwünschte politische Maßnahmen zu verhindern.

Die Argumentation der Enzyklika

Franziskus macht nun zunächst genau das klar: Die schwache politische Reaktion auf Umwelt- und Klimaprobleme beruht für ihn auf »Sonderinteressen, und leicht gelingt es dem wirtschaftlichen Interesse, die Oberhand über das Gemeinwohl zu gewinnen und die Information zu manipulieren, um die eigenen Pläne nicht beeinträchtigt zu sehen« (54). Wie aber sieht für ihn nun das Verhältnis der einzelnen Nachhaltigkeitsdimensionen zueinander aus?

Betrachten wir *erstens* wieder das Verhältnis von sozialen bzw. Verteilungsfragen und ökonomischen Zielen. Dieser Zusammenhang wird in der Enzyklika thematisiert, wenn es um den Schutz der Arbeit geht. In Abschnitt 129 wird von den Schwierigkeiten berichtet, denen (landwirtschaftliche) Kleinproduzenten gegenüberstehen, die gegen die Skalenvorteile der Großbetriebe nur wenige Chancen haben, im Wettbewerb mitzuhalten. Die Enzyklika ruft deshalb dazu auf, Kleinproduzenten und (damit) die Produktionsvielfalt zu unterstützen. »Damit es eine wirtschaftliche Freiheit gibt, von der alle effektiv profitieren, kann es manchmal notwendig sein, denen Grenzen zu setzen, die größere Ressourcen und finanzielle Macht besitzen« (129). Für Franziskus geht es darum, eine reale wirtschaftliche Freiheit zu gewährleisten, die also nicht nur formaler Natur ist, um auf diese Weise eine Unternehmertätigkeit zu fördern, »die eine edle Berufung darstellt und darauf ausgerichtet ist, Wohlstand zu erzeugen und die Welt für alle zu verbessern« (129). Hier befindet sich Franziskus durchaus im Einklang mit neueren Einsichten der Wirtschaftswissenschaft, die einer größeren sozialen Gleichheit, wie erwähnt, auch positive wirtschaftliche Folgen beimessen.

Zweitens scheint Franziskus hinsichtlich des Verhältnisses von ökonomischen und ökologischen Zielen eher von einem genuinen Konflikt auszugehen: »[A]ngesichts des unersättlichen und unverantwortlichen Wachstums, das jahrzehntelang stattgefunden hat«, sei jetzt möglicherweise »die Stunde gekommen, in einigen Teilen der Welt eine gewisse Rezession zu akzeptieren und Hilfen zu geben, damit in anderen Teilen ein gesunder Aufschwung stattfinden kann« (193). Hier wird in den Kategorien eines Nullsummenspiels argumentiert, bei dem ein Zuwachs bei dem einen nur durch eine Schrumpfung bei einem anderen möglich ist. Dies ist zwar ohne Zweifel richtig in Bezug auf den Ressourcen- und Materialverbrauch, aber daraus ergibt sich noch nicht die Folgerung, Wachstum und Entwicklung in den Industrieländern zur Gänze zurückzuweisen. »[...] Maßnahmen wie die Steigerung der Energieeffizienz, erneuerbare Energien, ein Strukturwandel hin zu einem weniger ressourcenintensiven Lebensstil [...] erlauben umwelt- und sozialverträgliches Wachstum« (Edenhofer & Flachsland, 2015, S. 586). Die heutzutage in manchen Kreisen populärer werdende Strategie des »Degrowth« (D'Alisa et al., 2016), die bewusst auf Schrumpfung setzt, dürfte nicht nur zu starken sozialen Verwerfungen führen und insbesondere ärmere Bevölkerungsschichten belasten, sondern stellt auch die Idee der individuellen Autonomie und Selbstbestimmung infrage: Vielen Autoren dieser Richtung geht es nicht mehr nur darum, ökologische Leitplanken einzuziehen (beispielsweise durch Besteuerung des Umweltverbrauchs oder ähnliche Maßnahmen); vielmehr soll die Freiheit, auch in materieller Hinsicht sein Glück versuchen zu können, durch außerordentlich rigide Maßnahmen (wie etwa die Festlegung eines Maximums an materiellen Gütern für die Grundbedürfnisse) beschnitten werden.

Dies kann eigentlich nicht im Sinne des Papstes sein: Denn im Gegensatz dazu bewertet die Enzyklika die Freiheit des Menschen außerordentlich hoch. So

Die Verteilungsfrage im Spannungsfeld zwischen Ökonomie und Ökologie

heißt es etwa: »Eine Rückkehr zur Natur darf nicht auf Kosten der Freiheit und der Verantwortung des Menschen geschehen [...]« (78). Auch grenzt sich der Papst von einer biozentrischen Position ab,

> »denn dies würde bedeuten, ein neues Missverhältnis einzubringen, das nicht nur die Probleme nicht lösen, sondern auch andere hinzufügen würde. Man kann vom Menschen nicht einen respektvollen Einsatz gegenüber der Welt verlangen, wenn man nicht zugleich seine besonderen Fähigkeiten der Erkenntnis, des Willens, der Freiheit und der Verantwortlichkeit anerkennt und zur Geltung bringt« (118).

In Bezug auf das Verhältnis von sozialen bzw. Verteilungszielen und ökologischen Zielen geht die Enzyklika einen etwas anderen Weg, weil sie diese beiden Dimensionen praktisch immer zusammendenkt: »Wir kommen [...] heute nicht umhin anzuerkennen, dass ein wirklich ökologischer Ansatz sich *immer* in einen sozialen Ansatz verwandelt, der die Gerechtigkeit in die Umweltdiskussionen aufnehmen muss, um *die Klage der Armen ebenso zu hören wie die Klage der Erde*« (49).

Der Grund für die enge Verbindung dieser beiden Aspekte ist darin zu sehen, dass Franziskus die Verteilung nicht nur und nicht einmal primär als Verteilung von Einkommen und Vermögen betrachtet, sondern als Verteilung des Zugangs zu lebenswichtigen Ressourcen: Im gegenwärtigen Modell halte sich eine Minderheit für berechtigt, »in einem Verhältnis zu konsumieren, das unmöglich verallgemeinert werden könnte« (50). Mit umgekehrtem Vorzeichen wird das Problem an der Wasserfrage festgemacht: Der unzureichende Zugang zu sauberem Trinkwasser bedeute »eine schwere soziale Schuld gegenüber den Armen« (30), denn ihnen werde damit ihr Lebensrecht verweigert. Umwelt- und Klimaschutz ist für den Papst daher immer auch eine Verteilungs- und damit Gerechtigkeitsfrage.

Diese enge Verbindung wird dann noch einmal deutlich, wenn es um die Nutzung des ökologischen Gemeinschaftsgutes »Atmosphäre« geht und um die künftige Verteilung der Emissionsrechte bzw. die Verteilung der Reduktionsverpflichtungen. Hier spricht Franziskus die Befürchtung an, »dass den Ländern, die über weniger Mittel verfügen, schwerwiegende Verpflichtungen zur Reduzierung der Emissionen aufgebürdet werden, die denen der am stärksten industrialisierten Länder vergleichbar sind. Die Auferlegung dieser Maßnahmen beeinträchtigt die Länder, die am meisten der Entwicklung bedürfen« (170). Für Franziskus geht es darum, dass sich die ärmsten Länder entwickeln können. Zwar sei es erforderlich, dass sie weniger umweltschädliche Formen der Energiegewinnung entwickeln, dafür sollten sie aber die Hilfe der entwickelten Länder bekommen bzw. dürfen diese auch einfordern; denn die jetzt entwickelten Länder konnten mit ihrer ressourcen- und kohlenstoffintensiven Produktionsweise hohe Wachstumsraten erzielen (172). Dabei gibt es für die Zuteilung von Emissionsrechten viele verschiedene Lösungen: Aus einer ethischen Perspektive heraus betrachtet – die wohl auch der von Franziskus entsprechen dürfte – spricht viel für eine Gleichverteilung von Emissionsrechten pro Kopf; unter dem Gesichtspunkt der politischen Durchsetzbarkeit ist eine Zuteilung gemäß der historischen Emissionsentwicklung wahrscheinlicher, die allerdings im Zeitverlauf in Richtung Gleichverteilung geändert werden muss (vgl. Edenhofer et al., 2010, S. 169f.).

Fazit

Insgesamt kann man der Enzyklika – trotz der gegen Ende aufscheinenden Skepsis gegen ein weiteres Wachstum in den entwickelten Ländern – die Botschaft entnehmen, dass eine ökologische Entwicklung möglich ist und dass dabei die ökologischen von den sozialen Aspekten gar nicht sinnvoll zu trennen sind. Die Enzyklika mahnt, Konflikte nicht dort zu konstatieren, wo sie gar nicht existieren – jedenfalls nicht auf einer gesamtwirtschaftlichen oder gesamtgesellschaftlichen Ebene. Die meisten Konflikte entstehen aus den vom Papst genannten Sonderinteressen, die im Sinne einer nachhaltigen Entwicklung überwunden werden müssen. Die Verteilungsfrage steht gemäß der Enzyklika in einem sehr engen Zusammenhang mit der ökologischen Frage: als Problem der Verteilung des Zugangs zu den globalen Gemeinschaftsgütern, aber auch – wenngleich weniger prominent – im Zusammenhang mit der Verteilung der Früchte der Arbeit, also: des Einkommens. Die Politik sollte daraus den Schluss ziehen, der Frage der gerechten Verteilung, sowohl von Einkommen und Vermögen als auch von Nutzungsrechten an natürlichen Ressourcen, eine größere Bedeutung beizumessen.

Literatur

D'Alisa, G., Demaria, F. & Kallis, G. (Hrsg.). (2016). *Degrowth. Handbuch für eine neue Ära*. München: oekom.
Edenhofer, O., Wallacher, J., Reder, M. & Lotze-Campen, H. (2010). *Global, aber gerecht: Klimawandel bekämpfen, Entwicklung ermöglichen*. München: Beck.
Edenhofer, O. & Flachsland, C. (2015). Laudato Si': Die Sorge um die globalen Gemeinschaftsgüter. *Stimmen der Zeit, 233*(9), 579–591.
Maier-Rigaud, G. (1997). *Schritte zur ökologischen Marktwirtschaft. Ökologie und Wirtschaftsforschung* (Bd. 11). Marburg: Metropolis.

Rogall, H. (2012). *Nachhaltige Ökonomie: Ökonomische Theorie und Praxis einer Nachhaltigen Entwicklung* (2. Aufl.). Marburg: Metropolis.

Rogall, H. (Hrsg.). (2013). *3. Jahrbuch Nachhaltige Ökonomie. Im Brennpunkt: Nachhaltigkeitsmanagement.* Marburg: Metropolis.

Schmidt, J. (2016). Makroökonomische Wirkungen der Vermögenskonzentration. *Ethik und Gesellschaft* (Ausgabe: Die Vermögenskonzentration und das Zuviel an sozialer Ungleichheit), *10*(1). http://www.ethik-und-gesellschaft.de/ojs/index.php/eug/article/viewFile/1-2016-art-3/431 (02.11.2016).

Wilkinson, R. & Pickett, K. (2013). *Gleichheit ist Glück. Warum gerechte Gesellschaften für alle besser sind* (4. Aufl.). Berlin: Haffmans & Tolkemitt.

Denn die menschliche Person wächst, reift und heiligt sich zunehmend in dem Maß, in dem sie in Beziehung tritt

Gesellschaft und Konsum

Bewahrung der Schöpfung

Wie weit reicht die Verantwortung der Konsumenten?

Armin Grunwald

Nach verbreiteter Meinung sind die Konsumenten nach Verursacherprinzip wesentliche Verursacher der Umweltprobleme und halten durch eine Änderung ihrer Gewohnheiten den Schlüssel zur Lösung der Probleme in der Hand. Viele sind denn auch bereit, umweltbewusster einzukaufen, gelegentlich das Fahrrad statt des Autos zu benutzen, bei der Waschmaschine auf den Wasser- und Stromverbrauch zu achten und Müll zu trennen. Das kann aber nicht alles sein, und so einfach macht Papst Franziskus es sich in *Laudato Si'* auch nicht. Er wählt nicht den in religiösen Kreisen häufig beschrittenen Weg der Moralisierung auf individueller Ebene, von der Umkehr der Einzelnen eine Wendung im Großen zu erwarten. An einem grundlegenden Umbau wesentlicher Strukturen in Wirtschaft und Gesellschaft kommen wir nicht vorbei, darauf weist Franziskus in weiten Teilen der Enzyklika hin. Das jedoch ist eine politische Aufgabe und keine Privatsache der Konsumenten. Daher sind wir in der Verantwortung für die Umwelt nicht nur als individuelle Verbraucher, sondern auch und vor allem als politisch denkende und handelnde Bürgerinnen und Bürger gefragt. Die Enzyklika *Laudato Si'* ist keine Moralpredigt, sondern politischer Sprengstoff für eine nachhaltige Gestaltung unserer Wirtschaft und Gesellschaft.

Zum Thema: Der Konsum und die Umweltbelastung

Für die weitaus meisten Menschen in den reichen Ländern, aber auch für eine zunehmende Zahl in Schwellen- Entwicklungsländern ist der Konsum von Gütern und Dienstleistungen selbstverständlicher Teil des Alltagslebens. Die Erfüllung individueller Wünsche in Bereichen wie Kleidung, Essen, Wohnen, Unterhaltung, Kultur, Mobilität und Urlaub ist heute eine wesentliche Voraussetzung für Zufriedenheit und Lebensqualität. Der in die deutsche Sprache eingebürgerte Begriff vom »shoppen gehen« verdeutlicht, dass es beim Konsumieren nicht einfach darum geht, elementare Bedürfnisse zu befriedigen, sondern es geht um ein Lebensgefühl. Durch Konsum werden sozialer Status, Selbstwertgefühl, Zugehörigkeit zu bestimmten Gruppen und wirtschaftlicher Erfolg dokumentiert, vor sich selbst und vor anderen. Und auch wenn die in den Nachkriegsjahrzehnten verbreitete Redewendung, dass unsere Kinder es einmal besser haben sollen, heute weitgehend verschwunden ist, so gilt Wachstum von Wirtschaft und Konsum trotz zunehmender Kritik weiterhin als gesellschaftlich gewünscht: noch mehr scheint immer noch nicht genug zu sein. Damit ist der Konsum sowohl Teil als auch ein wesentlicher Motor des Wirtschaftswachstums.

Derzeit macht der Konsum, bestehend aus privaten und öffentlichen Konsumleistungen, etwa 75 Prozent der gesamten Wirtschaftsleistung aus. Der Anteil des privaten Konsums liegt zwischen 50 und 60 Prozent – allein diese Zahlen machen die zentrale Bedeutung des Konsums für die Volkswirtschaft klar. Die Konsumspirale dreht sich weiter. In den westlichen Ländern hat sich beispielsweise die Menge der gekauften Kleidung in den letzten 10 bis 15 Jahren etwa verdoppelt. Im Supermarkt wartet eine fast unermessliche Vielfalt an Lebensmitteln. Elektronische Geräte, von Computern über Mobiltelefone bis hin zu den immer kleiner werdenden mobilen Geräten mit Internetzugang, sind ein Bereich erheblichen Wachstums, verbunden mit einer immer kürzeren Lebensdauer dieser Produkte. Die Geländefahrzeuge SUV (Sport Utility Vehicle) sind ein gutes Beispiel dafür, wie durch einen neuen Produkttyp weltweit eine Konsumwelle in einem ausgereiften Markt erzeugt wurde, und zwar für einen Bedarf, den es vorher gar nicht gab. Im Tourismus hat es seit den 1960er Jahren beeindruckende Zuwachsraten gegeben, und auch in Zeiten konjunktureller Krisen oder Wachstumsschwächen ist es regelmäßig der Touristikmarkt, der sich davon am wenigsten beeindrucken lässt.

Diese für die meisten Menschen in den industrialisierten Ländern – zunehmend aber auch in Schwellen- und Entwicklungsländern – sehr angenehme Entwicklung hat jedoch Schattenseiten, vor allem, und das führt zum Thema von *Laudato Si'*, problematische Folgen für die Umwelt und künftige Generationen. Konsumgüter müssen hergestellt und transportiert, schließlich auch entsorgt werden. Energie- und Ressourcenverbrauch, Verlust an Biodiversität, Emissionen und Abfälle sind die unvermeidliche Konsequenz. Infrastrukturen der Mobilität oder der Versorgung mit Energie, die wesentliche Stützen des Konsums und vieler Dienstleistungen sind, zerschneiden die Landschaft.

Da der Konsum einen hohen Anteil an der Wirtschaftsleistung hat, trägt er auch kausale Verantwortung für die mit ihm verbundenen Umweltprobleme. Viele Konsumkritiker meinen, dass die Spirale aus Wirtschaftswachstum und immer weiterer Steigerung des Konsums die großen Umwelt- und Nachhaltigkeitsprobleme erzeugt habe und sie weiter verschärfe. Nach dieser Diagnose wird sich die Menschheit zu Tode konsumieren (Dauvergne, 2008). Manche ziehen daraus den Schluss, dass, wer dies vermeiden will, zum Asketen werden und weitgehenden Konsumverzicht üben müsse.

Das ist jedoch zu einfach gedacht. Konsum ermöglicht schließlich auch die Befriedigung von Bedürfnissen, ist Ausdruck von Lebensqualität und Medium der Teilhabe am gesellschaftlichen Leben. Gesamtgesellschaftlich führt er zu Wertschöpfung, zur Schaffung von Arbeitsplätzen und ist Bestandteil eines *guten Lebens*. Konsum hat positive wie negative Seiten, hier gibt es keine einfachen Wahrheiten. Also kann die Lösung der Umweltprobleme nicht einfach sein, den Konsum zu reduzieren. Vielmehr muss er anders ausgestaltet werden, damit er weniger Umweltprobleme verursacht. Viele hoffen auf eine Wende hin zu einem nachhaltigen Konsum, in der es doch gelingen müsse, den Konsum weiter zu steigern und gleichzeitig den Umweltverbrauch zu verringern (Weizsäcker et al., 1995; RNE, 2011).

Aber wer soll dies bewirken? Als einfache Antwort bietet sich das Verursacherprinzip an – wer Probleme verursacht, soll sie auch lösen. Nun sind es die konsumierenden Menschen, die einkaufen, Auto fahren, Strom verbrauchen und Urlaubsreisen buchen. Sie verursachen kausal die mit dem Konsum verbundenen Schattenseiten. Demnach richtet sich der Blick auf die Konsumenten, wenn es um die Umstellung auf nachhaltigere Alternativen im Bereich von Mobilität, Nahrungsmittelkonsum oder Urlaubsgewohnheiten geht: Sie sollen *aktiv und von sich aus* ihr Konsumverhalten umstellen (Heidbrink et al., 2011). Könnten nicht die vielen Millionen individueller Konsumenten im Rahmen einer »Einkaufsrevolution« (Busse, 2006) eine Wende zur Nachhaltigkeit herbeiführen, wenn sie nur ihren Konsum entsprechend umstellen würden? Müsste dann nicht die Wirtschaft einfach diesem Trend folgen und entsprechend umweltverträglichere Produkte anbieten?

So gesehen erscheinen die individuellen Konsumenten als Schlüsselakteure zur Rettung der Umwelt. Ökologisch konsumieren und nachhaltig handeln müsste also den gesamten Alltag durchdringen und überall darauf abzielen, die Umweltbelastungen zu minimieren (Busse, 2006). Müll zu trennen, öffentliche Verkehrsmittel und Fahrrad zu nutzen, mit Strom, Gas und Wasser sparsam umzugehen, gelten als ökologische Tugenden. Der Einkauf im Supermarkt müsste die Umweltbelastungen der Produkte als Hauptkriterium für den Kauf ansetzen, nicht den Preis und auch nicht das Preis-Leistungs-Verhältnis. Beim Kauf eines Autos oder von Elektrogroßgeräten, genau wie in der Wohnungseinrichtung und Unterhaltungselektronik, überall müsste die Ökobilanz kaufentscheidend werden, natürlich bezogen auf den gesamten Lebenszyklus der Produkte, das heißt von der Gewinnung der ursprünglichen Rohstoffe über Produktion und Nutzung bis hin zur Entsorgung. Bei Urlaubsreisen müsste eine CO_2-Bilanz gemacht werden, Touristen müssten sich darum kümmern, ob und wie ökologische Belange an ihren möglichen Zielorten beachtet werden.

Dieser »nachhaltige Konsum« (Scherhorn & Weber, 2002) ist ein Ziel, gegen das man schlechterdings nicht sein kann, genauso wenig, wie man rational gegen Nachhaltigkeit insgesamt sein kann. Allerdings bleibt die Frage bestehen, auf welchem Weg und mit welchen Mitteln dieses Ziel erreicht werden kann und soll. Die seit Jahren geführte Kontroverse bezieht sich darauf, ob und inwieweit die Wendung hin zu einem nachhaltigen Konsum von den Konsumenten selbst herbeigeführt werden kann und soll. Die Frage ist, wie weit die Konsumentenverantwortung (Heidbrinck et al., 2011) reicht, was von ihr erwartet werden kann, wo ihre Grenzen liegen und welche anderen Verantwortungsformen in diesem Feld eine Rolle spielen (Grunwald, 2012).

Papst Franziskus zum Thema Konsum

Wenn Kirchenvertreter sich zu aktuellen Herausforderungen äußern, dann rechnen viele mit einer Moralisierung des Themas oder gar mit einer Moralpredigt. Die Menschen seien schwach und sündig, es liege moralisches Fehlverhalten auf der individuellen Ebene vor, welches die Probleme verursache, die Menschen nähmen ihre Verantwortung nicht wahr. Daher könne die Lösung des Problems nur in der Umkehr der Menschen bestehen, und wenn diese ausbliebe, stehe der Untergang bevor. Diese Rahmung des Problems ist heutzutage bis hinein in Wissenschaftlerkreise verbreitet. So sprechen Claus Leggewie und Harald Welzer von einem Katalog biblischer Plagen als Folge des Klimawandels (2009, S. 26). Überschwemmungen, Dürreperioden, tropische Wirbelstürme, Epidemien und Pandemien sind nur ein kleiner Ausschnitt aus diesem Katalog. An anderer Stelle heißt es: »Wenn sich die Autoproduktion tatsächlich erhöht, wie gegenwärtig prognostiziert, versetzt der Ausstoß von zehn oder mehr Milliarden CO_2-Äquivalent pro Jahr dem Planeten den endgültigen Todesstoß« (ebd., S. 121).

Dieses Muster ist religions- und kulturgeschichtlich vertraut. Insbesondere die Drohreden einiger Propheten im Alten Testament beschwören apokalyptisches Unheil für den Fall mangelnder Einsicht und mahnen Umkehr an. Bereits in der Genesis müssen die Bewohner von Sodom und Gomorrha dafür büßen, dass sie die Warnungen nicht ernst nehmen. Die Propheten haben dann die Formen der Klage, der Anklage und der Heilsverheißung nach erfolgter Umkehr zu einer eigenen Literaturgattung gemacht – und für den Fall mangelnder Umkehr düstere Bilder ausgemalt. Gerade das Thema Konsum spielt hier immer wieder eine Rolle, wenn Maßlosigkeit, Ausschweifungen und Luxus als von Gott nicht gewollt kritisiert werden – übrigens eine Gemeinsamkeit in den monotheistischen Religionen.

Franziskus geht diesen simplen und simplifizierenden Weg nicht, sondern stellt sich einer deutlichen komplexeren Ursachendiagnose. Zu Beginn der Enzyklika ist das allerdings noch nicht sichtbar. Wenn Franziskus seinen Vorvorgänger zitiert: »Der Mensch scheint oft keine andere Bedeutung seiner Umwelt wahrzunehmen, als allein jene, die den Zwecken eines unmittelbaren Gebrauchs und Verbrauchs dient« (Johannes Paul II., 1979, 287), so klingt dieser Satz durchaus moralisierend-individualistisch – allerdings weiß man nicht genau, wer hier mit »dem Menschen« gemeint ist. Wenn Franziskus sich dann auf Bartholomäus I., den Patriarchen von Konstantinopel, bezieht, ist hier offenkundig die verbreitete Moralisierung gemeint: Es gehe darum, »vom Konsum zum Opfer, von der Habgier zur Freigiebigkeit, von der Verschwendung zur Fähigkeit des Teilens überzugehen« (9). Die Menschen seien schuldig durch Habgier und Konsum, sie müssten umkehren zu Freigiebigkeit und Verzicht.

Die Überraschung kommt dann in dem Kapitel über die Ursachen der ökologischen Probleme. Der Ausgangspunkt von Franziskus' Suche nach diesen Ursachen ist nicht das Handeln der Menschen an der Basis, sondern der technische Fortschritt (102). Er sieht klar dessen soziale Dimension und Machtförmigkeit: »Besser gesagt, sie [Fähigkeiten, die wir in Nuklearenergie, Biotechnologie und Information erworben haben] geben denen, welche die Kenntnis und vor allem die wirtschaftliche Macht besitzen, sie einzusetzen, eine beeindruckende Gewalt, über die gesamte Menschheit und die ganze Welt« (104). Diese Macht sei es, die das Verhalten der Einzelnen lenkt. So heißt es in fast technikdeterministischer Weise:

> »Man muss erkennen, dass die von der Technik erzeugten Produkte nicht neutral sind, denn sie schaffen ein Netz, das schließlich die Lebensstile konditioniert, und lenken die sozialen Möglichkeiten in die Interessen bestimmter Machtgruppen.

Gewisse Entscheidungen, die rein sachbezogen erscheinen, sind in Wirklichkeit Entscheidungen im Hinblick auf die Fortentwicklung sozialen Lebens« (107).

In diesem System herrsche eine »konsumistische Sicht des Menschen« (144) vor, in der der Mensch in der globalisierten Wirtschaft einseitig auf die Nutzung von technisch ermöglichten Produkten bezogen wird. Statt religiöser Moralisierung wird hier ein Gedanke der Kritischen Theorie der Frankfurter Schule aufgenommen: die Verstrickung der Menschen in fremdbestimmte Strukturen und Abhängigkeiten und ihre dadurch erfolgende *Entfremdung*.

Allerdings spricht Franziskus die Konsumenten nicht von Verantwortung frei: »Wir wissen, dass das Verhalten derer, die mehr und mehr konsumieren und zerstören, während andere noch nicht entsprechend ihrer Menschenwürde leben können, unvertretbar ist« (193). In Bezug auf die Folgen des Konsumismus heißt es (204): »[...] denken wir [...] auch an Katastrophen, die aus sozialen Krisen hervorgehen, denn die Versessenheit auf einen konsumorientierten Lebensstil kann – vor allem wenn nur einige wenige ihn pflegen können – nur Gewalt und gegenseitige Zerstörung auslösen«. In dieser Diagnose bleibt er jedoch nicht stehen, sondern sieht die zentralen treibenden Kräfte hinter den Konsumenten:

> »Da der Markt dazu neigt, einen unwiderstehlichen Konsum-Mechanismus zu schaffen, um seine Produkte abzusetzen, versinken die Menschen schließlich in einem Strudel von unnötigen Anschaffungen und Ausgaben. [...] Dieses Modell wiegt alle in dem Glauben, frei zu sein, solange sie eine vermeintliche Konsumfreiheit haben, während in Wirklichkeit jene Minderheit die Freiheit besitzt, welche die wirtschaftliche und finanzielle Macht innehat« (193).

Starke Worte, die vielleicht in aller Kürze so zusammengefasst werden können: Systemkritik statt Moralpredigt.

Wenn Franziskus hier also die Konsumenten durchaus in der Verantwortung sieht, dann allerdings nicht in der vollen. Einen Teil der Verantwortung verortet er bei den Mächten, die die Randbedingungen für die Konsumenten determinieren. Entsprechend fallen auch seine Orientierungspunkte nicht eindimensional aus. So könnte »eine Änderung der Lebensstile [...] dazu führen, einen heilsamen Druck auf diejenigen auszuüben, die politische, wirtschaftliche und soziale Macht besitzen« (206). Dies reicht allerdings nicht, denn »auf soziale Probleme muss mit Netzen der Gemeinschaft reagiert werden, nicht mit der bloßen Summe individueller positiver Beiträge« (216). Dies setzt dem fröhlichen wie leider auch naiven Kirchentagsmotto »Wenn viele Menschen viele kleine Schritte tun, wird sich etwas Großes verändern« die Erkenntnis entgegen, dass es nicht einfach auf viele kleine Schritte ankommt, sondern dass diese Schritte in einer Gemeinschaft mit einem kollektiven Ziel getan werden müssen. Denn nur mit der Kraft der gemeinschaftlichen Bewegung »befreit sich eine Gemeinschaft von der konsumorientierten Gleichgültigkeit«. Dieser entscheidende Schritt zeigt, dass hier kein naiver Blick auf die individuelle Verantwortung waltet, sondern die Einsicht, dass es um die Regelung kollektiver Angelegenheiten geht.

Insgesamt sieht Franziskus den Konsum, auch den teils überbordenden Konsum moderner Überflussgesellschaften, also nicht einfach als moralische Schwäche der Individuen, sondern begreift ihn auch als konstitutives Strukturmerkmal moderner Wirtschaft. Angetrieben werde er durch den technischen Fortschritt und dessen Nutzung unter dem ökonomischen Prinzip der Gewinnmaximierung inklusive einer entsprechenden Machtverteilung. In einem geistigen Klima, in dem, einem neoliberalen Paradigma folgend, die Verantwortung zusehends moralisierend bei den Individuen gesucht wird, ist dies ein echter Kontrapunkt. Die neomarxistische Kritische Theorie der Frankfurter Schule müsste ihre Freude daran haben.

Die verteilte Verantwortung für den Konsum

Die Argumentation in *Laudato Si'* ermöglicht einen differenzierenden Blick auf die Verantwortungskonstellation im Konsum. Verantwortungszuschreibungen hängen nicht nur von kausalen Zurechnungen ab. Der Schluss, dass die kausale Verursachung zu einer vollständigen Verantwortungszuschreibung an den Verursacher führt, ist nur dann zwingend, wenn dieser Verursacher in seinen Handlungsmöglichkeiten völlig frei ist. Franziskus weist mit Recht darauf hin, dass die Handlungsspielräume, Randbedingungen und Strukturen berücksichtigt werden müssen, in denen der Konsum stattfindet und von denen er abhängt und vielleicht sogar determiniert wird.

Konsum findet nicht in einem abstrakten Raum in absoluter Handlungsfreiheit statt, sondern inmitten einer realen Gesellschaft mit ganz realen Rahmenbedingungen. Diese sind zum einen eher gewachsener Art. Lebensstile, Gewohnheiten, Wertmuster und Anerkennungsstrukturen, soziale Verhaltensmuster und ungeschriebene Regeln, letztlich soziale und kulturelle Befindlichkeiten haben Einfluss darauf, wie die individuellen Konsumenten ihren Konsum ausgestalten. Sie entscheiden mit darüber, welche Bedürfnisse welchen gesellschaftlichen Stellenwert haben, und welche Arten der Bedürfnisbefriedigung, zum Beispiel in den Bereichen Tourismus oder Mobilität, welche gesellschaftliche Anerkennung genießen. Von dieser überindividuellen Ebene ist das Handeln der Individuen keineswegs frei.

Zum anderen beeinflussen politische Bedingungen, Steuern, die Rechtslage, Wirtschaftsstrukturen, Anreizsysteme, Machtverhältnisse, Interessen und weitere nationale und internationale Faktoren die Art und Weise, in der individuell gehandelt und konsumiert wird (Petersen & Schiller, 2012). Es sind diese Strukturen, in denen wir leben, handeln, arbeiten und konsumieren. Sie sind im Gegensatz zu den gewachsenen Faktoren so etwas wie der gestaltete und gestaltbare Anteil an der Art und Weise, wie Konsum stattfindet. Beide Typen von Randbedingungen des Konsums haben damit ihren Anteil daran, dass er sich bislang als nicht nachhaltig erwiesen hat. Also müssen die Rahmenbedingungen, Systemzwänge und Anreizsysteme, Machtverhältnisse und Strukturen geändert werden, die den Menschen bislang nicht nachhaltige Ausprägungen in Konsum und Lebensweisen nahegelegt haben.

Dadurch wird Konsumentenverantwortung nicht obsolet. Sicher tragen die Konsumenten einen *Teil* der Verantwortung und können wohl auch durch bewussten Konsum hier und da Einfluss nehmen. Aber es gibt eben auch einen anderen Teil der Verantwortung, und dieser liegt nicht im privaten Bereich, sondern in den gesellschaftlichen Strukturen, die den Konsum beeinflussen, lenken und prägen. Und für diese Rahmenbedingungen sind nicht die Konsumenten verantwortlich. Politisch gestaltbare und nachhaltigkeitsförderliche Rahmenbedingungen für den Konsum zu schaffen, wäre Aufgabe einer öffentlichen Debatte und politischen Entscheidung, die mittels transparenter und demokratisch legitimierter Verfahren für alle verbindlich gemacht werden können – und müssen –, damit sie ihre Kraft entfalten können.

Damit wird die Verantwortungsstruktur für den Konsum transparent (Grunwald, 2012): Wir tragen diese Verantwortung als individuelle Menschen gleichsam auf zwei unterschiedlichen Schultern. Mit der einen sind wir Verbraucher und Konsumenten und bemühen uns um verantwortlichen Konsum in den Dingen des Alltags. Mit der anderen sind wir Bürger eines Gemeinwesens, in dem wir Mitverantwortung für die Regelung der uns gemeinsam betreffenden Angelegenheiten haben (Petersen & Schiller, 2011).

Eine zentrale Aufgabe auf dem Weg zu einem nachhaltigeren Konsum ist damit die Gestaltung nachhaltigkeitsförderlicher Rahmenbedingungen und Anreizstrukturen. Dies passiert allerdings nicht von selbst, nicht aus der Dynamik politischen Handelns heraus und auch nicht auf Appelle eines Papstes hin. Immerhin zeigt auch hier Franziskus einen Weg auf. Immer wieder verweist er, durchaus nicht typisch für die katholische Kirche, auf die Kraft der Partizipation, der Beteiligung von unten. Dies rückt die Rolle der Bürgerinnen und Bürger in den Mittelpunkt. Durch koordiniertes individuelles Handeln kann Druck auf Institutionen aufgebaut bzw. vergrößert werden, relevante gesellschaftliche Bereiche strukturell in Richtung auf die Förderung eines ökologisch vertretbaren Konsums umzubauen (Grunwald, 2012). Bürger nehmen oft Vorreiterrollen ein und zeigen, dass »etwas geht«, zum Beispiel im Bereich der Energiewende in lokalen und kommunalen Aktivitäten. Bürger können auf diese Weise etablierte gesellschaftliche Strukturen, die allzu oft nicht nachhaltig sind, infrage stellen und Alternativen vorschlagen. Dies kann im Rahmen der traditionellen politischen Institutionen und Verfahren erfolgen, wie zum Beispiel im Bereich der politischen Parteien. Aber auch durch Engagement auf öffentlichen Plattformen, in Dialogen, den (Massen-)Medien, oder auch im Rahmen zivilgesellschaftlicher Organisationen, die andere Wege und Möglichkeiten haben, sich Gehör zu verschaffen.

Nachhaltigkeit und Umweltschutz sind eben nicht Privatsache, sondern Angelegenheit der Polis. Statt sich auf die individuelle Ebene von Mülltrennung, nachhaltigen Konsum und ökologische Ernährung zu beschränken, sollten wir uns nach *Laudato Si' politisch und gesellschaftlich* engagieren – so, dass die Institutionen, Strukturen und Teilsysteme der Gesellschaft in eine Richtung gedrängt werden, die mit dem Leitbild der Nachhaltigkeit kompatibel ist. Das entbindet uns nicht von der Verantwortung im Alltag. Achtsamer Umgang mit Ressourcen und Umsicht im Konsum sind ethisch geboten. Aber mit Franziskus lässt sich sagen: Das reicht bei Weitem nicht – die Herausforderung ist um ein Vielfaches größer, und es wäre naiv, davor die Augen zu verschließen.

Zeitgemäße Unzeitgemäßheit

Allerorten ist der moralische Druck auf die Konsumenten zu spüren. Die Massenmedien, insbesondere das Fernsehen und die Boulevardpresse, thematisieren die Umweltkrise genauso simplifizierend wie die Banken- und Wirtschaftskrise: Statt auf strukturelle Fehlsteuerungen, falsche Anreize und mangelnde Aufsicht zu achten, prangern sie die Gier der Banker an. In der Umweltkrise sind es dann eben die individuellen Konsumenten. Bis in die massenmediale Unterhaltung und die Welt der Talkshows findet sich der moralische Fingerzeig: Kehrt um, und zwar schnell, denn die Uhr steht auf fünf vor zwölf, und wir sitzen doch alle in einem Boot.

Diese Moralisierung in Massenmedien und Gesellschaft führt zwar nicht zu einer Ökodiktatur in einem politischen Sinn, aber zu einer informellen Diktatur der politischen Korrektheit. Kaum jemand würde heute öffentlich sagen, dass ihm oder ihr die Treibhausgasbilanz einer Fernreise oder der Energieverbrauch des Bügeleisens schlicht egal ist. So etwas gehört sich nicht. Interessanter Weise hat diese politische Korrektheit kaum reale Folgen. In schöner »kognitiver Dissonanz« (Leggewie &Welzer, 2009) fährt der Konsumzug weitgehend ungerührt weiter.

Laudato Si' wählt einen anderen Weg und ist in einem angenehmen und erhellenden Sinn gleichzeitig zeitgemäß wie unzeitgemäß. Zeitgemäß, weil es höchste Zeit wurde für diese Enzyklika in einer zeitgeschichtlichen Situation, in der die Signale der ökologischen Krise sich immer dringlicher zeigen. Allzulange hat sich gerade die katholische Kirche mehr mit sich selbst, als mit den Herausforderungen der modernen Welt befasst. Unzeitgemäß ist die Diagnose in einer Zeit der Personalisierung und der simplifizierenden Moralisierung. Strukturen, Systeme, Machtverhältnisse und Abhängigkeiten zu thematisieren und ihre Reform zu fordern statt mit dem Finger auf die Konsumenten zu zeigen, übersteigt die aktuelle Debatte und kann gerade dadurch neue Akzente setzen.

Zum Abschluss ein Thema, das nicht ohne Moralisierung auskommt, bei dem aber Moralisierung meiner Meinung nach nicht nur legitim, sondern sogar Pflicht ist. Sehr spezifisch verbindet Franziskus die Umweltfrage mit der Theologie seines Pontifikats, letztlich mit der Frage nach den Armen und den Zukurz-Gekommenen: »Diese Probleme sind eng mit der Wegwerfkultur verbunden, die sowohl die ausgeschlossenen Menschen betrifft als auch Dinge, die sich rasch in Abfall verwandeln« (22): Das Aussortieren von Menschen durch unser Wirtschaftssystem analog zum Wegwerfen unnütz gewordener Konsumgüter zu sehen und zu kritisieren, geht weit über die übliche Öko-Rhetorik hinaus. Dahinter stehen ein Programm humaner Politik und eine Kultur der Achtsamkeit, die sowohl ökologische als auch soziale Fragen adressieren.

Literatur

Busse, T. (2006). *Die Einkaufsrevolution. Konsumenten entdecken ihre Macht.* München: oekom.
Dauvergne, P. (2008). *The Shadows of Consumption. Consequences for the Global Environment.* Cambridge: MIT Press.
Grunwald, A. (2012). *Ende einer Illusion. Warum ökologisch korrekter Konsum die Umwelt nicht retten kann.* München: oekom.
Heidbrinck, L., Schmidt, I. & Ahaus, B. (Hrsg.). (2011). *Die Verantwortung des Konsumenten. Über das Verhältnis von Markt, Moral und Konsum.* Frankfurt a.M./New York: Campus.

Johannes Paul II. (1979). *Redemptor Hominis* (Enzyklika).
Jonas, H. (1979). *Das Prinzip Verantwortung. Versuch einer Ethik für die technologische Zivilisation.* Frankfurt a.M.: Suhrkamp.
Leggewie, C. & Welzer, H. (2009). *Das Ende der Welt, wie wir sie kannten.* Frankfurt a.M.: Suhrkamp.
Petersen, T. & Schiller, J. (2011). Politische Verantwortung für Nachhaltigkeit und Konsumentensouveränität. *Gaia 20*(3), 157–161.
RNE – Rat für nachhaltige Entwicklung (2011). Nachhaltiger Warenkorb. www.nachhaltiger-warenkorb.de/#!/topic/start (26.10.2016).
Scherhorn, G. & Weber, C. (Hrsg.). (2002). *Nachhaltiger Konsum. Auf dem Weg zur gesellschaftlichen Verankerung.* München: oekom.
Weizsäcker, E., Lovins, A. & Lovins, H. (1995). *Faktor vier: Doppelter Wohlstand – halbierter Naturverbrauch. Der neue Bericht an den Club of Rome.* München: Beck.

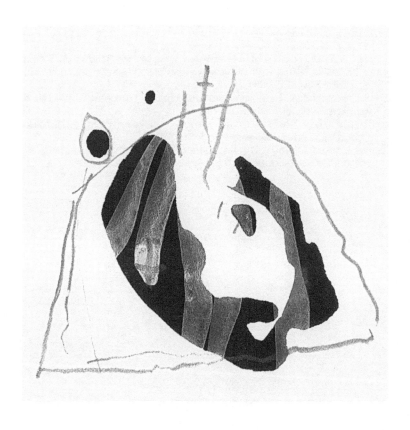

Der Erdboden, das Wasser, die Berge – alles ist eine Liebkosung Gottes

Soziale Nachhaltigkeit als Wertproblem

Michael Opielka

> »Wer Wissenschaft und Kunst besitzt,
> Hat auch Religion;
> Wer jene beiden nicht besitzt,
> Der habe Religion.«
> *J. W. v. Goethe, Zahme Xenien IX, 657–660*

Goethes satirisches Distichon (1988, S. 737f.) musste in den vergangenen zwei Jahrhunderten bei den Gebildeten und vorzüglich bei gebildeten Atheisten häufig herhalten, um Religion aus der Triade der Kulturbereiche auszuschließen. Jene *Xenien*, die Schiller und Goethe 1796 gemeinsam verfassten und 1797 in ihrem *Musen-Almanach* veröffentlichten, waren als aktuelle Stellungnahmen in »pointierter, polemischer, ja aggressiver Form« gedacht, so der Kommentar des Herausgebers der von Goethe entschärften *Zahmen Xenien* Karl Eibl (Goethe, 1988, S. 1167). Mehr als 20 Jahre später, im Jahr 1819, hat er Religion wieder in die Ernsthaftigkeit des Denkens eingemeindet, zwar noch nicht öffentlich, als Zueignung in einem Brief an den Philologen Carl Ernst Schubarth:[1]

> »Auf
> Glaube Liebe Hoffnung
> ruht des Gottbegünstigten Menschen
> Religion Kunst Wissenschaft
> diese nähren und befriedigen
> das Bedürfniß
> anzubeten hervorzubringen zu schauen
> alle drei sind eins
> von Anfang und am Ende
> wenn gleich in der Mitte getrennt.«

---

1 Dieser Brief vom 21.4.1819 findet sich nicht in der Werkausgabe des Deutschen Klassiker Verlages, sondern nur in der älteren Weimarer Ausgabe (Brief Nr. 135, der Sinnspruch als Nr. 36).

Noch einmal sechs Jahre später begann er mit den Arbeiten am *Faust II*, in dem er jenem »alle drei sind eins« das wohl gewaltigste, freilich auch hoch verschlüsselte Denkmal setzte. Wenn wir über das mögliche Wertprogramm in und um die Enzyklika *Laudato Si'* nachdenken, dann hilft der Blick auf Goethe auch aus kulturhistorischen Gründen, wie uns das anschauliche Buch *Die Entdeckung der Nachhaltigkeit* von Ulrich Grober erhellt: »Eine neue Synthese von Ökologie und Humanität, Geist und Natur ist das genuine Nachhaltigkeits-Programm der Weimarer Klassik« (Grober, 2010, S. 145). Geistige Linien sind Lichtlinien. Im Sommer 2016 brachte der grüne Ministerpräsident Baden-Württembergs, Winfried Kretschmann, eine antiquarische Ausgabe von Hermann Hesses *Unterm Rad* als Gastgeschenk zu Papst Franziskus, und dieser bekannte, er habe das kleine Buch des Goethe-Verehrers Hesse schon dreimal gelesen (kath.net & KNA, 2016). Von Goethe führt über Hesse eine tiefe Spur in die Problemstellung der Nachhaltigkeit, auf das hohe Seil einer achtsamen Weltbetrachtung, die die ganze Welt in den Blick nimmt und nicht nur die subjektiven Befindlichkeiten, die Menschheitsliebe, Weltliebe und nicht nur Ich-Liebe sucht. Wir werden auf diese ganz großen anthropologischen und epistemischen Fragen noch eingehen, doch zunächst das Thema unserer Überlegungen aufblättern.

Die Enzyklika *Laudato Si'* von Papst Franziskus, dem argentinischen Jesuiten, erhebt einen ganzheitlichen Problem- und Lösungsanspruch an Nachhaltigkeit. Sie erkennt neben der üblichen naturwissenschaftlich-technischen und ökonomischen Problemstellung auch die soziale Wurzel der ökologischen Krise und diskutiert sie als einen weiten, fundamentalen Kontext, den wir heute unter dem Begriff »Soziale Nachhaltigkeit« fassen können (zu Begriff und Konzeption siehe Opielka, 2016). Eine ernsthafte Reflexion über »Soziale Nachhaltigkeit« weiß, dass Armutsbekämpfung und der Kampf für Verteilungsgerechtigkeit zwar unverzichtbar sind, sie genügen aber nicht. Erforderlich erscheint eine neue Wertepolitik, eine für alle denkenden Menschen zugängliche Spiritualisierung, die von der Individualität ausgeht und ihre Verpflichtung auf das Gemeinwohl, auf die *Commons*, konzeptionell integriert. Soziale Nachhaltigkeit reklamiert als zugleich wissenschaftliches wie politisches Projekt Vernünftigkeit, Evidenzbasierung und Verallgemeinerbarkeit. Sie ist kein Kampfprogramm für eine politische oder religiöse Richtung, sondern eine Tatsache, der man sich nicht verschließen kann. Wir müssen auch fragen, ob das Werteprogramm Sozialer Nachhaltigkeit ohne Religion auskommt, ob also die Enzyklika auch gott-los gelesen werden kann und dennoch plausibel bleibt, überzeugt.

Schon mangels theologischer und philologischer Professionalität werde ich dabei den Enzyklika-Text nicht exegetisch betreuen, sondern ihn als ein Statement für einen politik- und wissenschaftsaffinen Wertediskurs behandeln. Die zweite Seite (und häufig erste Absicht) päpstlicher Enzykliken werde ich dabei weitgehend unberücksichtigt lassen: die Funktion eines Lehr- und Sendschreibens an die Katholische Kirche selbst. Auch in dieser Enzyklika werden unter den 172 Fußnoten nur sehr wenige (genau: 14, davon 8 auf Romano Guardini, den katholischen Religionsphilosophen) auf kirchenexterne Texte referenziert, alle anderen bauen die Schrift in den katholischen Diskurs von Jahrhunderten ein.

Als Statement, als religiös gegründeten Diskursbeitrag möchte ich die Enzyklika daher unter zwei Gesichtspunkten diskutieren: dem politischen und dem wissenschaftlichen. Der politische Diskurs konzentriert den Fokus Soziale Nachhaltigkeit auf die Frage, ob eine gesellschaftliche Lösung der Ökologie- und derzeit vor allem der Klimakrise möglich ist oder ob es überhaupt nur eine solche Lösung geben kann. Der wissenschaftliche Diskurs konzentriert den Fokus Soziale Nachhaltigkeit auf die Frage des Anthropozentrismus im Anthropozän, auf die anthropologische Frage nach dem Sinn des Menschen.

Politik der Sozialen Nachhaltigkeit

Beginnen wir mit einer Überraschung. In der Recherche zu Vorgeschichte und Wirkung der Enzyklika *Laudato Si'* stieß ich dank des Internets auf einen Beitrag von Naomi Klein im *New Yorker*, dem Zweiwochenmagazin der liberalen Ostküstenelite der USA. Mir war nicht klar, dass sich Naomi Klein, die Bewegungsjournalistin des linksempörten Intellektuellenmilieus, überhaupt mit religiösen Fragen beschäftigt hatte, auch deswegen hatte sie mich bislang wenig, nur anekdotisch interessiert. Ihr Beitrag »A Radical Vatican?« (Klein, 2015) war, wie immer, gut geschrieben, mit der journalistischen Professionalität, die Persönliches, Anekdotisches, gut Beobachtetes und Gedankenreiches, aus fremden und eigenen Gedanken stammend, elegant verknüpft. Im Juli 2015 nahm sie an einer Pressekonferenz des Vatikans zur Klima-Enzyklika, wie sie sie nannte, teil, als Vertreterin einer Organisation für Klimagerechtigkeit (»350org«), Teil des Bündnisses der großen Klimamärsche anlässlich der UN-Klimakonferenz in Paris. Anschließend ging es noch zu einer zweitägigen Konferenz der Internationalen Allianz Katholischer Entwicklungsorganisationen, die um *Laudato Si'* einen Aktionsplan vorantreiben sollte, Kardinäle, Premierminister, Ordensleute, UN-Vertreter. Vor allem die radikalen Ordensleute hatten es Naomi Klein angetan. Trotz Kirchenmuff und Gegenwind glaubten sie, sie erlebten ihr Tun als grundlegend sinnvoll. Dass sie auf der Vatikankonferenz als »säkulare jüdische

Feministin« vorgestellt wurde, fand sie zutreffend, Jüdin wurde sie durch ihre Mutter, nicht durch Entscheidung. Umso überraschter (»Conversion – I had forgotten about that.«) schien sie von den Konversionserlebnissen einiger Konferenzteilnehmerinnen: »Wow, God exists. And everything changed.« Dann, eine Art Evidenzerlebnis, erinnert sie sich an das (Unter-)Kapitel zur »Ökologischen Umkehr« (»Ecological Conversion«) in der Enzyklika, sieht hier den »Schlüssel« zum Verständnis ihrer Bedeutung und ihres Potenzials gerade für die passiven Christen, die die Umweltsorgen anderer »bespötteln«:

> »[E]ine *ökologische Umkehr*, die beinhaltet, alles, was ihnen aus ihrer Begegnung mit Jesus Christus erwachsen ist, in ihren Beziehungen zu der Welt, die sie umgibt, zur Blüte zu bringen. Die Berufung, Beschützer des Werkes Gottes zu sein, praktisch umzusetzen gehört wesentlich zu einem tugendhaften Leben; sie ist nicht etwas Fakultatives, noch ein sekundärer Aspekt der christlichen Erfahrung« (217).[2]

Für die politische Relevanz der Enzyklika möchte ich eine etwas längere Passage aus Naomi Kleins Beitrag wiedergeben, die diese Konversionsdimension gut kontextuiert:

> »A millenia-old engine to proselytize and convert non-Christians is now preparing to direct its missionary zeal inward, challenging and changing foundational beliefs about humanity's place in the world among the already faithful. [...] Many have puzzled over how ›Laudato Si‹ can simulteaneously be so sweepingly critical of the present and yet so hopeful about the future. The Church's faith in the power of ideas – and its fearsome capacity to spread information globally – goes a long way toward explaining this tension. People of faith, particularly missionary faiths, believe deeply in something that a lot of secular people aren't so sure about: that all human beings are capable of profound change. They remain convinced that the right combination of argument, emotion and experience can lead to life-altering transformations. That, after all, is the essence of conversion« (Klein, 2015).

Das war eine gute Fährte zur sozialen Dimension der Nachhaltigkeit. In Referenz zur Missions- und Erweckungsgeschichte der größten Religion und der ältesten Religionsinstitution könnte womöglich Hoffnung geschöpft und gelernt werden für die Klimabewegung. Beeindruckt von Kleins Lerngeschichte griff ich dann doch zu ihrem Buch, das ich bisher vermieden hatte: *Die Entscheidung. Kapitalis-*

---

2 Das Unterkapitel »Die ökologische Umkehr« umfasst die Abschnitte 216-221.

mus vs. Klima, das im Klimajahr 2015 weltweit erschienen war. Ich war überrascht und las es ganz, immerhin knapp 700 Seiten. Klein ist die vielleicht resonanzreichste Aktivbeobachterin in unserem Feld, sie verdient daher auch hier etwas Raum. Naomi Kleins Buch, eine journalistische Entdeckungsreise in die Welt der sozialen Bewegungen für Klimagerechtigkeit, erinnerte mich an meine eigene Frühzeit der späten 1970er und 1980er Jahre, in denen ich zu den Mitgründern der Grünen zählte, wissenschaftlicher Referent für Sozialpolitik der ersten grünen Bundestagsfraktion war, Bücher wie *Die ökosoziale Frage* herausgab und im Jahr 1987 das noch heute existierende »Institut für Sozialökologie« gründete. Mit Alterung, Verwissenschaftlichung und psychoanalytischer Abstinenzbemühung entfernte ich mich auch persönlich von einer Bewegtheit, einer Leidenschaft der Straße, die mich in jener Zeit nach Wyhl und Brokdorf, zu den Großdemonstrationen in Bonn, zu Rektorats- und Kasernenbesetzungen motiviert hatte, immer den Beobachter in mir protokollierend, nie gewalttätig und leidenschaftsergeben, aber im sicheren Wissen um die Notwendigkeit, die Verhältnisse auch zum Tanzen bringen zu müssen. »Wieder lernen, Nein zu sagen« (Klein, 2016, S. 174), so überschrieb Klein pointiert ein Kapitel, in dem sie zugleich zu Protest aufruft, die Wandlungsfähigkeit der Fossilindustrie am Beispiel des Frackings diskutiert und im Modus der fleißigen und präzisen Wissenschaftsjournalistin die Fülle der Befunde referiert, die deutlich machen, dass Erdgas aus Fracking etwa so klimaschädlich ist wie Kohle.

Ihr Buch ist lesenswert. Sie beginnt mit raffinierten Beobachtungen des Ideologiekrieges der Klimaleugner, die früh erkannt haben, dass mit dem Ende der Ost-West-Konfrontation das Klimathema die Sozialismuslegitimation übernehmen könnte: Der Schutz der Gemeingüter rechtfertige dann erhebliche regulatorische Eingriffe, was den Vertretern der Kapitalmacht, die genau das Gegenteil vertreten, nämlich neoliberalen Marktfundamentalismus, ein Schreckensszenario war. Aus ihrer Sicht üble Erfahrungen hatten jene in den 1960er und 1970er Jahren gemacht, dem wie Klein es sieht »Goldenen Zeitalter der Umweltgesetzgebung« (Klein, 2016, S. 245ff.) in den USA:

> »Damals galten direkte Eingriffe in den Markt zur Verhinderung von Schäden noch als politisch sinnvoll. [...] Was folgte, war eine Welle von Siegen der Umweltschutzbewegung, die nach heutigen Maßstäben unvorstellbar sind. [...] Insgesamt dreiundzwanzig Bundesumweltschutzgesetze wurden allein im Lauf der 1970er Jahre erlassen und gipfelten in dem Superfund Act von 1980, nach dem die Industrie durch eine geringe Abgabe verpflichtet wurde, die Kosten für die Sanierung verseuchter Flächen und Gewässer zu übernehmen« (Klein, 2016, S. 246).

Kleins Reportage wurde von einem ganzen Team mitgetragen, fünf Jahre lang von mehreren Stiftungen finanziert und in einem Großverlag (Simon & Schuster) professionell betreut. Ihr Fazit: Ohne soziale Bewegungen, ohne »Massenaufstände« (Klein, 2016, S. 540) bewegt sich in der Umweltpolitik nichts, viel zu mächtig sind die Interessen der »Fossilindustrie«, eines Amalgams von Kapitalinteressen und Wohlstandsversprechen. Ein Wandel von der Kultur der »Extraktion« des Kapitalismus zur »Regeneration« einer sozial nachhaltigen Gesellschaft hat normative Plausibilität und könnte dadurch politisch mobilisierend wirken.

Klein ist Bewegungsjournalistin auf höchstem Niveau, wissenschaftliche Aufklärung darf man sich aus ihren Schriften jedoch nicht erwarten. Was genau der »Kapitalismus« ist, wie und ob und wohin er politisch transformiert werden kann, das bleibt nebulös. Sie sieht historisch nur einen Kampf als Vorbild, als Präzedenzfall für den Klimakampf, die Bewegung des Abolitionismus, der Abschaffung der Sklaverei: »Die Abhängigkeit der US-Wirtschaft von Sklavenarbeit – vor allem in den Südstaaten – ist in gewisser Hinsicht vergleichbar mit der Abhängigkeit der modernen Weltwirtschaft von fossilen Brennstoffen« (Klein, 2016, S. 547). Sie war ein Wertekampf, ein normativer Kampf, der am Ende im Amerikanischen Bürgerkrieg auch mit Waffen und um Leben und Tod geführt wurde. Eher assoziativ verknüpft sie diesen Präzedenzfall mit dem Aufstieg des Wohlfahrtsstaates, den Kämpfen der Arbeiterbewegung, der Kirchen und zahlreicher NGOs über nun weit mehr als ein Jahrhundert. Sie beschwört »sperrfeuerartige Gesetzgebungen, die einen Durchbruch nach dem anderen bringen«, »wegweisende Schlachten, die nicht nur darauf abzielen, Gesetze zu novellieren, sondern Denkmuster zu verändern« (Klein, 2016, S. 553). Denkbar erscheint ihr, dass ein »garantiertes Mindesteinkommen« mobilisierender wirkt als direkte Umweltthemen,

> »weil gerade der Prozess, in dem um ein universales soziales Sicherungssystem gestritten wird, Raum für eine umfassende Debatte über Werte öffnet – für einen Diskurs darüber, was wir als Menschen einander schulden und war wir alle gemeinsam höher schätzen als Wirtschaftswachstum und Unternehmensgewinne« (Klein, 2016, S. 553f.).

Ähnlich engagiert, aber ökonomisch fokussierter gelangt Paul Mason in seinem Buch *Postkapitalismus* am Ende zu »der vermutlich größten Voraussetzung für den Postkapitalismus [...]: Wir brauchen ein universelles, staatlich garantiertes Grundeinkommen. [I]m postkapitalistischen Projekt dient das Grundeinkommen einem radikalen Zweck: Es soll erstens die Trennung von Arbeit und

Einkommen institutionalisieren und zweitens den Übergang zu einem kürzeren Arbeitstag oder Arbeitsleben subventionieren. Auf diese Art würden die Kosten der Automatisierung vergesellschaftet.« Mason erkennt in einer Neuformatierung der Systeme sozialer Sicherung also eine Antwort auf eine tief greifende Strukturveränderung hin zu einer wissensbasierten Ökonomie, einer digitalisierten, globalisierten *Industrie 4.0*-Gesellschaft. Doch auch hier darf man keine ökonomische Theorie erwarten, auch Mason ist Journalist, kein Wissenschaftler.

Ein Blick auf das Schrifttum, das jene linke Sehnsucht nach Revolte wissenschaftlicher fundieren möchte, wird freilich auch nicht unbedingt fündiger. In einer Zeitschrift mit dem unverfänglichen Titel *Prokla* – nirgendwo findet sich in den neueren Heften der Grund für die Abkürzung: die Zeitschrift hieß noch lange nach ihrer Gründung im Jahr 1970 *Probleme des Klassenkampfs* – widmen sich im Herbst 2016 mehrere Beiträge den »Energiekämpfen«. Doch der Klassenbegriff ist nicht nur in der Abkürzung abhandengekommen, er taucht nur noch in einigen selbstbewusst marxistischen Zirkeln auf, freilich mit begrenzter Erklärungskraft. In einem durchaus lesenswerten Beitrag kritisiert einer der Autoren zwar »die Herrschaftsförmigkeit, die in die imperiale Lebensweise eingeschrieben ist und die es in sozial-ökologischen Cross-over-Projekten zu politisieren gilt« (Wissen, 2016, S. 363). Das klingt kämpferisch, doch dem Leser kommen Zweifel, ob die »Stilllegung« der »Automobilproduktion« (Wissen, 2016, S. 362) Mobilisierungschancen bietet, abgesehen davon, ob sie auch wirklich sinnvoll wäre. Die linke Rhetorik berauscht sich auch im Wissenschaftsjargon gern an sich selbst:

> »[D]ie energieintensive Produktions- und Lebensweise infrage zu stellen, würde voraussetzen, dass die Energieproduktion und -nutzung unter eine demokratische gesellschaftliche Kontrolle gebracht wird. Die Entscheidungen über die zu verwendenden Energieträger, über die Bedingungen der Energieproduktion und -verteilung sowie die Höhe des Energieverbrauchs würden kollektiv getroffen und sich an sozialen sowie ökologischen Kriterien orientieren« (Wissen, 2016, S. 362).

Nach Marktsteuerung hört sich das nicht an. Vermutlich soll das der ökosozialistische Staat richten. Naomi Klein hat unterdessen zu viel gesehen, um sich in linker Staatsromantik zu verlieren. Aber wie genau soll es dann gehen? Hier helfen uns die Bewegungspostulatoren nur wenig weiter. Der Mainstream wiederum gerade der deutschen sozialökologischen Transformationsforschung, vom großen WBGU-Gutachten (WBGU, 2011) bis hin zu kleinteiligen »Transformationsstrategien und Models of Change für nachhaltigen gesellschaftlichen Wandel«

(Grießhammer & Brohmann, 2015), wie sie vom Öko-Institut vorgelegt wurden, schreibt Bewegung klein, Revolte erst gar nicht in die staatsfinanzierten Papiere. Eine weitere Variante des Bewegungs- bzw. Revoltelagers bilden die grimmigen Resignierten oder alternden Wutbürger. Zwei bekannte Wissenschaftler dieses Lagers sind Hans Joachim Schellnhuber und Niko Paech, die sich nie als resigniert bezeichnen würden, möchte ich an dieser Stelle hervorheben, denn sie wollen eine radikale Klima-Politik, sehen aber, auch mangels seriöser Beschäftigung mit dem komplexen Wesen des Politischen, keine Packenden. In seinem wuchtigen und von Selbstüberzeugung prallen Buch *Selbstverbrennung* sieht Schellnhuber völlig richtig:

>»Der Hebel für die Klimastabilisierung ist also nicht unten, sondern *möglichst weit oben* im sozialen Gefüge anzusetzen: Die ›Topmilliarde‹ muss in allererster Linie umschwenken, wenn der Planet noch auf einen nachhaltigen Pfad finden soll. Aber auch die globale untere Mittelschicht, die inzwischen rund zwei Milliarden Menschen umfassen dürfte, muss die Wende mitvollziehen« (Schellnhuber, 2015, S. 701).

Schellnhuber, selbst Mitglied der Päpstlichen Akademie und am Entstehen der Enzyklika beteiligt, verweist auf einen Beitrag von Veerahbhadran Ramanathan in den Päpstlichen Akademieveröffentlichungen, »der die Rolle der unterschiedlichen Einkommensschichten im Klimadrama entwirrt und sauber quantifiziert« (ebd.). Der Beitrag ist leider kaum zu erhalten, wir verweisen daher lieber auf eine zwar nur auf Deutschland, aber hier doch sehr aktuell bezogene Studie zur sozialen und kulturellen Schichtung des Naturverbrauchs (Kleinhückelkotten & Neitzke, 2016). Die Mittelschichten mögen sich durch Klimaregulierung noch kujonieren lassen, doch die Inhaber der Topmilliarden lassen – wie Noami Klein schön zeigt – ihre ideologischen Sturmtruppen aufgaloppieren und bei Bedarf auch Polizei und Militär. Schellnhuber endet daher mit einem merkwürdigen Satz: »In dieser turbulenten Epoche bleibt jedenfalls keine Zeit und keine Energie für einen geordneten Klassenkampf mit wohlverteilten Rollen« (ebd., S. 704). Als Institutsleiter und Abendessengast von UN-Chefs und Außenministern kann man ihn sich allerdings auch nicht recht als anarchistisch-ungeordnete Guerilla vorstellen. Auch wenn Schellnhubers Opus Magnum zwischen Selbstliebe und Wutbürgertum pendelt, so gewinnt man aus der Sicht des Weltklimaphysikers manche journalistische Beobachtung. Besonders eindrucksvoll gelingt ihm das im Kapitel »Stühlerücken auf der ›Titanic‹« (ebd., S. 94ff.), indem er Genese und Ablauf des deprimierenden Weltklimagipfels in Kopenhagen im Dezember 2009 schildert. Statt der technisch möglichen 2.000 Teilnehmer meldeten sich elektronisch 40.000 Teilnehmer an, die Grundstimmung war die der Überforderung, in jeder Hinsicht. Schellnhuber mischt sehr viele ernsthafte, wissenschaftsbasierte Beobachtungen mit Larmoyanz und ahnt, dass das Soziale, dass Politik auch ernsthaft untersucht werden sollte, »denn das politische System auf Erden ist noch unendlich komplexer als das globale Klimasystem« (ebd., S. 714).

Ähnlich wortwuchtig und schließlich strategiedünn lesen sich die Ausführungen eines der Pioniere der »Postwachstumsökonomie« Niko Paech. Einer seiner aktuellsten Beiträge betont gleich zu Beginn die Existenz »nicht verhandelbarer ökologischer Grenzen« (Paech, 2016, S. 135). Da fragt sich der historisch Forschungsfreudige, wo man denn diese alternativlosen Wahrheiten jemals abholen konnte, besteht denn selbst das IPCC, das *Intergovernmental Panel on Climate Change*, nicht im Wesentlichen auch aus Verhandlungen? Den strategischen Preis eines Verzichts auf eine positive Haltung zu Deliberation und Verhandlungsdemokratie zahlen die am Ende diskutierten Vorschläge: »Die noch immer fehlende Abschätzung, Zurechnung und Deckelung von Umweltbeanspruchungen ließe sich dadurch beheben, dass der dehnbare Nachhaltigkeitsbegriff durch individuelle CO_2-Bilanzen konkretisiert wird. Jede Person hätte ein Anrecht auf dasselbe Emissionskontingent, das allerdings übertragbar sein könnte« (ebd., S. 154). Das wird eine muntere Öko-Diktatur, die einerseits wenig weiß, doch heftig verbietet, dafür aber Kleinmärkte für Emissionsverkäufe einführt. Ein paar Leute werden sich dann schon finden, die den Rolls-Royce-Fahrern Kontingente verkaufen und selbst langzeitfasten im Yogasitz. Wir ahnen, dass die politische Dimension Sozialer Nachhaltigkeit noch etwas geistige Infusion gebrauchen kann.

Gehen wir daher wieder einen Schritt zurück zur Enzyklika. Sie setzt, ähnlich wie Naomi Klein, auf internationale Ökoregime-Entwicklung, Verträge, Vereinbarungen. Sie bezweifelt, ebenfalls wie Klein, eine Lösung von Gemeingutproblemen vorrangig durch Marktsteuerung (z. B. Emissionsmärkte), weshalb sie umgehend von wirtschaftsliberalen Medien wirtschaftlicher Inkompetenz geziehen wurde. Doch ihre Beschreibung einer naturverträglichen, klimafreundlichen Gesellschaftsentwicklung im Teilkapitel »Auf einen anderen Lebensstil setzen« (203–208) greift zentrale Visionen der mit den Begriffen »Postwachstum« bzw. »Degrowth« oder »Postkapitalismus« operierenden Diskurse und Bewegungen auf. Während der Diskurs zu Postwachstum/»Degrowth« mehr auf die politischen, kulturellen und soziologischen Aspekte Sozialer Nachhaltigkeit abhebt (AK Postwachstum, 2016), möchte der Diskurs zu einem Postkapitalismus eine antikapitalistische, politisch-ökonomische Grundierung. Die von Paul Mason skizzierte postkapitalistische Vision kommt mir ihren solidarischen Bildern der

Enzyklika nahe: eine radikale Energiewende, die ausschließlich auf dezentrale und nachhaltig produzierte Energie setzt; ein Grundeinkommen, dass die Menschen davon befreit, die Arbeitskraft um jeden Preis anbieten zu müssen; verstaatlichte Notenbank mit expansiver Geldpolitik und hoher Inflation, um Schulden zu vernichten und Reichtum umzuverteilen; Netzwerkorganisationen, in denen nach Vorbild von Wikipedia Produkte gemeinschaftlich produziert und konsumiert werden, ohne dass Preise oder Gehälter gezahlt werden müssen; Genossenschaften, in denen Produzenten und Konsumenten gemeinsam die Güterproduktion organisieren. Das alles ohne zentrale Planung, sondern in einem ständigen Trial-and-Error, bei dem »Big Data« die Lernerfahrungen für die gesamte Gesellschaft zugänglich macht. Alle diese vielfach fragmentarischen Visionen sind sich mit der Richtung der Enzyklika in einem einig: die Dominanz des Markt- und Profitprinzips, die Essenz des Kapitalismus, muss gebrochen, sie muss delegitimiert werden. Das ist das Deutungsprojekt: Die katholische Religion entzieht dem expansiven und extraktiven Kapitalismus ihre umstandslose Weihe. Wirtschaft muss sich sozial und ökologisch rechtfertigen. Im Unterschied zu den linken Aktivisten scheinen Papst und Kirche allerdings auch die Stärken des kapitalistischen Projektes anzuerkennen. Ganz in der solidaristischen Tradition der Katholischen Soziallehre wird erkannt, dass die kapitalistische Ordnung aus Markt, Privateigentum und Profit auch Chancen bot und bietet: Innovation, Produktivitätssteigerungen und Freiheit. Es ist eben nicht so, dass der Kapitalismus depressiv macht (Dornes, 2016).

Der Realismus des Enzyklika-Projektes wird deutlich, wenn wir die an Pfingsten 2015 vorgestellte Enzyklika mit einem Textkorpus vergleichen, den die zweite Globalinstitution, die UN, im September 2015 beschloss und zumindest teilweise auf der Pariser Klimakonferenz im November und Dezember jenes Jahres breit diskutieren ließ: die *Agenda 2030* mit den »Sustainable Development Goals« (SDG), die 17 Nachhaltigkeitsziele mit 169 Unterzielen kombiniert, erstellt in einem auch für die UN ungewöhnlich breit angelegten und partizipativen Diskursprozess. Sie entstand als Weiterentwicklung der »Millenium Development Goals« (MDG)«, die im Jahr 2000 als Elitenprojekt hingeworfen wurden. Nun wurde die Entwicklungspolitik auch auf den Globalen Norden ausgedehnt, vor allem sollten auch Nachhaltigkeitsziele prominent enthalten sein (Messner & Scholz, 2015). Auf beeindruckende Weise werden soziale und ökologische Nachhaltigkeitsziele kombiniert, operationalisiert und in politische Agenden eingeschleust (UN – Division for Sustainable Development, 2016). Enzyklika und SDG gehen über weite Strecken Hand in Hand.

Verlassen wir nun für den nächsten Schritt die Arena des Politischen und werfen noch einen Blick darauf, ob sich der Wertewandel und die »ökologische Umkehr« auch wissenschaftlich begründen lassen.

Wissenschaft der Sozialen Nachhaltigkeit

Der am meisten in der Enzyklika zitierte Wissenschaftler ist Romano Guardini, ein Theologe und Religionsphilosoph. Verweilen wir also für einen Moment in einer wissenschaftlichen Denk- und Diskurswelt, die Soziale Nachhaltigkeit zu begründen und zu verteidigen versucht. Papst Franziskus ist selbst ein Hochschullehrer, 1980 bis 1986 Rektor der Theologischen Fakultät der Universidad del Salvador, allerdings ohne Promotion. Diese wollte er dann, immerhin schon 50 Jahre alt, an der Jesuitenhochschule St. Georgen in Frankfurt nachholen, er vertiefte sich im Winter 1986 dort in die Schriften jenes Romano Guardini, doch wurde aus der Promotion nichts, sein Orden rief ihn zurück, warum auch immer (Crolly, 2013). Wir dürfen die Enzyklika auch daher nicht als Text innerhalb eines wissenschaftlichen Diskurses lesen, jedoch als Text für wissenschaftliche Diskurse. Anders als sein Vorgänger Ratzinger sieht sich Bergoglio nicht primär als Akademiker, sondern als Priester. Der Beitrag der Enzyklika zum wissenschaftlichen Diskurs dürfte auf drei Ebenen liegen.

Die erste Ebene haben wir soeben implizit diskutiert, der Text ist ein Beitrag in einer globalen politischen Diskussion, zunächst und vor allem innerhalb der Katholischen Kirche, die selbst eine Weltkirche ist und über Organisationen und Institutionen in allen gesellschaftlichen Sektoren verfügt. Zugleich ist er ein Beitrag zu einer weltweiten religiösen Bewegung für Ökologie, er kann und soll auch Beiträge anderer Religionen stimulieren.

Die zweite Ebene ist das heute durchaus unkonventionelle, epistemische Plädoyer für eine »ganzheitliche Ökologie« im vierten Kapitel der Enzyklika. Ganzheitlichkeit ist etwas aus der Mode gekommen, weil für sie im wissenschaftlichen Kleinteiligkeits- und Differenzierungstheater kein Platz mehr zu sein scheint. Das war noch bis in die 1980er Jahre anders, zumindest systemtheoretische bzw. systemische Argumente waren damals zulässig (Opielka, 1990). Die Enzyklika lässt sich vom Mainstream nicht verdrießen, gerade das vierte Kapitel verdient die Lektüre eines jeden, der Ökologie nicht nur als Naturschutz versteht, sondern »die menschliche und soziale Dimension klar mit einbezieht« (137):

> »In diesem Sinne bezieht sich die Sozialökologie notwendigerweise auf die Institutionen und erreicht fortschreitend die verschiedenen Ebenen, angefangen von der elementaren soziale Zelle der Familie über die Ortsgemeinde und das Land bis zum internationalen Leben. Innerhalb einer jeden sozialen Ebene und zwischen ihnen entwickeln sich die Institutionen, die die menschlichen Beziehungen regeln. Alles, was diese Institutionen beschädigt, hat schädliche Auswirkungen: sei es der Verlust der Freiheit oder seien es die Ungerechtigkeit und die Gewalt« (142).

Hier darf man soziologisch nicht zu penibel sein, weder begrifflich noch systematisch: Immerhin existieren sicher einige »Institutionen«, deren Beschädigung oder auch Abschaffung durchaus ratsam erscheint (vielleicht beispielsweise die Formel 1 oder die Monster-Truck-Wettbewerbe). Entscheidend ist der schwebende, methodologische Anthropozentrismus, am Beispiel der kulturökologischen Überlegungen: »Das Verschwinden einer Kultur kann genauso schwerwiegend sein wie das Verschwinden einer Tier- oder Pflanzenart, oder sogar noch gravierender« (145). Ottmar Edenhofer, früherer Jesuit und in deren Zentralorgan *Stimmen der Zeit* noch gern gesehen (Edenhofer & Flachsland, 2015), leitender Klimaökonom am Potsdam- wie am Mercator-Institut, hat zurecht betont, dass die Enzyklika eben ganzheitlich angelegt ist: »The encyclical highlights climate change, poverty and inequality as the key ethical challenges of the 21st century. For this reason, it is inappropriate to reduce the encyclical to an ›environmental‹ or ›climate encyclical‹« (Edenhofer, 2015, S. 1).

Die dritte Ebene ist das Kerngebiet des Religiösen: Werte, Sinn und ihre Begründung. Die Enzyklika macht klar: Mensch und Welt sind in Gottes Hand. Es gibt eine höhere, geistige, spirituelle Ordnung, die sich im Rahmen der positivistischen Wissensgewinnung und Beweisführung nicht erklären lässt. Hier muss und darf geglaubt werden. Franziskus ist anschließend an Franz von Assisi sicher, »dass eine ganzheitliche Ökologie eine Offenheit gegenüber Kategorien verlangt, die über die Sprache der Mathematik oder der Biologie hinausgehen und uns mit dem Eigentlichen des Menschen verbinden« (11). Dieses »Eigentliche« findet sich bereits im Buch Genesis; dessen »Erzählungen deuten an, dass sich das menschliche Dasein auf drei fundamentale, eng miteinander verbundene Beziehungen gründet: die Beziehung zu Gott, zum Nächsten und zur Erde« (66). Ein »fehlgeleiteter Anthropozentrismus« (69) resultiere nicht zuletzt aus einer Fehlinterpretation der Anthropologie der Genesis:

> »Man hat gesagt, seit dem Bericht der Genesis, der einlädt, sich die Erde zu ›unterwerfen‹ (vgl. *Gen* 1,28), werde die wilde Ausbeutung der Natur begünstigt durch die Darstellung des Menschen als herrschend und destruktiv. Das ist keine korrekte Interpretation der Bibel, wie die Kirche sie versteht. Wenn es stimmt, dass wir Christen die Schriften manchmal falsch interpretiert haben, müssen wir heute mit Nachdruck zurückweisen, dass aus der Tatsache, als Abbild Gottes erschaffen zu sein, und dem Auftrag, die Erde zu beherrschen, eine absolute Herrschaft über die anderen Geschöpfe gefolgert wird. Es ist wichtig, die biblischen Text in ihrem Zusammenhang zu lesen, mit einer geeigneten Hermeneutik, und daran zu erinnern, dass sie uns einladen, den Garten der Welt zu ›bebauen‹ und zu ›hüten‹ (vgl. *Gen* 2,15). [...] Das schließt eine Beziehung verantwortlicher Wechselseitigkeit zwischen dem Menschen und der Natur ein« (67).

Für religiös »Unmusikalische« (Weber, Habermas) hören sich solche Überlegungen an wie Mythen, wie Erzählungen, die auch Homer oder Grimm hervorgebracht haben. Gott gibt es in diesem wissenschaftlichen Denkraum nicht. Der Gottesbeweis kann hier nicht und vielleicht nirgendwo geführt werden, der sokratische Dialog auf den Toilettenwänden der 1968er Jahre – »Gott ist tot! (Nietzsche)«, darunter die Antwort: »Nietzsche ist tot! (Gott)« – wurde nicht vollendet. Die Enzyklika knüpft mit ihrem religiösen Selbstbewusstsein an eine religionssoziologische Linie an, die davon ausgeht, dass jede »Theorie und Praxis letzter Werte« Religion ist (Opielka, 2007). In pluralen Gesellschaften stehen Religionen daher im Wettbewerb, Religionsökonomen sprechen gar von einem »Religionsmarkt«, gerade in den USA. Die Enzyklika leistet hier einen enormen Beitrag: Sie verknüpft die soziale Dimension von Armut, Ungleichheit und Gerechtigkeit mit der ökologischen Dimension der menschlichen und gesellschaftlichen Naturbeziehung. Ihr Ziel ist ein Modus Sozialer Nachhaltigkeit, ohne Extraktion und Ausbeutung.

Den Verächtern der Religion setzt die Religion, hier der Katholizismus, ein Zeichen der Nachdenklichkeit, der Zuneigung und Achtsamkeit. Goethe hätte die Enzyklika wohl gefallen. Was die Menschen mit diesem Text und seinem Sinnhorizont anfangen, ob sie die Wege des Inkrementalismus, der Step-by-step-Reformen gehen, oder ob sie sich, manchmal oder im Kairos Sozialer Nachhaltigkeit, für Proteste und Revolten entscheiden, das zu entscheiden ist ihre Freiheit. Das ist vielleicht der größte Beitrag aller Religionen und in besonderer Weise des Christentums zur Menschheitsgeschichte: dass Werte die Welt der Freiheit voraussetzen und schaffen, dass wir zwischen dem Guten und dem Bösen immer wieder neu entscheiden müssen, sonst gäbe es keine Sünde, kein Verbrechen, nur Normabweichung. Erst die Geistigkeit des Menschen entlässt ihn aus der Mathematik, der Maschinenhaftigkeit und macht ihn verantwortlich.

Literatur

Abmeier, K. (2015). Aufruf zu einer »Ökologie des Menschen«. Die Enzyklika »Laudato si'« – ein einordnender Hintergrund. *Analysen & Argumente, 197* [Berlin: Konrad-Adenauer-Stiftung].

AK Postwachstum (Hrsg.). (2016). *Wachstum – Krise und Kritik. Die Grenzen der kapitalistisch-industriellen Lebensweise.* Frankfurt a.M./New York: Campus.

Crolly, H. (2013). Bergoglio studierte einst in Frankfurt am Main. www.welt.de/politik/deutschland/article114452124/Bergoglio-studierte-einst-in-Frankfurt-am-Main.html (14.11.2016).

Dornes, M. (2016). *Macht der Kapitalismus depressiv? Über seelische Gesundheit und Krankheit in modernen Gesellschaften*. Frankfurt a.M.: Fischer.
Edenhofer, O. (2015). *Seven Statements on Pope Francis's encyclical »Laudato si'«*. Berlin: Mercator Research Institute MC/TU Berlin/Potsdam Institute.
Edenhofer, O. & Flachsland, C. (2015). Laudato si'. Die Sorge um die globalen Gemeinschaftsgüter. *Stimmen der Zeit, 233*(9), 579–591.
Goethe, J. W. (1988). *Gedichte 1800–1832. Sämtliche Werke, I. Abteilung, Bd. 2*. Frankfurt a.M.: Deutscher Klassiker Verlag.
Grießhammer, R. & Brohmann, B. (2015). *Wie Transformationen und gesellschaftliche Innovationen gelingen können. UFOPLAN-Vorhaben – FKZ 37121113*. Freiburg/Darmstadt: Öko-Institut.
Grober, U. (2010). *Die Entdeckung der Nachhaltigkeit. Kulturgeschichte eines Begriffs*. München: Verlag Antje Kunstmann.
kath.net & KNA (2016). Papst mag Hermann Hesse. www.kath.net/news/56568 (14.11.2016).
Klein, N. (2015). A Radical Vatican? The New Yorker – News Desk (Online). www.newyorker.com/news/news-desk/a-visit-to-the-vatican (14.11.2016).
Klein, N. (2016). *Die Entscheidung. Kapitalismus vs. Klima*. Frankfurt a.M.: Fischer Taschenbuch.
Kleinhückelkotten, S. & Neitzke, H.-P. (2016). Repräsentative Erhebung von Pro-Kopf-Verbräuchen natürlicher Ressourcen in Deutschland (nach Bevölkerungsgruppen). *UFO-Plan TEXTE, 39*.
Mason, P. (2016). *Postkapitalismus. Grundrisse einer kommenden Ökonomie*. Berlin: Suhrkamp.
Messner, D. & Scholz, I. (2015). Gemeinsam für das Wohlergehen aller. Die Agenda 2030 und die Sustainable Development Goals. *politische ökologie, 143*, 18–26.
Misereor. (2015). Bausteine zur Enzyklika Laudato Si'. www.misereor.de/fileadmin/publikationen/bausteine-zur-enzyklika-laudato-si.pdf (14.11.2016).
Opielka, M. (1990). Einige Grundfragen sozialökologischer Theorie und Politik. Reflexionstheoretische Überlegungen anlässlich des 65. Geburtstages von André Gorz. *Sociologia Internationalis, 28*(1), 57–85.
Opielka, M. (2007). *Kultur versus Religion? Soziologische Analysen zu modernen Wertkonflikten*. Bielefeld: transkript.
Opielka, M. (2016). Soziale Nachhaltigkeit aus soziologischer Sicht. *Soziologie, 45*(1), 33–46.
Paech, N. (2016). Postwachstumsökonomik als Reduktionsprogramm für industrielle Versorgungssysteme. In AK Postwachstum (Hrsg.), *Wachstum – Krise und Kritik. Die Grenzen der kapitalistisch-industriellen Lebensweise* (S. 234–157). Frankfurt a.M./New York: Campus.
Schellnhuber, J. (2015). *Selbstverbrennung. Die fatale Dreiecksbeziehung zwischen Klima, Mensch und Kohlenstoff (2. Aufl.)*. München: C. Bertelsmann.
UN – Division for Sustainable Development. (2016). Sustainable Development Knowledge Platform. https://sustainabledevelopment.un.org (14.11.2016).
WBGU – Wissenschaftlicher Beirat Globale Umweltveränderungen (2011). *Welt im Wandel – Gesellschaftsvertrag für eine Große Transformation. Hauptgutachten*. Berlin: WBGU.
WBGU – Wissenschaftlicher Beirat Globale Umweltveränderungen (2016). *Der Umzug der Menschheit: Die transformative Kraft der Städte*. Berlin: WBGU.
Wissen, M. (2016). Zwischen Neo-Fossilismus und »grüner Ökonomie«. Entwicklungstendenzen des globalen Energieregimes. *PROKLA 184, 46*(3), 343–364.

Resonanzen und »ganzheitliche Ökologie«

Ein zeitökologischer Blick auf die Enzyklika

Fritz Reheis

Einleitung: Wie groß ist das Haus?

Die Art und Weise, wie wir für unsere Nachkommen sorgen, ist widersprüchlich. Einerseits bemühen wir uns im privaten Umfeld für unsere Kinder die bestmöglichen Bedingungen zu schaffen. Es soll ihnen mindestens so gut gehen wie den Eltern, möglichst sogar besser. Andererseits ist die Sorge um ein entsprechendes gesellschaftliches und politisches Umfeld eher weniger stark entwickelt. Das »gemeinsame Haus«, um das es in der Enzyklika geht, wird räumlich und zeitlich meist recht eng definiert, als ob die Welt aus vielen einzelnen Häusern in kleinen Gärten mit hohen Zäunen bestünde. Die meisten Menschen wissen zwar, dass diese Zäune immer durchlässiger werden, dass die räumliche und zeitliche Eingriffstiefe der menschlichen Handlungen ständig zunimmt und diese Zunahme sich sogar beschleunigt. Aber aus diesem Wissen folgt meist kein entsprechendes Bewusstsein, keine entsprechende Haltung, keine entsprechende Praxis.

Vor diesem Hintergrund ist die »Sorge für das gemeinsame Haus«, der Papst Franziskus seine Enzyklika widmet, berechtigt. Der Text versucht dabei explizit, das ganze Haus in den Blick zu nehmen. Besonders klar zeigt sich diese Absicht in Kapitel 4, in dem eine »ganzheitliche Ökologie« beansprucht wird. Betont wird, dass alles mit allem zusammenwirkt (»Netz«, »Beziehung«), sowohl in der nichtbelebten wie in der belebten Welt, sowohl im Leben der Pflanzen und Tiere wie im Leben der Menschen (138). Zur Beschreibung dieser Zusammenhänge wird der Systembegriff verwendet und auf das Erfordernis der Regeneration der Systeme als Voraussetzung für das Weiterbestehen der Welt (»Nachhaltigkeit«) hingewiesen (140). Für den Menschen ergibt sich die Verpflichtung zur

Orientierung am »Prinzip des Gemeinwohls« (156–158) und an der »generationsübergreifenden Gerechtigkeit« (159–162).
Papst Franziskus möchte mit seiner Enzyklika einen interdisziplinären Diskurs anstoßen. Ein solcher Diskurs erfordert eine Sprache, die in den beteiligten Disziplinen auch verstanden wird. Mit den Begriffen »Nachhaltigkeit« und »generationsübergreifende Gerechtigkeit« verweist die Enzyklika bereits implizit auf die Bedeutung der Zeit als eine mögliche sprachliche Basis eines solchen Diskurses. An einer anderen Stelle heißt es über die herrschende Politik unter Bezugnahme auf das Apostolische Schreiben *Evangelii Gaudium* (24.11.2013), sie vergesse, »dass die Zeit mehr wert ist als der Raum, dass wir immer dann fruchtbarer sind, wenn wir uns mehr darum kümmern, Prozesse auszulösen, als Räume der Macht zu beherrschen« (178). Leider aber verfolgt die Enzyklika diesen Gedanken nicht weiter, wie überhaupt die Teilbereiche der »ganzheitlichen Ökologie«, die »Umwelt-, Wirtschafts- und Sozialökologie«, die »Kulturökologie« und die »Ökologie des Alltagslebens« weitgehend unverbunden nebeneinander stehen. Mein Beitrag will zeigen, dass eine konsequente Verfolgung der Zeitperspektive den geforderten interdisziplinären Diskurs enorm bereichern könnte.

Zeitökologische bedeutsame Aussagen der Enzyklika

In dem an der Evangelischen Akademie Tutzing angesiedelten Projekt »Ökologie der Zeit« haben Wissenschaftler unterschiedlicher Disziplinen zwischen 1990 und 2015 ein erstaunlich umfassendes Wissen über zeitliche Zusammenhänge in unserer Welt erarbeitet. So zum Beispiel, welche Zeitmaße ein verantwortungsbewusster und zukunftsfähiger Umgang mit Energie, mit Wasser, mit Böden, mit Medien, mit dem Menschen, seinem Arbeits- und Lernvermögen, seinem Körper und seiner Psyche usw. erfordert. Eine erste grundlegende zeitökologische Erkenntnis besteht darin, dass in vielen Systemen ähnliche Zustände regelmäßig wiederkehren, dass viele Systeme sich in ihren Umwelten also zyklisch verhalten. Eine zweite Erkenntnis betrifft das Alter bzw. die Dauerhaftigkeit der Systeme, das mit deren unterschiedlicher Innovationsdynamik einhergeht, also die lineare Dimension der Zeit. Weil Systeme je spezifische zyklische und lineare Zeiten besitzen, spricht die Ökologie der Zeit von Eigenzeiten[1].

---

1   Eigenzeiten sind jene Zeiträume, die Systeme benötigen, um sich nach einem Anstoß von außen (energetisch-materiell und/oder informationell) wieder zu erholen, das heißt in etwa, zu ihrem Ausgangszustand zurückzukehren. In diesem Sinn handelt es sich um

Eine genauere Lektüre der Enzyklika zeigt an vielen Stellen zeitökologische Erkenntnisse. Mögliche Anknüpfungspunkte der Enzyklika an die Ökologie der Zeit werden bereits sichtbar, wenn in der Einleitung im Zusammenhang mit dem »Buch der Schöpfung«, in dem wir von der Herrlichkeit und Liebe Gottes lesen können, davon die Rede ist, dass Pflanzen und Tiere die Vorfahren des Menschen sind. Hier wird der zeitliche Zusammenhang der Schöpfung bzw. Evolution implizit als ein linearer gekennzeichnet. Ein solches Bewusstsein der inneren zeitlichen Verbundenheit, so die Hoffnung der Enzyklika, könnte dafür sorgen, dass »Genügsamkeit und Fürsorge von selbst aufkommen«, dass wir, Franz von Assisi folgend, darauf verzichten, »die Wirklichkeit in einen bloßen Gebrauchsgegenstand und ein Objekt der Herrschaft zu verwandeln« (11).

Expliziter wird der zeitökologische Gehalt der Enzyklika im ersten Kapitel (»Was unserem Haus widerfährt«). Dort charakterisiert Franziskus gleich zu Beginn unsere Zeit als Zeit der Beschleunigung:

»Die ständige Beschleunigung in den Veränderungen der Menschheit und des Planeten verbindet sich heute mit einer Intensivierung der Lebens- und Arbeitsrhythmen zu einem Phänomen, das einige als ›rapidación‹ bezeichnen. Wenn auch die Veränderung ein Teil der Dynamik der komplexen Systeme ist, steht doch die Geschwindigkeit, die das menschliche Handeln ihr heute aufzwingt, im Gegensatz zu der natürlichen Langsamkeit der biologischen Evolution«

und deren Ziele gefährden oft das Gemeinwohl und das Prinzip der Nachhaltigkeit (18). Die folgende Präzisierung der Enzyklika mündet in der Diagnose der »Wegwerfkultur«, die sowohl den Umgang mit Naturressourcen wie mit Menschen, die nicht mehr gebraucht werden, umfasst (22). Im Gegensatz dazu betrachtet die Enzyklika die Kreisläufe natürlicher Ökosysteme, die als Vorbild für die menschliche Produktions- und Konsumkultur dienen sollten (ebd.) Im Schlussabsatz des ersten Kapitels kommt die Enzyklika noch einmal auf die »große Geschwindigkeit der Veränderungen und der Verschlechterung« zu sprechen, sieht darin »Symptome eines Bruchs« und verweist auf die Vielzahl von Krisen (Gesellschaft, Finanzen) und Katastrophen (regionale Naturkatastrophen) als Belege dafür, dass »unser gemeinsames Haus« mittlerweile stark beschädigt ist (61).

Abpufferungs- oder Regenerationszeiten. Genau genommen muss zwischen System- und Eigenzeit unterschieden werden. Die Systemzeit betrifft die theoretisch ermittelte Zeit eines isoliert gedachten Systems, die Eigenzeit die faktisch beobachtbare Zeit eines mit vielen anderen interagierenden Systems (Geißler & Held, 1995).

Im zweiten Kapitel (»Das Evangelium von der Schöpfung«) wird der Gedanke der Zyklizität durch Verweis auf kulturelle Rituale im Juden- und Christentums vertieft. So mündet die biblische Schöpfungsgeschichte bekanntlich in das Gebot der Sonntagsruhe. Hervorgehoben wird, dass der Ruhetag nicht nur dem Menschen, sondern auch den anderen Geschöpfen dienen soll, damit sie sich nach getaner Arbeit auch ausruhen können (68). Die zutiefst zeitökologische Vorstellung von zugleich natürlichen und kulturellen Kreisläufen und Rhythmen zeigt sich neben dem wöchentlichen Ruhetag auch im Sabbatjahr, »in dem man dem Land völlige Ruhe gewährt« (ebd.), im regelmäßigen Jubeljahr (alle 49 Jahre), in dem alle Schulden er*l*assen, alle Sklaven ent*l*assen werden sollen (ebd.), und in der Forderung, im Weinberg keine Nachlese durchzuführen und genügend Beeren den »Witwen und Fremden zu *über*lassen« (ebd.; Hervorh.d.A.). Die Sorge, von der die Bibel spricht, »versucht, das Gleichgewicht und die Gerechtigkeit in den Beziehungen des Menschen zu den anderen und zu dem Land, in dem er lebte und das er bewirtschaftete, sicherzustellen.« (ebd.) Die Zyklizität begegnet uns in der Enzyklika schließlich auch im Zusammenhang mit der Erzählung von Noach. Sie zeigt, dass Gott die von ihm abgefallene Menschheit zwar durch die Sintflut bestraft, aber ihr zugleich einen Neuanfang ermöglicht, für den er *einen* »guten Menschen« zu retten bereit ist (71).

In den folgenden Kapiteln über die »menschliche Wurzel der ökologischen Krise«, die »ganzheitliche Ökologie« und die Konsequenzen aus dieser Analyse (»Einige Leitlinien für Orientierung und Handlung«) wird an vielen Stellen eine Praxisperspektive erkennbar, die mit den Begriffen Entschleunigung und Rhythmisierung charakterisiert werden kann. Neben der Kritik an der »Flüchtigkeit« (113) im Zusammenhang mit technischen Neuerungen, insbesondere im Kontext der Gentechnologie (133), der Kritik an der »Vergötterung« des Marktes (56), der Überbetonung des Privateigentums (93) und am unangemessenen »Takt« oder »Rhythmus« des Konsums (161)[2] thematisiert die Enzyklika die Zeitperspektive der Politik. Um die Konsumenten und Investoren nicht zu »verärgern«, sieht sie sich gezwungen, dem kurzfristigen Wachstum Priorität einzuräumen (178). »Die Kurzsichtigkeit beim Aufbau der Macht bremst die Aufnahme eines Umweltprogramms mit weiter Perspektive« in die Programme der Regierungen. Papst Franziskus sieht klar, dass es »innerhalb des Schemas der Rendite« keinen »Platz für Gedanken an die Rhythmen der Natur, an ihre Zeiten des Verfalls und der Regenerierung und an die Kompliziertheit der

---

2   Aus zeitökologischer Sicht müsste hier von Takt statt von Rhythmus gesprochen werden, weil es sich beim Konsum um ein (sozial-)technisch erzeugtes Verhaltensmuster handelt.

Ökosysteme, die durch das menschliche Eingreifen gravierend verändert werden können«, gibt (190).
Wie also soll Entschleunigung und Rhythmisierung eine Chance bekommen? Die Antwort der Enzyklika: »Wir müssen uns [...] davon überzeugen, dass die Verlangsamung eines gewissen Rhythmus von Produktion und Konsum Anlass zu einer anderen Art von Fortschritt und Entwicklung geben kann.« (191) Und:

> »Wir brauchen eine Politik, deren Denken einen weiten Horizont umfasst und die einem neuen, ganzheitlichen Ansatz zum Durchbruch verhilft, indem sie die verschiedenen Aspekte der Krise in einen interdisziplinären Dialog aufnimmt. [...] Eine Strategie für eine wirkliche Veränderung verlangt, die Gesamtheit der Vorgänge zu überdenken, denn es reicht nicht, oberflächliche ökologische Überlegungen einzubeziehen, während man nicht die Logik infrage stellt, die der gegenwärtigen Kultur zugrunde liegt« (197).

Im abschließenden Kapitel »Ökologische Erziehung und Spiritualität« setzt Papst Franziskus auf eine Erziehung zur »Achtsamkeit« gegenüber der Schöpfung im Geiste einer ganzheitlichen Ökologie. Das, so wiederum unter Verweis auf *Evangelii Gaudium*,

> »beinhaltet auch, sich etwas Zeit zu nehmen, um den ruhigen Einklang mit der Schöpfung wiederzugewinnen, um über unseren Lebensstil und unsere Ideale nachzudenken, um den Schöpfer zu betrachten, der unter uns und in unserer Umgebung lebt und dessen Gegenwart nicht hergestellt, sondern entdeckt, enthüllt werden muss« (225).

Das Leben als Kunst der Resonanz

Im Folgenden soll gezeigt werden, dass sich diese punktuellen Bemerkungen zur Zeitlichkeit der Welt gut integrieren lassen. Für eine ganzheitliche Ökologie der Zeit ist es sinnvoll, den oben angesprochenen Begriff der Eigenzeit analytisch auf drei Ebenen zu beziehen: Erstens auf die Ebene des Umgangs des Menschen mit sich selbst, also auf Körper, Psyche und Geist. Zweitens auf die Ebene des Umgangs des Menschen mit seiner sozialen Mitwelt, also mit anderen Menschen. Und drittens auf die Ebene des Umgangs des Menschen mit seiner natürlichen Umwelt, also mit den Quellen und Senken der natürlichen Lebensgrundlagen.

Auf jeder dieser Ebenen ist nach Eigenzeiten zu suchen, die als Maßstäbe für die individuelle und kollektive Zeitpraxis anzuerkennen sind. Vor diesem Hintergrund kann Leben – von Pflanzen, Tieren und Menschen – als Kunst der Synchronisation begriffen werden. Da sich die Vielzahl der Zyklen, die sich in Gestalt von Schwingungen bzw. Rhythmen zeigen, wechselseitig beeinflussen und dabei gegenseitig sowohl dämpfen als auch verstärken können, scheint der Begriff der Resonanz[3] am angemessensten.

Personale Innenwelt

Der Mensch ist ein Geschöpf der Natur, der Kultur und Gesellschaft und seiner selbst. Er trägt die Spuren dieses dreifachen Schöpfungsprozesses ständig in sich. Aus zeitökologischer Perspektive ist hierbei die zutiefst zyklische Strukturierung wichtig. Die Zyklen zeigen sich in allen jenen Rhythmen, die unser Leben bestimmen. Wir müssen uns ständig mit uns selbst, unserer sozialen Mitwelt und unserer natürlichen Umwelt synchronisieren. Ein Großteil dieser Synchronisation geschieht fast wie von selbst oder zumindest ohne dass die Zeitdimension dabei ins Bewusstsein tritt: das Atmen, die Nahrungsaufnahme, der Wechsel von Anspannung und Entspannung, von Anstrengung und Ruhe, der Neubildung und des Absterbens von Zellen usw. Nach jedem Zyklus kehrt der Körper in einen ähnlichen Zustand zurück, nur dass er ein bisschen älter geworden ist und sich ein bisschen mehr abgenutzt hat. Und jeder Zyklus hat eine bestimmte Dauer, die zwar relativ variabel ist, aber nicht beliebig beschleunigt oder verzögert werden kann.

Das Handeln des Menschen kann zeitökologisch als Verlängerung dieser physisch-psychischen Zyklizität nach außen verstanden werden. Durch seine Handlungsfähigkeit hebt sich der Mensch aus der übrigen Welt des Lebendigen heraus (»Krone der Schöpfung«). Nur der Mensch hat zusätzlich zu seiner Natur auch eine Kulturgeschichte hervorgebracht, die eng mit seiner Handlungsfähigkeit zusammenhängt. Vor allem durch seine evolutionär relativ spät entstandene symbolgestützte Sprache hat der Mensch als einziges Lebewesen die Möglichkeit entwickelt, seine Erfahrungen außerhalb seines Körpers zu speichern und

---

3   Resonanz meint in seiner Grundbedeutung »Wiederschwingen« und bezeichnet die Übertragung von Schwingungen von einem Körper auf einen anderen. Bei der Übertragung ist immer eine abgebende und eine aufnehmende Seite zu unterscheiden; Genaueres vgl. Cramer, 1996. In der Soziologie hat vor Kurzem Hartmut Rosa eine Resonanzsoziologie vorgelegt: Rosa, 2016.

so den evolutionären Vorteil erlangt, seinen Erfahrungsschatz um Dimensionen schneller aktualisieren zu können als alle anderen Lebewesen. Tier- und Pflanzenarten müssen aussterben, wenn sie die Erfahrung von Fehlanpassungen machen, Menschen brauchen nur ihre Bücher und Festplatten umzuschreiben. Im engsten Zusammenhang mit Handeln, Kultur und Sprache steht die ebenso einzigartige Fähigkeit zur *Reflexion*: zur Zurückbiegung des Bewusstseins von der Gegenwart in die Vergangenheit – einschließlich der Proflexion in die Zukunft. Zum *Eingreifen* gehört beim Menschen also immer auch das *Begreifen* dessen, was das Eingreifen bewirkt hat; Eingreifen und Begreifen sind aus zeitökologischer Sicht der basale Zyklus des Menschen, dem er seine Fähigkeit zur Autonomie, seine Subjektstellung verdankt.[4]

Wenn Papst Franziskus auf die Bedeutung von individuellen und kollektiven Zeiten des Innehaltens hinweist und am Schluss eine Erziehung zu Achtsamkeit und Spiritualität fordert, könnte er sich also mit guten Gründen auf zeitökologisches Grundlagenwissen berufen.

Soziale Mitwelt

Das zyklische Element der sozialen Synchronisation zeigt sich vor allem in jenen Ritualen, die der Mensch von Anfang an zum Zweck der Stabilisierung des Zusammenlebens entwickelt hat. Sie betreffen die Interaktionen innerhalb und zwischen den Generationen. Opferrituale sollten etwa die Götter gnädig stimmen und für Jagdglück und Fruchtbarkeit sorgen, Übergangsrituale sollten in einen neuen Lebensabschnitt einführen. Kulturen standardisieren bestimmte Handlungen, das heißt, vollziehen sie unabhängig von der jeweils speziellen Person und Situation immer wieder auf die gleiche Art und Weise. So wird eine zugleich innere wie äußere Reduktion von Komplexität bewirkt. Indem Rituale fest verankert und organisiert werden, entstehen Institutionen als verselbstständigte Rituale. Zu ihnen gehören bestimmte Rollen und ihnen zugeordnete Verhaltenserwartungen, ungeschriebene und geschriebene Vorschriften, negative und positive Sanktionen. Rituale können als Schnittpunkt zwischen Individuum und Gemeinwesen gesehen werden. In traditionalen Gesellschaften galten Rituale und Institutionen einfach als gegeben, ihre Legitimation bezogen sie aus ihrer schlichten Existenz bzw. aus der Autorität derer, die sie den nachwachsenden Generationen überlieferten. Beginnend in Hochkulturen und ausgeprägt seit der Aufklärung wird

---

4 Näheres z. B. in Reheis, 2008 [1996], 2012.

in der Gegenwart der Anspruch erhoben, Rituale und Institutionen rational begründen zu können und zu müssen.

Rituale und Institutionen haben vielfältige Zwecke, die von der Sicherung bis zur Ästhetisierung des Lebens reichen und die Strukturen der Gesellschaft maßgeblich bestimmen. Kulturanthropologen und Entwicklungssoziologen haben gezeigt, dass Gemeinwesen nur dann auf Dauer bestehen können, wenn sie ihre Arbeitsteilung so organisieren, dass ein ausreichendes Maß an *Reziprozität* gewährleistet ist: durch die Balance von Geben und Nehmen, Versorgen und Versorgtwerden, Leistung erbringen und Leistung empfangen.[5] Für die zeitliche Einordnung ist wichtig, sich klar zu machen, dass für über 99 Prozent aller bisherigen Generationen nicht der materielle Ausgleich bezüglich der Werte von Waren, sondern die soziale Verlässlichkeit der Beziehungen zwischen den Menschen als Kriterium der Reziprozität entscheidend war. Auch in den Redistributionsökonomien nach dem Sesshaftwerden des Menschen (Hochkulturen, Mittelalter) bildete die soziale Stabilität von Ordnung und Herrschaft den Fokus der Arbeitsteilung. Erst die kapitalistische Marktwirtschaft hat das Ökonomische vom Sozialen abgelöst und ein anonymes, angeblich allein nach *Sach*gesetzlichkeiten funktionierendes Wirtschaftssystem etabliert.

Soll die Bedeutung der Reziprozität für die zukünftige Gestaltung der sozialen Mitwelt anerkannt werden, muss die heute herrschende Wirtschaftsordnung in Richtung Kreislaufwirtschaft umgebaut werden. Zu ihr gehören Mechanismen der systematischen Umverteilung überall dort, wo es gilt, die Anhäufung von Reichtum und Rechten – und damit auf der anderen Seite von Armut und Rechtlosigkeit – zu verhindern. Wenn die Enzyklika zum Beispiel an die Institution des Erlassjahres erinnert und die Dominanz der Finanzwirtschaft beklagt, weist sie genau in diese Richtung.

Naturale Umwelt

Rituale, Institutionen wie auch Technologien werden von einer Generation auf die nächste weitergegeben und dabei ständig modifiziert. Bei näherer Betrachtung zeigt sich, dass sie von Anfang an in die zeitlichen Vorgaben der natürlichen Lebensgrundlagen eingebettet sind: in den Rhythmus der Jahreszeiten, des Tag-Nacht-Wechsels, der Photosynthese usw. Aus diesen Lebensgrundlagen gewinnt der Mensch die Mittel für sein Leben. Weil die Kulturgeschichte nichts anderes als

---

[5] Z.B. Polanyi, 1978.

die Fortführung der Naturgeschichte darstellt, muss die menschliche Ökonomie nahtlos an die Ökonomie der Natur anschließen. Die Zyklen der *Regeneration* der Natur müssen als Basis und Grenze aller wirtschaftlichen Aktivitäten des Menschen anerkannt werden.

Das Sesshaftwerden und die Industrialisierung erweisen sich vor diesem Hintergrund als zwei menschheitsgeschichtliche Revolutionen in der Nutzung dieser Lebensgrundlagen, die zwar die Elastizitätsgrenzen der Mensch-Natur-Zyklen jeweils gigantisch verschoben haben, die prinzipielle Angewiesenheit auf die Synchronisation zwischen Natur und Mensch jedoch nicht aufheben können. Wenn wir uns heute gezwungen sehen, Klimaschutzpolitik zu betreiben, so ist dies die Folge der systematischen Nutzung fossiler Energieträger, des sogenannten »unterirdischen Waldes« (Sieferle, 1982), die innerhalb weniger Generationen den über Jahrtausende eingespielten Kohlenstoffkreislauf aus seiner Bahn zu werfen droht. Eine wirklich nachhaltige Energieversorgung muss sich deshalb ausschließlich auf die Sonnenenergie stützen. Die Enzyklika fordert also mit vollem Recht, ökologische Kreisläufe und Rhythmen zu respektieren und einen Teil des Gartens, der uns als »Leihgabe« (159) anvertraut ist, unbebaut zu lassen – als Quelle für wissenschaftliche Erkenntnisse genauso wie für die spirituelle Einbindung des Menschen in die Schöpfung.

Von der Symphonie des Lebendigen zum Lärm des Geldes

Insgesamt zeigt die Enzyklika also an vielen Stellen eindrucksvoll, wie sehr die herrschenden Beschleunigungszwänge die Reflexivität in der personalen Innenwelt, die Reziprozität in der sozialen Mitwelt und die Regenerativität in der natürlichen Umwelt des Menschen überfordert. Aber die zeitökologische Bedeutung des päpstlichen Dokuments geht noch einen Schritt weiter. Es lenkt den Blick auch auf jene Kräfte, die für die Zerstörungen im »gemeinsamen Haus« verantwortlich sind: die Finanzwirtschaft, vor allem ihre Ablösung von Realwirtschaft und Gemeinwohl. Papst Franziskus spricht von einem »strukturell pervers[en] System von kommerziellen Beziehungen und Eigentumsverhältnissen« (52).

Hier weist die Enzyklika den Weg zu einer grundsätzlichen Kritik an der Rolle des Geldes. Geld wird im Kapitalismus ja als universeller Maßstab und als Medium verwendet, um Dinge zu vergleichen und zu verbinden, die sonst isoliert voneinander blieben. Heute zeigt sich überdeutlich, dass die Rationalität des Geldes als Maßstab und Medium bei der Pflege und Entfaltung von Glück und Gesundheit, von Gesellschaft und Kultur – und eben auch der natürlichen Grundlagen unseres Lebens – in die Irre führt (z. B. Reheis, 2011). Deshalb müssen wir uns einen neuen Maßstab, ein neues Medium für diese Funktionen suchen. Aus zeitökologischer Sicht liegt es nahe, es mit der Zeit zu probieren, weil durch den Blick auf die Zeit gleichermaßen das eigene Leben und seine Grundlagen ins Zentrum der Aufmerksamkeit rücken. Die Zeit ist älter und universeller als das Geld, sie ist durch die Evolution in die belebte und unbelebte Welt eingeschrieben, in die große Welt der Himmelskörper genauso wie in die kleine Welt der Atome.

Alles, was existiert, sagt der Molekularbiologe Friedrich Cramer in seinem Buch *Die Symphonie des Lebendigen*, ist ständig in Schwingung, erzeugt und empfängt Resonanzen. Und das Geld? Seine Maßlosigkeit, vor allem wenn es der kapitalistischen Logik des »Produzierens um der Produktion willen« (Marx, 1972 [1867], S. 618) dient, wenn es also in die zwanghafte Rückkopplung von Gewinn und Investition integriert ist, erzeugt Bewegungs- und Wachstumsmuster, die eher an Lärm als an Musik, eher an Totes als an Lebendiges denken lassen.

Erstens: Die Richtungen, in die sich Geld und Kapital bewegen, werden von ihm selbst vorgegeben. Das Prinzip lautet: Wo schon viel ist, dort muss noch mehr hin transportiert werden. Pflanzen, Tiere und Menschen, insofern sie nicht der Geldlogik gehorchen, folgen einem genau gegenteiligen Prinzip: Wenn sie gesättigt sind, werden ihre Aktivitäten eingestellt oder auf andere Ziele gerichtet.

Zweitens: Auch die Geschwindigkeiten der Bewegungen von Geld und Kapital einerseits und des »Rests« der Welt andererseits unterscheiden sich fundamental. Geld und Kapital bewegen sich dank moderner Informationstechnik beinahe unendlich schnell. Und Geld und Kapital wachsen aufgrund des eingebauten Selbstvermehrungsanspruchs ohne Begrenzung in die Höhe. Im Gegensatz zum Geld kämpft der »Rest« der Welt gegen den Zahn der Zeit und landet dabei irgendwann in einer Kreisbahn. Geld wächst in den Himmel, Bäume nicht.

Und *drittens:* Die gigantische Beweglichkeit des Geldes, seine atemberaubende Fließgeschwindigkeit und die Möglichkeit der Speicherung führen zur Verwischung aller räumlichen und zeitlichen Grenzen und zerstören dabei auch die Vielfalt der Welt. Geld verbindet Räume, die, gäbe es das Geld nicht, nichts miteinander zu tun hätten. Durch die Fernwirkung des Geldes sind plötzlich Inseln im Südpazifik vom Untergang bedroht, und zwar durch Entscheidungen, die in den Banken und Börsen in New York, Tokio und Frankfurt getroffen worden sind. Und Geld kann auch die zeitlichen Grenzen zwischen Gegenwart, Vergangenheit und Zukunft überwinden: Geld und Kapital sind Zeitspeicher. In ihnen ist zunächst zwar nur vergangene menschliche Arbeitszeit abgelagert wie in allen Produkten menschlichen Wirkens. Das Heimtückische am Geld ist aber, dass es nicht nur vergangene, sondern, wenn es als Kapital verwendet wird, auch zukünftige Zeit speichern kann. Denn im Unterschied zu Konsumgütern oder zu solchem Geld, das deren Erwerb ermöglicht, dient Geld als Kapital der Beschaffung von Mitteln für die weitere Produktion und erhebt damit Anspruch auch auf zukünftige Zeitpotenziale. Wer sich Geld geliehen hat, hat schon einen Teil seiner Zukunft verkauft. Wo Geld als Kapital auftritt, müssen menschliche Arbeitskraft und natürliche Ressourcen in Bewegung gebracht werden, ist es mit Ruhe und Genügsamkeit ein für allemal vorbei. Durch seine Fähigkeit zum räumlichen und zeitlichen Ausgreifen und Vermischen werden nicht nur Grenzen zerstört, sondern schrumpft auch die Vielfalt der Welt, werden Ordnungen aufgelöst, die Entropie vermehrt.

Schluss: Wir könnten anders

Die Enzyklika betont mehrfach (z.B. 205), dass der Mensch prinzipiell die Fähigkeit besitzt, sein falsches Verhalten in Bezug auf das »gemeinsame Haus« zu korrigieren. Vorausgesetzt, er ist bereit, sich selbst »ehrlich zu betrachten« (ebd.). Die Ökologie der Zeit kann eine zusätzliche Begründung für diesen Optimismus liefern. Es ist sein basaler Zyklus zwischen Eingreifen und Begreifen, der den Menschen zur Korrektur seines Selbstbildes und seines Verhaltens grundsätzlich befähigt. Ob die Sorge für das »gemeinsame Haus« erfolgreich ist, hängt demnach ganz zentral davon ab, ob das menschliche Begreifen mit dem menschlichen Eingreifen noch Schritt halten kann. Auch hier geht es letztlich um Synchronisation bzw. Resonanz – zwischen Sein und Bewusstsein, Verändern und Prüfen, Tun und Lassen, Arbeit und Muße.

Papst Franziskus richtet seine Enzyklika explizit nicht nur an Christen, sondern – angesichts der Dringlichkeit des Anliegens – an alle Menschen, an Gläubige anderer Religionen wie auch an Nichtgläubige. Die Bedeutung eines interreligiösen Schulterschlusses im Kampf für die Rettung der Schöpfung hat vor fast 15 Jahren bereits Carl Amery in *Global exit. Die Kirchen und der totale Markt* (2002) deutlich gemacht. Nicht nur, weil die Kirchen jede Menge Erfahrung in Bezug auf die Gestaltung des Lebens von Individuen und Gesellschaften mitbringen. Die Weltreligionen verfügen zudem über einen räumlich und zeitlich um Dimensionen weiteren Blick auf die Welt als jene Kräfte und Ideologien, die heute die Welt beherrschen. Besonders beunruhigen sollte uns die Sorge, dass die von der Verwertungslogik des Geldes angetriebene Beschleunigung nicht nur Reflexivität, Reziprozität und Regenerativität untergräbt, sondern auch das Wertesystem des Menschen beschädigt. Je mehr nämlich die auf permanentes Wachstum programmierte Ökonomie die ökologische Nische des Menschen verengt, so Carl Amery in *Hitler als Vorläufer. Auschwitz – der Beginn des 21. Jahrhunderts?* (1998), desto unausweichlicher erscheint der Zwang zur »Selektion« jener Menschen, die in dieser Nische leben dürfen. Soll eine Alternative zu diesem Schreckensszenario gefunden werden, sind die Weltreligionen nicht weniger gefordert als der säkulare Humanismus. Aus zeitökologischer Sicht sind Religiosität und Reflexivität letztlich äquivalente Formen, in denen der basale Zyklus des Menschen zwischen Eingreifen und Begreifen wirksam werden kann.

Literatur

Amery, C. (1998). *Hitler als Vorläufer. Auschwitz – der Beginn des 21. Jahrhunderts?* München: Luchterhand.
Amery C. (2002). *Global exit. Die Kirchen und der totale Markt*. München: Luchterhand.
Cramer, F. (1996). *Symphonie des Lebendigen. Versuch einer allgemeinen Resonanztheorie*. Frankfurt a.M.: Insel.
Geißler, K. A. & Held, M. (1995). Grundbegriffe zur Ökologie der Zeit. Vom Finden der rechten Zeitmaße. In M. Held & K. A. Geißler (Hrsg.), *Von Rhythmen und Eigenzeiten. Perspektiven einer Ökologie der Zeit* (S. 193–208). Stuttgart: Hirzel.
Marx, K. (1972 [1867]). *Das Kapital. Kritik der politischen Ökonomie. Bd. 1: Der Produktionsprozeß des Kapitals* (= Marx-Engels-Werke, Bd. 23). Berlin: Dietz.
Polanyi, C. (1978). *The great transformation. Politische und ökonomische Ursprünge von Gesellschaften und Wirtschaftssystemen* (Übersetzt von H. Jelinek). Frankfurt a.M.: Suhrkamp.
Reheis, F. (2008 [1996]). *Die Kreativität der Langsamkeit. Neuer Wohlstand durch Entschleunigung* (3. Aufl.). Darmstadt: Wissenschaftliche Buchgesellschaft.
Reheis, F. (2011). *Wo Marx Recht hat*. Darmstadt: Wissenschaftliche Buchgesellschaft & Primus/Theiss.
Reheis, F. (2012). Wie reift der politische Wille? Thesen zur Eigenzeitlichkeit von Identität und Willensbildung. In M. Görtler & F. Reheis (Hrsg.), *Reifezeiten – Bildung, Politik und Zeit* (S. 165–180). Schwalbach/Ts: Wochenschau.
Reheis, F. (2013/14), Energetische Vielfalt. Gegen das Ausbrennen. *SCHEIDEWEGE. Jahresschrift für skeptisches Denken, 43*, 163–173.
Rosa, H.(2016). *Resonanz. Eine Soziologie der Weltbeziehung*. Berlin: Suhrkamp.
Sieferle, R. P. (1982). *Der unterirdische Wald*. München: Beck.

Wider die Ökonomisierung aller Lebensbereiche

Hans Peter Klein

Lonesome George, der letzte seiner Art Chelonoidis nigra abingdonii, verstorben in der Charles Darwin Station 2012 auf Santa Cruz, Galapagos (Foto: Hans Peter Klein)

Hans Peter Klein

Einleitung

Spätestens seit der Jahrtausendwende hat das neoliberale Gedankengut eine beachtliche Renaissance erfahren. Die zunehmende Ökonomisierung nahezu aller Lebensbereiche hat sich im Rahmen der Globalisierung weltweit durchgesetzt. In Zeiten knapper Mittel und defizitärer Haushalte verspricht das neoliberale Credo, dass die Verteilung begrenzter Güter nur im wirtschaftlichen Wettbewerb in freien Märkten das adäquate Verfahren sei. Davon ausgenommen sind nach den Verfechtern dieser theoretischen Lehrmeinung nicht einmal die bisher öffentlich betriebenen Bereiche beispielsweise der Gesundheitsversorgung, der Wasserversorgung, ja nicht einmal das Bildungswesen. Diese ehemals im Rahmen einer Gesamtsolidarität für jeden – unabhängig von seinem Status und seinem Einkommen – frei zugänglichen Bereiche sollen nun einem freien marktwirtschaftlichen Zugang zugeführt werden. Auch die globalen natürlichen Ressourcen unseres Planeten bleiben von dem utilitaristischen Denken nicht verschont.

Die Privatisierung des ehemals ebenfalls in staatlicher Obhut stehenden Verkehrs-, Bahn- und Postwesens und weiterer ehemaliger Dienste der öffentlichen Hand ist bereits weitgehend abgeschlossen. Daraus kann man lernen. Die jetzt am Markt und an der Börse auftretenden Unternehmen sind besonders ihren Aktienbesitzern verpflichtet und müssen Gewinne erwirtschaften, um möglichst hohe Dividenden zu erzielen, ansonsten droht Ungemach. Die Gewinne fallen nun aber keinesfalls vom Himmel, sondern sind den zahlreichen outgesourcten nicht profitablen Bereichen zu verdanken. In den mit freundlicher Unterstützung der Politik entstandenen Subunternehmen müssen sich die Bediensteten bei gleicher Leistung mit deutlich geringeren Gehältern zufriedengeben, von vormals sozialer Absicherung kann kaum noch die Rede sein. Die Folgen dieser Entwicklung werden derzeit in der Politik kontrovers diskutiert. Fakt ist, dass zwar die Zahl der Beschäftigten seit der Jahrtausendwende deutlich gestiegen ist, ebenso aber auch die Zahl der Geringverdiener, von denen immer mehr von beruflicher Unsicherheit und Altersarmut betroffen sind und zunehmend sein werden, von deren nur begrenzter Teilhabe am öffentlichen Leben ganz zu schweigen. Im Folgenden soll beispielhaft auf bedenkliche Entwicklungen im Gesundheits- und Bildungswesen hingewiesen werden, deren Umstrukturierung in vollem Gange ist. Die Ökonomisierung macht selbst vor weltweit einzigartigen Naturschutzreservaten nicht halt, wie das dritte Beispiel Galápagos und der Yazuní-Nationalpark in Ecuador deutlich zeigen.

Ökonomisierung im Gesundheitswesen und ihre Folgen

In weiten Teilen sind die neoliberalen Konzepte im Gesundheitswesen bereits umgesetzt, man denke nur an die Privatisierung von Krankenhäusern, die vormals sich nahezu ausschließlich am Wohl des Patienten ausrichteten und weit weg von jeder Art von Selbstkostendeckung in öffentlicher Hand waren. Heutzutage steht nicht mehr der Patient im Mittelpunkt des Interesses der Krankenhausbetreiber, sondern seit 2004 die Fallpauschale, die es im Rahmen der Gewinnmaximierung zu optimieren gilt. Der Begriff der diagnosebezogenen Fallgruppen, DRG – *Diagnosis Related Groups* –, stammt dann auch wie selbstverständlich aus dem angloamerikanischen Raum. Dabei gilt es im Rahmen der Gewinnmaximierung, insbesondere die Fallpauschalen zu vermehren, die den meisten Gewinn abwerfen. Dazu gehören unter anderem Gelenkoperationen und invasive Herzeingriffe. Grundsätzlich ist es zu begrüßen, dass bezüglich invasiver Eingriffe am Herzen lebensverlängernde Maßnahmen heutzutage ergriffen werden können, von denen vor 30 Jahren noch niemand geträumt hätte. Auch der Ersatz der von Arthrosen oft befallenen Hüft- und Kniegelenke ermöglicht gerade der zunehmenden älteren Bevölkerung eine weiterhin aktive Lebensgestaltung, für die man nur dankbar sein kann. Dennoch macht es Sinn, sich mal ein wenig mit den Statistiken zu beschäftigen, wobei man immer mehrere berücksichtigen muss, da man einzelnen in der heutigen Zeit der Auftragsforschung durchaus mit Skepsis begegnen sollte. Laut OECD liegen die Eingriffshäufigkeiten in Deutschland bereits für das Jahr 2011 bei Hüft- und Kniegelenkoperationen gepaart mit der Zunahme an Endoprothesen im Spitzenfeld im internationalen Vergleich, bezüglich des Hüftersatzes direkt hinter der Schweiz an zweiter Stelle (OECD, 2011), bei den Knieprotheseimplantationen liegt man im Ranking auf Platz 3 hinter den USA und Österreich (OECD, 2013). Heute, 2017, dürften die absoluten Zahlen deutlich weiter angestiegen sein. Nun berücksichtigen diese Zahlen weder die Bevölkerungsstrukturen noch die unterschiedliche Berechnung der Eingriffszahlen in den einzelnen Ländern, wie dies häufig bei OECD-Statistiken der Fall ist. Eine weitere durchgeführte Studie zur Häufigkeit des Knie- und Hüftgelenkersatzes in einem Vergleich zwischen Deutschland und den USA anhand von Krankenhauseinzelfalldaten berücksichtigt diese Unterschiede und relativiert die OECD-Aussagen nicht unerheblich. Dennoch wird auch hier deutlich, dass in Deutschland 1,4-mal mehr Hüftoperationen durchgeführt werden als in den USA, dafür ist dort die Zahl der Knieoperationen um den Faktor 1,5 erhöht (Wengler et al., 2014). Diese erheblichen Unterschiede im Untersuchungszeitraum von 2005 bis 2011 werden in Deutschland in dieser Studie vor allem auf die demografische

Entwicklung der Bevölkerung zurückgeführt. Dass dennoch die Fallpauschale in Deutschland einen nicht unerheblichen Einfluss auf die Entwicklung genommen hat und immer noch nimmt, ist aber auch dort unbestritten. In welcher Größenordnung die Fallpauschale allerdings für die weiterhin ansteigenden Zahlen mitverantwortlich ist, dürfte statistisch kaum zu erfassen sein.

Wenn man heute mit diesen Problemen bei den entsprechenden Ärzten oder auch direkt im Krankenhaus um Rat sucht, kann man sich als Laie jedenfalls nicht mehr sicher sein, hier optimal beraten zu werden. Denn auch die niedergelassenen Ärzte müssen ihre Praxis unter betriebswirtschaftlichen Bedingungen führen, die ihnen entsprechend der Gebührenordnung der Kassen zugebilligt wird. Der Verweis auf im Einzelfall mögliche konservative und physiotherapeutische Behandlungen spült kein Geld in die Kassen und verringert mögliche Boni-Zahlungen. Schließlich erhalten selbst Chefärzte Bonuszahlungen für die Optimierung der Patienten mit hohen Fallpauschalen. Nur optimierte Betriebsabläufe in den Krankenhäusern – in jedem Bett müssen so kurz wie möglich viele Fallpauschalen generiert werden – garantieren den maximalen Gewinn (Dohmen & Fiedler, 2015). Dazu gibt es nicht nur im Gesundheitswesen ein Qualitätsmanagement im ausufernden Verwaltungsbereich, das diese Gewinnmaximierungskonzepte überwacht und mit vorgegebenen Zielvereinbarungen a priori einfordert. Um betriebswirtschaftlich erfolgreiche Gewinnmaximierungen zu erzielen, werden Strategien wie im eingangs beschriebenen Verkehrs-, Bahn- und Postwesen beschritten. Ehemals von den Krankenhäusern angebotene Servicetätigkeiten, wie Kantinenbetrieb, Physiotherapie, Pflege und andere, werden im Rahmen der Privatisierung an externe Anbieter outgesourct, wodurch nicht kostendeckendes Personal eingespart wird, das sich dann zu deutlich verschlechterten Konditionen beim Subunternehmer verdingen muss. Diese Form marktwirtschaftlicher Effizienzsteigerung durch Privatisierung dürfte bei Ratifizierung des TTIP-Abkommens die vollständige Ökonomisierung des Gesundheitswesens nach angloamerikanischem Vorbild zur Folge haben. Dass dieses vielen Amerikanern selbst mehr als bedenklich erscheinende System nicht gerade als Vorbild dienen sollte, liegt auf der Hand, hält aber bei uns anscheinend niemanden davon ab, einen ähnlichen Weg zu beschreiten. Die sozialen Kosten der Ökonomisierung und Effizienzsteigerung im Gesundheitswesen dürften jedenfalls erheblich sein und zerstören die Solidaritätsstrukturen der Gesellschaft nachhaltig (Dohmen & Fiedler, 2015; Bauer, 2006).

Aber auch die Kassen selbst scheinen sich nach neoliberalem Credo der Gewinnmaximierung an dieser Entwicklung zu beteiligen. Die Absurditäten dieser Vorgaben wurden gerade mehr als deutlich. Der Präsident der Bundesärztekammer, Frank Ulrich Montgomery, bezichtigte die Krankenkassen, Drückermethoden anzuwenden, damit Ärzte ihre Patienten kränker ausweisen, als sie es tatsächlich sind. Die Krankenkassen setzten dazu Call-Center und Drückerkolonnen ein. »Betrug am Patienten« titulierte der Focus die Nachricht (Focus, 2016). Auch der Chef der Techniker Krankenkasse hatte bereits zuvor erklärt, dass Kassen bei der Abrechnung täuschen, um mehr Geld aus dem Risikostrukturausgleich zu erhalten.

Noch schlimmer sieht es im Bereich der Pflege aus. Dass hier im Minutentakt Leistungen abgerechnet werden, auf die ältere Menschen in immer größerem Ausmaß angewiesen sind, ist schon fragwürdig genug. Eine humane Alterspflege sieht anders aus. Erschwerend kommt hinzu, dass neben korrekten Anbietern, die auch ihren Preis verlangen, sich gerade hier auch Anbieter auf der Spielweise der Gelddruckmaschine »Pflege« im Privatsektor tummeln, gegen die mafiöse Strukturen und deren illegale Geschäfte geradezu als Bagatelldelikte zu bewerten sind (Banse & Dowideit, 2016). Besonders negativ dürfte sich in Zukunft in diesem Bereich die politisch spätestens seit der Jahrtausendwende betriebene Zerschlagung der Familienstrukturen in Deutschland nachhaltig auswirken, da hier – entgegen den Entwicklungen in den meisten Ländern dieser Erde – Kinder und Jugendliche sowie aus dem Berufsleben ausgeschiedene ältere Menschen möglichst in Ganztagskindergärten und -schulen oder Pflegeeinrichtungen outgesourct werden; sie stören die Akteure im Produktionsprozess, der auch in nicht industriellen Bereichen immer größere Zeitressourcen der Arbeitnehmer beansprucht. Galt früher mal der weise Spruch »Man arbeitet, um zu leben«, hat dieser sich längst ins Gegenteil gewandt. Außerdem lässt sich die Erziehung des Nachwuchses so unabhängig vom Elternwunsch im Sinne der Humankapitaltheorie oder noch schlimmer der jeweiligen Parteibücher besser steuern.

Ökonomisierung im Bildungswesen und ihre Folgen

Grundlage für die Optimierung der Leistungsfähigkeit und der verordneten Steigerung der Effizienz sind Zahlen. Nie zuvor haben die Vermesser und Ökonomisierer auch im Bildungswesen einen derartigen Aufschwung erlebt, denn sie liefern die Grundlagen für den Paradigmenwechsel in Form von Zahlen und Kennziffern. Bis ins Jahr 2000 wurde das an die eher allgemeinbildenden Konzepte eines Wilhelm von Humboldt angelehnte und gerade nicht an ökonomischer Verwertbarkeit ausgerichtete deutsche Bildungswesen von derartigen Entwicklungen nicht erfasst. Daher bedurfte es eines geschickt über die

OECD inszenierten Erdbebens mit dem Namen PISA (und Bologna für die Hochschulen), um das deutsche Bildungssystem komplett aus den Angeln zu heben. Ein Bildungssystem, das bis dahin weltweit höchste Anerkennung fand und in dem auch die vergebenen Abschlüsse teilweise deutlich höhere Qualifikationen ihren Inhabern nachwiesen als die Zertifikate vieler anderer Länder. Ein besonderer Dorn im Auge der OECD und international agierender Bildungskonzerne bezog sich auf die nicht ökonomische Ausrichtung des deutschen Bildungswesens. Durch PISA sollte daher die Antiquiertheit des deutschen Bildungsdenkens nachgewiesen werden, das in der Folge an die angloamerikanisch geprägte wirtschaftliche Ausrichtung angepasst und der Privatisierung geöffnet werden sollte. »Furthermore, the traditional German non-economic guiding principle of education stands in contrast to the orientational framework of the OECD« (Niemann, 2009, S.78).

Interessanterweise erregte die PISA-Studie keinerlei Aufregung in fast allen Teilen der Welt, außer im deutschsprachigen Raum (Martens & Niemann, 2010). Angeblich wurde dort nachgewiesen, dass deutsche Schüler bestimmte Testaufgaben im Durchschnitt nur mittelmäßig lösen konnten. Geschickt konstruierte internationale und nationale Rankings lieferten zusammen mit den »Ratings« des internationalen PISA-Konsortiums die Grundlagen für die Umsteuerung des deutschen Bildungswesens. *How Ratings & Rankings Impact National Policy Making in Education* lautet dann auch eine 2010 erschienene Publikation (Martens & Niemann, 2010), die neben dem Buch *Ware Bildung* von Jochen Krautz (2011) die Einflussnahme internationaler Bildungskonzerne, der OECD und der Bertelsmann-Stiftung auf die jeweilige Bildungspolitik der einzelnen Länder offenlegt. Selbstverständlich haben deren Vertreter in fast allen Ländern der OECD die Beratungsfunktion der Politik längst übernommen. Die Länderhoheit der Bundesländer in der Bildung besteht nur noch auf dem Papier, mit der Möglichkeit marginaler Veränderungen der von den internationalen Konsortien vorgegebenen neoliberalen Marschrichtung. Rankings in Analogie zu einer Bundesligatabelle wurden erstellt, in denen auch für Unbedarfte durch die Verwendung einfacher Zahlen klar und deutlich gemacht werden sollte, dass es schlecht um das deutsche Bildungswesen bestellt sei. Außerdem sollte die alleinige Verwendung einfacher Zahlen unliebsame Nachfragen nach den Methoden der Datengenerierung von vornherein unmöglich machen. Die Tabelle ist nämlich wesentlich einfacher zu lesen als eine Bundesligatabelle. Man muss nur wissen, dass beispielsweise die Zahl 523 größer ist als die Zahl 498, das versteht jeder, auch Politiker. Es ist schon erstaunlich, wie Politik und Presse sich alle drei Jahre von dieser Zahlenakrobatik bluffen lassen, denn niemand von ihnen hat jemals die

Datengrundlagen auch nur annähernd überprüft, ja nicht einmal deren Generierung verstanden. Das bleibt selbstverständlich nur ihren Erstellern vorbehalten.[1] Es ist mehr als erstaunlich, wie in der heutigen Zeit internationale wirtschaftlich ausgerichtete Konzerne die Bestimmungshoheit in den einzelnen Ländern selbst im Bildungsbereich im Rahmen einer *Soft Governance* längst übernommen haben, ohne jegliche demokratische Legitimation und das längst nicht nur im Bildungswesen.

Auch die PISA-Aufgaben selbst – also die Grundlage zur Umsteuerung des Bildungswesens unter dem Diktat der Ökonomisierung – werden nicht veröffentlicht. Alle drei Jahre werden jeweils nur ein paar ausgewählte Aufgaben der Presse überlassen. Diese Vorgehensweise entspricht damit keinesfalls der für sich in Anspruch genommenen Wissenschaftlichkeit, denn die Offenlegung aller Daten ist eins der grundlegenden Anforderungen an den Anspruch, wissenschaftlichen Selbstverständlichkeiten Genüge zu leisten. Davon kann bei PISA überhaupt keine Rede sein. Daher haben die jeweils gleichen fünf internationalen »Bildungskonzerne« aus den USA, Australien, den Niederlanden und Japan eher den Status eines Geheimbundes als der einer wissenschaftlichen Institution, die vor allem das deutsche PISA-Konsortium deren Konzepten verleihen will. Auch auf die Fragwürdigkeit der in PISA gestellten Testfragen – rund 70 Prozent sind Multiple-Choice-Fragen und alle Aufgaben besitzen keine curriculare Validität – kann an dieser Stelle ebenfalls nur verwiesen werden (Klein, 2016).

Wie ist nun die Umgestaltung erfolgt? Schaut man sich die einzelnen Begrifflichkeiten an, die in der bildungsökonomischen Landschaft seit PISA und Bologna Verwendung finden, begegnen einem in diesem Zusammenhang meist folgende Schlagworte: Wissensgesellschaft, Lebenslanges Lernen, Humankapital, Effizienz, Output-Orientierung, Bildungsstandards, Kompetenzorientierung, Schlüsselqualifikationen, Autonomie, Wettbewerb, Entstaatlichung, Privatisierung, Ausschöpfen der Begabungsressourcen und Employability (Krautz, 2011). Insbesondere die Ausrichtung des Unterrichts an Schulen und Hochschulen auf eine utilitaristische Kompetenzorientierung soll dazu dienen, das nachwachsende Humankapital für die weltweite Globalisierung fit zu machen. Nun hat ein derartiger Containerbegriff, wie der der Kompetenz, von vornherein den Nachteil, dass man darunter alles subsumieren kann, was man für wichtig hält, ganz abgesehen von der völlig anderen Verwendung des Begriffes als »zuständig sein für etwas«. Die Weinert'sche Definition, die den Bildungs-

---

[1] Die folgenden Passagen sind in dem Buch des Autors dieser Zeilen ausführlich anhand von zahlreichen Beispielen erläutert und belegt (Klein, 2016).

standards zugrunde liegt, weist aber die Zielrichtung aus: Wissen und auch Lernvorgänge selbst müssen sich immer auf ihre Anwendung und Verwertbarkeit zurückführen lassen. Das Wissen an sich oder auch die Sache an sich, die vormals im Mittelpunkt des Unterrichts stand, hat keinen Wert in sich selbst, sondern muss sich an seiner ökonomischen Verwertbarkeit messen lassen. Sie sind nämlich laut der den Bildungsstandards zugrunde liegenden Expertise als Fähigkeiten ausgewiesen, mit deren Hilfe sich Probleme lösen lassen, sind also ausschließlich über ihren Nutzen definiert (Kieme, 2003). Es geht nicht mehr um das gemeinsame Lernen an einem gemeinsamen Unterrichtsgegenstand, der von sich aus Interesse erweckt und interessant ist, sondern es geht ausschließlich nur noch um die Frage, inwiefern dieser uns im späteren Leben von Nutzen ist. Weite Teile der Reformpädagogik sind auf dieses neoliberale Credo hereingefallen und laufen auf der Schiene der Ökonomisierer mit. Bildung und Wissen ist das Herrschaftsinstrument der Ewiggestrigen, Kompetenzen – insbesondere fachunabhängige Schlüsselkompetenzen – sollen den gewünschten sozialen Ausgleich herbeiführen, der einen hohen Preis hat. Diese Form einer mehr als zweifelhaften Kompetenzorientierung hat als unmittelbare Konsequenz dann auch dazu geführt, dass es im letzten Jahrzehnt zweifelsfrei zu einer deutlichen Absenkung insbesondere der fachlichen Ansprüche in den Schulen gekommen ist, wie nicht nur die mittlerweile vielfach vorliegenden Zentralabiturvergleiche deutlich belegen. Pädagogen bezeichnen die »Kompetenzorientierung als Indiz pädagogischer Orientierungslosigkeit« (Ladenthin, 2011, Profil, S. 1–6). Kompetenzen seien das Gegenteil von Bildung. »Bildung ist nicht nur etwas anderes als Kompetenz, sondern deren Gegenteil. Denn wer gebildet ist, der kann etwas, wer aber Kompetenzen zu besitzen behauptet, der verfügt nur über leere Hüllen« (Türcke, 2012).

Die Vermessung von Kompetenzen stellt dann auch den vorläufigen Höhepunkt im Vermessungswahn der Bildungsökonomie dar. Der Virus des Vermessungswahns hat längst auch die geisteswissenschaftlichen Fachbereiche an den Hochschulen infiziert. Die höchste Infektionsrate verzeichnen dabei die Bildungswissenschaften. In einem Beitrag des Wissenschaftsmagazins *Forschung Frankfurt* der Goethe Uni Frankfurt von 2015 bringt der Kollege Martin Seel aus der Philosophie in seinem Artikel »Das Laster der Vermessenheit – Wenn Umsicht und Augenmaß verloren gehen« die Sache auf den Punkt:

> »Das Laster der Vermessenheit beginnt dort, wo Personen nicht einsehen wollen, dass ihre Möglichkeiten begrenzt sind, wo ihr Sinn für die Unwägbarkeiten des Lebens verkümmert [...] In ihren szientistischen Spielarten sind sie, wenn es um

Menschen geht, aufs Messen versessen. Die Gehalte des Erlebens und Verstehens, die Verbindlichkeiten von Sprache und Interaktion, die Dynamik von Kultur und Geschichte sollen bis in den letzten Winkel mit Zahlenspielen ausgeleuchtet werden. Wenn der Geist dann auch noch mit den Zuckungen des Gehirns gleichgesetzt wird, gerät das menschliche Ermessen vollends in Vergessenheit« (Seel, 2015, S. 6).

Wie konnte es dazu kommen? In Zeiten großer gesellschaftlicher und politischer Umorientierung und Unordnung scheinen Zahlen der einzige noch übrig gebliebene Faktor zu sein, die den absoluten Wahrheitsgehalt und damit eine verbindliche Ordnung vorgeben, an denen eine sinnvolle Orientierung noch möglich erscheint. Der Soziologe Uwe Vormbusch beschreibt diese Entwicklung im gleichen Magazin zutreffend. Sein Artikel »Die Lawine der Zahlen und die Optik der Moderne – Vom Mythos der kalkulatorischen Beherrschbarkeit der Welt« unterstützt diese Interpretation schon in ihrer Einleitung:

»Das Zahlenwissen verspricht Ordnung inmitten der durch Unsicherheit und Konflikte geprägten Moderne. Doch dieses – ursprünglich der Aufklärung entstammende – Versprechen hat sich ins Gegenteil verkehrt. Die Finanzmärkte führen vor, welche gesellschaftlichen Auswirkungen das selbstbezügliche Spiegelkabinett der Zahlen haben kann« (Vormbusch, 2016, S. 11).

Selbst in der Wirtschaft häufen sich die Anzeichen, dass die bildungsökonomischen Konzepte zunehmend kritisch betrachtet werden. Eberhard von Kuenheim, ehemaliger BMW-Vorsitzender und Vorstand der gleichnamigen Stiftung, hat in seinem bemerkenswerten FAZ-Artikel »Wider die Ökonomisierung der Bildung« ausdrücklich darauf hingewiesen, dass ein enger Utilitarismus in Bildungsfragen nur von geringem Nutzen sei: »Die – vorgeblich durch Zwänge der Wirtschaft erforderliche – Ökonomisierung der Bildung ist der falsche Weg. Indizien belegen, dass eben sie die Schäden verursacht, die man beklagt« (Kuenheim, 2011, S. N5). Er spricht sich in diesem Artikel ausdrücklich gegen den »Wahn der Kennzahlen« aus:

»Eine der Wurzeln der Ökonomisierung aller Lebensbereiche liegt in dem Messbarkeitswahn, der sich allgemein und auf breiter Ebene durchgesetzt hat und der auch unser Bildungswesen beherrscht. Fatalerweise und fälschlicherweise sieht man Wirtschaft als Synonym für Quantifizierbarkeit [...] Der Wahn, alles und jedes in Kennzahlen pressen zu wollen, verkennt die Wirklichkeit und kann trügerische Sicherheit verleihen mit der Folge gravierender Fehlentwicklungen« (ebd.).

Hans Peter Klein

Ökonomie versus Ökologie

Von dem Diktat der Ökonomie betroffen sind selbst weltweit einzigartige Naturschutzreservate wie beispielsweise die Galápagosinseln. Sie bestehen aus den vier Hauptinseln Santa Cruz, Isabela, Floreana und San Cristóbal und vielen weiteren kleinen und kleinsten Inseln. Ihre Bedeutung für die Entwicklung des Lebens auf der Erde ist einzigartig. Aufgrund ihrer exponierten Lage im Pazifik rund 1.000 Kilometer vor Ecuador gelegen findet man hier einzigartige Lebewesen, die nur hier vorkommen. Dies war schon Charles Darwin aufgefallen, der bei seiner Reise mit der Beagle die Inseln 1849 besucht hatte und hier weitere Indizien für die Unterstützung seiner Theorie der Entstehung der Arten vorfand (Darwin, 1859). Nicht zuletzt sind die durch adaptive Radiation entstanden Darwin-Finken nach ihm benannt.

Die heutige Gefährdung der einzigartigen Lebewesen der Galápagosinseln hat vielfältige Ursachen. Invasive Arten, ein sich explosionsartig entwickelnder Tourismus und die entsprechende Zunahme der einheimischen Bevölkerung stellen eine große Herausforderung für eine nachhaltige Entwicklung zum Schutz der Inseln dar (Trommer & Klein, 2011). Nun werden die Inseln zwar von einer Nationalparkverwaltung heutzutage vor dem Schlimmsten bewahrt, dennoch mag ein Blick in die kürzere Vergangenheit deren Gefährdung verdeutlichen. Im 17. und 18. Jahrhundert galten die Inseln als Stützpunkte für Seefahrer und Piraten, die insbesondere die weltweit bekannten Riesenschildkröten als langlebigen Proviant mit an Bord nahmen, wodurch diese fast ausgerottet wurden. Schon die frühen Seefahrer bezeichneten die Inseln als »Las Islas Encantadas«, die verwunschenen Inseln. Sie sind nämlich aufgrund ihres vulkanischen Ursprungs aus bestimmten Teilen des Meeresbodens, Hotspot genannt, entstanden und bilden über eine weite Fläche von rund 45.000 Quadratkilometern 13 größere und zahlreiche kleine und kleinste Inseln und Felsen, die für die damaligen Seefahrer allein aus Navigationsgründen sicherlich einen Albtraum darstellten. Wegen der Kargheit der vulkanischen Landschaft lebten Anfang des 20. Jahrhunderts nur wenige Menschen dort dauerhaft. Die Insel Floreana wurde in den 30er Jahren von einzelnen deutschen Auswanderern besiedelt, die aufgrund ihrer Überzeugung von einem alternativen und naturverbundenen Leben hier Fuß fassten. Die Familie Wittmer aus dem Köln-Bonner Raum versuchte hier ein Leben in ökologischer Verantwortung zu führen. Noch heute führt die Enkelin ein kleines Hotel auf der Insel. Bereits 1959 wurden die Inseln zum Nationalpark erklärt. 1960 lebten bereits rund 2.000 Menschen auf den vier Hauptinseln, 2006 waren es bereits ca. 20.000. 2009 wurde die Zahl auf rund 30.000 geschätzt, da viele Ecuadorianer sich auch illegal hier aufhalten (Trommer & Klein, 2011; Wikipedia, 2016b). Grund dafür ist das ständig sich erweiternde Tourismusgeschäft, das sich vor allem in den letzten 20 Jahren exponentiell entwickelt hat. Um eine drohende Invasion von Ecuadorianern vom Festland nach Galápagos zu verhindern – hier lockt der schnelle Reichtum –, erhalten nur auf den Inseln Geborene eine Aufenthaltserlaubnis auf Dauer.

Der Tourismus entwickelte sich parallel dazu explosionsartig. 1960 besuchten rund 80 Naturliebhaber die Inseln. Besonders durch die Möglichkeit, ab den 70er Jahren die Inseln per Schiff oder Flugzeug zu erreichen, stieg die Zahl der Touristen exponentiell an. 2008 besuchten bereits 173.420 Besucher die Inseln (Wikipedia, 2016b). Konnte man Mitte der 90er Jahre die Inseln noch nahezu ohne Auflagen auch als Rucksacktourist nahezu ohne Einschränkungen besuchen, hat sich dies seit der Jahrtausendwende völlig geändert. Um den ständig steigenden Belastungen des Naturschutzreservats durch Massentourismus besser begegnen zu können, reguliert ein nunmehr aktives Nationalparkmanagement den Zugang zu den Inseln. Heutzutage kann man nur in Gruppen nach Voranmeldung die Inseln besuchen und mögliche Ausflugziele müssen schon ein Jahr im Voraus angemeldet werden, da die zahlreichen kleinen Inseln, wie Plaza Sur oder Bartolomé, strengen Kontingentierungen unterworfen sind. Grund für die restriktiven Maßnahmen sind insbesondere die mit Schiffen, Flugzeugen, Einheimischen und Touristen eingeschleppten invasiven Arten, die insbesondere die endemischen Arten in ihrer Existenz massiv bedrohen. Brombeeren überwuchern die letzten *Miconia*-Bestände aus San Cristóbal, aber auch Guaven und der ehemals wegen möglicher Malariabekämpfung eingeführte Chinarindenbaum bedrohen die endemischen Pflanzenarten wie beispielsweise die *Scalesien*. Verwilderte Ziegen, Hunde und Katzen, Hausratten, Wanderratten, Feuerameisen bedrohen die endemische Fauna, von invasiven Insektenarten und vielen Klein- und Kleinstlebewesen ganz zu schweigen. Derzeit ist insbesondere der Mangrovenfink in seiner Existenz massiv bedroht, da die eingeschleppte Parasitenfliege *Philornis downsi* unter den frisch geschlüpften Küken eine extrem hohe Sterblichkeitsrate verursacht. Derzeit gibt es lediglich noch 80 bis 100 Tiere dieser Art. Da man derzeit keine geeigneten Maßnahmen zur Ausschaltung dieser Fliege besitzt, wird von den Mitarbeitern der Charles-Darwin-Station das aufwendige Verfahren betrieben, die frisch geschlüpften Mangrovenfinken aus ihren Nestern zu holen und ihnen in Brutschränken ihre Entwicklung zu ermöglichen. Nach rund zwei bis drei Monaten werden sie dann wieder in die Nester gesetzt, wobei der Parasit jetzt für sie nicht mehr gefährlich ist (Die ZEIT, 2014). Ziegen beispielsweise hatten sich bis Mitte des letzten Jahrzehnts durch Auswilderung derart dramatisch vermehrt, dass in einer aufwendigen

Kampagne weit über 100.000 Tiere von Helikoptern mit Maschinengewehren abgeschossen wurden, weil diese die Lebensgrundlagen nicht nur der vom Aussterben bedrohten Riesenschildkröten zerstören. Mittlerweile sind einige der Inseln wieder ziegenfrei. Unter den Riesenschildkröten gelangte *Lonesome George* zu einem traurigen Bekanntheitsgrad. Er war der letzte seiner Art *Chelonoidis nigra abingdonii* und verstarb 2012 trotz intensiver Partnersuche unter nah verwandten Pinta-Arten in der Charles-Darwin-Station (Trommer & Klein, 2011).

Die Inseln sind heutzutage längst nicht nur mehr Ziel von Naturliebhabern oder Studierenden der Biologie, sie sind hipp geworden. In Zeiten des weltweiten Massentourismus gelten selbst Ziele wie die Malediven nicht mehr als extravagant oder exklusiv, Galápagos muss es sein. Wenn man seit der Jahrtausendwende auf Exkursionen mit Studierenden mehrfach die Galápagosinseln besucht hat, kann man die bedenkliche Entwicklung leicht nachvollziehen. Bereist werden vor allem die vier Hauptinseln mit Schnellboten und von diesen werden dann Tagesauflüge unternommen. Eine zweite Möglichkeit besteht in der Buchung einer siebentägigen Schiffsrundreise, die meist von Santa Cruz aus starten. Noch nach der Jahrtausendwende beschränkte sich der Tourismus auf kleinere Geschäfte und einfache Unterkünfte. Da auch die Preise sich wegen der immensen Nachfrage teilweise exponentiell nach oben bewegten, änderte sich auch das die Inseln besuchende Publikum. Vom ehemaligen Naturliebhaber mit eher begrenzten Mitteln zu den Luxusurlaubern, deren Gegenwart man heutzutage schon allein an den aus dem Boden schießenden Fünf- und Sechssternehotels erkennen kann. Schon 2009 konnte man auf Santa Cruz – das zunehmende Zentrum des internationalen Tourismus auf Galápagos – das ein oder andere luxuriöse Gold- und Diamantengeschäft erkennen und fragte sich, welcher Naturliebhaber denn da wohl einkaufen solle. 2016 ist dies offensichtlich geworden. Es gibt nun viele exklusive Geschäfte dieser Art und das zugehörige Publikum, allen voran aus den USA. Allein die siebentägige Schiffsrundreise ist mit einfachen Schiffen unter 3.000 Dollar die Woche nicht mehr zu haben, in der Luxusflotte kostet die Rundreise ab 5.000 Dollar aufwärts. 120 Dollar kostet allein das Betreten der Inseln, eine Erhöhung auf das Doppelte ist geplant. Mittlerweile wird offen darüber diskutiert, ob man die großen Kreuzfahrtschiffe mit Personenkapazitäten von 5.000 Personen und mehr nicht den Zugang erlaubt. Gegen Kommerz hat Ökologie und der Erhalt der Biodiversität keine Chance, auch nicht in Naturschutzreservaten. Das sieht man auch in Ecuador selbst, wo eines der sensibelsten Naturschutzreservate im Amazonasgebiet, der Yasuní-Nationalpark, aufgrund großer Ölvorkommen nun endgültig zur Förderung des schwarzen Goldes frei gegeben wurde. Zuvor waren die Versuche des ecuadorianischen Präsidenten Rafael Correa gescheitert, weltweit insgesamt 2,3 Milliarden Dollar einzuwerben, um dann auf die Ölförderung zu verzichten. Mehr als 336 Millionen Dollar war dies den internationalen Geldgebern nicht wert (Der Marktwert jeder einzelnen Fußballmannschaft in der Premier-League ist deutlich höher; allein die Mannschaft von Manchester City dürfte einen geschätzten Marktwert von knapp einer Milliarde Euro haben!). Auch das deutsche Entwicklungshilfeministerium spielte dabei eine ausgesprochen unrühmliche Rolle (Die Zeit, 2016). Warum sollten auch kleine und relativ arme Länder ihre Standortvorteile nicht nutzen und daraus Kapital schlagen, wenn die Hauptnutznießer nicht einmal dazu bereit sind, Gelder im Bereich des Wertes zweier Fußballmannschaften in der Premier-League zur Verfügung zu stellen. In der Tat ist es weltweit schlecht bestellt um den nachhaltigen Umgang mit Ressourcen oder dem Schutz der Umwelt, des Klimas oder der Biodiversität.

Conclusio

Das neoliberale Credo der Ökonomisierung und Privatisierung nahezu aller Lebensbereiche scheint gleich mehrfach negative Auswirkungen nach sich zuziehen. Einmal, indem es ein dem Humanismus verpflichtetes Leben, in dem sich der Einzelne entsprechend seinen Fähigkeiten und Interessen entfalten kann und er als Mensch in seinem Menschsein wahrgenommen wird, völlig ausblendet. Zweitens, indem es in Jahrhunderten erworbene Solidaritätsprinzipien aushebelt und den einzelnen Menschen nur noch als Humankapital und Kostenfaktor ausweist. Drittens, indem durch die eingeleiteten Privatisierungen für immer mehr Menschen aufgrund der Entwicklung der Lohnstrukturen ein halbwegs sicheres und planbares Leben unmöglich gemacht wird, und viertens, indem es zumindest die Mitverantwortung dafür trägt, dass die politischen und gesellschaftlichen Probleme im Rahmen der eingeschlagenen Globalisierung in den nächsten Jahren noch an Vehemenz zunehmen dürften. Es profitiert auf perverse Weise von dem mit Abstand größten Problem der Menschheit, das preiswertes und billiges Humankapital in unbegrenztem Umfang zur Verfügung stellt, da diese ihre eigene hyperexponentielle Vermehrung nicht in den Griff bekommen, ja nicht mal einen Versuch dazu startet. Eine Umorientierung ist daher weltweit nicht in Sicht. Altkanzler Helmut Schmidt wies immer wieder auf dieses drängendste Problem der Menschheit hin, indem er darauf verwies, dass allein während seines Lebens – also einer einzigen Generation – die Zahl der Menschen sich mehr als vervierfacht habe (von rund 1,7 Milliarden um 1918 bis auf über sieben Milliarden 2015) (Wikipedia, 2016a). Es ist allerdings mehr als verwunderlich und auch mehr als grob fahrlässig, dass dieses schon in den 1950er Jahren als das zentrale Problem der Menschheit erkannte Phänomen mit all seinen negativen Folgen, die in naher Zukunft auf uns hereinbrechen dürften, derzeit weder bei Regierungen noch UN-Organisationen auf der Tagesordnung steht. Denn auch denen dürfte nicht entgangen sein, dass der Mensch – wie alle anderen Lebewesen auch – bestimmten populationsökologischen Regeln unterliegt und eine ungebremste Weiterentwicklung der eigenen Art wahrhaft apokalyptische Folgen nach sich ziehen dürfte. Der zunehmende Kampf um Ressourcen und deren Ausplünderung, Klimakatastrophen sowie weltweite Migrationsströme und globale Seuchen bisher unbekannten Ausmaßes dürften dabei sicherlich nur die Spitze des sich unaufhörlich auftürmenden Eisbergs darstellen.

Die Enzyklika von Papst Franziskus *Laudato Si'* thematisiert diese Entwicklungen ausführlich. Sie stellt eine Mahnschrift dar, die in klaren Worten dem neoliberalen Credo und der Ökonomisierung aller Lebensbereiche unter einem utilitaristischen Leitgedanken eine klare Absage erteilt. Die daraus resultierenden unmittelbaren Folgen für Klima, Ressourcen und die ökologischen Gesetzmäßigkeiten des Planeten werden ebenso aufgegriffen wie die ungerechte Verteilung der Güter und die dadurch verursachten und in naher Zukunft drohenden Auseinandersetzungen sowie die zu erwartenden weltweiten Migrationsströme und ihre Folgen. Sie liefert damit einen grundlegenden Beitrag für eine derzeit noch mögliche Gegensteuerung der eingeschlagenen Entwicklung und entspricht damit weitgehend auch dem Stand und dem Diskurs in der Wissenschaft. Für das eigentlich zugrunde liegende zentrale Problem der Menschheit, nämlich das ihrer eigenen hyperexponentiellen Entwicklung, hat allerdings auch die Enzyklika keine Antwort.

Literatur

Banse, D. & Dowideit, A. (2016, 18.04.). So funktioniert der Milliarden-Betrug der Pflege-Mafia. *Welt.* www.welt.de/wirtschaft/article154426270/So-funktioniert-der-Milliarden-Betrug-der-Pflege-Mafia.html (15.10.2016).
Bauer, U. (2006). Die sozialen Kosten der Ökonomisierung von Gesundheit. Reformen des Sozialstaates. *Aus Politik und Zeitgeschichte, 8–9*.
Darwin, C. (1859). *On the Origin of Species: By Means of Natural Selection.* Mineola/New York: Dover Publications.
Die Zeit (2014). Ecuador genehmigt Ölförderung in Nationalpark. www.zeit.de/wissen/umwelt/2014-05/Yasuni-oel-ecuador (15.10.2016).
Die Zeit (2016). Ecuador beginnt mit Ölförderung im Yasuní-Nationalpark. (2016). www.zeit.de/wissen/umwelt/2016-09/yasuni-ecuador-erdoel-nationalpark-petroamazonas (15.10.2016).

Dohmen, A. & Fiedler, M. (2015). Ökonomisierung im Gesundheitswesen: Betriebswirtschaftlicher Erfolg als Unternehmensziel. *Deutsches Ärzteblatt, 112*(9), A-364/B-312/C-308.

Focus (2016, 11.10.). »Betrug am Patienten«: Ärztepräsident wirft Kassen Drückermethoden vor. www.focus.de/finanzen/versicherungen/krankenversicherung/gesundheitsversorgung -betrug-am-patienten-aerztepraesident-wirft-kassen-drueckermethoden-vor_id_ 6053569.html (15.10.2016).

Klein, H. P. (2016). *Vom Streifenhörnchen zum Nadelstreifen – das deutsche Bildungswesen im Kompetenztaumel.* Springe: zu Klampen.

Klieme, E., Avenarius, H., Blum, W., Döbrich, P., Gruber, H., Prenzel, M., Reiss, Kr., Riquarts, K., Rost, J., Tenorth, H.-E. & Vollmer, H. J. (2003). *Zur Entwicklung nationaler Bildungsstandards. Eine Expertise.* Berlin: BMBF.

Krautz, J. (2011). *Ware Bildung.* München: Diederichs.

Kuenheim, E. v. (2011, 13.04.). Wider die Ökonomisierung der Bildung. *FAZ,* 87.

Ladenthin, V. (2011). Kompetenzorientierung als Indiz pädagogischer Orientierungslosigkeit. *Profil, 09,* 1–6.

Martens, K. & Niemann, D. (2010). *Governance by Comparison – How Ratings & Rankings Impact National Policy-making in Education. (TranState Working Papers, 139).* Bremen: Sfb597 »Staatlichkeit im Wandel«.

Niemann, D. (2009). *Changing Patterns in German Education Policy Making – The Impact of International Organizations. (TranState Working Papers, 99).* Bremen: Sfb597 »Staatlichkeit im Wandel«.

OECD (2011). Health at a Glance 2011. OECD Indicators. OECD-Publishing 2011. http://dx.doi.org/10.1787/health_glance-2011-en (15.10.2016).

OECD (2013). Health at a Glance 2013. OECD Indicators, OECD Publishing 2013. http://dx.doi.org/10.1787/health_glance-2013-en (15.10.2016).

Seel, M. (2015). Facetten der Vermessenheit. Wenn Umsicht und Augenmaß verloren geht. *Forschung Frankfurt. Das Wissenschaftsmagazin der Goethe Universität, 1,* 5–6.

Trommer, G. & Klein, H. P. (2011). Naturschutz auf Galapagos – Probleme und Problemlösungen. *Praxis der Naturwissenschaften, 60*(5), 42–44.

Türcke, C. (2012, 01.08.). Wie das Lernen sein Gewicht verliert. *SZ,* 12.

Vormbusch, U. (2015). Die Lawine der Zahlen und die Optik der Moderne. Vom Mythos der kalkulatorischen Beherrschbarkeit der Welt. *Forschung Frankfurt. Das Wissenschaftsmagazin der Goethe Universität, 1,* 11–15.

Wengler, A., Nimtsch, U. & Mansky T. (2014). Hüft- und Kniegelenkersatz in Deutschland und den USA. Auswertung deutscher und US-amerikanischer Krankenhauseinzelfalldaten von 2005 bis 2011. *Deutsches Ärzteblatt, 111*(23/24), 407–416

Wikipedia (2016a). Bevölkerungsentwicklung. https://de.wikipedia.org/wiki/Bev%C3%B6lkerun gsentwicklung (15.10.2016).

Wikipedia (2016b). Galapagosinseln. https://de.wikipedia.org/wiki/Galapagosinseln (15.10.2016).

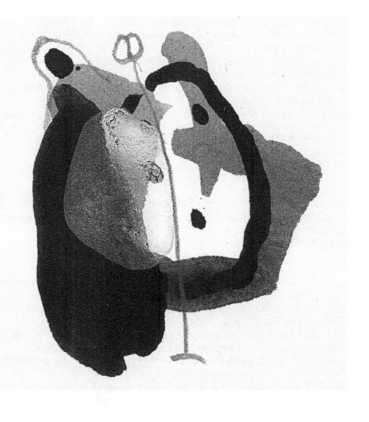

... dass die Welt aus einer Entscheidung hervorging, nicht aus dem Chaos oder der Zufallswirkung

Kultur, Religion und Psychologie

Die Enzyklika *Laudato Si'* von Papst Franziskus

Ökologische Koalitionen und Naturkonzept

Hartmut Böhme

Referenzen, Inklusionen, Leerstellen

Als Mitte des Jahres 2015 die Öko-Enzyklika *Laudatio Si'* von Papst Franziskus erschien, rieben sich viele die Augen: Mochten die einen darüber erstaunen, dass sich dieser Text teilweise wie ein radikaler linksökologischer Angriff auf die reichen Industrienationen liest, so die anderen, dass Franziskus in sozialethischer Hinsicht den Schulterschluss mit seinen Vorgängern auf dem päpstlichen Stuhl sucht und deutlich um eine Ruhigstellung der konservativen Kräfte der Kirche bemüht ist.

Abgesehen von vielen Zitaten aus kirchlichen Erklärungen südamerikanischer Provenienz sind in dieser Enzyklika Romano Guardini und der heilige Franziskus die am meisten zitierten Autoren. Letzteres ist aufschlussreich. Damit stellt sich der Papst, nach seiner Namenswahl, erneut in die naturtheologische und armenfürsorgerische Tradition des mittelalterlichen Heiligen und Ordensgründers. Das ist biografisch verständlich. Bemerkenswerter ist indes die breite Repräsentanz südamerikanischer Quellen aus den letzten Jahrzehnten. Man spürt die Vertrautheit des Papstes mit dieser besonderen Tradition, die durchaus mit der Befreiungstheologie Lateinamerikas seit den 60er Jahren verbunden ist und sich mit Bürgerrechts- und Widerstandsbewegungen zusammenschloss. Hier finden wir auch das Gebot der Bewahrung und Pflege der Schöpfung verbunden mit der unmittelbar aus dem Wirken Christi abgeleiteten Zuwendung zu den Armen. Dies schließt den Kampf gegen die Ungerechtigkeit der Reichen und Mächtigen ein.

Man weiß, dass Papst Johannes Paul II. und Kardinal Ratzinger, der spätere Papst Benedikt XVI., die harte Linie des Vatikans gegen die Befreiungstheologie maßgeblich bestimmt haben. Darum ist es so aufschlussreich, wie Papst Franziskus mit diesem schwierigen historischen Erbe umgeht. Denn gerade Papst Johannes Paul II. und Benedikt XVI. zitiert er oft und zustimmend – stets hinsichtlich der macht- und wirtschaftskritischen Äußerungen und der notwendigen globalen Fusion von Ökologie und sozialer Gerechtigkeit (Verbindung von Schöpfungstheologie und Pauperitätsbekämpfung). Beides wurde von den Vorgänger-Päpsten trotz ihrer Ablehnung der südamerikanischen Befreiungstheologie vertreten. Indem Papst Franziskus nun insbesondere die sozialethischen kritischen Erklärungen von Johannes Paul II. und Benedikt XVI. mit jüngeren Stellungnahmen südamerikanischer Bischofskonferenzen koexistieren lässt (ohne die Befreiungstheologie auch nur zu erwähnen), stellt er – gewissermaßen unter dem Leitstern des heiligen Franziskus – eine Gemeinsamkeit zwischen den konservativen und kritischen Strömungen innerhalb des Welt-Katholizismus her, die er für seinen eigenen universalistischen Ansatz benötigt. Er tut dies, indem er die historisch unüberbrückbar scheinenden Konflikte stillschweigend aufhebt und beide Seiten in seinem planetarischen Konzept inkludiert.

Diese Funktion besitzen auch die häufig angebrachten Zitate des Theologen und Religionsphilosophen Romano Guardini, der in konservativen kirchlichen Kreisen hohes Ansehen genießt. Guardini knüpft in seinem Werk vielfach an die mittelalterliche Philosophie an, ferner an die säkulare Philosophie und die Kultur- und Kapitalismuskritik des 20. Jahrhunderts. In diesem Sinne ist Guardini geradezu eine Portalfigur für den Ansatz von Papst Franziskus, konservative Traditionen mit kritischen Perspektiven zu synthetisieren – in Frontstellung gegen die destruktiven Wirtschaftssysteme, gegen die Konzentration der Macht in den Händen unkontrollierter Eliten, gegen die Naturzerstörung sowie gegen soziale Entfremdung und Deprivation. Die bedeutende Stellung, die Johannes Paul II., Benedikt XVI. und Romano Guardini in der Enzyklika einnehmen, dient gewiss der innerkirchlichen Integration, insbesondere von konservativen Eliten, denen die Sozial- und Naturpolitik von Papst Franziskus nicht zusagen kann. Nach außen hin, das heißt in den weiteren Religionen der Welt wie auch in den zahllosen zivilgesellschaftlichen Öko- und Sozialbewegungen, wird diese Form der Integration indes nicht gelingen. Hier wären gehaltvolle Bezugnahmen etwa auf den Buddhismus oder auf Spielarten des Islam angeraten gewesen, aber auch auf starke naturphilosophische Positionen ohne religiöses Fundament oder auf exemplarische NGOs, welche die Hauptlast an dem leisten, was Franziskus die kulturelle, also Ökologie und Gesellschaft einschließende Evolution des Planeten Erde nennt.

Problematisch erscheint mir mithin der Universalitätsanspruch, der sich »an alle Menschen auf diesem Planeten« (3), »Gläubige wie Nicht-Gläubige« (93), oder, etwas schwächer, »an alle Menschen guten Willens« (3, 62) richtet. Nun ist zwar klar, dass die Umweltkrise sich sowohl lokal wie global zeigt und deswegen auch lokale wie globale Lösungen erfordert. Und es ist begrüßenswert, dass der Papst daraus unmissverständlich eine planetarische Verantwortung der Menschheit ableitet. Fraglich aber ist, ob mit einem Text, der die ökologische Politik durchweg im Christentum fundiert, wirklich die Stufe eines planetarischen Bewusstseins erreicht wird. Kommunikative Globalität wird nicht realisiert, indem man auf die Globalität der ökologischen und sozialen Probleme verweist oder sich auf einen universellen Gott beruft. Vielmehr sollte man den eigenen kulturellen und religiösen, jedenfalls traditionsgebundenen Horizont erweitern und dabei die *Pluralität* der Religionen und Kulturen zum Ausgangspunkt der Argumentation machen. Außer dem islamischen Poeten und Mystiker Ali Al-Khawwas (der nur sekundär zitiert wird) kommt indes keine einzige Stimme einer nicht-christlichen Religion oder einer anderen Kultur vor.

Das heißt, dass sich die etwa 170 Text-Referenzen durchweg auf christliche und, mit Ausnahme des Patriarchen Bartholomäus (7,8), speziell auf katholische Quellen beziehen. Das mag für den innerkirchlichen Disput und die Überzeugung von Mit-Christen, die man fürs ökologische Engagement gewinnen will, hinreichend sein. Für die Universalität, die Papst Franziskus anstrebt, reicht dies nicht, und zwar in zweierlei Hinsicht: Zum einen spricht der Papst zu Recht von der Erde als einem »kollektiven Gut, ein Erbe der gesamten Menschheit« (95), für das folglich die Menschen eine entsprechend terrestrische Verantwortung tragen. Zum anderen fordert er eine »kulturelle Revolution«, um die »anthropozentrische Maßlosigkeit« (116) des destruktiven Rendite-Kapitalismus zu beenden, dessen Eliten, in Nachfolge des berühmten Descartes-Diktums, sich zu den »maîtres et possesseurs de la nature« erklärt haben (die Descartes-Formel wird ungekennzeichnet schon in Nr. 2 der Enzyklika zitiert).

Diese Eliten, die vom Papst scharf angegriffen werden, sind indes schon längst professionelle Global Players. Sie stellen die negative Variante des planetarischen Bewusstseins dar. Gerade darum bedarf es, wie Franziskus betont, einer kulturellen Revolution, die durch eine wirkungsvolle Solidarität mit den unterdrückten Armen und mit der geschundenen Erde die Grundlage für eine gedeihliche Entwicklung des Planeten schafft. Sie schließt Natur *und* Gesellschaft ein. Ein solches unterstützungswertes Ziel aber bedarf, wenn es um eine globale Argumentation gehen soll, der Integration der vielen Religionen und Kulturen dieser Welt. Sie werden für das Enzyklika-Projekt gebraucht und müssen deswegen mitgenommen werden.

Denn die »universale Geschwisterlichkeit« (92, 228), die der Papst im Verhältnis zur Natur einfordert, muss, wenn sie eine Chance haben soll, von einer

»universalen Geschwisterlichkeit« der kulturellen und religiösen Mannigfaltigkeit begleitet sein. Wenn dies nicht geschieht, wird das in sich selbst schon vielfach differenzierte Christentum zu einer partikularen Sinnprovinz. Erforderlich ist deswegen ein symmetrischer, wechselseitig anerkennender Diskurs, der kräftig genug ist, um die jeweiligen Herkunftsprovinzen hinter sich zu lassen und die jeweils Anderen gleichberechtigt in die Diskussion über soziale und ökologische Entscheidungen aufzunehmen. Hier könnte man mehr vom ökumenischen Diskurs, aber auch von den Erfahrungen bei der Universalisierung der Wissenschaften und der Politik übernehmen (was nicht heißt, die Kritik des Papstes an der Wirkungsschwäche der ökologisch-politischen Vereinbarungen oder an der unheiligen Allianz der Wissenschaften mit der Rendite-Wirtschaft zurückzunehmen).

Untrennbar: Der Kampf gegen Armut und gegen Naturzerstörung

Eines der stärksten Argumente der päpstlichen Enzyklika ist, dass sie die weltweiten Armutsprobleme mit der ökologischen Krise verbindet. Hierfür wird der heilige Franziskus als Vorläufer und Vorbild eingesetzt. Diese Verknüpfung steht in einer guten Tradition mit den Vorgänger-Päpsten sowie mit vielen kirchlichen Stellungnahmen. Die Sorge um den Bestand und die Zukunft der Natur und der Einsatz für soziale Gerechtigkeit in der Weltgesellschaft, in der 1 Prozent der Bevölkerung so viel besitzt wie die übrigen 99 Prozent zusammen – dies sind für Papst Franziskus zwei Seiten einer Medaille. Die Güterverteilung in der Welt ist so krass asymmetrisch und gewaltsam, wie auch das Verhältnis zur Natur durch die enorme technologische Macht des Menschen über Natur asymmetrisch geworden ist. Die Schwäche des Menschen gegenüber einer übermächtigen Natur, von der er abhängig ist, hat sich umgedreht: Nicht die einzelnen Menschen selbst, wohl aber die Machteliten, die wirtschaftlichen Dynamiken und die Güterverteilung sind zu einer Bedrohung für den Planeten geworden. Die Menschheit insgesamt lebt nicht mit der Natur, sondern sie ist zu ihrem Parasiten geworden, der seinen *Wirt*, eben *Tellus Mater*, lebensgefährlich belastet. Dies war schon 1495 die Botschaft im *Iudicium Iovis* des montankundigen Paulus Niavis, der einen fiktiven Gerichtsprozess schildert: Die weinende Mutter Erde führt eine formelle Klage gegen den Menschen an, der sie brutal ausbeutet und vollends zu zerstören droht (Paulus Niavis, 1955 [1485/90]).

Dieses literarische Modell ist auch christlich interpretierbar. Die Natur ist zwar gut geschaffen – immerhin war ihr Primärzustand das Paradies –, aber durch den Sündenfall sei sie korrumpiert: Die *Natura lapsa* ist der Nachhall der Sünde, durch die auch die Natur beschädigt wurde. Nach paulinischer Auffassung wuchs mit der Erlösungsbedürftigkeit der Menschen auch ein Schmerz der Natur selbst, welche sich nach ihrer Erlösung sehnt (Römer 16, 18–22). Das Heilsversprechen Jesu wurde deswegen auch auf die Natur ausgedehnt.

Heute lesen wir es ähnlich in der Öko-Enzyklika. Der rücksichtslose Raubbau hat nicht nur die Zerstörung der Erde zur Folge, sondern untergräbt damit auch die Lebenschancen der kommenden Generationen. Dies ist die erste soziale Dimension, welche durch die Umweltkrise bedingt wird. Die andere ist, dass die industriellen Produktionsweisen und die gewaltigen Reichtümer, die der Erde abgewonnen werden, in dramatischer Weise zugunsten kleinster Eliten und zum Schaden der großen Masse der pauperisierten Bevölkerung arbeiten. Nicht einmal die Grundrechte auf ausreichende Nahrung und sauberes Wasser sind für Abermillionen von Menschen garantiert. Sie sind lebenslang in verzweifelte Chancenlosigkeit eingeschlossen oder werden in ein ungewisses Migrationsschicksal gezwungen. Verantwortung dafür tragen die hochentwickelten, reichen, industriellen und postindustriellen Gesellschaften. Sie haben, so der Papst, die ungerechte Verteilung der Güter, die überdrehte Konsumkultur, die gegenüber Tieren wie Menschen gleichermaßen brutalen Systeme der Agrarindustrie, die Zerstörung der Biodiversität, die undemokratische Konzentration von technologischem Wissen und vieles mehr ideologisch erfolgreich als Fortschrittsgewinne umgekehrt.

Darum ist das Gerechtigkeitsprinzip, das die Natur und ihre Lebewesen wie auch die Armen und Benachteiligten einschließt, die erste und wichtigste Forderung unserer Gegenwart. Mit Entschiedenheit vertritt Franziskus diese Position und verbindet sie mit deutlicher Kritik am exploitativen Kapitalismus und seinen mächtigen Eliten. Sie untergraben die weltweit anerkannten, wenn auch nichteingelösten sozialethischen Prinzipien der gesellschaftlichen Ordnung; sie befördern damit die soziale Entfremdung und Dissoziation; sie zerstören die Wertgemeinschaft und die sozialen Bindekräfte, ohne die es kein soziales Überleben geben kann; und sie zerstören schließlich auch die empfindlichen Systemregularien der Natur, die Lebensräume von Pflanzen und Tieren, die Möglichkeit zur Regeneration von Ressourcen und zur nachhaltigen Allianz mit den Kräften der Erde.

Der zynische Egoismus der Machteliten der reichen Länder, ihr kurzfristiger Zeithorizont, die Gleichgültigkeit gegenüber der Zukunft und den nachfolgenden Generationen und Lebewesen, die pathogene Beschleunigung der gesellschaftlichen Prozesse, die im krassen Missverhältnis zur Langsamkeit natürlicher

Evolutionen stehen – dies alles wird vom Papst beobachtet und scharf kritisiert. Doch zuletzt wird dies alles auf eine Versündigung gegen Gottes Schöpfung und auf eine solche des Menschen gegen sich selbst interpretiert, der sein Leben nur als Geschenk erhalten habe und folglich Gott schulde.

Alle genannten Defizite sind habitualisierte Sozialpathologien und kulturelle Muster. Sie werden von mächtigen ökonomischen und politischen Eliten und Institutionen stabil gehalten. Zu ihrer Abschaffung oder Veränderung bedarf es, wie Papst Franziskus sagt, einer »kulturelle[n] Revolution« (114). Muss aber diese Revolution notwendig eine religiöse sein? Das wohl kaum. Es ist für eine so alte und ehemals mächtige Körperschaft wie die katholische Kirche gewiss schwer, anzuerkennen, dass sie im Feld der ökologischen und sozialen Kämpfe zwar ein willkommener Akteur ist, aber nicht den formativen Rahmen und die Grundlage der Orientierung darstellt.

Was ist »kulturelle Revolution«?

Die gesellschaftlichen Beziehungen, ihre globalisierten Strukturen und Mächte haben die auf systemischer Vernetzung beruhende Welt der Dinge, der Natur und des Kosmos zusammengekürzt auf Probleme einer Technik, in der es langfristig um die Beherrschung der Erde und kurzfristig um die Nutzenmaximierung für menschliche Zwecke geht. Das ist das Verabscheuen der natürlichen Welt durch eine Kultur, die in der Umweltzerstörung und der Pauperisierung der Massen ihren Ausdruck findet. Man muss dies eine globale »kulturelle Verschmutzung« des Denkens nennen. Nach Michel Serres (1994) sollte die Antwort auf diese ebenso moralische wie politische und ökologische Krise ein Naturvertrag sein, der parallel zur Universalität der Menschenrechte entworfen wird und die Naturvergessenheit aller früheren Rechtsregularien überwindet.

Die Erde, »this Blue Pale Dot« im Weltall (Sagan, 1997, S. XVf.), dieses Raumschiff unserer Existenz im Zeitalter der Globalisierung, benötigt, um ihrer selbst willen wie auch im Interesse unseres Überlebens, seitens desjenigen Lebewesens, das sich zu ihrem Besitzer gemacht hat, einen völlig neu entworfenen »Nomos der Erde«. Dies darf man im Sinne von Papst Franziskus eine kulturelle Revolution nennen.

Denn in der Tat müssen die Ideen zu einem veränderten Naturverhältnis um das *kulturelle Projekt* der Natur erweitert werden. Kultur ist hier zu verstehen als technische Kultur, in deren Rahmen auch *Natur* zu einem Projekt wird: Die Natur, in der wir leben und die wir den Nachgeborenen hinterlassen, ist eine zweite, dritte, in jedem Fall: eine anthropogene, kulturell habitualisierte Natur (»in rerum naturae quasi alteram naturam efficere«, sagte schon Cicero [1996], S. 214). Die Natur in diesem Sinn ist eine Kulturaufgabe. Natur ist nicht Physis, nicht das Beständige und der Bestand. Sie ist nicht *beständig*, weil die Naturprozesse immer stärker in die Regime der menschlichen Kultur einbezogen werden. Der Klimawandel ist dafür ein deutliches Beispiel. Und Natur ist nicht mehr der *Bestand*, weil sich erwiesen hat, dass sie sich gegenüber den extremen Inanspruchnahmen durch den Menschen als verletzlich, ephemer, erschöpfbar erweist. Beispiele dafür sind etwa bestimmte Energieressourcen, Pflanzen- und Tierarten, der tropische Regenwald und vieles andere mehr.

Der über Jahrhunderttausende hin kultivierte Mensch steht so wenig fest wie die Natur selbst. Was die Menschen in ihrer Mannigfaltigkeit kulturgeschichtlich geworden sind, kann man als Selbstbildungsgeschichte lesen. Es herrscht darin weder Teleologie noch völlige Willkür. Der Spielraum des Projekts Mensch nimmt dabei zu. Die Gentechnologie, die prinzipiell die Kreierung neuer Spezies zulässt, oder die geplante Implementierung künstlicher, womöglich selbstreproduktiver Intelligenz im Weltraum, zeigen an, wie weit der Entscheidungsrahmen für das geworden ist, was der Mensch aus sich machen will oder nicht. Infrage steht, ob die Menschen die Natur, die sie selbst sind (oder waren), realisieren oder verlassen wollen. Einflussreiche Sektoren der Wissenschaften arbeiten daran, Existenzformen zu kreieren, die aus den Naturbedingungen der Erde ausgeklinkt werden können. Damit ist ein Stand des Denkens erreicht, auf dem das kulturelle Projekt der Natur infrage gestellt wird, das heißt: in seinem Entscheidungscharakter erst völlig transparent wird. Wenn es in den Wissenschaften weder eine ethische noch eine kulturelle Selbstverständlichkeit ist, dass die Entwicklung sich noch länger auf die Natur bezieht, dann wird diese Natur zu einer Frage des Entwurfs, wer wir in welcher Welt sein wollen oder sollen. Diese Provokation erst erlaubt das Durchdenken der Frage, was es heißt, sich als Mensch kulturell im Oikos der Erde einzurichten. Dadurch, dass wir es vielleicht weder müssen noch wollen, entsteht die Reflexion darauf, was es heißen kann, Mensch auf dieser Erde zu sein. Von diesem äußersten Punkt aus betrachtet ist die *Ökologie des Menschen* zu bestimmen, oder, wie Papst Franziskus sagt, die »Humanökologie« (5, 65, 155/6).

Dies ist die eine Seite. Die Seite der Erde, ihrer Lebensbedingungen, ihrer Formationen und Entitäten, ist durch die temporeiche Entwicklung des letzten Jahrhunderts ähnlich infrage gestellt worden. Zwar kann kein Zweifel bestehen, dass die gegenwärtigen Wirtschaften ihre Überlebensfähigkeit nach wie vor der Ausbeutung von Arbeitskraft und der Ressourcen der Erde verdanken.

Andererseits ist auch absehbar, dass es kein Lebewesen, keine Ressource, keine Lebensbedingung auf der Erde mehr gibt, die nicht tiefgreifend verändert oder zerstört werden kann. Darum ist die Ökologie nur noch als globale Ökologie möglich. Globale Ökologie heißt, dass sie zu einem Projekt der Kultur wird, derart, dass Kultur die von Menschen verantwortete Ökologie der Erde wäre. Damit kann die Metapher vom »Heimatplaneten Erde« erstmals durchdacht werden. Erst vom möglichen Grenzwert der Verwüstung her ist denkbar, was die Erde als Heimat sein könnte, oder, wie Papst Franziskus sagt, die Erde als gemeinsames Haus. Denn keineswegs ist die Erde immer schon Heimat oder Haus, sondern als solche steht sie aus (Bloch, 1982).

Diese Perspektive ist deswegen so schwierig, weil Kulturen nicht nur den Naturbedingungen unterliegen, sondern auch umgekehrt: Sie passen natürliche Verhältnisse an soziokulturelle Erfordernisse an. Diese Drehung der Anpassungsrichtung beruht auf einer Universalie: Der Mensch ist von Natur aus ein Kulturwesen. Was aber *Kulturwesen* heißen soll, ist in keinem biologischen Programm enthalten, sondern unbestimmt. Diese Zukunftsoffenheit des Menschen gilt universell. Sie gilt auch, wenn man den Menschen als Geschöpf Gottes ansieht; denn als solches ist er mit dem Unterscheidungsvermögen von Gut und Böse, also mit dem freien Willen ausgestattet. Und eben dies ist die Ursache für die Offenheit der Entwicklung des Humanums und der Kulturgeschichte.

Gerade die schwache genetische Determination (oder christlich: die Nicht-Determiniertheit der Schöpfung, die deswegen vom Menschen zur *Perfectio naturae* entwickelt oder auch zerstört werden kann) bedingt den evolutionären Erfolg der Menschen gegenüber allen Lebewesen, die an Umweltmilieus hochspezialisiert angepasst sind. Darum überschreitet die Kultur sowohl den evolutionären wie den geschöpflichen Rahmen ihrer Herkunft. In ihrem historischen Licht verbleiben wir auch dann noch, wenn die kulturellen Systeme an Autonomie gewinnen. Dennoch kann mit dem Biologen Gerhard Neuweiler resümiert werden, »dass der Mensch das Bild der Erde bestimmt und die natürliche Evolution nur noch in abhängiger Position daran beteiligt ist« (Neuweiler, 2008, S. 223).

So wird die Naturgeschichte von einer Technik abgelöst, welche ihrerseits den Rahmen für die Naturgeschichte hergibt. Eben dies bedeutet die Botschaft vom Anthropozän (Manemann, 2014), das als neue geologische Epochenbezeichnung eingeführt wurde. Das Anthropozän ist eine Mega-Erzählung mit mehreren möglichen Ausgängen: Der Mensch ist selbst der katastrophale Störungsfall der Naturgeschichte, der sein eigenes Überleben untergräbt (das Narrativ vom »Ende der Geschichte«); die menschengemachten Zerstörungen der Erde sind so dramatisch, dass das ökologische System der Erde kollabieren und die Menschheit ausgelöscht werden wird (apokalyptisches Katastrophennarrativ); die Störungen der Ökologie der Erde werden durch technische Reparationsunternehmungen behoben (technisches Rettungsnarrativ).

Hiernach hat der Mensch den Doppelstatus inne, dass er zwar Produkt der Evolution, doch aufgrund seiner Kultur zugleich auch das Subjekt der künftigen Entwicklung seiner selbst, wie auch der Biosphäre ist.

Diese Reichweite kultureller Zuständigkeit ist verbunden mit einer eigentümlichen semantischen Leere der damit einhergehenden Verantwortung. Weder in der Natur noch in sich selbst findet der Mensch ontologische Maßstäbe, wie er zu sein hat und wie seine Umwelt zu gestalten sei. Diese »bestimmte Unbestimmtheit« bedeutet, dass der Mensch nicht mehr unter einem natürlichen Gesetz steht, auch nicht unter einem ethischen Imperativ, sondern unter dem »kategorischen Konjunktiv«, einer riskanten »Selbstentsicherung«. Umweltgebundenheit *und* Weltoffenheit bezeichnen die Doppelstellung des Menschen als »Emigranten der Natur« (Plessner, 1980–1985, S. 46, S. 338). Hier könnte die alte christliche Auffassung des Menschen als *Peregrinus* anschließen. Die Zukunftsoffenheit ist ein Effekt der Kulturgeschichte, welche die Macht natürlicher Determinationen schrumpfen und den kulturellen Gestaltungsraum wachsen ließ. Durch die Technik sei der Mensch, so Sigmund Freud, »eine Art Prothesengott« geworden.

Denn Technik ist ein expansives Optimierungsprogramm. Sie ist nicht allein die Leistung, durch welche der Mensch sich an Umwelten anpasst, sondern auch, wodurch die Natur in technische Kultur verwandelt wird. Wird dies ethisch gewendet, so folgt daraus die Grundüberzeugung des Anthropozän-Diskurses: Nämlich die Erde, einschließlich des Klimas, wird zum Objekt der Gestaltung gemacht: *Geoengineering* wird zur Aufgabe der Menschheit.

Hier könnten die Religionen eine neue Bedeutung gewinnen. Denn im Begriff des Anthropozän steckt die Versuchung, die alte Linie des *Homo secundus deus* fortzusetzen und der Hybris der totalen Machbarkeit zu erliegen (Rüfner, 1955). Das wäre radikalisierter Cartesianismus: Wir stilisieren uns zum Ingenieur der Erde, zum erhabenen Arzt der kranken Terra. Dies aber kann, wie der Enzyklika auch zu entnehmen ist, nur scheitern. Das Konzept des Anthropozän enthält potenziell einen Fortschrittsfetischismus, der längst in Destruktion umgeschlagen ist. Die Funktion des christlichen Schöpfungsbegriffs könnte deswegen sein, eine praktische ästhetische Einstellung zur Erde zu entwickeln, die eine ethische Dimension mitenthält: Demut und *Compassio*, Schonung und Pflege (das wäre im ursprünglichen Wortsinn: *Cultura*). Von hier aus ist der Schritt zur Fusion von Ökologie und Armenpolitik leicht: Sie schützt davor, die Lösung der ökologischen Krise nur in technischen Antworten zu suchen. Ohne praktisch-politisch realisierte Gerechtigkeit gibt es auch keine Lösung der ökologischen Krise. Dies ist eine der stärksten Überzeugungen von Franziskus.

Christliche und pagane Traditionen

Der Papst räumt ein, dass die Kirche in der Vergangenheit öfter den naturschützenden und -pflegenden Auftrag zu realisieren versäumt und stattdessen missverstandenen Herrschaftsaufträgen zugearbeitet hat *(Macht euch die Erde untertan!)*. Sie gehört mithin zu den Mit-Verursachern der über Jahrhunderte aufgebauten Umwelt- und Sozialkrise. Angesichts dieser heilsamen Selbstkritik ist es ratsam, sich ein breiteres Fundament in der theologischen Tradition zu suchen, als dies in der Enzyklika geschieht. Denn die eher sparsamen Äußerungen der Bibel zur Natur sind nicht hinreichend, um eine systematische Grundlage für ein so weitreichendes Natur- und Sozialkonzept zu bilden, wie es Papst Franziskus entwickelt.

Der Bezug auf den heiligen Franziskus ist augenfällig. Doch fragt man sich, warum Bernardus Silvestris, Alanus ab Insulis oder Hildegard von Bingen fehlen, die für die Natur- und Kosmoästhetik in Verbindung mit der Schöpfungstheologie und der sozialethischen Zuwendung zu den Menschen von größter Bedeutung sind. Man denke ferner an Johannes Scotus Eriugena, Isidor von Sevilla, Roger Bacon, Robert Grosseteste und Albertus Magnus. Ihre Naturkunde steht in unauflöslichem Zusammenhang mit der ästhetischen Hochachtung vor dem Schöpfungswerk Gottes, das seinerseits ethische Verpflichtungen für den Menschen nach sich zieht (vgl. Flasch, 1965, S. 265–307).

Und was das Sonnengebet des heiligen Franziskus angeht, so bietet es viele Anknüpfungen für die Integration der paganen philosophischen Traditionen seit der Antike. Mit dem Sonnenlicht wird die platonische und plotinische Lichtmetaphysik aufgerufen, ohne die nicht nur der franziskanische Hymnus, sondern die gesamte mittelalterliche Lichttheologie und Baukunst undenkbar wären. Überdeutlich folgt der heilige Franziskus bei seinen Apostrophen der Natur der tetradischen Ordnung der Vier-Elementen-Lehre, wie sie aus der griechischen Naturphilosophie übernommen wurde. Und selbstverständlich hat die Anrede der Elemente als personale Wesenheiten (Bruder, Schwester, Mutter) in antiken Mythen und Dichtungen ihr Vorbild. Die Familialisierung der Natur, wie sie Papst Franziskus vornimmt, ist historisch verwurzelt im Prinzip der *Analogia entis*, durch die die Verwandtschaft des Menschen mit der Natur und ihren Entitäten ausgedrückt ist.

Dies alles sind keine historischen Nebensächlichkeiten, sondern erinnert daran, dass das Christentum es verstanden hat, wertvolle pagane Traditionen zu integrieren, die dadurch »dem Schatz der Weisheit, den wir hätten hüten müssen« (200), angehören. Darauf kommt es an. Globales ökologisches und soziales Bewusstsein erfordern eine Haltung, die das, was man selbst nicht ist oder nicht gedacht hat, anerkennt und als Stimme inmitten des eigenen Diskurses zu Gehör bringt. In diesem Sinn wird in der Öko-Enzyklika zu wenig der »Schatz« der paganen philosophischen und künstlerischen Traditionen aufgesucht, die sich doch überall im Text offenbaren.

Das gilt etwa für die öfter aufgerufene Tradition der »Sprache der Natur« oder des »Buchs der Natur« (6, 12, 85, 239). Diese Metaphorik bezieht sich auf das doppelte Register der Offenbarung Gottes: Gott spricht durch die Schrift (Bibel) *und* durch die Dinge der Welt, in denen sich, für die Illiteraten, Gott auf eine nicht-sprachliche Weise, als Fingerzeig, zu erkennen gibt. Auf stumme Weise sind die Dinge der Schöpfung signifikativ. »Ein jedes ding hat seinen Mund zur Offenbarung«, sagt der christliche Mystiker Jakob Böhme (1988 [1635], S. 78). Hierin liegt ein Ansatz, die vom Papst angesprochene Geschwisterlichkeit der Natur in einem schriftlosen und doch kommunikativen Modus zu erfahren: nämlich in der unmittelbaren Resonanz unserer Sinne auf Natur.

Diese *Bedeutsamkeit der Natur* ist nun weit über das Christentum hinaus eine Ressource für ein planetarisches Bewusstsein, das Natur nicht als Nutzen-Reservoir und im technokratischen Modus des »despotischen Anthropozentrismus« versteht. *Bedeutung* ist ein anderer Zugang zur Natur als der, der durch »Maß, Zahl und Gewicht« (Sap. Sal. 11,21) eröffnet wird. Natur ist stumm, sie wird aber bedeutend, indem der, der sie mit Sinnen erfährt, Natur als ein Medium dessen erkennt, was sich in ihr verkörpert. Natur ist Signifikation, die Dinge sind Signaturen oder *Vestigia dei*. Hugo von Sankt Viktor formuliert im *Didascalion*, 7. Teil, »Tractatus de Meditatione« (ca. 1128 n. Chr.):

> »Die ganze sichtbare Welt gleicht einem Buche, geschrieben vom Finger des Herrn; sie ist geschaffen durch göttliche Kraft, und alle Geschöpfe sind Figuren, nicht als Erzeugnisse menschlicher Willkür, sondern hingestellt durch göttlichen Willen zur Offenbarung und gleichsam als sichtbares Merkmal der unsichtbaren Weisheit Gottes.« (Hugo von St. Viktor, 1842, Migne, PL, S. 217)

Es versteht sich, dass diese *heilige Semiotik* zwar zur Achtung einer Natur führt, insofern sie die Spuren Gottes trägt. Aber ein solches semiotisches Universum setzt eine *Vita contemplativa* voraus und ist ungeeignet, eine *Vita activa* zu modellieren. Die Sonderstellung des Menschen, die öfter mit der stoischen, aber auch thomistischen und oft variierten Formel – *Omnia sunt creata propter hominem* – begründet wird, ist gehindert, eine technische Form zu gewinnen. Denn wenn auch die Natur um des Menschen willen da ist, so ist der Mensch doch um des Schöpfers willen da (... *et homo propter Deum*): Naturkunde ist die andere Form des Gebets. Das schließt technische Einstellungen zur Natur aus.

Dieses hermeneutische Modell der Natur wurde von Galilei entschlossen beiseite gerückt. Das ist ein Epocheneinschnitt, der noch heute weiterwirkt. Im *Saggiatore* (1623) spottet er über solche, welche aus Fantasien ihren Begriff von Natur ableiteten:

> »[...] die Philosophie ist in dem großen Buch niedergeschrieben, das immer offen vor unseren Augen liegt, dem Universum. Aber wir können es erst lesen, wenn wir die Sprache erlernt und uns die Zeichen vertraut gemacht haben, in denen es geschrieben ist. Es ist in der Sprache der Mathematik geschrieben, deren Buchstaben Dreiecke, Kreise und andere geometrische Figuren sind; ohne diese Mittel ist es dem Menschen unmöglich, auch nur ein einziges Wort zu verstehen« (Galilei, 1977 [1623, 1896], S. 135).

Dies ist ein Schlüsselzitat des historischen Übergangs zum technisch-konstruktiven Projekt. Für eine Öko-Enzyklika kommt es nun darauf an, das Verhältnis eines semiotischen Naturbegriffs zu einem mathematisch-geometrischen Naturkonzept zu bestimmen, und dabei nicht zu vergessen, dass nicht nur Nikolaus von Cues Gotteserkenntnis mit Mathematik und Geometrie verband. Gott artikuliert sich nicht nur in Schrift und verkörpert sich in den Dingen der Natur, sondern er ist – wie zahllose katholische Zeugnisse zeigen – auch ein Geometer, Mathematiker, Architekt, ja gar ein Ingenieur. Die technisch-physikalischen Wissenschaften sind nicht einfach Komplizen des »technokratischen Paradigma« (111, 112, 122), das die »Umgestaltung der Natur zu Nützlichkeitszwecken« (102) antreibt – im Interesse der Oligarchien in Wirtschaft und Politik. Technik ist auch in der »Lage, das Schöne hervorzubringen«, für das der Papst ein Flugzeug oder einen Wolkenkratzer als Beispiel nennt (103). Ob letzteres nun zutrifft oder nicht: Dass die »Technosciences« (103) eine Gestaltungsmacht nicht nur in der Welt der Artefakte und Städte, sondern auch in der Agrarindustrie und für den Globus insgesamt gewonnen haben, ist ein Faktum. Dabei kann Technik sowohl zur Kreation des Schönen wie des Hässlichen führen. Technik zeigt dabei dieselbe Ambivalenz, die sie auch zwischen hilfreicher Nützlichkeit und gewalttätiger Zerstörung schwanken lässt.

Wichtiger ist uns hier, dass das Wissen, das die Enzyklika über den Zusammenhang von Ökologie und Natur, aber auch über den Nexus von Machtkonzentration und Pauperisierung entfaltet, aus eben den Wissenschaften gewonnen wird, die zugleich die Mitverursacher eben der Sozialpathologien und Naturzerstörungen sind, welche der Papst anprangert. Auch der holistische Ansatz, den die Enzyklika vertritt; ferner die These, dass Natur und Gesellschaft ein hyperkomplexes System bilden und dass Ökologie und Ethik fusionieren müssen – all dies sind Einsichten, die nicht aus der Religion, sondern aus den Wissenschaften stammen. Es kann, so scheint es, keine autonome religiöse Begründung von Zukunftsaufgaben im Anthropozän geben, in keiner Religion. Insofern bildet die Religion nicht mehr den konstitutiven Rahmen für eine kommende Evolution der Erde. Sondern sie kann im besten Fall ein Bündnispartner und Verstärker bei der sozio-ökologischen Mobilisierung der gesellschaftlichen Kräfte gegen die Zerstörung des Globus sein.

Das hängt auch damit zusammen, dass sich der Naturbegriff vor fünfhundert Jahren vom Schöpfungsbegriff zu trennen begonnen hat. Die Genealogie der Erde und des Universums kann, trotz noch ungeklärter Fragen, als weitgehend rekonstruiert gelten. Und für die Entstehung des organischen Lebens bietet die Evolutionstheorie seit Darwin zunehmend differenziertere, in jedem Fall natürliche Erklärungen an. Kosmologie, Geowissenschaften und schließlich Ökologie benötigen nicht mehr, wie etwa noch im 18. Jahrhundert die Physikotheologie, kreationistische Annahmen, um eine theoretische Geschlossenheit zu gewinnen. Für diese naturwissenschaftlichen Bereiche kann keine Religion der Welt mehr den Schlussstein der Wissensarchitektur bilden. Hilfreich sind die Religionen vielmehr dann, wenn sie, wie Papst Franziskus, die Fusion von Natur- und Technikwissenschaften mit sozialethischen Verpflichtungen betonen. Letztere hätten dann einen regulatorischen Einfluss auf die Technosciences, die damit – und das wäre eine Epochenwende – strukturell aus ihrer historischen Verwicklung mit verfehlten Fortschrittsideologien, Wirtschaftseliten und politischen Mächten befreit würden. Man kann mit der Enzyklika behaupten, dass erst dann die Technikwissenschaften zu einer Einrichtung von Menschen für Menschen würden und damit erst jenen universalistischen Status erlangten, den sie für sich beanspruchen.

Literatur

Bloch, E. (1982). *Das Prinzip Hoffnung (1938–47)*. 3 Bände. Frankfurt a.M.: Suhrkamp.
Böhme, J. (1988 [1635]). De signatura rerum: Das ist Bezeichnung aller dingen/ wie das Innere vom eusseren bezeichnet wird. In A. Schöne, (Hrsg.), *Das Zeitalter des Barock: Texte und Zeugnisse* (S. 76–82). München: C. H. Beck..
Cicero, M.T. (1996). Vom Wesen der Götter. De natura deorum (Herausgegeben von O. Gigon & L. Straume-Zimmermann). Zürich/Düsseldorf: Sammlung Tusculum.
Flasch, K. (1965). Ars imitatur naturam. Platonischer Naturbegriff und mittelalterliche Philosophie der Kunst. In ebd., *Parusia. Studien zur Philosophie Platons und zur Problemgeschichte des Platonismus*. Frankfurt a.M.: Minerva.
Galileo Galilei (1977 [1623, 1896]). Il Saggiatore. In *Edition Nazionale, Bd. 6* (S. 232.Übersetzt nach P. Rossi (1977), Die Geburt der modernen Wissenschaft in Europa, S. 135).
Hugo von St. Viktor (1842). Opera Omnia: Didascalion, 7. Teil. Bd. 2 (= Migne: Patrologia Latina. Bd. 176, S. 217. Übersetzt nach A. Helffrerich [1842], *Die Christliche Mystik in ihrer Entwickelung und in ihren Denkmalen*, Bd. II, S. 277–278). Gotha.
Manemann, J. (2014). *Kritik des Anthropozäns. Plädoyer für eine neue Humanökologie*. Bielefeld: transcript.
Neuweiler, G. (2008). *Und wir sind es doch – die Krone der Evolution*. Berlin: Verlag Klaus Wagenbach.
Niavis, Paulus (1953 [1485/90]. Iudicium Iovis oder Das Gericht der Götter über den Bergbau (Herausgegeben von Paul Krenkel [= Freiberger Forschungshefte. Kultur und Technik]). Berlin.
Plessner, H. (1980–85). Conditio Humana. In ders., *Gesammelte Schriften Bd. VIII* (Herausgegeben von G. Dux, O. Marquard & E. Ströker unter Mitwirkung von R.W. Schmidt, A. Wetterer & M.-J. Zemlin). Frankfurt a.M.: Suhrkamp.
Rüfner, V. (1955) Homo secundus Deus. Eine geistesgeschichtliche Studie zum menschlichen Schöpfertum. *Philosophisches Jahrbuch der Görres-Gesellschaft, 63*, 248–291.
Sagan, C. (1997). *Pale Blue Dot: A vision of the human future in space*. New York: Ballantine Books.
Serres, M. (1994). *Der Naturvertrag*. Frankfurt a.M.: Suhrkamp.

Ökologischer Humanismus

Ein neues Paradigma in der Katholischen Soziallehre

Elmar Nass

Revolution der kirchlichen Soziallehre

Neue Schläuche für neuen Wein legt Papst Franziskus mit seiner Enzyklika *Laudato Si'* vor, sowohl thematisch wie stilistisch und systematisch. Die Betonung des Umweltschutzes als Thema einer Sozialenzyklika ist neu. Zwar wird der Ökologiebegriff weit ausgedehnt, etwa auch auf die zwischenmenschlichen Beziehungen. Dennoch umfasst das Verständnis vom gemeinsamen Haus (οἶκος) neben dem Menschen vor allem die Beziehungen zur Erde und damit zu dem, was den Menschen als Schöpfung umgibt. Stilistisch ist die Enzyklika keine – wie ihre Vorläufer – wissenschaftlich aufgebaute Abhandlung. Bilder der Bibel, der Mystik und Gebete nicht zuletzt vom heiligen Franziskus von Assisi machen den Text zu einer spirituell durchdrungenen Predigt, die mit Gefühl und Leidenschaftlichkeit besticht. In dieser für eine Enzyklika neuartigen Lebendigkeit strahlt die Botschaft des überzeugend menschlichen Papstes Franziskus glaubwürdig aus. Was er lebt, das schreibt er: Gesten, Zeichen, Bilder, Praxis mit geistlichem Geist. Systematisch wendet die Enzyklika die bislang hochgehaltene naturrechtliche Begründung der Ethik nicht mehr an. Dieser aus der Lehre des heiligen Thomas von Aquin abgeleitete vernunftmäßige Zugang zur stringenten Begründung von christlichen Werten und Sozialprinzipien wird zwar nicht verworfen, aber auch nicht mehr ausdrücklich aufgegriffen, wie es noch bei Benedikt XVI. der Fall war. An die Stelle von stets auch in Enzykliken vorgefundenen grundlagenethischen Begründungsfragen tritt nun eine radikale Anwendungsorientierung mit konkreten Vorschlägen zu einem guten Handeln und Denken des Menschen. Deren Herleitung hängt aber nicht in der Luft. Sie wird nunmehr ohne Verweis auf das Naturrecht vor allem mit Rückgriff auf die franziskanische Theologie und Mystik (z. B. Bonaventura) vorgenommen. Für eine Analyse der Wirtschaft werden daneben auch moderne Denkmuster der von der Kirche lange verdammten Befreiungstheologie hinzugezogen, was nicht als eine Fortsetzung der Theologie von Benedikt XVI. verstanden werden kann.

Zwar zeigen die für eine Enzyklika üblichen zahlreichen Verweise auf vorausgehende kirchliche Lehrdokumente, dass Franziskus sich mit seiner Enzyklika in der Tradition der Soziallehre verstanden wissen will (15). Das entspricht päpstlichem Selbstverständnis. Es ist aber unbestreitbar, dass er nicht einfach das fortschreibt, was andere schon vorgedacht haben. Franziskus folgt nicht den eingetretenen Pfaden der kirchlichen Soziallehre. Er wird damit vor allem mancher außerkirchlicher Kritik gerecht, die in der Pfadabhängigkeit kirchlicher Lehre gerade deren Schwerfälligkeit und Antiquiertheit ausmacht. Franziskus schlägt die Saiten eines neuen Paradigmas an, deren zukunftsweisende Kraft sich noch erweisen muss. Das Neue dieses Paradigmas im Bereich theologischer Systematik ist nicht der Begriff, sondern die damit verbundene Semantik der Humanökologie, die er als Schlüssel für eine sozialethische Bewertung der Gegenwartsprobleme vorstellt. Dieses Verständnis eines ökologischen Humanismus darf nicht einfach wieder nivellierend in die bisherige Lehrtradition eingeebnet werden. Das nähme der Enzyklika die innovative Sprengkraft, die in ihr steckt. Ich werde also zunächst aufzeigen, warum *Laudato Si'* weniger ein evolutionäres als vielmehr ein revolutionäres Kirchendokument ist, bevor diese herausfordernde Botschaft anschließend kritisch gewürdigt wird.

Analyse: Kultur menschlicher Selbstzerstörung

Wie jeder ethische Humanismus setzt auch die ökologische Variante, die Franziskus profiliert, beim Menschen an. Seine ganzheitliche Humanökologie betrachtet normativ den Menschen in seiner Beziehung zu Gott, zum Nächsten und zur Umwelt (27). Gott habe in der Schöpfungsordnung dem Menschen diese dreifache Verantwortung mitgegeben, deren Einhaltung zum Heil, deren Missachtung aber zum Unheil des einzelnen Menschen und – durch die in Regeln und Anreizen aggregierten Konsequenzen – der Menschheit als Ganzes führe. Aus einer solchen Heilsperspektive betrachtet, wird die aktuelle humanökologische Krise des Menschen attestiert, die sich in vielen selbstdestruktiven Phänomenen äußert (79). Als Grund für diese verkümmerte dreifache Beziehungskultur gilt dem Papst eine fundamentale Krise der Wirtschaft.

Dreifache Krise ganzheitlicher Humanökologie

Zunächst ein Blick auf die konkret angesprochenen Krisenphänomene, die den Menschen heute entmenschlichen. Wie schon in der Exhortatio *Evangelii Gaudium* wird aus einer privilegierten Sicht der Armen vor allem die soziale und wirtschaftliche Exklusion von Menschen verurteilt, in der Menschen etwa in den Slums der Großstädte quasi als überflüssiger Müll angesehen werden, weil sie einer auf Konsum und Profit fokussierten Gesellschaft nicht nützlich sind. Der Wert des Menschen sei heute weitgehend auf seine ökonomisch in Geld messbare Nützlichkeit beschränkt. Der Mensch setze sich gottvergessen selbst an die Stelle Gottes (66) und definiert mit seiner ökonomischen Logik, wer ein Mensch im Vollsinn ist und wer nicht. So wird die Unantastbarkeit der menschlichen Würde, die christlich aus der Gottesebenbildlichkeit (84) abgeleitet ist, pervertiert. Wer nicht nützlich ist, ist demnach kein Mensch mehr. Ein solches Menschenbild widerspricht der ganzheitlichen Humanökologie. Es zerstört erstens *die Beziehung des Menschen zu Gott*, da sie aus christlicher Sicht einer Selbstzerstörung des Humanums gleichkommt. Es entspricht der Ethik des sogenannten ökonomischen Imperialismus, der vom Wirtschaftsnobelpreisträger Gary Becker unter anderem in aller Radikalität entwickelt wurde und sich in abgeschwächter Form in manchen aktuellen ökonomischen Wirtschaftsethiken wiederfindet. Mensch ist, wer ökonomisch nützlich ist. Darum dreht sich normative Ökonomik, die sich als Fortsetzung der Ethik mit ökonomischen Mitteln versteht. Gutes Handeln orientiert sich, einer solchen Logik folgend, an Konsum und Effizienz. Das wird vom Papst als Nährboden der Ausbeutung verstanden (5). So kann aber mit dieser ökonomischen Ethik eine Anthropozentrik begründet werden, die dennoch einen Großteil der Menschen exkludiert. Dies ist paradox, weil im Namen der ethischen Fokussierung auf den Menschen einem Großteil der Menschen ihre Würde abgesprochen wird. Dieser Ausschluss wird vom Papst als ein fundamentales Übel unserer Zeit identifiziert.

Eine Ethik des Homo oeconomicus führt demnach auch global zu einer Uniformierung des Menschen mit einer Wegwerfmentalität, die einerseits von Angst und andererseits von Habgier geprägt ist (59, 105, 203). Eine solche Kultur widerspricht der ganzheitlichen Humanökologie, weil sie das christlich angestrebte Zusammenleben der Menschen als Menschheitsfamilie und damit zweitens *die aufgetragene Verantwortung gegenüber dem Nächsten* zersetzt. Menschen werden zu bloß funktionierenden Rädern im Getriebe der Wirtschaft, oder sie werden als nur eine humane neben anderen dem kurzfristigen Gewinn dienenden Ressourcen verstanden. Wenn Konsum- und Effizienzherrschaft das *gute* Menschsein bestimmen, verlieren menschliche Geborgenheit (48) und soziale Integration (46) ihren Wert. Individualisierung (208) bei sozialer Kälte im Sinne eines bloß anonymen Nebeneinanders in der Gesellschaft wird etwa vom US-amerikanischen Wirtschaftsnobelpreisträger James Buchanan als anzustrebende *Moral Order* so propagiert. Das sind für Franziskus die Folgen solcher Anreizlogiken, die kulturelle soziale Schätze etwa der Ureinwohner (145) ebenso verdrängen wie individuelle Moral, vor der etwa nach Auffassung des liberalen Wirtschaftsethikers Karl Homann und seiner Schule gerade eine solche *Ethik* zu warnen hat. Schließlich stört ja eine individuelle Tugend, die auf Geborgenheit, Inklusion oder kulturelle Vielfalt setzt, möglicherweise die Vorhersagbarkeit ökonomischer Allokationen. Auswege aus einer auch weltweiten sozialen Ungerechtigkeit (48ff.) werden durch die internationalen Verschuldungsverflechtungen (52) erschwert, sodass die exkludierende Logik menschlicher Selbstzerstörung sich sozialethisch perpetuiert.

Neben dieser Engführung auf das ökonomische Kalkül gerät dem Papst darüber hinaus drittens *die verantwortliche Beziehung zur Umwelt* aus dem Blick, die dem Menschen im Schöpfungsplan als Adressat seiner Verantwortung vorgegeben ist. Hierin liegt der dritte Verstoß gegen das Gebot ganzheitlicher Humanökologie. Erderwärmung (167), der Mangel an sauberem Wasser (185), Müllberge und Luftverschmutzung werden exemplarisch genannt. Ebenso werden Migration (25) und soziale Spannungen und Kriege (14, 142) als logische Konsequenzen dieser Verantwortungslosigkeit der wenigen Reichen gegenüber den vielen exkludierten Armen dieser Welt angeführt. Auch der Eigenwert der Geschöpfe ist unter dem Regiment anthropozentrischer Ökonomik in Vergessenheit geraten. Dies wird als Verrat am göttlichen Schöpfungsauftrag identifiziert (69). Papst Franziskus macht sich programmatisch zu einem Sprachrohr der Anklage der Armen und der Schwester Erde (49) gleichermaßen. Mit dieser Gleichstellung erfährt die mahnende Stimme der Schöpfung eine in der Soziallehre der Kirche nie dagewesene Aufwertung.

Die humanökologische Krise kann dann so fokussiert werden: Gottvergessenheit, soziale Kälte der Menschen untereinander und Verantwortungslosigkeit gegenüber der Schöpfung sind als ein dreifacher Vertragsbruch des Menschen gegenüber Gott zu verstehen. Technischer Hybris der Machbarkeit ohne Verantwortung gegenüber Gott, der Schöpfung und einer sozialen Kultur ist damit Tor und Tür geöffnet.

Krise der Ökonomie

Diese Selbstzerstörung des Menschen sieht Franziskus untrennbar mit einem entsprechend destruktiven Regiment moralfreier Macht gekoppelt, die durch einen Schulterschluss von mächtigem Markt und Technologie ermöglicht wird (102). Im Namen der Freiheit verkümmere die Tugend des Menschen, der nunmehr paradoxerweise den Egoismus zur Moral erhebt und dieser normativen Logik folgend die menschlichen Beziehungen gestalte (105). Als Grundübel gilt hier die Verdrängung der politischen Steuerung durch eine ungebändigte Marktmacht (196). Globalisiertes Finanzsystem (54, 144), normatives ökonomisches Menschenbild, eine auf kurzfristigen Profit fokussierte Marktlogik (32, 54), die Privateigentumsordnung (196, 93f.) und das technikhörige Marktsystem überhaupt führen demnach – einem angenommenen utilitaristischen Pragmatismus folgend (205) – zu nicht ausgeglichenen externen Umwelteffekten bei den Ärmsten (36), zu deren Vermassung und Versklavung (105) sowie zu einer Verdrängung der Realwirtschaft (110). Korruption und politischer Druck durch finanzielle Abhängigkeiten sind flankierende Konsequenzen. Das technologisch-ökonomische Paradigma zerstört folglich die Humanökologie, indem es die drei Verantwortungsdimensionen individual- wie sozialethisch zersetzt, zulasten des Friedens mit Gott und der Welt und der Menschen untereinander (229).

Systematik: Neue Ordnung durch neue Menschen

Ganzheitliche Humanökologie ist für Papst Franziskus die normative Instanz des göttlichen Heilsplanes mit den Menschen (5, 13) und zählt damit im Sinne des Böckenförde-Diktums zu den normativen Bedingungen, die ein Gemeinwesen aus sich selbst nicht hervorbringen kann. Während andere Enzykliken soziale und ökonomische Fragen diskutieren, wird hier die ökologische Frage also nicht nur als Anwendungsfeld einer zuvor abgesteckten ethischen Systematik thematisiert, obgleich allein dies schon innovativ ist. Sie wird darüber hinaus vielmehr als Ingredienz der Heilsökonomie vor die Klammer jeder christlich-ethischen Legitimität gezogen und so als Wertekompass erster Priorität profiliert. Für die Begründung dieser normativen Objektivität wird auf die naturrechtliche Logik verzichtet. Der Naturbegriff findet zwar mehrfach Anwendung, wird hier aber nicht so verstanden, dass sich aus ihm mithilfe menschlicher Vernunfteinsicht absolute (Menschen-)rechte und -pflichten ableiten. Natur betrachtet Franziskus mehr in einem allgemein verständlichen Sinne als Schöpfung, deren Normativität sich nunmehr nicht aus einem objektiven Sein als vielmehr aus der Beziehung des Menschen zur Schöpfung ableitet (6, 115, 120). Statt Naturrecht dienen mit Blick auf die humanökologischen Katastrophen biblische oder mystisch-theologische Quellen als evidenzbasierte Begründung solcher Objektivität. Ausgangspunkt ist die mehr spirituell als vernunftmäßig erschlossene Liebeslogik des göttlichen Heilsplanes (77), die drei Verantwortungsbeziehungen des Menschen durchdringt. So distanziert sich Franziskus mit einer nunmehr anderen Wertebegründung vom Relativismus, den auch sein Vorgänger als Gegner eines christlichen Humanismus identifiziert hatte. Der universale Anspruch der Ethik bleibt so erhalten. Im Gegensatz zu seinen Vorgängern lässt der Papst die traditionelle philosophische Begründungsebene aber in den Hintergrund treten.

Mit dem primären Wertekompass der Humanökologie soll die Macht des Marktes durch einen Primat der Politik (196) ersetzt werden: eine These, die sich etwa auch in aktuellen diskursethischen Ansätzen zur Wirtschaft findet (etwa bei dem St. Galler Wirtschaftsethiker Peter Ulrich). Humanökologische Gemeinwohlorientierung soll in Gesetzen und Tugenden das egoistische Eigennutzendenken ersetzen (42). Ein solcher angestrebter Systemwechsel führt zu einem neuen normativen Fortschrittsbegriff, der Technologie und Marktmacht mit einer politisch konsequenten Revitalisierung des christlichen Prinzips der allgemeinen Bestimmung der Güter zu zügeln vermag (42, 67). Mit einem sozial marktwirtschaftlichen dritten Weg eines »nachhaltigen Wachstums« hat diese neue Synthese nichts zu tun, denn das gilt als fauler Kompromiss, der das Übel der Marktlogik allenfalls nett ummantelt (194). Doch für solche Selbsttäuschungen ist Franziskus zufolge keine Zeit mehr. Vielmehr geht es um einen radikalen Systemwechsel zu einer neuen Wirtschaft unter einem politisch organisierten ökologischen Primat (42).

Eine fundamental falsche Ordnung mit ihren Zwängen und Pfadabhängigkeiten ist in eine neue jesuanisch inspirierte Ordnung (82) zu überführen. Die Dialektik von technologisch-ökonomischem Paradigma und Exklusion soll überwunden werden durch eine neue ganzheitliche Synthese der Humanökologie, welche den Menschen im Sinne von Fridrich Engels aus dem vermeintlich alternativlosen Reich der Notwendigkeit ins Reich der Freiheit führe und dabei – nun wieder jenseits sozialistischer Logik – für jeden Menschen Befähigungsräume zur Entfaltung seiner drei im göttlichen Heilsplan vorgesehenen Verantwortungsebenen kultiviere.

Es braucht dazu einen neuen tugendhaften Menschen, der diese Verantwortung im Sinne des Heilsplanes ausfüllt und so die Ordnung humanökologisch revolutioniert.

Umsetzung: Internationales Tugendregiment

Tugenderziehung zur Abtötung von Konsumismus und Egoismus (192), kleine oder größere ökologische Gesten jedes Menschen, politisches Primat vor der

Marktmacht (203), Gemeinschaftsideal statt Individualismus (208) und Gemeinwohlorientierung im Rahmen einer neuen Eigentumsdefinition sind die politischen Konsequenzen einer neuen ökologischen Weltordnung mit neuen Menschen. Für einen solchen Kulturwechsel braucht es ein sozialethisches Ordnungskonzept und ein individualethisches Kulturprogramm. Sozialethischer Universalismus im Sinne der traditionell katholischen Vision von einer Menschheitsfamilie (13, 52) soll nunmehr vor allem die internationale Solidarität der Ärmsten beflügeln (14, 142). Die von Benedikt XVI. als politische Weltautorität (175) geforderte Instanz zur international wirksamen Durchsetzung des Menschenrechts wird nun unter der Prämisse der Option für die Armen als ein internationales Leadership weiter gedacht. Dieses soll sich als Hüter einer Kontinuität der humanökologischen Kultur auch jenseits von nationalen Regierungswechseln verstehen (181). Die Umsetzung der Idee einer Menschheitsfamilie wird konkreter an ein universales politisches Kulturregiment zur Durchsetzung eines universalen ökologischen Bewusstseins (207) gekoppelt. Wirtschaft muss als dienender Teil dieser Kultur verstanden werden, die selbst nicht den Eigengesetzlichkeiten des Marktes ausgeliefert ist.

Mithilfe des neuen politischen Regiments sollen die Menschen nachhaltig verändert werden. Hierzu bedarf es eines umfassenden Erziehungsprogramms, das vor allem Ausbeuter und den auf Konsum gepolten Egoisten zu einem neuen Lebensstil verhilft. Dann ändern sie – so die visionäre Idee – auch die globalen Verhältnisse bzw. die Ordnung. Hierzu entwickelt der Papst ein beeindruckendes Programm franziskanisch-ökologischer Spiritualität, das in dieser Zusammenschau für die kirchliche Soziallehre einzigartig ist. Gefordert wird eine individuelle und gemeinschaftliche ökologische Umkehr, die prophetisch und kontemplativ zugleich sein soll (216). Mystisch, trinitarisch und eucharistisch wird ein dem Heilsplan Gottes entsprechendes Ideal des menschlichen Miteinanders skizziert, an dem sich das reale Zusammenleben zu messen hat. Dazu gehören neben einem jesuanischem Vorbild (221ff.) eine Charismen-orientierte Kultur der Dankbarkeit, der Unentgeltlichkeit, der Einfachheit, der Geschwisterlichkeit mit der Umwelt, der Mäßigung, der Demut, des Staunens, der Gelassenheit (224), der Achtsamkeit (231), der Harmonie, Gerechtigkeit, Brüderlichkeit (82) und der Zärtlichkeit (91). Die individuelle und gemeinschaftliche Umkehr zu dem universal gedachten kulturellen Leitbild hält Papst Franziskus für realisierbar (205). Damit bringt er die christliche Tugend der Hoffnung ein, die uns Mut macht, dass sich Umkehr für jeden lohnt, auch wenn es schon spät, aber eben nicht zu spät dafür ist.

Die sozialethische Forderung nach dieser internationalen humanökologischen Kulturautorität und die individualethische Forderung nach einem Umdenken jedes Einzelnen korrespondieren miteinander. Die Ziele sind die Abtötung des Egoismus und dadurch eine neue Freiheit vor Gott. Die heilsentsprechende Gestaltung der dreifachen ökologischen Verantwortung in Regeln und Tugenden ist dafür der Schlüssel. Bertold Brechts Frage, ob für eine solche neue soziale Synthese zuerst die Menschen oder die Verhältnisse geändert werden müssen, bleibt damit in dieser Logik wohl zu Recht offen.

Kritische Würdigung

Die Innovationswirkung der Enzyklika im Kontext der katholischen Lehrverkündigung kann kaum überschätzt werden. Eine großartige Leistung der Enzyklika besteht zweifellos darin, in nie da gewesener Leidenschaft spirituelle Theologie für die Fragen der Sozialethik fruchtbar zu machen. Die ökologische Fragestellung in der dreifachen humanen Verantwortung als wesentlichen Bestandteil der primären Wertebasis christlicher Sozialethik zu etablieren, ist angesichts der umfassenden ökologischen Herausforderungen der Menschheit ein notwendiger wie mutiger Schritt nach vorne. Fragen, die die Menschen heute bedrängen, werden anhand von konkreten Bildern anschaulich gemacht, sodass die Botschaft viele Menschen erreichen kann, die sich einem systematisch-theologischen Zugang sonst eher verschließen. Die liebevolle Sprache vor allem gegenüber den Armen macht den Text gerade für diese Benachteiligten sympathisch, was kirchlicher Sozialethik gut zu Gesicht steht und für die Rezeption in vielen Ländern der Erde sicher ein großer Gewinn ist.

Papst Franziskus tappt dabei nicht in die Falle, sich politisch von einer säkularen Ökobewegung und deren Werten vereinnahmen zu lassen. Einer solchen möglichen Versuchung setzt er eine klare Absage an die dort massiv verbreitete Genderperspektive (155) entgegen. Er betont zugleich die Familie als ersten Ort der Wertevermittlung (214). Er übt scharfe Kritik an einer ökologischen Humanvergessenheit (136), die etwa das Recht ungeborenen menschlichen Lebens nicht hinreichend achtet..

Für eine fruchtbare Diskussion über die Wirkung der Enzyklika möchte ich nun auf einige aus meiner Sicht kritische Beobachtungen hinweisen. Auch darüber sollte in einer fairen Streitkultur in der Kirche sanktionsfrei diskutiert werden. Es entspricht zudem einem fruchtbaren synodalen Gedanken:
> ➤ Zweifellos ist die Enzyklika ein großer tugendethischer Appell. Dabei wird vor allem die Verantwortung zugunsten von Umwelt und Gemeinwohl betont. Der Eigenwert der Selbstliebe und die Verantwortung vor sich in

seinem Personsein tritt dabei etwas in den Hintergrund. Die aus dem göttlichen Heilsplan abgeleitete dreifache Verantwortung der Humanökologie setzt in diesem Sinne die Selbstliebe ins zweite Glied, obgleich sie von Jesus Christus in der goldenen Regel anstelle der Erde als gleichwertiger Adressat neben der Sozialverantwortung des Individuums betont wird, die sich wiederum aus der Verantwortung gegenüber Gott ableitet. Zwar findet sich dieser Aspekt in der Enzyklika an anderer Stelle (155), aber diese neue Hierarchie könnte die personalen Aspekte von verantwortlicher Eigenliebe und Individualität in den Schatten stellen. Der Aufruf zu einer Vernachlässigung der Eigenliebe ist, etwa vor dem Hintergrund wachsender psychischer Belastungen beispielsweise im Beruf, sicher nicht die Intention des Papstes. Und die Individualität mit Selbstliebe ist zweifellos eine fundamentale Grundlage jeder christlichen Moral, da Gottes Heilsplan uns in die Pflicht nimmt, sich selbst und die eigenen Talente zu schätzen und auch zu entfalten. Die Aufwertung der Erde darf nicht dazu führen, den Menschen in seiner Selbstliebe abzuwerten, vielmehr geht es um die Beziehung zwischen beiden.

➤ Das idealistische Menschenbild, das den Egoismus abtöten will, greift nicht den Realismus des heiligen Thomas von Aquin auf, der sich schon in der Begründung seiner Eigentumslehre von der Wunschvorstellung eines idealen Kommunismus abwendet. Der Mensch ist eben nicht nur altruistisch und selbstlos. Das zu berücksichtigen, obliegt einer verantwortlichen Gestaltung der Sozialordnung in allen ihren Facetten. So bleibt etwa nach der Lehre des heiligen Thomas das Privateigentum als sekundäres Naturrecht immer nur eine zweitbeste Lösung, die aber dem sündigen Wesen des Menschen gerecht wird und so verantwortungsethisch in einer entsprechenden Privateigentumsordnung christlich begründet und geboten ist. Stattdessen wird in der Enzyklika ein christlicher Öko-Sozialismus idealisiert, der sich die Welt als ein harmonisches Klosterleben mit Gemeineigentum vorstellt (vgl. Boff, 2016). An dieser Utopie war nicht allein der säkulare Kommunismus, sondern schon das Modell der berufsständischen Ordnung gescheitert, das als christliche Marktalternative in der Enzyklika *Quadragesimo anno* im Jahr 1931 vorgestellt wurde.

➤ Der Verzicht auf eine naturrechtliche Begründung der Ethik tut der Aktualität und Anwendungsnähe der Enzyklika keinen Abbruch. Der universale Anspruch unbedingter menschlicher Verantwortung und Würde verliert dadurch aber an Plausibilität. Heilsplan, Bibel und Mystik als Referenzen haben es schwer in einer von Vernunftargumenten geprägten Grundlagendiskussion mit einer säkularen oder außerchristlichen religiösen Ethik. Dass sich die franziskanische Tradition gut mit dem Naturrecht vereinbaren lässt, haben etwa die Spätscholastiker der Schule von Salamanca bewiesen (vgl. Franco, 2015). Eine solche Symbiose wieder neu zu entdecken statt das Naturrecht zu opfern, erscheint mir konsequent, innovativ und lohnend, um die Botschaft rational vertreten zu können.

➤ Die systematische Dialektik mit manchen Klassenkampfmotiven wirkt auf mich irritierend, ist aber wohl als Residuum des befreiungstheologischen Einflusses zu verstehen. Eine inhaltliche Auseinandersetzung mit marktwirtschaftlichen Wirtschaftstheorien wird ausdrücklich abgelehnt (46). Vielmehr müsse es um die wahre Entwicklung der Menschen gehen. Eine solche Haltung verhärtet die Fronten zwischen Kirche und freiheitlicher Wirtschaftswissenschaft. Es klingen die Thesen von Leonardo Boff an, der im Kapitalismus eine faule Frucht identifizierte, mit der sich abzugeben vertane Zeit sei. Während ansonsten in vielen modernen und postmodernen Theologien eine Anschlussfähigkeit an säkulare Theorien gesucht wird, überrascht dieser kategorische Verweis, einen solchen Anschluss gar nicht erst zu suchen. Dieser Dialog auf Augenhöhe aber ist meines Erachtens notwendig, um Gräben zu überwinden und wieder eine Kultur der Wirtschaftsphilosophie zu schaffen, die ökonomische und ethische Rationalität miteinander verbindet. Das ist die Aufgabe zukunftsorientierter Wirtschaftsethik, die das Ethische des Marktes ebenso anerkennt wie seine ethischen Defizite. Die Marktlogik sollte also differenzierter betrachtet werden, mit ihrem eigenen Gerechtigkeitspotenzial, das die Verschwendung knapper Ressourcen zu vermeiden versucht. Was ist genau gemeint mit dem utilitaristischen Pragmatismus? Der Utilitarismus hat viele Gesichter. Die anklingende Gleichsetzung von Markt und ökonomischem Imperialismus zeichnet ein Zerrbild freiheitlicher Wirtschaft. Beckers Ideologie ist zweifellos unvereinbar mit christlicher Gerechtigkeit. Doch zeigt etwa die Soziale Marktwirtschaft in ihrem humanistischen Programm ein anderes, dem Christlichen entlehntes Gesicht sozialer Gerechtigkeit, das mit dem ökonomischen Imperialismus nichts zu tun hat und doch am Markt festhält. Dieser dritte Weg scheint mir im Sinne des christlichen Heilsplans erfolgsversprechender zu sein als eine planwirtschaftliche Wende.

➤ Das visionäre internationale Tugendregiment birgt je nach konkreter Ausgestaltung die Gefahr eines etatistischen Paternalismus mit sich. Wer setzt hier die Inhalte einer groß angelegten Umerziehung fest? Was ist mit einer sozialen Umkehr gemeint (216)? Die Umkehr eines Individuums ist pädagogisch und spirituell denkbar. Wenn hier ein Kollektivbewusstsein gemeint ist, das zur Umkehr zu bewegen ist, so birgt dies die Gefahr, den Blick auf das Individuum dem auf ein vermassendes Kollektiv zu opfern, was aber Papst Franziskus gerade nicht will. Hier sind also noch Missverständnisse auszuräumen.

Literatur

Boff, L. (2016). Die Erde wird den Kapitalismus besiegen. *Online Magazin Lebenshaus Schwäbische Alb* (Veröffentlicht am 11. Januar 2016). http://www.lebenshaus-alb.de/magazin/009590.html (14.06.2016).

Franco, G. (2015). Da Salamanca a Friburgo: Joseph Hoffner e l'economia sociale e di mercato. Rom/Vatikanstadt: Lateran University Press.

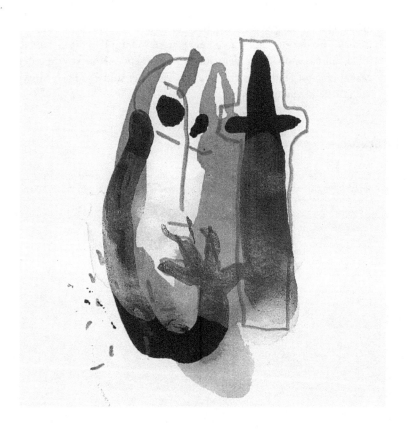

Auf diese Weise hört jeder beliebige Ort auf, eine Hölle zu sein

Päpstliche Verschränkungen

Kapitalistische Moderne, Armut und Umweltzerstörung, Mensch und Nicht-Mensch, Religion und Wissenschaft

Georg Toepfer

Formale Beobachtungen: »Die ganz andere Enzyklika«

»Laudato si(e)« lautet die siebenfach wiederholte Anrede an Gott in dem von Franz von Assisi 1224 oder 1225 in einem volksnahen umbrischen Dialekt gedichteten *Sonnengesang*. Papst Franziskus greift in seiner zweiten Enzyklika nicht nur diese Lobpreisung Gottes auf, sondern auch den volkstümlichen Ton und die Verwandtschafts-Metaphorik, die die Gestirne und Elemente als Geschwister, die Erde zugleich als Mutter anspricht. Diese metaphorische, bildliche Sprache ist tief in der lateinamerikanischen christlichen Tradition verwurzelt: Ecuador und Bolivien haben den »Schutz der Mutter Erde« sogar in ihrer Verfassung verankert. Die Enzyklika des Papstes enthält neben dieser Metaphorik viele andere Passagen mit lyrischen Beschreibungen und einem allgemeinen Lob der Schönheit der Natur. Franziskus streut dabei häufig persönliche Eindrücke in sein mahnendes Schreiben ein. Diese persönliche, von der christlichen Tradition Südamerikas geprägte Sprache legt nahe, dass die Enzyklika von Jorge Bergoglio selbst verfasst wurde (Edenhofer & Flachsland, 2015, S. 582).

Zur persönlichen Note des Papstes gehört es aber auch, Fachwissenschaftler zu Rate zu ziehen und die Sprache der Wissenschaften nicht zu meiden, sondern neben bildlichen Ausdrücken Termini wie »Paradigma«, »Reduktionismus« oder »GMO« zu stellen. Die Analysen des Papstes appellieren damit gleichermaßen an Anschauung und Verstand. Dieser Stil und die Brisanz der aufgegriffenen Themen – Umweltverschmutzung und Klimawandel, die Wasserfrage, der Verlust der biologischen Vielfalt, Verschlechterung der Lebensqualität und weltweite soziale Ungerechtigkeit – zogen auch eine breite Reaktion aus dem Lager der Naturwissenschaften nach sich. Diese reichte bis hin zu zustimmenden Leitartikeln in den großen Wissenschaftsmagazinen *Nature* und *Science* (Anonymus, 2015; McNutt, 2015) – ein sehr ungewöhnlicher Vorgang, »unprecedented in the Western history of dialogue between religion and science« (Edenhofer et al., 2015, S. 907). Die Enzyklika ist darüber hinaus bemerkenswert (und naturwissenschaftlich anschlussfähig), weil sie anerkennt, dass es zur Beschreibung und Lösung der Probleme unterschiedliche Sichtweisen und Ansätze geben kann (60). Der Papst erhebt nicht den Anspruch, im Besitz der ganzen Wahrheit zu sein. Seine eigenen Ansichten markiert er immer wieder als Angebote oder tastende Versuche, etwa in Formulierungen wie »ich möchte vorschlagen« oder »ich werde versuchen« (3, 15, 216). Ausdrücklich wird in nicht wenigen Passagen zur Diskussion aufgefordert (3, 14, 60f., 180, 201; vgl. Türk, 2015, S. 336). Franziskus geht also nicht dogmatisch von unumstößlichen Gewissheiten aus, sondern fordert an vielen Punkten eine »verantwortungsbewusste und breite wissenschaftliche und gesellschaftliche Debatte« (135). Dabei bezieht er ausdrücklich auch andere Religionen mit ein, wenn er etwa auf den Patriarchen Bartholomäus (7–9) oder den islamischen Mystiker Ali Al-Khawwas (233) verweist. Als Vorbild für diesen dialogisch-kommunikativen Stil der päpstlichen Schrift gilt die Enzyklika *Ecclesiam suam* (1964) von Papst Paul VI., den Franziskus im Oktober 2014 seligsprach und von dem behauptet wird, er stehe von allen Vorgängern im Amt Franziskus am nächsten (Kasper, 2015, S. 30).

Trotz dieser Vorbilder ist *Laudato Si'* aber doch »die ganz andere Enzyklika« (Türk, 2015). Formal und inhaltlich ist sie vom Geist eines großen Aufbruchs getragen. Es ist in ihr die Rede von einer »neuen kulturellen Entwicklung der Menschheit« (47) und einer »neuen Ära« (102), in die die Menschheit eintrete. Kommentatoren der Enzyklika sprechen daher auch von einem Manifest einer »ökologischen Wende« (Dierksmeier, 2016, S. 3) und einem »Paradigmenwechsel«, in dem das überkommene zentralistische Herrschaftsparadigma der Weltbeschreibung aus der externen Perspektive Gottes ersetzt werde durch ein pluralistisches Paradigma der Verbundenheit alles Einzelnen miteinander (Bals, 2016, S. 8). Dieser Perspektivenwechsel eröffnet das Angebot für einen Dialog – sowohl in Richtung der Naturwissenschaften als auch der mystischen Traditionen vieler Religionen.

Kapitalistische Moderne, Armut und Umweltzerstörung

Für ihre präzise Analyse der globalen ökologischen Situation und des Zusammenhangs von Armut und ökologischen Problemen ist die Enzyklika zu Recht vielfach gelobt worden (Bals, 2016). Wiederholt beschreibt Franziskus die Umweltkrise zugleich als Ausdruck einer zugrunde liegenden sozialen Krise. So heißt es: »[M]an kann nicht eine Beziehung zur Umwelt geltend machen, die von den Beziehungen zu den anderen Menschen und zu Gott isoliert ist« (119); »[e]s gibt nicht zwei Krisen nebeneinander, eine der Umwelt und eine der Gesellschaft, sondern eine einzige und komplexe sozio-ökologische Krise« (139). Lösungen der Krise erforderten daher einen »ganzheitlichen Zugang« (139).

Als Hauptschuldigen der Krise hat der Papst die kapitalistische Ordnung der globalen Ökonomie ausgemacht. Er übt Kritik an der Ideologie des »vergötterten Marktes« (56), dem »skandalöse[n] Konsumniveau einiger privilegierter Bevölkerungsgruppen« (172) und insbesondere der Ausrichtung der Wirtschaft auf Wachstum, weil dieses dazu führe, dass »die wirkliche Lebensqualität der Menschen« abnehme (194). Er plädiert daher dafür, »in einigen Teilen der Welt eine gewisse Rezession zu akzeptieren und Hilfen zu geben, damit in anderen Teilen ein gesunder Aufschwung stattfinden kann« (193).

Die vielen gegen die kapitalistische Grundordnung und die technisierte Welt gerichteten Bemerkungen haben dem Papst in den Kommentaren liberaler Zeitungen viel Kritik eingebracht. Seine als antimodernistisch empfundenen Ratschläge der Sparsamkeit und des Verzichts seien keine taugliche Lösung des Problems. Tendenzen zum Hedonismus und Konsumismus sollten als anthropologische Faktoren berücksichtigt, aber nicht verteufelt werden. Nicht *gegen* Kapitalismus und Hochtechnologie seien die Ziele des Papstes zu erreichen, sondern nur *mit* ihnen. Es widerspreche auch aller ökonomischen Erfahrung, Rezession an einem Ort als Motor der Entwicklung an einem anderen Ort einsetzen zu können. Selbst viele der ökologisch orientierten Kommentatoren betrachten nicht das ökonomische Wachstum als solches als die entscheidende Ursache der Umweltzerstörung, sondern eher ein Wachstum in den falschen Sektoren (Emunds, 2015). Gemäß der vom Papst gut begründeten Logik der Verschränkung von Armut und Umweltzerstörung kann nachhaltiges ökonomisches Wachstum überhaupt als entscheidendes Instrument zur Bekämpfung von Armut und damit von Umweltzerstörung angesehen werden. Zu kurz kommen in der Argumentation des Papstes jedenfalls die mit der kapitalistischen Moderne einhergehenden Errungenschaften wie der ökonomische Wohlstand sehr vieler Menschen, individuelle Freiheiten und Bürgerrechte – wichtige Verschränkungen, die in der Enzyklika keine Erwähnung finden. Die größte, bei seiner dogmatischen Unbefangenheit fast überraschende Blindheit des Papstes besteht aber im Hinblick auf den Zusammenhang von Armut, Umweltzerstörung und Bevölkerungswachstum. Diese wichtige Verschränkung und damit die Notwendigkeit der Geburtenkontrolle wird in ihrer Bedeutung heruntergespielt (50) – und darin liegt eine der größten (ideologischen) Schwächen des päpstlichen Schreibens.

Die Lösungsansätze des Papstes haben allerdings den Vorteil der Anschaulichkeit auf ihrer Seite. Seine konkreten Empfehlungen sind vordergründig plausible Maßnahmen zum Umweltschutz: sich wärmer anzuziehen, statt übermäßig zu heizen, den Gebrauch von Plastik und Papier zu vermeiden, den Wasserverbrauch zu begrenzen, Müll zu trennen, Essen nicht wegzuwerfen, öffentliche Verkehrsmittel zu benutzen und private Fahrzeuge zu teilen (211). Richtig und wichtig sind diese Empfehlungen, weil sich die Enzyklika zunächst an breite Bevölkerungskreise richtet und für diese die päpstlichen Empfehlungen die am nächsten liegenden Maßnahmen im privaten Bereich betreffen. Mit diesen Maßnahmen allein wird aber den globalen Klimaproblemen sicher nicht beizukommen sein. Es werden doch nur relativ wenige sein, die der Papst auf der Ebene persönlicher Einstellungen mit der Aufforderung nach »Pflege solider Tugenden« und »Selbsthingabe in einem ökologischen Engagement« (211) erreichen kann. Persönliche Tugenden und Moral scheinen insgesamt auch nicht die geeigneten Instrumente, globale Probleme des Umweltschutzes und der Gerechtigkeit anzugehen. Die an der Wurzel dieser Probleme liegenden ökonomischen Prozesse folgen einer autonomen Eigenlogik, die auf Konkurrenz und gewachsenen Machtstrukturen beruht und die nicht einfach durch Moral und Tugend zu überwinden ist (Wright, 2015). Eine der größten Schwächen der Enzyklika liegt also darin, dass sie sich neben den Appellen an den privaten Verbraucher nicht noch deutlicher an politische Entscheidungsträger wendet. Die unterkomplexe Darstellung der Probleme beruht offensichtlich wesentlich auf der Tendenz zur Anschaulichkeit und dem massenwirksamen, unmittelbar das eigene Handeln ansprechenden Appellcharakter des päpstlichen Schreibens. Hier befindet sich der Papst in einem Dilemma: Moral und Tugend, die Felder, für die er professionelle Zuständigkeit beanspruchen und für die er mit Anschluss an die Tradition überzeugend und anschaulich argumentieren kann, sind nicht die wichtigsten Hebel, mit denen sich die behandelten Probleme werden lösen lassen.

Mensch und Nicht-Mensch

Der geistige Hintergrund Jorge Bergoglios ist von der südamerikanischen Theologie der Befreiung geprägt. Als sein theologischer Lehrer gilt Lucio Gera (1924–2012), einer der Mitbegründer dieser theologischen Richtung. Gera zielte auf eine »Theologie der Kulturen« und eine »Theologie des Volkes«, betonte die Bedeutung der Volksfrömmigkeit und war vom Gedanken der Versöhnung und der Harmonie geleitet, indem er die Einbettung jedes einzelnen in einen natürlichen und sozialen Kontext herausstellte (Kasper, 2015, S. 26ff.). Großen Einfluss auf Gera hatten Denker des Deutschen Idealismus und der Romantik, vor allem Karl Christian Friedrich Krause (1781–1832), dessen umfassende Rezeption in Südamerika als *krausismo* bekannt wurde.

Unter Verweis auf die Philosophie Krauses und des *krausismo* lässt sich die Position der Ethik des Papstes zwischen Bio- und Anthropozentrismus deutlich machen: die Anerkennung des Eigenwertes nicht-menschlicher Lebewesen bei gleichzeitiger Verteidigung der Sonderstellung des Menschen (vgl. Dierksmeier, 2016. Wie Krause in seinem posthum veröffentlichten *Erdrechtsbund* schreibt, gilt es für den gerechten Menschen, »die Selbständigkeit und Freiheit seiner selbst und aller Dinge« anzuerkennen, und er betrachte »kein Wesen als bloss für ihn oder irgend ein Aeusseres bestimmt, bloss als nützlich, sondern alle Wesen sind ihm freie Mitgenossen des Lebens und der Harmonie in Gott« (Krause, 1893 [ca. 1808], S. 36). Auch die Natur »mit allen ihren Werken« solle also als »ein in sich Würdiges und Schönes, nicht bloss als untergebene Dienerin und Gehülfin der Vernunft« betrachtet werden: »Der Gerechte ist in seiner Sorgfalt gegen alle Wesen der Natur ähnlich, die auf junger Flur tausenderlei Blumen, jede in schöner Eigenthümlichkeit, neidlos mit und neben einander erblühen und gedeihen lässt« (ebd.). Eine besondere Verantwortung erwachse dem Menschen aber gleichzeitig aus seiner »Vernunftgemässheit« und der menschlichen Gemeinschaft des »freien Wechselverhältnisses« (ebd.). Diese zwischen Bio- und Anthropozentrismus vermittelnde Position Krauses kann aufgrund der besonderen Verantwortung des Menschen als *anthroporelational* bestimmt werden (Dierksmeier, 2016, S. 9). In diese Tradition lässt sich die Ethik von *Laudato Si'* auch in insofern stellen, als sie die Verwendung von Naturgütern – unter ausdrücklichem Einschluss von Biotechnologie und genetischen Veränderungen (132) – zum Wohl des Menschen nicht grundsätzlich ablehnt, sondern nur zu einer »Kultur der Achtsamkeit« mahnt (231).

Ein weiterer wichtiger Einfluss auf Papst Franziskus geht von Romano Guardini aus, über den er einmal eine Dissertation verfassen wollte (Emunds, 2015). Bereits in seinem ersten apostolischen Schreiben *Evangelii Gaudium* vom November 2013 verweist der Papst auf ihn (Franziskus, 2013, Nr. 224). Im Hinblick auf das vom Papst ins Zentrum gerückte Thema der Diversität ist besonders Guardinis Schrift *Der Gegensatz. Versuch zu einer Philosophie des Lebendig-Konkreten* (1925) von Bedeutung (vgl. Kasper, 2015, S. 32). Darin spricht Guardini davon, das Lebendige bestehe in einer »Fülle von Mannigfaltigkeiten«, eingebunden in »reiche Spannungen« (Guardini, 1925, S. 145). Franziskus übernimmt das Lob der Heterogenität und Vielheit in seinem ersten apostolischen Schreiben. Der gelernte Chemiker Jorge Bergoglio wählt dort die Figur des »Polyeders« anstelle der Kugel, um das Miteinander der Menschen zu beschreiben, weil die vielen, sich zu einem Ganzen zusammenfügenden Flächen eines Polyeders angemessener seien, die »Eigenart« eines jeden Teils in einer Gemeinschaft zu repräsentieren. In diesem Schreiben ist das Lob der Vielfalt aber noch auf den Menschen beschränkt. »Es ist der Zusammenschluss der Völker, die in der Weltordnung ihre Besonderheit bewahren« (Franziskus, 2013, Nr. 236).

Aus dieser anfänglichen Beschränkung auf den Menschen wurde Papst Franziskus ein massiver Vorwurf gemacht. Hubertus Mynarek spricht in seiner 2015 erschienenen »kritischen Biografie« von der »theologischen Anthropozentrik« des Papstes und ist der Ansicht, »dem Tier, der gesamten übrigen Natur gewährt er keinerlei Wert, keinerlei Rechte, keinerlei Transzendenz«: »Die Natur, die außermenschliche Schöpfung, die ganze mannigfaltige Organismenwelt sind Bergoglio/Franziskus gleichgültig, irrelevant, bedeutungslos, er kümmert sich nicht um sie. Seine Theologie ist naturlos und tierfremd« (Mynarek, 2015, S. 151). In der »überaus verengten, hybriden Anthropozentrik« folge Franziskus Johannes Paul II., der noch 1992 im *Katechismus der katholischen Kirche* explizit behauptete: »Tiere, Pflanzen und leblose Wesen sind von Natur aus zum gemeinsamen Wohl der Menschheit von gestern, heute und morgen bestimmt [...]. Gott hat die Tiere unter die Herrschaft des Menschen gestellt« (ebd.). In Franziskus' erstem päpstlichen Schreiben *Evangelii Gaudium* werde der Mensch zwar nicht bloß als Nutznießer, sondern auch als Hüter der nicht-menschlichen Lebewesen anerkannt und das »Aussterben« von Arten beklagt – letztlich münde aber auch diese Argumentation wieder in eine Anthropozentrik, weil die Zerstörung der Natur »unserem Leben und dem der kommenden Generationen schaden« würden (Franziskus, 2013, Nr. 215).

Von einer Anthropozentrik dieser Art kann in *Laudato Si'* nicht mehr die Rede sein (und Mynarek (2015, S. 308) wirft dem Papst aufgrund dieser Wende »Gier nach Popularität« und eine Vereinnahmung von Natur-, Tier- und Pflanzenschutz vor). Der Anthropozentrismus wird in der Enzyklika sogar zu einem Hauptzielpunkt der Kritik des Papstes; er wird bevorzugt als »despotisch« (68), »fehlgeleitet« (69) oder »Maßlosigkeit« (116) bezeichnet. Wiederholt betont der Papst ausdrücklich den »Eigenwert« eines jeden, auch nicht-menschlichen Geschöpfes (16, 33, 69, 118, 208). Franziskus schließt sich damit einer inzwischen weit verbreiteten Redeweise an, die auch in der 1992 in Rio de Janeiro verabschiedeten UN-Konvention zur Biologischen Vielfalt enthalten ist (»intrinsic value of biological diversity«; Vereinte Nationen, 1992).

Trotz der weiten Verbreitung ist die Eigenwertformel aber mit erheblichen Problemen verbunden, auf die hinzuweisen lange Zeit eine Stärke theologisch begründeter Ethik war. Problematisch sind an der Zuschreibung eines (gleichberechtigten) Wertes zu allen Lebewesen die Begründung und die Konsequenzen. Hinsichtlich der Konsequenzen ist danach zu fragen, was daraus folgen soll, allen Arten einen »Eigenwert« zuzuschreiben. Moral verlangt Unterscheidungen (Wolters, 1995). Bedeutet »Eigenwert« moralische Gleichrangigkeit, kann nicht mehr dafür argumentiert werden, dass die Entscheidung des Zoos von Cincinnati richtig war, den Gorilla Harambe, in dessen Käfig im Mai 2016 ein dreijähriger Junge gefallen war, zu erschießen, um den Jungen zu retten. Wenn der entscheidende »Eigenwert« nicht auf Individuen, sondern Arten gelegt wird, wäre dem Leben des Gorillas der Vorzug zu geben, weil er einer vom Aussterben bedrohten Spezies angehört. Die »Eigenwerte« verschiedener Lebensformen erscheinen aber doch durchaus unterschiedlich – darauf weisen auch Kommentare auf die Enzyklika hin (»[W]as ist mit der Anophelesmücke und dem Poliovirus? Sollen wir die auch mit franziskanischer Liebe willkommen heißen?«; Ickler, 2015). Aber auf genaue Argumentationen dazu, was es heißen soll, Arten »Eigenwerte« zuzuschreiben, lässt sich der Papst gar nicht ein. Er verwendet den Ausdruck lediglich und erzielt mit ihm einen (gegen die theologische Tradition gerichteten) propagandistischen Erfolg – der insoweit auch zu begrüßen ist, als er dem Zweck eines rücksichtsvollen und nachhaltigen Umgangs mit der Natur dient. Dieser gute Zweck ersetzt aber nicht eine differenzierte ethische Argumentation, die den Begriff hinsichtlich seiner Begründung und Konsequenzen zu problematisieren hat.

Der gedankliche Hintergrund, in dem Franziskus die Argumentation mit dem »Eigenwert« aller Lebensformen verankert, ist seine »integrale Ökologie« (159), der zufolge »alles in Beziehung steht« (120) und »in wechselseitiger Durchdringung« (139) existiert. Diese Lehre der Interdependenz alles Seins in »unserem gemeinsamen Haus« bildet überhaupt den Refrain oder roten Faden der Enzyklika (Boff, 2015). So ökologisch berechtigt diese Sicht aber auch ist, verwundert doch das durchgehend harmonische und friedliche Bild von der Natur, das Franziskus dabei zeichnet (Emunds, 2015; Türk, 2015). Die Natur gilt allein als Hort der Schönheit und des Miteinanders. Wiederum mit dem offensichtlichen Zweck, die oberflächliche Attraktivität seiner Argumentation zu steigern, verzichtet er auf Hinweise auf die Grausamkeiten und Katastrophen in der Natur und die Gleichgültigkeit der Natur gegenüber dem damit verbundenen Leid.

Auf einer theoretischen Ebene stellt die ökologische Verschränkung von Mensch und Nicht-Mensch durch Franziskus eine erhebliche theologische Herausforderung dar. Im Vergleich zum Zusammenhang der Deszendenz alles Lebendigen – den zu akzeptieren der Kirche bekanntlich lange Zeit schwerfiel – stellt die Anerkennung der Interdependenz vielleicht sogar die größere Herausforderung dar. Denn Interdependenz ist im Gegensatz zu Deszendenz nur dezentral und unhierarchisch zu denken. Mit der Deszendenzvorstellung sind die ausgezeichnete Stellung des Menschen und die Referenz aller Dinge auf den einen Gott gut vereinbar. Interdependenz bildet demgegenüber geradezu den ökologischen Gegenentwurf zur Gotteszentrierung alles Seins: Wenn nicht nur der Mensch, sondern »die Welt« als »ein Gewebe von Beziehungen« »nach göttlichem Bild erschaffen ist«, wie es in der Enzyklika heißt (240), dann ist diese Position nicht weit von einem Pantheismus entfernt. Der Mensch wird dann zu einem Glied unter vielen in dem universalen Netz der Beziehungen und Gott pantheistisch dezentriert. Es erstaunt nicht, dass sich angesichts dieser Botschaft der »universalen Geschwisterlichkeit« (228) theologischer Widerstand regt: »Pope Francis, The Earth is not my Sister« (Fiene, 2015).

Religion und Wissenschaft

Ausdrücklich erklärt sich der Papst »offen für den Dialog mit dem philosophischen Denken« und bereit, »verschiedene Synthesen zwischen dem Glauben und der Vernunft herzustellen« (63). Die Perspektive der Naturwissenschaften hält er allerdings für begrenzt, wie er mehrfach betont. Franziskus führt sogar viele Probleme der gegenwärtigen Welt auf den Einfluss des mechanistischen Denkens der Naturwissenschaften zurück. Er drückt diese Kritik allerdings nicht immer sehr deutlich aus. So heißt es in einem der wenigen verklausulierten Sätze seiner Enzyklika, »dass am Beginn vieler Schwierigkeiten der gegenwärtigen Welt vor allem die – nicht immer bewusste – Neigung steht, die Methodologie und die Zielsetzungen der Techno-Wissenschaft in ein Verständnismuster zu fassen, welches das Leben der Menschen und das Funktionieren der Gesellschaft bedingt« (107).

Der Papst übt damit keine direkte Kritik an den Naturwissenschaften, sondern nur an der ungerechtfertigten Übertragung ihres »Verständnismusters« (*paradigma de comprensión*) auf die Welt des Menschen. Die Umweltschädigung ist nach Ansicht des Papstes eine direkte Folge des in der Methodologie der Naturwissenschaften begründeten »Reduktionismus« (*reduccionismo*). Die

Umweltschädigungen sind für den Papst allerdings lediglich *ein* »Zeichen« *(signo)* dieses Reduktionismus. Mindestens ebenso fatal sei der Reduktionismus für »das Leben des Menschen und die Gesellschaft« (107). Damit verweist der Papst wiederum deutlich auf die Verflechtung der ökologischen und sozialen Probleme.

An anderer Stelle betont Franziskus die »engen methodologischen Grenzen« und den »geschlossenen Rahmen« der empirischen Wissenschaft und die Notwendigkeit ihrer Ergänzung, um dem »Eigentlichen des Menschen«, »der Brüderlichkeit und der Schönheit« gerecht zu werden (199) (Bals, 2016, S. 26: »Ästhetik als Gegenpol zum Nützlichkeitsdenken«). Die Naturwissenschaften können nach Ansicht des Papstes »die Verflechtung aller Geschöpfe und das Ganze der Wirklichkeit« nicht völlig erklären, und in ihrem Rahmen würden »das ästhetische Empfinden, die Poesie und sogar die Fähigkeit der Vernunft, den Sinn und den Zweck der Dinge zu erkennen«, verschwinden (199). Bemerkenswert ist an dieser Zusammenstellung allerdings, dass sie auch solche Punkte einschließt, die erst von den Naturwissenschaften aufgedeckt und präzise beschrieben wurden, wie »die Verflechtung aller Geschöpfe« und die (ökologische) Einsicht in »den Sinn und den Zweck der Dinge« (als »letzten Zweck« und »gemeinsames Ziel«, das über die funktionale Verbindung der Dinge in ökologischer Perspektive hinausweisen könnte, nennt der Papst die ebenso erwartbare wie explikationsbedürftige religiöse Formel: »Gott« [83]). Unscharf bleibt damit also, wo die Reichweite der Naturwissenschaften endet – ob schon vor der Einsicht in die Interdependenz und den teleologischen Zusammenhang der Dinge oder erst vor einer nicht auf Nutzbarmachung zielenden poetisch-ästhetischen Einstellung gegenüber der Natur. Der Papst hat offenbar ein klares Sensorium für die methodologische Grenze der Naturwissenschaften, eine genaue Beschreibung dieser Grenze liefert er aber nicht.

Bei allen Hinweisen auf die Grenzen der Naturwissenschaften liegt in der Enzyklika doch eine deutliche Verschränkung von theologischen mit naturwissenschaftlichen Argumenten vor. Leonardo Boff sieht in dieser Argumentation ein Nebeneinander von zwei »Aspekten«: »the scientific and the theological« (Boff, 2015). Christoph Bals spricht von einer »doppelt codierten Begründung für Umwelt und Klima als ›gemeinschaftliches Gut‹« (Bals, 2016, S. 58). Bals attestiert der Enzyklika auch, Ausdruck eines »reflektierten Glaubens« im Sinne von Jürgen Habermas zu sein. Habermas hatte diesen Glauben bestimmt als einen, der »sich zu anderen Religionen in ein Verhältnis setzt, der die falliblen Erkenntnisse der institutionalisierten Wissenschaften respektiert und die Menschenrechte akzeptiert« (Habermas, 2012, S. 99). All das findet sich in *Laudato Si'* gewiss. Der Papst spricht von der »legitimen Autonomie der irdischen Wirklichkeiten« (80) und dem »Respekt des Glaubens gegenüber der Vernunft« (132).

Aufgrund dieser Autonomie der wissenschaftlichen Vernunft ist es auch fraglich, ob eine theologische Argumentation zusätzliche Argumente für eine Haltung liefern kann. Bals ist der Ansicht, über das säkulare Argument der systemischen Vernetzung aller Lebewesen hinaus sei das theologische Verständnis des Schöpfers als »einzigem Eigentümer der Welt« (75) ein »zweites Argument« für einen achtsamen Umgang mit der Natur (Bals, 2016, S. 58). Allerdings ließen sich in der Vergangenheit genauso triftige theologische Argumente für das Gegenteil, die ausbeuterische Herrschaft des Menschen über die Natur, anführen. Angemessener ist es daher wohl, die theologische Darstellung nicht als Lieferant zusätzlicher Argumente in der Sache, sondern als Übersetzung von wissenschaftlichen (oder anderen) Argumenten in religiöse Sprache zu verstehen. »Respekt des Glaubens gegenüber der Vernunft« bedeutet auch, dass der Glaube, wenn er sich auf weltliche Debatten einlässt, keine jenseits der Vernunft begründeten Argumente beisteuern kann.

Die Hauptfunktion der Enzyklika liegt damit nicht in der Bereitstellung von einem »zweiten Argument« für einen nachhaltigen und achtungsvollen Umgang mit der Natur, sondern in der Übersetzung dieser Einstellung von wissenschaftlichen Erkenntnissen in eine religiöse Sprache. Dass diese Übersetzung ein hilfreiches und mächtiges Instrument ist, um wissenschaftliche Botschaften zu kommunizieren, müssen Wissenschaftler neidlos (oder auch mit gut begründetem Neid) anerkennen: Wesentlich unter dem Einfluss der im Juni 2015 veröffentlichten Enzyklika ist der Anteil der US-Amerikaner, die das Phänomen der globalen Erwärmung anerkennen, in diesem Jahr sprunghaft angestiegen (auf 70 Prozent, nachdem es die Jahre zuvor gesunken war). Besonders hoch fiel der Anstieg unter den evangelikalen Christen in den USA aus, bei denen der Anteil von denjenigen, die das Phänomen nicht in Zweifel ziehen, vom Frühling zum Herbst 2015 von 49 auf 65 Prozent stieg (Mills et al., 2015).

Fazit: Vom Wert und Risiko der Verschränkung

»Verschränkung«, d. h. die »Verbindung von heterogenen Sphären« (Steizinger, 2012, S. 123), hat zurzeit Konjunktur in den Wissenschaften. In ihr drückt sich das Bedürfnis aus, Beiträge verschiedener Fachdisziplinen zusammenzuführen, um auf diese Weise komplexen Problemlagen gerecht zu werden. Ein Ausdruck dieser Bewegung ist die Transformation der Biologie zu den »Lebenswissenschaften« *(life sciences)* als neuem Feld, in dem sich, vielfach getrieben durch gewachsene technologische Möglichkeiten, naturwissenschaftliche mit sozialwissenschaftlichen, rechtlichen und ethischen Aspekten überlagern.

Die Enzyklika *Laudato Si'* verfolgt ebenfalls einen maximal integrativen Ansatz. Sie schließt nicht nur an klassische und jüngere theologische Positionen (wie die der Päpste Paul VI. und Johannes Paul II.) an, sondern bindet auch die Volksfrömmigkeit und die mystischen Traditionen mit ein und setzt sich insbesondere mit naturwissenschaftlichen Erkenntnissen auseinander. Den Grund für diese umfassende Orientierung formuliert Franziskus ausgehend von der aktuellen Krisensituation selbst: »Entscheidend ist es, ganzheitliche Lösungen zu suchen, welche die Wechselwirkungen der Natursysteme untereinander und mit den Sozialsystemen berücksichtigen« (139).

Mit diesem Grundsatz erhebt der Papst die Religion in den Stand einer Integrationsinstanz, die andere soziale Bereiche nicht bevormundet und ausschließt, sondern zum Dialog einlädt. So verstandene weltoffene und weltorientierte Religion stellt nicht ein von den anderen Lebensbereichen getrenntes Unternehmen dar, wie dies etwa Stephen Jay Gould (1997) in seinem Modell der »überschneidungsfreien Lehrgebiete« *(non-overlapping magesteria)* von Religion und Wissenschaft vorschwebte. Vielmehr wird die Religion zu einem zentralen integrierenden Faktor, der die anderen Lebensbereiche und Denkräume in ihrer Autonomie anerkennt, zugleich aber übergreift und zusammenführt (vgl. Meulemann, 2007, S. 276). In dieser Konzeption und der wiederholten Einladung zum Dialog im Respekt gegenüber der »Autonomie der irdischen Wirklichkeiten« (80) scheint ein ganz neues, zukunftsweisendes Verständnis von Religion durch: Religion als Vermittlungsinstanz von Sichtweisen und Interessen, durch die eine Verbindung von beharrenden, an die geistige Tradition anschließenden Kräften mit wissenschaftlich-innovativen sowie ästhetischen, ethischen und ökonomischen Perspektiven hergestellt wird. Diese wichtige integrative Funktion der Religion (oder anderer Instanzen) wäre aber zu ergänzen um disziplinär differenzierte Betrachtungen und Argumentationen, weil jede mit »Verschränkungen« einhergehende Verschmelzung von Fakten und Normen, Wissenschaft und Werten, Erkenntnis und Ehrfurcht die Notwendigkeit verschleiert, den Gewinn von Wissen in spezialisierten wissenschaftlichen Kreisen von der öffentlichen Bewertung dieses Wissens zu trennen.

Literatur

Anonymus. (2015). Editorial: Hope from the Pope. *Nature, 522*, 391.
Bals, C. (2016). *Eine gelungene Provokation für eine pluralistische Weltgesellschaft. Die Enzyklika Laudato Si' – eine Magna Charta der integralen Ökologie als Reaktion auf den suizidalen Kurs der Menschheit*. Berlin: Germanwatch.
Boff, L. (2015, 18.06.). The Magna Carta of integral ecology: cry of the Earth-cry of the poor. www.leonardoboff.wordpress.com/2015/06/18/the-magna-carta-of-integral-ecology-cry-of-the-earth-cry-of-the-poor/ (31.08.2016).
Dierksmeier, C. (2016). *Umwelt als Mitwelt. Die päpstliche Enzyklika Laudato Si' und der argentinische krausismo*. Köln: Bachem Medien.
Edenhofer, O. & Flachsland, C. (2015). Laudato Si'. Die Sorge um die globalen Gemeinschaftsgüter. *Stimmen der Zeit*, 579–591.
Edenhofer, O., Flachsland, C. & Knopf, B. (2015). Science and religion in dialogue over the global commons. *Nature Climate Change, 5*, 907–909.
Emunds, B. (2015). »Der Papst fordert Respekt vor dem Eigenwert der Natur«. Gespräch mit Bernhard Emunds. *Welt-Blicke, 8*, 42–44.
Fiene, H. (2015, 23.06.). Pope Francis, The earth is not my sister. http://thefederalist.com/2015/06/23/pope-francis-the-earth-is-not-my-sister/ (31.08.2016).
Gould, S. J. (1997). Nonoverlapping magisteria. *Natural History, 106*, 16–22.
Guardini, R. (1925). *Der Gegensatz. Versuche zu einer Philosophie des Lebendig-Konkreten*. Mainz: Matthias-Grünewald-Verlag.
Habermas, J. (2012). *Nachmetaphysisches Denken. II. Aufsätze und Repliken*. Berlin: Suhrkamp.
Ickler, T. (2015). Kommentar vom 20. Juni 2015. www.sprachforschung.org/ickler/index.php?show=news&id=1103#29210 (31.08.2016).
Kasper, W. (2015). *Papst Franziskus – Revolution der Zärtlichkeit und der Liebe. Theologische Wurzeln und pastorale Perspektiven*. Stuttgart: kbw Bibelwerk.
Krause, K. C. K. (1893 [ca. 1808]). *Der Erdrechtbund an sich selbst und in seinem Verhältnisse zum Ganzen und zu allen Einzeltheilen des Menschheitslebens* (Hrsg. v. G. Mollat). Leipzig: Schulze.
McNutt, M. (2015). Editorial: The beyond-two-degree inferno. *Science, 349*, 7.
Meulemann, H. (2007). Lebenszufriedenheit, Lebensbereiche und Religiosität. In G. Nollmann (Hrsg.), *Sozialstruktur und Gesellschaftsanalyse. Sozialwissenschaftliche Forschung zwischen Daten, Methoden und Begriffen* (S. 261–277). Wiesbaden: Springer.
Mills, S. B., Rabe, B. G. & Borick, C. (2015). Acceptance of global warming rising for Americans of all religious beliefs. *Issues in Energy and Environmental Policy, 26*, 1–10.
Mynarek, H. (2015). *Papst Franziskus. Die kritische Biografie*. Marburg: tectum.
Papst Franziskus (2013). *Evangelii Gaudium*. www.vatican.va (31.08.2016).
Steizinger, J. (2012). Verschränkung. Exempel und Paradigma interdisziplinärer Begriffsgeschichte. *Forum Interdisziplinäre Begriffsgeschichte, 1*(2), 116–124.
Türk, H. J. (2015). Die ganz andere Enzyklika: Laudato Si'. *Die neue Ordnung, 69*, 336–346.
Vereinte Nationen (1992). *United Nations Environment Programme: Convention on Biological Diversity*. www.cbd.int/doc/legal/cbd-en.pdf (31.08.2016).
Wolters, G. (1995). »Rio« oder die moralische Verpflichtung zum Erhalt der natürlichen Vielfalt – zur Kritik einer UN-Ethik. *Gaia, 4*, 244–249.
Wright, E. O. (2015). Sociological limitations of the climate change encyclical. *Nature Climate Change, 5*, 902–903.

Papst provoziert weltweite Debatte über Umwelt und Gerechtigkeit

Christoph Bals

Aufruf zum Dialog

Papst Franziskus will angesichts der planetaren Krise »Wege für den Dialog skizzieren, die uns helfen sollen, aus der Spirale der Selbstzerstörung herauszukommen, in der wir untergehen« (163). *Dialog* ist ein Leitbegriff der Enzyklika – er taucht 23-mal auf, im fünften Kapitel, in dem es um Leitlinien für Orientierung und Handlung geht, sogar in jeder einzelnen Überschrift. Es geht um einen Dialog mit den armen und verletzlichen Menschen, mit den EntscheidungsträgerInnen in Politik und Wirtschaft, mit anderen Religionen – und mit Nichtgläubigen.

Franziskus knüpft an einen seiner Vorgänger, Johannes XXIII., an, der sich 1963 angesichts eines drohenden Atomkrieges in einer Enzyklika an »alle Menschen guten Willens« wandte. Nun wendet sich Franziskus in Sorge um die »bisweilen selbstmörderische[n]« (55) Tendenzen für die Bewohner des »Haus[es] der Erde«[1] »an jeden Menschen [...], der auf diesem Planeten wohnt« (3). Er verfolgt dabei zwei eng verknüpfte Ziele, »die Schonung der Natur« und »die Verteidigung der Armen«. Dahinter steht die Einsicht, die der Ökonom Nicolas Stern so ausgedrückt hat: »If we fail on one, we fail on the other« (Stern, 2009). Der Papst setzt auf diesen Dialog, um »die gesamte Menschheitsfamilie in der Suche nach einer nachhaltigen und ganzheitlichen Entwicklung zu vereinen« (13).

---

1 »Haus der Erde« ist ein geläufiger Topos der lateinamerikanischen Diskussion (vgl. Boff, 1996, 2003). Zugleich hat der Begriff »das gemeinsame Haus« eine wichtige Rolle bei Gorbatschows Reform- und Friedenspolitik gespielt.

Christoph Bals

Kann Religion ein Gesprächspartner auf Augenhöhe sein?

Kann aber die Enzyklika eines Papstes ein ernst zu nehmendes Gesprächsangebot auf Augenhöhe für eine pluralistische Gesellschaft sein? Jürgen Habermas argumentiert, gegenüber einem *reflektierten Glauben* könne auch eine pluralistische Gesellschaft offen für Impulse von religiösen Akteuren sein. Er nennt drei Bedingungen dafür: Es ist ein Glaube, »der sich zu anderen Religionen in ein Verhältnis setzt, der die prinzipiell fallibelen[2] Erkenntnisse der institutionalisierten Wissenschaften respektiert und die Menschenrechte« (Habermas, 2012, S. 99), der damit zentrale gesellschaftliche *Lernfortschritte* seit der Aufklärung akzeptiert. Wie steht es darum in der Enzyklika?

Nichtvereinnahmender Dialog mit anderen Kulturen und Religionen

Auffallend ist bei Franziskus' Gesprächsangebot an andere Kirchen, christliche Gemeinschaften und Religionen, aber auch an Agnostiker und Atheisten der nicht-missionarische, nicht-vereinnahmende Tonfall – voller Hochachtung. Die Enzyklika setzt sich nicht nur notgedrungen mit den anderen Kulturen und Religionen in ein Verhältnis – sondern aus Einsicht:

> »Wenn wir die Komplexität der ökologischen Krise und ihre vielfältigen Ursachen berücksichtigen, müssten wir zugeben, dass die Lösungen nicht über einen einzigen Weg, die Wirklichkeit zu interpretieren und zu verwandeln, erreicht werden können. Es ist auch notwendig, auf die verschiedenen kulturellen Reichtümer der Völker, auf Kunst und Poesie, auf das innerliche Leben und auf die Spiritualität zurückzugreifen« (63).

Dies heiße, »sich die Perspektive der Rechte der Völker und der Kulturen anzueignen, und auf diese Weise zu verstehen, dass die Entwicklung einer sozialen Gruppe einen historischen Prozess im Innern eines bestimmten kulturellen Zusammenhangs voraussetzt und dabei verlangt, dass die lokalen sozialen Akteure *ausgehend von ihrer eigenen Kultur* ständig ihren zentralen Part übernehmen« (144).

---

2   »Fallibel« hebt darauf ab, dass die Wissenschaft auf Sätzen besteht, die keinen dogmatischen Charakter haben, sondern prinzipiell fehlbar sind, das heißt bei Falsifizierungen jederzeit durch andere Sätze ersetzt werden können.

Akzeptanz der Autonomie von Wissenschaft, Philosophie, Kunst und Politik

Die Enzyklika unterstützt – mit Berufung auf das dafür grundlegende Dokument, die pastorale Konstitution *Gaudium et Spes* des Zweiten Vatikanischen Konzils (vgl. 1965) – die Anerkennung »der legitimen Autonomie der irdischen Wirklichkeit« (80), von Philosophie, Kunst und Politik. Diesen Schritt begründet der Papst nicht etwa defensiv, weil eine weitere Verteidigungsschlacht der Theologie gegen die Wissenschaft verloren wurde, sondern auch theologisch offensiv: Gott sei »im Innersten aller Dinge zugegen, ohne die Autonomie seines Geschöpfes zu beeinträchtigen« (80).

Auch das innovative methodische Vorgehen demonstriert die Akzeptanz einer autonomen Wissenschaft. Die Enzyklika codiert ihre wesentlichen Aussagen doppelt: »This judging is done in two aspects, the scientific and the theological« (Boff, 2015), bringt die doppelte Begründungsstruktur auf den Punkt. Eine interessante Grundlage für das Gespräch auch mit Agnostikern und Atheisten.

Der Papst erkennt auch vorbehaltlos den Vorrang des Staates vor der Religion an, er erhebe keineswegs den Anspruch, »die Politik zu ersetzen« (188). Selbst in Reden, in denen er starke politische Positionen vertritt – etwa bei seiner Ansprache an die Sozialbewegungen in Bolivien –, warnt der Papst: »Don't expect a recipe from this Pope. Neither the Pope nor the Church have a monopoly on the interpretation of social reality or the proposal of solutions to contemporary issues« (Asia News, 2015).

Nicht die Politik ersetzen – aber sich in sie einmischen. Der Papst argumentiert: Jede technische Lösung, »die die Wissenschaften beisteuern wollen, [wird] machtlos sein, die schweren Probleme der Welt zu lösen, wenn die Menschheit von ihrem Kurs abkommt, wenn die großen Beweggründe, die das Zusammenleben, das Opfer und die Güte möglich machen, in Vergessenheit geraten« (200).

Akzeptanz der Menschenrechte

Franziskus knüpft an die Unterstützung der Menschenrechte in der Enzyklika *Pacem in Terris* von Johannes XXIII. im Jahr 1963 an. Er schreibt, es gehe um ein Entwicklungsmodell, das neben den persönlichen auch die »gesellschaftlichen, wirtschaftlichen und politischen Menschenrechte, die Rechte der Nationen und Völker« (93) einschließe. Angesichts »der gegenwärtigen Situation der globalen

Gesellschaft, in der [...] immer mehr Menschen ausgeschlossen und ihrer grundlegenden Menschenrechte beraubt werden« (158), drängt er auf eine »vorrangige Option für die Armen« (158). So begründet er seinen Einsatz gegen die Privatisierung des Wassers (30) mit dem Recht auf Wasser und betont das natürliche Recht jedes Campesinos »(Kleinbauern)« auf Land, Wohnung und Lebensunterhalt (94). Allerdings überwindet auch diese Enzyklika nicht den blinden Fleck der katholischen Kirche in Bezug auf Genderfragen und Homosexualität. Diesbezüglich müssen Menschenrechte bis auf Weiteres gegen sie durchgesetzt werden (siehe Bals, 2016, S. 31).

Paradigmenwechsel: Von der Herrschaft des Menschen hin zur universalen Geschwisterlichkeit im gemeinsamen Haus

Der Papst vollzieht einen Paradigmenwechsel, bricht mit dem Verständnis des Menschen als Krone der Schöpfung, berufen zur Herrschaft über seine Umwelt. Er weist dies als »ein falsches Verständnis unserer eigenen Grundsätze« (200) des biblischen Herrschaftsauftrages »Macht Euch die Erde untertan« zurück. Diese neuzeitliche Interpretation war zu einer der wichtigsten Legitimationsgrundlagen der Neuzeit geworden – spätestens seit Descartes im 1637 veröffentlichten *Discours de la méthode* schrieb, die Menschen seien *Herrscher und Besitzer* der Natur (»maîtres et possesseurs de la nature«) (Descartes, 1902, S. 62).[3]

»Das Grundproblem« (106) der heutigen sozio-ökologischen Doppelkrise sieht der Papst in diesem technokratischen bzw. techno-ökonomischen »homogenen und eindimensionalen Paradigma« (ebd.), das die an den Rand gedrängten Menschen und die ökologische Mitwelt zum Wegwerf-Objekt und alles letztlich zu Geld macht: »Es gibt nicht zwei Krisen nebeneinander, eine der Umwelt und eine der Gesellschaft, sondern eine einzige und komplexe sozio-ökologische Krise« (139). Als fehlende Dimension bezeichnet er das Lernen des richtigen Gebrauchs der Macht, und damit eine »Entwicklung des Menschen in Verantwortlichkeit, Werten und Gewissen« (105).

Dem alten Paradigma setzt der Papst das *der universalen Geschwisterlichkeit des Menschen mit den Mitmenschen und der ökologischen Mitwelt* entgegen. Jene

---

3   Der Zusammenhang dieser Legitimationsgrundlage mit der ökologischen Krise wurde – wenn auch in ihrer Monokausalität zum Teil recht einseitig – für die ökologische Krise verantwortlich gemacht, so etwa von dem Technikhistoriker Lynn White (1967).

»sublime Geschwisterlichkeit mit der gesamten Schöpfung« (221), *die »im gemeinsamen Haus«* (vgl. etwa 21) der Erde lebe, das wir niemals »so schlecht behandelt und verletzt [haben] wie in den beiden letzten Jahrhunderten« (53). Einerseits seien sehr viele Menschen von der Teilhabe ausgeschlossen und andererseits werde dieses Haus »immer mehr in eine unermessliche Mülldeponie« (21) verwandelt. In der Einsicht in die universale Geschwisterlichkeit wurzelt der leidenschaftliche Aufruf für »Friede, Gerechtigkeit und Bewahrung der Schöpfung [...], drei absolut miteinander verbundene Themen, die nicht getrennt und einzeln behandelt werden können, ohne erneut in Reduktionismus zu fallen« (ebd.)

Die doppelt codierte Begründung

Substanz für eine pluralistische Welt hat diese Zurückweisung vor allem, weil der Papst sie sorgfältig doppelt codiert, wissenschaftlich und theologisch begründet.

»Wie ein roter Faden« (Boff, 2015) zieht sich durch die Enzyklika die Aussage, »dass in der Welt alles miteinander verbunden ist« (16). Der Papst versucht diese *Kernaussage* durch eine Reihe der wichtigsten *wissenschaftlichen* Fortschritte der letzten 180 Jahre abzusichern. Er nimmt auf die – so Heisenberg – »wichtigste experimentelle Entdeckung« im Kontext der Quantentheorie Bezug, indem er darauf hinweist, dass »nicht einmal die Atome und die Elementarteilchen [...] als voneinander getrennt betrachtet werden [können]« (138). Das technokratische Paradigma mit seiner Tendenz zur »Aufsplitterung des Wissens« (110) und dem Verlust des »Sinn[es] für die Gesamtheit« (ebd.), für eine Welt, in der »alles in Beziehung« steht (120), werde dem nicht gerecht.

> »Die Welt kann nicht mehr als ein kompliziertes Zusammenwirken getrennter Teile betrachtet werden, sondern sie bildet im Grunde ein einziges, nicht zerlegbares Ganzes. Alles in der Welt – das Materielle wie das Lebendige – formiert sich nicht aus vielem Getrennten, sondern durch fortwährende Differenzierung des Einen. Das Leben beginnt also mit Gemeinsamkeit und entwickelt sich im Zusammenhang« (Dürr, 2009, S. 168),

beschreibt Dürr, alternativer Nobelpreisträger und Nachfolger von Heisenberg auf dessen Lehrstuhl, diese Konsequenz der Quantentheorie.

Auch auf die Relativitätstheorie stützt sich der Papst, nach der Raum und Zeit abhängig vom Tempo des Beobachters variieren, nach der also nicht einmal »die Zeit und der Raum [...] voneinander unabhängig« (138) sind. Für die makroskopische Welt habe die Ökosystemforschung längst gezeigt, dass wir

> »auch wenn es uns nicht bewusst ist, [...] mit unsere[r] Existenz von einem solchen Miteinander ab[hängen]. Man muss sich vor Augen halten, dass die Ökosysteme auf die Umwandlung von Kohlendioxid, auf die Reinigung des Wassers, auf die Kontrolle von Krankheiten und Plagen, auf die Zusammensetzung des Bodens, auf die Zersetzung der Rückstände und auf viele andere Bereiche einwirken, die wir nicht bedenken und kennen« (140).

Am eindeutigsten aber stützt die Evolutionstheorie die *universale Geschwisterlichkeit* der Menschen mit der ökologischen *Mitwelt*. Carl Friedrich von Weizsäcker hatte einst kritisiert: »Die Abstammungslehre haben die Theologen zwar heute [...] akzeptiert, freilich ohne, wie mir scheint, die Konsequenz der Brüderlichkeit zu unseren Mitkreaturen ernstlich zu durchdenken« (von Weizsäcker, 1978, S. 160). Und der Papst nutzt dieselben Argumente wie einst von Weizsäcker, zum einen »das Bewusstsein des gemeinsamen Ursprungs, einer wechselseitigen Zugehörigkeit und einer von allen geteilten Zukunft« (202), zum anderen die Betonung, dass wir »einen guten Teil unserer genetischen Information [...] mit vielen Lebewesen gemeinsam« (138) haben.

Der Papst begründet – gemäß der doppelten Codierung – das neue Paradigma auch theologisch. Sogar mehrstufig. Erstens in Formulierungen, die als Gesprächsangebot an alle Religionen mit einem Bekenntnis zum Schöpfergott verstanden werden. Wir seien selber Erde – und »dass sämtliche Geschöpfe des Universums, da sie von ein und demselben Vater erschaffen wurden, durch unsichtbare Bande verbunden sind und wir alle miteinander eine Art universale Familie bilden, eine sublime Gemeinschaft, die uns zu einem heiligen, liebevollen und demütigen Respekt bewegt« (89). Zweitens Formulierungen, die an die mystischen Erfahrungen aller Religionen – insbesondere der östlichen Religionen anschließen. Diese legen nahe, die Welt nicht von außen, sondern von innen her zu betrachten, um dann die Bande zu erkennen, »durch die der himmlische Vater uns mit allen Wesen verbunden hat« (220). Drittens begründet er das neue Paradigma der universalen Geschwisterlichkeit durch die Vorstellung, die Welt und jedes Geschöpf sei Abbild der »subsistente[n] Beziehungen« (240), ja, letztlich Liebesbeziehungen zwischen Gott Vater, dem Sohn und dem heiligen Geist.

Konsequenzen des Paradigmenwechsels

Der Vorrang des Seins vor dem Nützlichen

Das Paradigma der universalen Geschwisterlichkeit im gemeinsamen Zuhause hebt »den Eigenwert eines jeden Geschöpfes« (16, vgl. auch 33, 69, 118, 208) – jedes Menschen und jedes anderen Lebewesens – hervor, unabhängig vom direkt erkennbaren Nutzen für uns. Der Papst fasst, wie Ott und Sachs betonen, »das Verhältnis von Mensch und Natur streng anti-utilitaristisch« (Ott & Sachs, 2015, S. 125), er verankert prägnanter als bisher den Vorrang des Seins vor dem Nützlichen in der Enzyklika. Er stellt sich gegen eine Geisteshaltung, der »alles irrelevant wird, wenn es nicht den unmittelbaren eigenen Interessen dient« (122). Entschieden kämpft der Papst gegen eine *Wegwerfkultur*, »die sowohl die ausgeschlossenen Menschen betrifft als auch die Dinge, die sich rasch in Abfall verwandeln«[4] (22). Oder auch unsere Mitwelt: »Jedes Jahr verschwinden Tausende Pflanzen- und Tierarten, die wir nicht mehr kennen können, die unsere Kinder nicht mehr sehen können, verloren für immer« (33).

Die Rolle von Ästhetik und Moral

So sehr der Papst der Wissenschaft den Vorrang lässt bei der Analyse des Sachstands über die Bedrohung des *gemeinsamen Hauses* (199–201) – er lässt ihr nicht das letzte Wort dazu. Er will den reduktionistischen »geschlossenen Rahmen« (199) positivistischer Interpretation der Wissenschaften, die das Schöne und die Ethik für subjektives Gedöns hält, sprengen: »Wenn jemand nicht lernt innezuhalten, um das Schöne wahrzunehmen und zu würdigen, ist es nicht verwunderlich, dass sich für ihn alles in einen Gegenstand verwandelt, den er gebrauchen oder skrupellos missbrauchen kann« (215). Dies gelte es in der Erziehung zu berücksichtigen, »wenn man tiefgreifende Veränderungen erzielen« (215) wolle. Dabei geht es Franziskus nicht um einen abstrakten Ästhetizismus, der alleine »die Schönheit in der Gestaltung« (150) anstrebt. Wichtiger sei die »Art von Schönheit« (ebd.) – die durch die Resonanz, mit sich selbst, mit anderen, mit der ökologischen Mitwelt – und in der Spiritualität aufleuchte.

---

4 Es wird sicher nicht der ernsthaften Gewissensentscheidung vieler Frauen oder Eltern gerecht, die sich zu einer Abtreibung entscheiden, wenn die Enzyklika vom »Wegwerfen« von Kindern« (123) spricht und dieses in die »Logik des ›Einweggebrauchs‹, der so viele Abfälle produziert, nur wegen des ungezügelten Wunsches, mehr zu konsumieren, als man tatsächlich braucht« (ebd.) einordnet.

Gerechtigkeit und Moral als Gegenstrategie zum Nützlichkeitsdenken

Fragen der Moral dürfe man nicht allein der Wissenschaft überlassen – so Franziskus. Ihre Ergebnisse seien auch mit dem Herzen zu lesen. Hinter den Flüchtlingszahlen würden dann die Gesichter der Menschen sichtbar, »die vor dem Elend flüchten, das durch die Umweltzerstörung immer schlimmer wird, und die in den internationalen Abkommen nicht als Flüchtlinge anerkannt werden« (25). Er argumentiert, dass »ein wirklich ökologischer Ansatz sich *immer* in einen sozialen Ansatz verwandelt [...], um *die Klage der Armen ebenso zu hören wie die Klage der Erde*« (49).

Die Rolle des Gemeineigentums

Das Hören dieser doppelten Klage soll nicht folgenlos bleiben. Wer von universaler Geschwisterlichkeit statt von Herrschaft des Menschen spreche, der müsse auch »die Konsequenzen aus der gemeinsamen Bestimmung der Güter der Erde [...] ziehen« (158), und zwar konsequenterweise in Bezug auf alle natürlichen Ressourcen (93–95). »Die Umwelt ist ein kollektives Gut, ein Erbe der gesamten Menschheit und eine Verantwortung für alle. Wenn sich jemand etwas aneignet, dann nur, um es zum Wohl aller zu verwalten« (95). Der Papst drängt letztlich auf »eine Vereinbarung über die Regelungen der Ordnungs- und Strukturpolitik für den gesamten Bereich des sogenannten ›globalen Gemeinwohls‹« (174).

Dabei soll auch der »Status der Atmosphäre als globales Gemeinschaftseigentum zum normativen Leitprinzip der Klimapolitik« (Wallacher, 2016) gemacht werden. »The atmosphere is a global good because of its limited disposal space for greenhouse gas emissions« (Schellnhuber, 2017, S. 6), erläuterte Hans Joachim Schellnhuber, der Direktor des Potsdam-Instituts für Klimafolgenforschung, bei der Vorstellung der Enzyklika in Rom. Es gilt dann nicht mehr: Wer zuerst kommt, verschmutzt die Senken der Atmosphäre oder der Ozeane zuerst. Dem will der Papst einen Riegel vorschieben: »Das Klima ist ein gemeinschaftliches Gut von allen und für alle« (23).

Beim letzten IPCC-Bericht war – trotz des entsprechenden Votums der Wissenschaftler – der Versuch gescheitert, die Forderung nach der Anerkennung des Klimas als öffentliches Gut in der Zusammenfassung für Entscheidungsträger der Arbeitsgruppe III zu verankern. »Several governments strongly opposed any language defining climate change as a global commons problem« (Edenhofer et al., 2015, S. 907–909), berichtet Ottmar Edenhofer, Vorsitzender der Arbeitsgruppe. Das waren die Staaten mit hohen aktuellen und historischen Emissionen. Sie hatten Angst vor massiven Reduktions- und Finanzverpflichtungen. Es reichte nur zu einer Fußnote, die mit dem Zusatz versehen wird, dass diese Fußnote keine rechtlichen Konsequenzen habe.

Konsequenzen der Anerkennung der Gemeingüter Umwelt und Klima

Um die Armen und Verletzlichen vor dem Missbrauch der Gemeingüter Klima und Umwelt zu schützen, hält der Papst es für unerlässlich,

> »ein Rechtssystem zu schaffen, das unüberwindliche Grenzen enthält und den Schutz der Ökosysteme gewährleistet, bevor die neuen Formen der Macht, die sich von dem techno-ökonomischen Paradigma herleiten, schließlich nicht nur die Politik zerstören, sondern sogar die Freiheit und die Gerechtigkeit« (53).

Der Ausstieg aus Kohle und anderen fossilen Energien

Dieser rechtliche Rahmen würde in Bezug auf den Klimawandel in erster Linie den Ausstieg aus fossilen Energien betreffen. Nur etwa ein Fünfzehntel der bekannten Ressourcen an Kohle, Teersand, Öl und Gas dürfen noch verbrannt werden, wenn die Klimaziele des Paris-Abkommens erreicht werden sollen. Der Papst argumentiert: »Wir wissen, dass die Technologie, die auf der sehr umweltschädlichen Verbrennung von fossilem Kraftstoff – vor allem von Kohle, aber auch von Erdöl und, in geringerem Maße, Gas – beruht, fortschreitend und unverzüglich ersetzt werden muss« (165). Eine Kompensation für Länder oder Unternehmen, die in Kohle, Öl und Gas investiert haben, zieht er nicht in Betracht.

Finanzielle Unterstützung für die notwendige Transformation

Eine weitere Konsequenz: Der Papst drängt auf »ausreichende[] Vereinbarungen« (165), damit die reicheren Staaten die ärmeren Staaten und Gemeinschaften bei der notwendigen Transformation des Energie-, Verkehrs- und Landwirtschaftssystems unterstützen. Er will verhindern, dass die armen Länder weiter als kleineres Übel auf fossile Energieträger zurückgreifen müssen. Er setzt auf das Zusammenspiel von ambitionierten Aktivitäten auch in den armen Ländern, die durch Aufbau von Kapazitäten, Technologiekooperation und Finanzierung durch die reichen Länder unterstützt werden.

Die bilateralen Abmachungen zwischen Indien und Deutschland für eine Solarpartnerschaft, die Verhandlungen mit der Ukraine über einen großen revolvierenden Fund für Energieeffizienz, die Unterstützung der G7 für ambitionierte Ausbaupläne für Erneuerbare Energien in Afrika oder die deutsch-marokkanische Kooperation bieten interessante Ansatzpunkte für solche Kooperationen.

Die Rolle der Subsidiarität – Dezentral wo möglich, zentral wo nötig

Stark drängt der Papst auf das »Prinzip der Subsidiarität« (157), also darauf, dass möglichst die gesellschaftliche Ebene, die am nächsten am Menschen ist, Probleme lösen soll. So setzt er darauf, »dass Gemeinschaften von Kleinproduzenten sich für weniger verschmutzende Produktionssysteme entscheiden und dabei ein Modell des Lebens, des Wohlbefindens und des nicht konsumorientierten Miteinanders vertreten« (112). Der Papst denkt hier etwa an die »große Mannigfaltigkeit an kleinbäuerlichen Systemen für die Erzeugung von Lebensmitteln, die weiterhin den Großteil der Weltbevölkerung ernährt« (129). Einheitliche gesetzliche Regelungen und technische Eingriffe von außen führten hingegen oft dazu, die »Vielschichtigkeit der örtlichen Problematiken zu übersehen«. Lösungen, die »aus der eigenen lokalen Kultur erwachsen« (144) müssten, seien ohne »ein aktives Einschreiten der Bewohner« (157) nicht zu erreichen.

Aber der Papst hat auch die zweite Seite des *Prinzips der Subsidiarität* in der Katholischen Soziallehre im Auge. Wo die Gruppen, die am nächsten beim Menschen sind, nicht in der Lage sind, das Problem zu lösen, bestehe eine Verpflichtung für die höhere Ebene – oft den Staat –, diesen Ausfall im Sinne des Gemeinwohls zu kompensieren: »Wir erinnern an das Prinzip der Subsidiarität, das auf allen Ebenen Freiheit für die Entwicklung der vorhandenen Fähigkeiten gewährt, zugleich aber von dem, der mehr Macht besitzt, mehr Verantwortlichkeit für das Gemeinwohl fordert« (196). Auch gelte: »Die Verantwortungsträger haben das Recht und die Pflicht, Maßnahmen zu ergreifen, um die Kleinproduzenten und die Produktionsvielfalt klar und nachdrücklich zu unterstützen« (ebd.).

Eine Provokation: Frohbotschaft statt Drohbotschaft

»Many have been puzzled over how *Laudato Si'* can simultaneously be so sweepingly critical of the present and yet so hopeful about the future« (Klein, 2015), hat die kanadische Aktivistin Naomi Klein feinfühlig beobachtet. »Gehen wir singend voran! Mögen unsere Kämpfe und unsere Sorgen uns nicht die Freude und die Hoffnung nehmen« (244), schreibt Franziskus. Er setzt auf eine christliche Spiritualität, die ermutigt »zu einem prophetischen und kontemplativen Lebensstil, der fähig ist, sich zutiefst zu freuen, ohne auf Konsum versessen zu sein«. Gibt es dazu ein funktionales Äquivalent für eine pluralistische Gesellschaft? Erziehungspädagogisch ist klar, dass die Frohbotschaft wirkungsvoller ist als die Drohbotschaft.

Literatur

Asia News (2015). Pope in Bolivia. www.asianews.it/news-en/Pope-in-Bolivia:-we-need-and-want-a-change-in-an-economy-that-kills-34736.html (07.09.2015).
Bals, C. (2016). *Eine gelungene Provokation. Eine Magna Charta der integralen Ökologie als Reaktion auf den suizidalen Kurs der Menschheit.* Bonn/Berlin: Germanwatch-Eigendruck [https://germanwatch.org/de/10479].
Boff, L. (1996). *Unser Haus der Erde. Den Schrei der Unterdrückten hören.* Ostfildern: Patmos.
Boff, L. (2003). *Haus aus Himmel und Erde – Erzählungen der brasilianischen Urvölker.* Ostfildern: Patmos.
Boff, L. (2015). The magna carta of integral ecology. https://leonardoboff.wordpress.com/2015/06/18/the-magna-carta-of-integral-ecology-cry-of-the-earth-cry-of-the-poor/ (18.06.2015).
Descartes, R. (1902). *Œuvres, Bd. VI: Discours de la méthode et Essais.* (Hrsg. von Charles Adam und Paul Tannery). Paris: Léopold Cerf.
Dürr, H.-P. (2009). *Warum es ums Ganze geht.* München: oekom.
Edenhofer, O., Flachsland, C. & Knopf, B. (2015). Science and religion in dialogue over the global commons. *Nature Climate Change, 5,* 907-909 [Corrected after print, 24. September 2015: www.nature.com/natureclimatechange].
Habermas, J. (2012). *Nachmetaphysisches Denken* (Bd II: Aufsätze und Repliken). Berlin: Suhrkamp.
Klein, N. (2015, 10.07.). A Radical Vatican? *New Yorker.*
Ott, H.E. & Sachs, W. (2015). Wie viele Divisionen hat der Papst? Die Umweltenzyklika und ihre Wirkung auf die Klimapolitik. *Politische Ökologie, 142,* 124–127.
Papst Johannes XXIII. (1963). *Pacem in Terris.* Enzyklika. www.uibk.ac.at/theol/leseraum/texte/333.html (20.06.2016).
Schellnhuber, H.J. (2016). Common Ground, The Papal Encyclical, Science and the Protection of Earth. www.pik-potsdam.de/images/common-ground (18.06.2016).
Schellnhuber, H.J. & Martin, M.A. (2014). Climate-System Tipping Points and Extreme Weather Events. In Pontifical Academy of Sciences & Pontifical Academy of Social Sciences (Hrsg.), *Sustainable Humanity, Sustainable Nature: Our Responsibility* (S. 1-20). www.pas.va/content/dam/accademia/pdf/es41/es41-schellnhuber.pdf (19.11.2016).
Segbers, F. (2015). »… die Klage der Armen ebenso hören wie die Klage der Welt«. http://kirchentag.blog.rosalux.de/2015/07/08/franz-segbers-die-klage-der-armen-ebenso-zu-hoeren-wie-die-klage-der-erde/ (08.07.2015).
Stern, N. (2009). *The Global Deal: Climate Change and the Creation of a New Era of Progress and Prosperity.* München: C.H. Beck.
Zweites Vatikanisches Konzil (1965). Pastorale Konstitution *Gaudium et spes* über die Kirche in der Welt von heute. www.vatican.va/archive/hist_councils/ii_vatican_council/documents/vat-ii_const_19651207_gaudium-et-spes_ge.html (22.11.2016).

Vogt, M. (2015). Würdigung der der neuen Enzyklika Laudato si' – Über die Sorge für das gemeinsame Haus. Rede bei Pressekonferenz am 18.06.2015. www.kaththeol.uni-muenchen.de/lehrstuehle/christl_sozialethik/aktuelles/veroeffentlichungen/laudato-si.pdf (19.11.2016).

Wallacher, J. (2016). Laudato Si' – Kompass für eine menschen- und umweltgerechte Entwicklungsagenda (Hochschule für Philosophie, München). www.hfph.de/nachrichten/thesen-zur-enzyklika-laudato-si (19.11.2016).

Weizsäcker, C. F. v. (1978). *Deutlichkeit*. München: Hanser.

White, L. jr. (1974). *The historical Roots of our ecological Crisis. Ecology and religion in history.* New York: Harper and Row.

Das Wort und das Geschenk der Mitmenschlichkeit

Bemerkungen zu Erziehung und Familie
in der Welt der Menschen

Peter Rödler

>»Existit ergo procul dubio aliquid quo maius cogitari non valet, et in intellectu et in re.
>
>(Es existiert also ohne Zweifel etwas, worüber hinaus Größeres nicht gedacht werden kann, sowohl im Verstande als auch in Wirklichkeit.)
>
>Neque enim quaero intelligere ut credam, sed credo ut intelligam.
>
>(Denn ich suche nicht zu verstehen, damit ich glaube, sondern ich glaube, damit ich verstehen kann.)«
>
>*Anselmus Cantuariensis, 1078*

Mit diesen beiden Aussagen gewinnt Anselm von Canterbury eine Basis seines Denkens, die den Glauben aus seinen weiteren Überlegungen – insbesondere in *De veritate* (nach 1083) – insofern als Gegenstand ausschließt, als er ihn als unhintergehbar voraussetzt: Der Mensch als Teil der Schöpfung reflektiert in seiner Eigenschaft als Mensch auf eben diese Schöpfung.

Eine Annäherung an Gott ist damit vorrangig durch den Versuch einer intellektuellen Annäherung an diese Schöpfung zu erreichen. Ich möchte mich dieser Überlegung anschließen. Dies hat den großen Vorteil, dass ich mich mit meinen Überlegungen zur Enzyklika von Papst Franziskus *Laudato Si'* (Papst Franziskus, 2015) nicht auf innerchristliche Überlegungen beschränken muss, sondern die Fragestellung der Bedeutung dieser Enzyklika allgemeiner angehen kann, sodass diese Überlegungen *vernünftigerweise* von *allen* Menschen *unabhängig von ihrer Kultur und ihrem Glauben* nachvollziehbar sind, was ja auch dem Anspruch der Enzyklika, sich an *alle* Menschen zu richten, entspricht:

»Viele Dinge müssen ihren Lauf neu orientieren, vor allem aber muss die Menschheit sich ändern. Es fehlt das Bewusstsein des gemeinsamen Ursprungs, einer wechselseitigen Zugehörigkeit und einer von allen geteilten Zukunft. Dieses Grundbewusstsein würde die Entwicklung neuer Überzeugungen, Verhaltensweisen und Lebensformen erlauben. So zeichnet sich eine große kulturelle, spirituelle und erzieherische Herausforderung ab, die langwierige Regenerationsprozesse beinhalten wird« (202).

Im Zusammenhang meiner Überlegungen spielt dabei die Art des Reflektierens (intellegere) der Menschen zu verstehen die vorrangige Rolle um dieser Aufgabe gerecht zu werden. Hierbei ist vor allem die Frage des Unterschieds zwischen Menschen und Tieren zielführend, da Letztere kognitiv durchaus weitergehende Leistungen zeigen können als zum Beispiel schwer beeinträchtigte Menschen.

Dabei wird deutlich werden, dass die Fragen, die sich Menschen – *alle* Menschen – stellen und die sie für ihr Überleben letztlich wie rudimentär auch immer beantworten müssen, letztlich nie ganz aus den gegebenen Fakten beantwortet werden können. Menschen integrieren also *immer* einen Glauben in ihr Handeln und sei es der Glaube an ihre Individualität und/oder an die Wirkung von Fakten und die Verbindlichkeit von Zahlen.

Es wird im Zuge dieser Überlegungen sichtbar werden, dass das Konstrukt des Primats individueller Freiheit, wie es zurzeit als Referenzidee globalisiert vertreten wird, in dieser voraussetzungslosen Form eine Illusion ist und der Erhalt dieser Illusion im Grunde nur durch Gewaltmaßnahmen am Leben gehalten werden kann. Dies macht das folgende Beispiel der – in seiner Konsequenz entlarvend ehrlichen – Anwendung des Individualparadigmas in einem Werbespot für einen neuen Autotyp sehr deutlich:

Der Werbeclip beginnt mit dem Blick auf eine weiße Ziege in einer schwarzen Herde. Eine Stimme sagt: »Sich abgrenzen von der Herde«, das Bild wechselt, nun zeigt es eine rosa Ziege neben zwei weißen in der Herde, die Stimme: »ein Ziel das Viele verfolgen«, das Bild wechselt wieder, nun ist eine riesige Herde bis zum Horizont in allen möglichen Farben zu sehen. Der Kommentar betont: »Aber wie grenzt man sich ab, wenn sich jeder abgrenzen will?«

Auf dem Bild erscheint sehr kurz wie ein Blitz der Kopf eines angreifenden Wolfes mit gefletschten Zähnen und folgend der Kopf einer panisch blökenden Ziege, parallel dazu hört man das Fauchen des Wolfes und darauf folgend das Blöken der Ziege. Diese Sequenz dauert weniger als eine Sekunde, zielt also eher auf die unbewusste Wahrnehmung und die Emotionen des Betrachters – die

Realität des Schreckens soll ja nicht ankommen und würde von der Werbung abschrecken.

Zusätzlich wird die Dramatik dieser Sequenz durch den Bassrhythmus einer Pauke gesteigert, der hier einsetzt und zur folgenden Sequenz überleitet, in der man nun das Auto in einer einsamen wilden – grauer Himmel – Gebirgslandschaft fahren sieht mit dem eingeblendeten Titel: »ungezähmt der neue [...]«

Ich denke, dieser Clip zeigt in äußerster Offenheit die Sackgasse, in die uns das uneingeschränkte Individualparadigma, eben erbarmungslos *logisch*, führt: *in die Gewalt!* Ich möchte deshalb im Folgenden einen alternativen Blick auf die Realität der Menschen entwickeln und diesen dann mit den Aussagen und Zielen der Enzyklika in Beziehung setzen.

Das Geschöpf *Mensch*

In einer Zeit, in der entlang des Individualparadigmas Menschen letztlich nur an ihrer Funktionsfähigkeit gemessen werden, was so weit geht, Ihnen bei entsprechenden Beeinträchtigungen – »human vegetable« (vgl. Singer, 1979, S. 104) – ihr *Personsein* und damit ihr Lebensrecht infrage zu stellen (vgl. Kuhse et al., 1993; Singer, 1979), wurde mir als Spezialist gerade für die Arbeit mit nichtsprechenden, schwer beeinträchtigten und tief greifend entwicklungsgestörten Menschen mit autistischen Verhaltensweisen, der zudem in der Ausbildung von Pädagoginnen und Pädagogen tätig ist, die Klärung der Frage des *Menschseins* zu einer offensichtlich notwendigen Grundlage.

Das Bedürfnis dieser Klärung tritt noch einmal verstärkt auf, seit die Forderung nach Inklusion ohne jegliche Ausnahme *(full inclusion)* vertreten wird. Diese Forderung, so einfach sie erhoben wurde, wird von der Soziologie ohne Schwierigkeiten logisch unabweisbar mit dem Hinweis ad absurdum geführt, dass jede Inklusion – in *etwas* – immer gleichzeitig auch ein Außen bestimmt, das dem Inkludierten gegenüber exkludiert ist; wodurch *es also gar keine Inklusion ohne Exklusion gibt!* Die entscheidende Frage ist also die Bestimmung dieser Grenze, das heißt festzustellen, wer oder was dem Bereich der Inklusion als *inkludierbar* bzw. *zu inkludieren* hinzugezählt wird und wer oder was eben nicht.

Die konkreten Entscheidungen über tatsächliche Inklusion wird dabei in der Regel über die Eigenschaften – also wieder die Funktion (!) – der Menschen, die zur Inklusion anstehen, verhandelt. Letztlich wird also anhand dieses Kriteriums über *ihre* Inklusionsfähigkeit entschieden. Die Schranken sind hier, beachten wir heutige pädagogisch-didaktische Zentralbegriffe wie *Selbstbestimmung*, *Empowerment* und *Selbststeuerungsfähigkeit* (»Hilf mir es selbst zu tun!«), recht hoch angesetzt. So wird also zwischen inklusionsfähigen und nicht-inklusionsfähigen Menschen unterschieden! Dies ist in doppelter Weise problematisch: Zum einen widerspricht dies offensichtlich der Forderung nach ausnahmsloser Inklusion *(full inclusion)*, zum anderen aber wird hier auch die Definition der Zugehörigkeit zur Gattung obsolet, solange sie über kognitive Leistungsfähigkeit erfolgt, da intelligente Tiere wie Primaten in ihrem Verhalten offensichtlich größere Kompetenzen (bis hin zu individuellem Selbstbewusstsein) beweisen als schwer beeinträchtigte Menschen!

Die Grenze der Inklusion kann also nicht über die Leistungsfähigkeit, sondern alleine über die Gattungszugehörigkeit bestimmt werden: *Die Beschränkung der Inklusion auf Menschen und den Ausschluss von Tieren.*

Aus dieser Erkenntnis ergibt sich nun eine neue und sehr fruchtbare Frage im Zusammenhang mit Inklusion, nämlich eine Bestimmung der Spezifik von Menschen gegenüber Tieren, der gerecht zu werden dann zum Maßstab gelingender Inklusion würde. Ich möchte dieser Forderung im Folgenden, soweit im Rahmen dieses Textes möglich, nachkommen. Ich verbleibe dabei, wie eingangs im Zusammenhang mit Anselm ausgeführt, wegen der umfassenden Bedeutung meiner Überlegungen wie auch des Anspruchs der Enzyklika (202) im Bereich der wissenschaftlichen Reflexionen und beziehe mich *nicht* auf christliche Glaubenssätze.

Die Eigen-Art der Menschen

> »Die Erziehung wird unwirksam, und ihre Anstrengungen werden unfruchtbar sein, wenn sie nicht auch dafür sorgt, ein neues Bild vom Menschen, vom Leben, von der Gesellschaft und von der Beziehung zur Natur zu verbreiten [...]« (218).

Am Beginn dieser Überlegungen geht es darum, einen Ausgangspunkt als Grundlage für meine Überlegungen zu finden, der erstens nicht sinnvoll bezweifelt werden kann[1] und zweitens als Eigenschaft auch durch umfassendste

---

1 Collingwood spricht in einem solchen Fall von »absolute Presuppositions« (vgl. Collingwood, 1940, S. 21).

Beeinträchtigungen nicht infrage gestellt wird, das heißt, der *ohne Ausnahme für alle lebenden Menschen gültig sein sollte.*

Als Wesensmerkmale von Menschen werden hier in der Regel genannt »Bewusstsein«, »Freiheit«, »Mündigkeit« und »Verantwortung« oder auch das von Singer für Personen benannte Merkmal »Wünsche zu haben«, alles Qualitäten, die in einer gewissen Annäherung auch bei Tieren, häufig aber nicht bei schwer beeinträchtigten Menschen feststellbar sind. Zudem wird deutlich, dass diese Eigenschaften in ihrer entwickelten Form durch die gegebenen Lebensumstände und Sozialisationsmöglichkeiten oft auch bei nicht-beeinträchtigten Menschen nicht beobachtbar sind!

Die beschriebenen Leistungen stellen sich also in der Realität, auch unabhängig von Beeinträchtigungen, als offensichtlich voraussetzungsvoll und damit als für eine allgemeine anthropologische Basis nicht tragfähig heraus. Die Untersuchung scheint ins Leere zu laufen, der Versuch eines allgemein gültigen Humanums an der Bandbreite und Vielfalt konkreter menschlicher Existenzen zu scheitern. Die Arbeit mit sehr schwer beeinträchtigten und tiefgreifend entwicklungsgestörten Menschen zeigt hier aber einen Ausweg:

In praktisch allen pädagogisch-therapeutischen Zusammenhängen mit dieser Klientel steht deren Tendenz zur Aufrechterhaltung von Ordnungen im Zentrum, was ihnen das Leben in der ja ständig wechselnden Umwelt erheblich erschwert. Es gilt also diesen Menschen Umwelten zu schaffen, die ihnen so viel verarbeitbare Orientierung bieten, dass eine Entwicklung über die eigenen Ordnungen hinaus möglich wird. Diese *Inkompetenz aller Menschen,* jenseits sozial tragfähiger Beziehungen auf der stereotypen Repetition von Ordnungen zu bestehen, verweist dann doch auf eine Gemeinsamkeit:

Es ist offensichtlich, dass die genannten *menschentypischen* Leistungen – »Bewusstsein«, »Freiheit«, »Mündigkeit« und »Verantwortung« – eine Entbindung von instinktiven Regulationen voraussetzen. So ist die akzeptierte Verantwortungslosigkeit von Tieren nicht einer niederen Intelligenz geschuldet, sondern eben der Gebundenheit ihres Verhaltens an den Instinkt. Diese Sicht, schon bei Trapp (1977 [1780]), in neuerer Zeit bei Portmann (1951) und Gehlen (1972), ist nicht neu. Ihre außerordentliche kulturtheoretisch-philosophische wie pädagogisch-therapeutisch praktische Bedeutung wurde dagegen nie differenziert entwickelt und ist in den heutigen (Bildungs-)Diskursen entsprechend nicht existent.

So verweist dieser Aspekt zum einen auf die existenzielle Bedrohung in die *jeder* Mensch gerät, findet er oder sie in seiner Umgebung nicht ausreichend soziale Beziehungen in Form von Deutungen seiner oder ihrer selbst sowie der gemeinsamen

Welt als Ersatz für die fehlende instinktive Regulation.[2] Zum anderen begründet diese gattungsspezifische biologische *Unterausstattung* die biologische Unbestimmtheit des Menschen, die spekulativ im Zusammenhang mit der These Portmanns von der physiologischen Frühgeburtlichkeit des Menschen gedacht werden kann (vgl. Rödler, 2000, S. 158ff.). Sie bildet für den Menschen insgesamt allerdings offensichtlich keinen Mangel, sondern ist die unbedingte Voraussetzung (!) für Sprache und Kultur als zentrale und signifizierende Eigenschaften der Gattung Mensch. Es ist eben dieser *Sprachraum*, der es menschlichen Individuen ermöglicht, sich entlang gesellschaftlicher Bedeutungen in der Welt zu orientieren und sich aus diesen Erfahrungen ein eigenes Sinnsystem als Ersatz für die fehlenden Instinkte aufzubauen.

Die kulturellen Produkte des Menschen entstehen also aus der *Notwendigkeit*, diesen gattungstypischen biologischen Orientierungsmangel sozial aufzuheben. An die Stelle der deterministischen Bedeutung der Welt durch die gattungstypisch instinktregulierte Biologie bei Tieren – die dann sekundär soziale Phänomene wie Herden, Schwärme oder gar Staaten (Bienen) hervorbringt – tritt ein kollektiver Bedeutungsraum (Sprachraum/Kultur) als Ersatz für die fehlenden Instinkte: »Unbestimmtheit: Die übersehene Annahme: die Freiheit des Menschen« (vgl. Rödler, 2000, S. 151).

Wichtig ist dabei die Tatsache, dass alle menschlichen Eigenschaften und Produkte (Religion, Kunst als Weltinterpretation, politische Ideologien, Philosophie, Moral, Verantwortung, Freiheit, Mündigkeit ...) ohne die Annahme einer biologischen Undeterminiertheit (Unbestimmtheit) nicht gedacht werden können. Die Unbestimmtheit wird damit – im Sinne einer *absoluten Präsupposition* – zum unhintergehbaren Ausgangspunkt aller auf den Menschen und seine Welt bezogenen Überlegungen, Modelle und Theorien. Sie wird zur zentralen Evidenz nicht nur für die Philosophie, sondern insbesondere auch für die Pädagogik, die sich ja gerade der qualifizierenden Entwicklung des Individuums in dieser gemeinsam erzeugten Welt widmet.

Es ist eben das Geschenk dieser Freiheit mit allen seinen Nachteilen,[3] selbst von Gott und der Schöpfung unabhängig zu sein, die Glaube wie auch eine verantwortliche Schau auf die Welt überhaupt erst möglich macht!

Die Nähe dieser Grundlage zum christlichen Bild des Ausgangs aus dem Paradies wie auch des jüdisch-chassidischen Zimzum (s. u.) ist bemerkenswert.

---

2 Das Insistieren auf selbst geschaffenen Ordnungen, und seien sie selbstverletzend, ist in dieser Lage eine kompensatorische Kompetenz (!), die den völligen Zusammenbruch der Wahrnehmung verhindert.

3 Für Menschen, die den Zugang zu diesem Raum nicht finden oder denen dieser Raum versperrt wird, wird dies allerdings zu einer existenziellen Bedrohung!

Gleichzeitig ist im Zusammenhang mit den Thesen Singers festzustellen, dass *dieser* anthropologische Zentralpunkt, die Unbestimmtheit, im Gegensatz zu spezifisch menschlichen Potenzen wie Vernunft, Freiheit, Reflexivität etc., zu denen menschliche Entwicklung führen *kann*, keinerlei Voraussetzungen aufseiten der Individuen verlangt. Dieser Aspekt ist absolut, das heißt unbedingt gültig, und auf alle lebenden Menschen in jedem Fall anwendbar.

Ausgehend von dieser grundsätzlichen Voraussetzung der Unbestimmtheit stellt sich das biologische Funktionieren *aller* Menschen jenseits sozialer Ergänzungen allerdings als außerordentlich bedroht dar. Der Grund hierfür ist die Tatsache, dass bei jedem Lebewesen zur Generierung von Informationen aus den Daten, die die Sinnesreize zur Verfügung stellen, ein Bezugspunkt existieren muss, auf den hin diese Daten ausgewertet, in Informationen überführt werden. Metaphorisch verkürzt: Es braucht eine Erwartung/Frage, um aus den Reizen/Daten eine Antwort/Information zu generieren (vgl. Rödler, 2000, S. 167). Bei Tieren wirkt hier der Instinkt als innerer Organisator, das heißt als Grundlage und Bezugspunkt der Wahrnehmungsverarbeitungs- und Denkprozesse. Die Notwendigkeit von Zielen und Bedeutungen ergibt sich also nicht allein für die Orientierung von Handlungen, sondern schon auf der Ebene der Wahrnehmung. Diese ist erst auf der Basis gegebener bedeutungsvoller Beziehungen zwischen *innen* und *außen* als Organisator des Wahrnehmungsprozesses möglich.

Bei Menschen entfällt, wie gezeigt (Unbestimmtheit), dieser biologische Organisator. *Biologisch* ist der einzelne Mensch deshalb zu einer Erzeugung und Aufrechterhaltung seiner Organisation (Autopoiese) im Unterschied zu Tieren *nicht* in der Lage! Erst die Deutungshilfen aus dem sozialen Umfeld (strukturelle Koppelung), angefangen mit der frühen Versorgung (*baby talk*) durch Repräsentanten der kulturellen Umwelt, versetzen Menschen in die Lage, sich auf der Basis dieses sozialen Materials einen eigenen Organisator (reflexiv: *Ich*) zu generieren, auf der Basis eines fortdauernden kulturellen Austauschs zu erhalten und differenzierend weiterzuentwickeln. Wie wir sehen, geht die Entwicklung von Menschen nicht im Sinne der einfachen Entfaltung biologischer Potenzen von innen nach außen, sondern in gewisser Weise durch eine Art *Ernährung mit Bedeutungen* – Maturana/Varela: *Linguolaxis*[4] (vgl. 1987, S. 236) – vor allem von außen nach innen!

---

4 Maturana und Varela vergleichen hier den Vorgang der Tropholaxis, bei dem Ameisen gegenseitig ihr Verhalten steuern, indem sie chemische Stoffe austauschen, mit dem verhaltenssteuernden sprachlichen Austausch von Menschen.

Die dieser Situation innerlichen *Gattungsfragen – Wer bin ich? Was ist die Welt? Was soll ich tun?* – bestimmen also nicht erst philosophische Diskurse, sondern stellen die Grundlagen aller menschlichen Begegnungen von Geburt an dar: Die Arten wie ein Baby gehalten wird, wie mit ihm gesprochen, wie auf seine Signale reagiert wird, stellen die ersten Antworten auf diese Fragen dar, die sich unmittelbar aus der biologischen Existenz des Babys in der *kulturellen* Menschenwelt ergeben. Die Art der Achtsamkeit auf seine Reaktionen und Signale gibt ihm dabei ein Bild seiner Subjekthaftigkeit, welches es mit dem Bewusst-Werden des *Ichs* nachvollzieht bzw. sich aneignet.

> »Das lädt uns nicht nur ein, die vielfältigen Verbindungen zu bewundern, die unter den Geschöpfen bestehen, sondern führt uns dahin, einen Schlüssel zu unserer eigenen Verwirklichung zu entdecken [...]« (240).

Menschen realisieren sich also in und gegenüber einem gegebenen sozialen Rahmen selbst. Sie bilden sich in und gegenüber dem von ihnen gemeinsam gebildeten Zeichenraum. Diese (Selbst-)Bildung ist jedem Menschen schicksalhaft eingeschriebener Auftrag, ohne dessen Realisierung seine biologische Organisation zusammenbräche. Jeder Mensch bildet sich, wie eventuell schwer beeinträchtigt auch immer, solange er oder sie lebt, bis in die Organisation seiner neuronalen Netze hinein (Caspary, 2012). Allein die lebendige Existenz jeweils individuell gewordener Realität beweist deren Bildung, denn *Menschen sind, solange sie leben, unabhängig von irgendeiner funktionellen Leistungsfähigkeit grundsätzlich bildungsfähig.* Die in dieser Bildung erkennbare Anthropologie ist inklusiv!

Die aus ihr ableitbaren soziokulturellen Entwicklungs- und Lebensbedingungen (s. u.) geboten zu bekommen, bezeichnet damit ein Recht, das insofern universell – kulturübergreifend (!) – gerecht ist, als es die Gattungsminima der Menschen realisiert! Dabei ist jegliche menschliche Kommunikation ein produktiver Beitrag zur umgebenden Kultur, wie diese eine notwendige Voraussetzung für die Möglichkeit menschlicher Begegnung ist (229). Dieser Beitrag ist aufseiten des Kindes an keinerlei Bedingung außer dem reinen Leben selbst geknüpft, da der Impuls dieser Prozesse von den Interpretationen der Umwelt ausgeht und nicht in der kommunikativen Kompetenz des Kindes besteht, wie gesagt: »Ich werde am Du!« (Buber, 1965, S. 32).

Dies bedeutet auch eine überzeugende Gegenposition zu der Argumentation von Singer, der ja »bewusst Präferenzen haben« als zentrale Bedingung dafür beschreibt, Person zu sein (Singer, 1979, S. 120), einen Status, dem gegenüber auch er das Tötungstabu aufrechterhält. Im Spiegel der hier vorgestellten

Überlegungen wird klar, dass »Präferenzen zu haben« bei *allen* Menschen eine soziale Unterstellung ohne biologischen Grund ist, die allerdings auch bei allen Menschen erst ermöglicht, dass sie irgendwann Reflexivität und Präferenzen entwickeln. *Indem Singer bestimmten lebenden Menschen diese Unterstellung vorenthält, erzeugt er damit das Phänomen selbst, dass er dann als Begründung für seine Position heranzieht!*

Kultur als Voraussetzung (!) und Ausdruck dieser grundlegenden Prozesse wird so den Menschen zu Ihrer Natur, zu einer symbolischen Schicht, durch die erst die natürliche Welt zugänglich wird.

Die Menschenwelt ist also immer Deutung, geht immer über die reinen Fakten hinaus! Sie ist ohne Geist weder wahrnehmbar noch denkbar.

Laudato Si' – Teilhabe und Teilsein

>»Im Anfang war das Wort, und das Wort war bei Gott, und Gott war das Wort. [...] Alle Dinge sind durch dasselbe gemacht, und ohne dasselbe ist nichts gemacht, was gemacht ist. In ihm war das Leben, und das Leben war das Licht der Menschen. [...] Und das Wort ward Fleisch und wohnte unter uns [...]«
>*Luther, 1912, Johannes 1. 1–14*

>»[...] wo zwei oder drei versammelt sind in meinem Namen, da bin ich mitten unter ihnen.«
>*Luther, 1912, Matthäus 18. 20*

Die Eingangszitate bündeln den Stand meiner Überlegungen an diesem Punkt in gleicher Weise, wie sie sich, auch im Sinne der Enzyklika, das »Lob Gottes« *(Laudato Si')* deutlich auf die Welt beziehen. Dabei darf allerdings nicht übersehen werden, dass in der christlichen Tradition dieses »Wort« *(logos)* mit Jesus gleichgesetzt wird, in dem sich Gott den Menschen offenbart. *Dieses* christliche Verständnis im *engen* Sinn spiegelt sich in dem bisher ausschließlich weltimmanent entwickelten *Reich der Sprache* (Kultur). Bedenkt man nämlich, dass dieser Text aus dem Evangelium des Johannes in sich eine reiche Tradition jüdischer und griechisch-römischer Kultur/Metaphysik bündelt, so wird das Analogon der unhintergehbaren Voraussetzungen im Glauben wie im *Menschenbild* sichtbar.

Ich will diese Gemeinsamkeit durch einen Verweis deutlich machen, der die Totalität der für die Welt der Menschen ursächlichen Ur-distanzierung darstellt und damit die hier erarbeitete Unbestimmtheit der Menschen als Grundlage der Sprache, *des Wortes*, spiegelt.

In der jüdischen Mystik der Kabbala des Isaak Luria (1534–1572) ist die Rede von *Zimzum* oder der Selbstbeschränkung Gottes. Im Gegensatz zu Vorstellungen, dass sich Gott den Menschen in der und durch die Welt offenbart, geht diese Idee von einem Rückzug Gottes, einer Selbstexilierung (vgl. Scholem, 1973, S. 144) aus dieser Welt aus. Dieser Rückzug allein ermöglicht es, dass überhaupt ein Weltprozess existiert, dass irgendetwas da ist, das nicht Gott ist. »Im Akt des Zimzum werden die richtenden Gewalten, die in Gottes Wesen in unendlicher Harmonie mit den ›Wurzeln‹ aller anderen Potenzen vereinigt waren, gesammelt und an einen Punkt, eben in jenem Urraum, konzentriert, aus dem Gott sich zurückzieht« (Scholem, 1973, S. 148f.). Dieser Prozess, der bei Luria noch als ein *Reinigungsprozess* Gottes von dem ihm ursprünglich innewohnenden Bösen gesehen wird, wird von Ez Chaim später als freie Liebestat beschrieben.

Die Mystiker skizzieren so den Abgrund der Erkenntnis, dass für die Menschen jenseits ihrer sprachlichen[5] Vergewisserungen nichts existiert! Dass das sie bildende wie von ihnen gebildete *Reich der Sprache* sich nicht auf irgendwelche materiellen Fakten beschränken kann, die dann sekundär zu thematisieren wären, sondern dass es primär, sozusagen das Echo im Anrufen der Dinge vorwegnehmend, diese Welt aus dem Nichts – oder dem unstrukturierten *Alles* – schafft. *Die Menschenwelt ist an die gelebte Begegnung von Menschen gebunden* (229).

Wenn im Folgenden also die Beziehungen in dem so nachgezeichneten *Reich der Sprache* wieder aufgegriffen werden, darf das Skandalon, der im Innersten dieser Strukturen lauernde Schrecken, nicht übersehen werden, den es bedeutet, wenn eben diese Prozesse, wie zum Beispiel im Fall eines autistischen oder psychotischen Prozesses, scheitern. Nichtsdestotrotz sind alle Menschen grundsätzlich von Geburt an in ihrer biologisch notdürftigen Bezogenheit auf die Sprache in der Lage, anderen ein Gegenüber in diesem Wechselspiel zu sein und damit sowohl Vernunft als auch Freiheit möglich werden zu lassen.

Unvernünftig werden Individuen, wie auch Institutionen und Gesellschaften, wenn sie diesen unendlichen menschlichen Wechselbezug, dieses Ringen um jeweilige Gültigkeit verlassen und in einfache, selbstbezüglich stabilisierende

---

5   »Sprachlich« meint hier *jede* Form des Austauschs von Bedeutungen (!), nicht nur das Sprechen. Siehe auch das Beispiel oben des Kindes, dessen Reaktion in den Armen der Mutter, des Vaters … interpretiert wird!

Wahrheiten abgleiten, womit die beschriebene Struktur grundlegend infrage gestellt wird.

Um diese Reduktion zu verhindern, gilt es, das kontrafaktische Handeln in allen Bereichen der Sprache zu pflegen und nicht der Verführung des scheinbar sichereren und weniger aufwendigen Faktischen zu erliegen. Dieses beinhaltet, wie es in dem Alltagsbegriff der *leidenschaftlichen Liebe* offenbar wird, von den menschlichen Relationen kein Bild eines harmonisch affirmativen Miteinanders zu zeichnen, sondern auf den Schärfen dieses menschlichen Grundverhältnisses zu bestehen. Die Sprache, wie die Liebe, ist in dieser Sicht keine *romantische*, sondern eine äußerst lebendige reale Einrichtung!

Es bleibt zu fragen, wie ein säkular sozialisierter Mensch, der bei der Orientierung am Individualismus/Pluralismus auf sich allein gestellt ist, die *Erkenntnis* um dieses Wesen der Menschenwelt ertragen soll, ohne der Verführung einer chauvinistischen Fixierung der gewohnten kulturellen (Ethnie, Nation) Ordnungen zu erliegen. An die Stelle der hier erarbeiteten Leerstelle *kann* eine Religion treten. Diese realisiert mit dem Glauben kontrafaktisches Handeln. Für diese Kompensationsleistung muss es sich allerdings nicht notwendig um eine kirchlich verfasste Religion handeln, denn es geht allein um die Annahme eines in den Prozessen wirksamen, aber nicht direkt erkennbaren Sinns, dem sich der gläubige Mensch zuordnet.

Glaube ermöglicht so das Offenhalten von Utopien und damit eine Orientierung gerade in Zeiten paradigmatischen Wechsels. Wichtig ist dabei aber, dass die Differenz zwischen dem geglaubten Bereich idealer Selbst- und Weltdefinition und dem je lokal und zeitlich kulturell verschiedenen Leben in der Sprache gewahrt bleibt. Um in unserem Bild zu bleiben: Gott muss – Zimzum – abwesend bleiben! Papst Franziskus beschreibt diese Beschränkung menschlicher Glaubenslehre beeindruckend klar am Beginn seiner Enzyklika *Amoris Laetitia*[6].

---

6 »Indem ich daran erinnere, dass die Zeit mehr wert ist als der Raum, möchte ich erneut darauf hinweisen, dass nicht alle doktrinellen, moralischen oder pastoralen Diskussionen durch ein lehramtliches Eingreifen entschieden werden müssen. Selbstverständlich ist in der Kirche eine Einheit der Lehre und der Praxis notwendig; das ist aber kein Hindernis dafür, dass verschiedene Interpretationen einiger Aspekte der Lehre oder einiger Schlussfolgerungen, die aus ihr gezogen werden, weiterbestehen. Dies wird so lange geschehen, bis der Geist uns in die ganze Wahrheit führt (vgl. *Joh* 16,13), das heißt bis er uns vollkommen in das Geheimnis Christi einführt und wir alles mit seinem Blick sehen können. Außerdem können in jedem Land und in jeder Region besser inkulturierte Lösungen gesucht werden, welche die örtlichen Traditionen und Herausforderungen berücksichtigen. Denn ›die Kulturen [sind] untereinander sehr verschieden, und jeder allgemeine Grundsatz [...] muss inkulturiert werden, wenn er beachtet und angewendet werden soll«« (Papst Franziskus, 2016, 3).

Geschieht dies nicht, kann Religion, indem sie ihren Glauben als innerweltliche Wahrheit behauptet und damit reale Ordnungen und Institutionen legitimiert, außerordentlich mächtige, sich selbst erhaltende Systeme von Sekten bis hin zu religiös begründeten Diktaturen erzeugen. Ein solcherart im Sinne von Eindeutigkeit deformierter Sprachraum zeigt sich als besonders zerstörerisch für sprachliche Relationen im oben entwickelten Sinn. Institutionen, die dagegen Differenz und Vieldeutigkeit zu ihrer Grundlage machen, schöpfen ihre Kraft aus der Lebendigkeit des menschlichen Austauschs.

In diesen Überlegungen wird klar, wie nahe sich die gezeigte rationale Analyse der Grundlagen von Sprache und die von Papst Franziskus vertretenen christlichen Positionen kommen. Sie zeigen aber auch Kategorien auf, die an eine Welt der Menschen, die dieser und diesen wirklich gerecht wird, anzulegen sind.

Es geht offensichtlich darum, Lebensverhältnisse zu erreichen, die bei den Menschen ein Selbstverständnis der Bezogenheit ermöglichen. Dies ist an eine grundlegende *Erfahrung* des Teilseins gebunden. Selbstverständlich ist das *Wissen* um die komplexen Zusammenhänge in der Natur und ihrer Gefährdungen durch die Eingriffe, die die Menschen realisieren, wichtig. Aber dieses *Wissen* macht angesichts der Größenordnung dieser Probleme auch deutlich, wie unbedeutend das Verhalten Einzelner für diese Prozesse ist. Unter dem Paradigma des Individualismus wird selbst ein guter Wille bald erlahmen (219).

Erst die Erfahrung der *Beheimatung* in der Welt der Menschen – möglichst von Anfang an –, die das Erleben der eigenen *Eigen-Art* im Spiegel zugeneigter Anderer in ihrer *anderen* Eigen-Art ermöglicht, realisiert die Teilhabe an der Sprache im hier erarbeiteten Sinne. Auf die Bedeutung der Ästhetik in diesem Zusammenhang weist die Enzyklika besonders hin:

> »Auf die Schönheit zu achten und sie zu lieben hilft uns, aus dem utilitaristischen Pragmatismus herauszukommen. Wenn jemand nicht lernt innezuhalten, um das Schöne wahrzunehmen und zu würdigen, ist es nicht verwunderlich, dass sich für ihn alles in einen Gegenstand verwandelt, den er gebrauchen oder skrupellos missbrauchen kann [...]« (215).

So relativiert dieses Teilsein zwar die singuläre Bedeutung der *selbstbestimmten* Individualität – inklusive der frustrierenden Erkenntnis über die Wirkungslosigkeit gegenüber den in der Enzyklika angesprochenen Problemen –, ermöglicht aber, sich durchgehend als einen Beitrag zur gemeinsamen Welt bedeutsam zu erleben.

Es wird deutlich, dass *diese* Voraussetzung *nicht* von der Pädagogik allein geschaffen werden kann! *Die Forderungen der Enzyklika sind, auch in ihren erzie-*

*herischen Aspekten vor allem ein Gesellschaftsprojek*t! Die gilt zudem in besonderer Weise, da sich die Enzyklika ja an *alle* Menschen wendet, dieses Teilsein also kultur- und religionsübergreifend gedacht werden muss!

Vor *diesem* Hintergrund gewinnen nun die hier entwickelten Überlegungen einen besonderen Wert, da sie die Forderungen der Enzyklika durch eine religionsunabhängige und damit kulturübergreifende, also umfassend nachvollziehbare rationale Analyse der Menschenwelt untermauern.

Dabei bildet die Grundlage der *erzieherischen* Aspekte – in der Folge unserer Überlegungen – die Selbsterkenntnis der Adressaten von sich als Menschen im kontinuierlichen Wechselbezug mit Anderen. Dieses kann nicht gelernt, sondern nur – wortwörtlich verstanden – *er-lebt* werden um später gelebt werden zu können. Welche Bedingungen müssen hierfür gegeben sein?

Erstens
Jeder Mensch muss unabhängig von seinen kulturellen oder biologischen Voraussetzungen gehört werden. Das heißt, die Verantwortung für das Gelingen der Kommunikation liegt primär bei der Umwelt eines Menschen. Diese bietet mit ihren Verstehens-Versuchen den Raum, in dem und dem gegenüber der Mensch dann seine Spuren hinterlassen, seine Wünsche äußern, seine Perspektiven zum Ausdruck bringen kann. Gleichzeitig entsteht dem Menschen als Repräsentanten dieses Sprachraums daraus natürlich die gleiche Verantwortung gegenüber anderen Menschen.

Wichtig ist dabei zu verstehen, dass Wünsche gehört werden müssen, aber nicht notwendiger Weise erfüllt! Die Verhandlung um das, was jeweils für das gemeinsame Handeln gilt, verweist auf

Zweitens
Die Wertschätzung verschiedener Perspektiven für die zunehmende Differenzierung und Klärung der jeweiligen Intentionen/Interessen/Sachverhalte muss als Ausgangsbasis gewährleistet sein. So ist die Art des *In-der-Welt-Seins* von verschiedenen Kulturen, aber auch von Kindern oder Behinderten in ihren vielfältigen individuellen Eigenarten eine unschätzbare Quelle kultureller Anregung und Erweiterung: Exklusion aus dem gemeinsamen Sprach- und Kulturraum behindert und gefährdet nicht nur die so wortwörtlich Ex-kommunizierten, sondern beschädigt gleichzeitig eben auch den gemeinsamen *Kulturpool,* der entsprechend verarmt.

Das Ziel der Kommunikation ist also gar nicht primär die Übereinstimmung, sondern die wechselweise kulturelle *Anreicherung* und Klärung der je eigenen

Sicht. Begegnungen in diesem Sinn sind wirklich leidenschaftlich, also durchaus auch anstrengend. Und damit ergibt sich

Drittens
Das gemeinsame Leben *auf allen Ebenen*, von der Dyade bis zur Weltgesellschaft (232), gilt als eine Arbeit an dem einen, den Menschen gegebenen, *gemeinsamen Gegenstand*, nämlich als Postulat, die Menschenwelt und somit die Schöpfung zu realisieren! »Auf soziale Probleme muss mit Netzen der Gemeinschaft reagiert werden, nicht mit der bloßen Summe individueller positiver Beiträge [...]« (219).

Diese Ansprüche in ihrer humanen Verbindlichkeit (231) sind an das Leben in der Familie, in welcher kulturellen Form auch immer, ebenso zu stellen wie an die Klassen-Lern-Kultur in der Schule, aber auch an die die Gesellschaftsdiskurse bestimmenden Institutionen, vor allem an die Medien sowie an diverse politische und kulturelle Gruppierungen.

Erst dies ermöglicht es, die umfassende soziale Beheimatung als einen dynamischen und komplexen Prozess zu erfahren und die hieraus folgende Grundhaltung dann auch auf fremde Kulturen und die ökologischen Weltzusammenhänge zu übertragen. Gleichzeitig bietet dieses humane *Setting* der Teilhabe einen ressourcenunabhängigen Raum der Selbstbestätigung und damit eine größere Unabhängigkeit vom Konsum (215).

Mit den Worten der Enzyklika:

»Das lädt uns nicht nur ein, die vielfältigen Verbindungen zu bewundern, die unter den Geschöpfen bestehen, sondern führt uns dahin, einen Schlüssel zu unserer eigenen Verwirklichung zu entdecken. Denn die menschliche Person wächst, reift und heiligt sich zunehmend in dem Maß, in dem sie in Beziehung tritt, wenn sie aus sich selbst herausgeht, um in Gemeinschaft mit Gott, mit den anderen und mit allen Geschöpfen zu leben« (240).

Literatur

Anselmus Cantuariensis ([1078]). Proslogion. http://www.thelatinlibrary.com/anselmproslogion.html (18.11.2016).
Anselmus Cantuariensis. (1966 [nach 1083]). *De veritate – Über die Wahrheit* (Lateinisch-deutsche Ausgabe von Franciscus Salesius Schmitt). Stuttgart/Bad Cannstatt: Friedrich Frommann Verlag.
Buber, M. (1965). *Das dialogische Prinzip* (4. Aufl). Heidelberg: Schneider.

Caspary, R. (2012). *Lernen und Gehirn. Der Weg zu einer neuen Pädagogik* (7. Aufl.). Hamburg: Nikol.
Collingwood, R. G. (1940). *An essay on metaphysics. With The nature of metaphysical study [u.a.]. Rev. ed. with an introd. by Rex Martin*. Oxford: Clarendon Press.
Gehlen, A. (1972). *Der Mensch. Seine Natur und seine Stellung in der Welt. (12. Aufl.)*. Wiesbaden: Akademische Verlagsgesellschaft Athenaion.
Kuhse, H., Singer, P. & Schust, J. (1993). *Muß dieses Kind am Leben bleiben? Das Problem schwerstgeschädigter Neugeborener* (1. Aufl., von der Autorin und dem Autor überarb. und erw. dt. Ausg.). Erlangen: Fischer.
Luther, M. (1912). *Die Bibel*. www.bibel-online.net/buch/luther_1912/ (10.08.2016).
Maturana, H. R. & Varela, F. J. (1987). *Der Baum der Erkenntnis. Die biologischen Wurzeln des menschlichen Erkennens* (12. Aufl). München: Goldmann.
Papst Franziskus (2016). *Amoris Laetitia. Über die Liebe in der Familie* (Enzyklika).Rom: Libreria Editrice Vaticana. http://w2.vatican.va/content/francesco/de/apost_exhortations/documents/papa-francesco_esortazione-ap_20160319_amoris-laetitia.html (29.07.2016).
Portmann, A. (1951). *Biologische Fragmente zu einer Lehre vom Menschen* (2. Aufl.). Basel: Benno Schwabe.
Rödler, P. (2000). *Geistig behindert: Menschen, lebenslang auf Hilfe anderer angewiesen? Grundlagen einer basalen Pädagogik* (2. überarb. und erw. Aufl. von: »Menschen, lebenslang auf Hilfe anderer angewiesen«. Beiträge zur Integration). Neuwied u.a.: Luchterhand.
Scholem, G. (1973). *Zur Kabbala und ihrer Symbolik* (1. Aufl., Nachdr.). Frankfurt a.M.: Suhrkamp.
Singer, P. (1979). *Praktische Ethik* (2. Aufl.). Stuttgart: Reclam.
Trapp, E. C. (1977 [1780]). *Versuch einer Pädagogik* (Unveränd. Nachdr. d. 1. Ausg. Berlin, 1780. Hrsg. v. Ulrich Herrmann). Paderborn: Schoeningh.

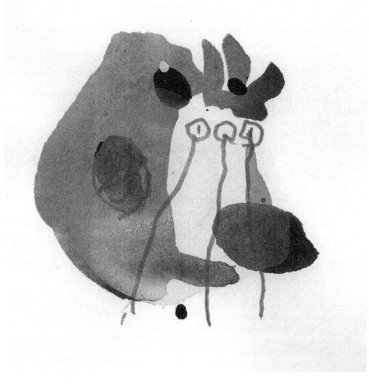

… wenn sich menschliche Beziehungen entwicklen, die sich durch Nähe und Herzenswärme auszeichnen

Salutogene Perspektiven

Zur Entstehung und Förderung von Gesundheit
in der Enzyklika

Claude-Hélène Mayer

Einleitung

Die Öko-Enzyklika (2015) von Papst Franziskus beschäftigt sich vorwiegend mit Fragen hinsichtlich des Umgangs mit der Umwelt, mit sozio-kulturellen Beziehungen, Macht, Werten, Frieden, Gerechtigkeit, Arbeit und der Herangehensweise und Umsetzung einer ganzheitlichen Ökologie. Die Gesundheit der Individuen und Gemeinschaften steht nicht explizit im Vordergrund, jedoch ist dies ein zentrales Thema im Kontext der beschriebenen ökologischen Krise und der Entwicklung und Neuentdeckung einer ganzheitlichen Ökologie. Das Thema der Entstehung und Aufrechterhaltung von Gesundheit ist auf individueller, organisationaler, regionaler und globaler Ebene kaum noch wegzudenken – entsprechend nimmt die Salutogenese auch in der Enzyklika *Laudato Si'* einen Platz ein, der im Folgenden Beachtung finden soll.

Die Salutogenese, also die Auseinandersetzung mit der Frage nach der Entstehung und Erhaltung von Gesundheit, geht vor allem auf das Konzept des Medizinsoziologen Aaron Antonovsky (1979) zurück, das bereits Ende der 1970er Jahre entwickelt wurde und gegenwärtig immer weiter erforscht wird.

Die Salutogenese orientiert sich an einem holistischen Gesundheitsbegriff, der die körperliche, geistige, soziale und seelische Gesundheit einbezieht (Mayer, 2011). Dabei ist Gesundheit als ein dynamischer Prozess definiert, der sich von der Geburt bis zum Tod auf einem Gesundheitskontinuum definiert, das sich zwischen den Polen der vollkommenen Gesundheit bis zur Krankheit bewegt.

Antonovsky, der das Modell der Salutogenese durch seine Forschungen entwickelte und in dem das Kohärenzgefühl *(Sense of coherence)* einen besonderen Stellenwert einnimmt, stellte die Frage, was Menschen gesund hält, in den Vordergrund seines Interesses. Er verschiebt somit den Fokus des Interesses von einem bio-medizinischen Paradigma zu einem bio-sozial-medizinischen. Entsprechend vollzieht er eine Wendung von einem pathogen-orientierten Krankheitsmodell (mit der zentralen Fragestellung, was Menschen krank macht) zu einem salutogen-orientierten Gesundheitsmodell, das seitdem zu einem festen Pfeiler in der Positiven Psychologie, Medizinsoziologie und -psychologie und in der Gesundheitsforschung geworden ist.

In gegenwärtigen Forschungen zeigt sich, dass die Salutogenese und vor allem das Kohärenzgefühl einen hilfreichen Zugang zum theoretischen und praktischen Umgang mit Gesundheit darstellen (Mayer & Krause, 2012). Interessanterweise weist auch die Enzyklika auf herausragende und wesentliche Aspekte der Salutogenese und des Kohärenzgefühls hin, die im Folgenden analytisch beleuchtet werden sollen.

Salutogenese und Kohärenzgefühl

Das Kohärenzgefühl spielt eine wichtige Rolle in der Entstehung und Aufrechterhaltung von Gesundheit. Es besteht aus drei Komponenten:

- ➢ *Verstehbarkeit* als kognitive Komponente wird konstruiert durch die Erfahrung von Konsistenz, Kongruenz und Harmonie und ist assoziiert mit der Frage, wie wir die Welt verstehen und sehen. Die Verstehbarkeit ist oftmals an ein Gefühl der Zuversicht gebunden. Ein Mensch mit einer gut ausgeprägten Verstehbarkeit erwartet und nimmt wahr, dass das, was er/sie erfährt, verstehbar, voraussagbar, geordnet und explizit ist.
- ➢ *Handhabbarkeit* ist eine verhaltensorientierte Komponente und beschreibt die Fähigkeit einer Person, die zur Verfügung stehenden Ressourcen wahrzunehmen, zu erkennen und entsprechend der Situation einzusetzen. Eine Person mit einer stark ausgeprägten Handhabbarkeitskomponente kann Ressourcen wahrnehmen und sie angemessen in einer Situation einsetzen und weiß, wie Herausforderungen optimal begegnet werden kann. Die Handhabbarkeitskomponente ist somit eine *Coping*-Komponente.
- ➢ Die *Sinnhaftigkeit* ist eine motivationale Komponente, die dafür sorgt, dass eine Person den Sinn im Leben erkennt, dass sie das Gefühl hat, dass das Leben auch emotional Sinn macht, dass es sich lohnt, Energie zu investieren, sich engagiert zu zeigen und sich dem Leben zu verpflichten. Eine stark ausgeprägte Sinnhaftigkeit führt dazu, dass eine Person das Leben als Geschenk betrachtet und Herausforderungen als willkommene Abwechslungen anstatt als schwere und tragische Lasten interpretiert.

Abb. 1: Komponenten des Kohärenzgefühls in der Salutogenese (A. Antonovsky)

Ist das Kohärenzgefühl stark ausgeprägt, so ist es neueren Forschungen zufolge (Mayer, 2011) mit einem erfolgreichen Leben assoziiert, einem gesunden Lebensstil, effektiven interpersonalen Beziehungen, einer guten Arbeitsleistung, einem Engagement in der Gemeinschaft, eines gelebten religiösen Ausdrucks und dem Ausfüllen politischer, gesellschaftlicher und ökonomischer Funktionen. Das Kohärenzgefühl hängt zudem stark mit den sogenannten Generellen Widerstandsressourcen (General Resistance Resources, GRR) zusammen. Diese unterteilen sich in psycho-soziale, genetische und sozio-kulturelle GRRs (Singer & Brähler, 2007).

Die Generellen Widerstandsressourcen

Das Kohärenzgefühl einer Person ist unter anderem abhängig von den GRRs. Sie beinhalten körperliche und biochemische Stimulatoren, kognitive (z. B. Intelligenz, Bildung) sowie emotionale Ressourcen (z. B. Gefühle, Identität) als auch die individuell und sozio-kulturell zu aktivierenden *Coping*-Strategien. Diese sind durch die Lebenserfahrungen geprägt und unterstützen eine Person dabei, den andauernden Stressoren des Alltags sinnhaft und angemessen zu begegnen (Antonovsky, 1987). Menschen, die GRRs schnell und effektiv aktivieren können, haben meist auch ein starkes Kohärenzgefühl, fühlen sich subjektiv gesünder und erholen sich schneller von Krankheiten. Sie fühlen sich oftmals optimal ausgelastet und erfahren weder eine Über- noch eine Unterbelastung, wenn es um Herausforderungen des Lebens oder um Arbeitsanforderungen geht (Mayer, 2011).

Gesundheit in der Enzyklika

Der Fokus der Enzyklika liegt auf der Sorge um das gemeinsame Haus. Dabei nimmt der Papst eine Bestandsaufnahme der Umweltverschmutzung vor, erinnert an das Evangelium der Schöpfung und erkennt den Menschen als Wurzel der ökologischen Krise. In den Kapiteln 4 bis 6 entwickelt Papst Franziskus seine Gedanken zu einer ganzheitlichen Ökologie, entwirft Leitlinien für Orientierung und Handeln und skizziert schließlich Reflexionen zu einer ökologischen Erziehung und Spiritualität. Die Gesundheit steht zwar nicht im Mittelpunkt des Interesses, jedoch nimmt der Papst an siebzehn Stellen explizit Bezug zur Thematik und macht die Gesundheit damit zu einem wichtigen Teilaspekt der Öko-Enzyklika. Die Enzyklika legt zudem nahe, dass die Gesundheit im Sinne der Salutogenese implizit mit einer ganzheitlichen Ökologie einhergeht. Diese Vermutung wird durch folgende Beobachtungen erhärtet:

»Gesundheit«, »gesundes Leben« und »ungesunde Städte« sind Aspekte, auf die sich Papst Franziskus im Kontext der Bestandsaufnahme der Krise und hinsichtlich der holistischen Ökologie bezieht. So wird beispielsweise in Abschnitt 20 von der Schädigung der Gesundheit im Zusammenhang mit der derzeitigen Luftverschmutzung gesprochen, in Abschnitt 28 von der Wichtigkeit der Süßwasserquellen für das Gesundheitswesen, von den ungesund gewordenen Städten (44), von politischem Druck der Industrieländer und der Fortpflanzungsgesundheit in den Entwicklungsländern (50), von gesunder Spiritualität (73), ungesunden Dualismen (98), einem »gesunden« Verständnis von Arbeit (126), gesunder Nüchternheit (126), dem Gesundheitszustand der Institutionen (142), Gesundheit im Zusammenhang mit Geschlecht und Gender (155), einer gesunden, reifen und souveränen Gesellschaft (177), von physischer und geistiger Gesundheit (183), einem gesunden wirtschaftlichen Aufschwung (193), der Umweltgesundheit (194), gesunder Politik (197), der Erhaltung einer gesunden Umwelt (215), einer gesunden Beziehung zur Schöpfung (218) und gesunder Demut (224).

Gesundheit ist somit verbunden mit vier GRR-Bereichen, nämlich mit der Natur (28, 194, 215), der Gesellschaft (44, 50, 126, 142, 155, 193, 197), der Person (73, 183) und mit Werten im Sinne von Religion und Spiritualität (126, 218, 224).

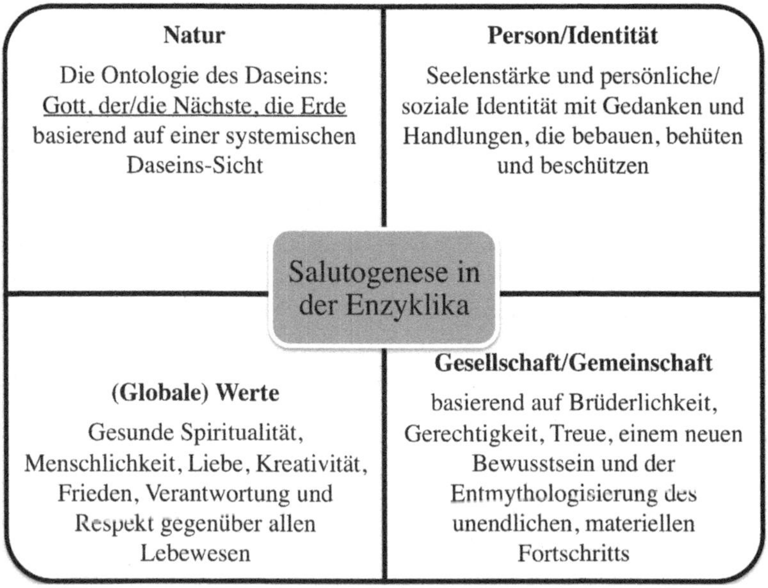

Natur	Person/Identität
Die Ontologie des Daseins: Gott, der/die Nächste, die Erde basierend auf einer systemischen Daseins-Sicht	Seelenstärke und persönliche/ soziale Identität mit Gedanken und Handlungen, die bebauen, behüten und beschützen
(Globale) Werte Gesunde Spiritualität, Menschlichkeit, Liebe, Kreativität, Frieden, Verantwortung und Respekt gegenüber allen Lebewesen	**Gesellschaft/Gemeinschaft** basierend auf Brüderlichkeit, Gerechtigkeit, Treue, einem neuen Bewusstsein und der Entmythologisierung des unendlichen, materiellen Fortschritts

(Mitte: Salutogenese in der Enzyklika)

Abb. 2: Gesundheit und Gesundheitsressourcen in der Enzyklika

Die Gesundheit scheint durch den derzeitigen Lebensstil gefährdet und bedroht und entfaltet sich im Kontext einer ganzheitlichen Ökologie, die Hinweise auf salutogene Komponenten des Kohärenzgefühls gibt, wie im Folgenden dargestellt.

Die Komponenten des Kohärenzgefühls in der Enzyklika

Ausgehend von der »Globalisierung der Gleichgültigkeit« und der »anthropozentrischen Maßlosigkeit« (Papst Franziskus, Pressemitteilung, S. 3) entfaltet Papst Franziskus die »Erfindung des neuen Menschen« (ebd., S. 4), in der Werte wie Verantwortung, Gewissen, Respekt, Harmonie, Würde, Frieden und Demut als zentral, Identitätsbildung und eine systemische Perspektive mit einem hohen Komplexitätsgrad als grundlegend angesehen werden. Dieser Wertewandel trägt zu einer ganzheitlichen Ökologie, zu einer angemessenen Anthropologie und zur Gesundheit bei. Dies soll im Folgenden ausschnitthaft anhand einer Analyse der drei Komponenten des Kohärenzgefühls belegt werden.

Verstehbarkeit in der und durch die Enzyklika

Kapitel 1 fördert das Verstehen darüber, was der Welt widerfährt, in welcher Situation sich die Menschheit im Kontext der Umwelt befindet und welche Motivation den Machthabern zukommt. Kapitel 2 schließt daran an, indem die Rolle der Schöpfung und der Glaubensüberzeugungen im Evangelium dargelegt und erklärt werden. Hier werden Zuversicht und Hoffnung kreiert, es geht um das »Licht, das der Glaube bietet« (63), die Definition der Kirche als »Dialogpartner« (63), das (Wieder-)Erkennen der ökologischen Pflichten der Gläubigen (64), die Begrenztheit des menschlichen Seins (70) und die Heilung des Bruches mit Gott (69).

Kapitel 2 vermittelt somit die Grundlage eines »neuen Verstehens« der Welt und der Menschheit auf Basis der Interpretation der Schöpfung. Gegenwärtige Mythen werden hervorgehoben (»der Mythos des unendlichen materiellen Fortschritts« [78]) und ein naturgebundenes Verständnis der Welt als Schöpfung Gottes dagegen gesetzt (85).

Kapitel 3 zeigt die »Wurzel der Krise« auf und schafft Erklärungen für das fehlgeleitete menschliche Handeln, die Macht der Technokratie, »Kreativität« (102), das »kranke Freiheitsempfinden« (105), den »Irrsinn der unbegrenzten Ressourcen« (106), und das Problem der »konditionierten, unbewussten Herrschaft« (107). Komplexe Zusammenhänge werden verständlich gemacht, geordnet, explizit und strukturiert dargestellt, sodass die Leserschaft einen neuen Blick auf die derzeitigen Verhältnisse werfen und sich (neu) positionieren kann. Anregungen für ein neues Verständnis der Weltsituation werden gegeben, kombiniert mit Aussagen, die zu Zuversicht und Hoffnung anregen sollen.

In Kapitel 4 geht es um eine umfassende Darstellung der neuen, ganzheitlichen Ökologie (138). Es geht um Hinweise auf »ganzheitliche Lösungen« (139) im Kontext von Ökosystemen und ihren Wechselwirkungen (140). Diese sollen den sogenannten neuen Humanismus unterstützen und eine integrale Perspektive auf den Umweltschutz fördern. Zudem wird der Zusammenhang zwischen gesunden Familien (lokale Ebene), Organisationen (regionale Ebene) und globalen Zusammenhängen (globale Ebene) dargelegt (142). Auf diesen Ebenen werden Themen wie »Lebensqualität« mit emischen und kulturellen (Symbol-)Perspektiven verbunden (144). Somit wird ein neues Verständnis im Sinne des wünschenswerten Wandels konstruiert.

In den Kapiteln 5 und 6 der Enzyklika geht es weniger um ein Verständnis für die Situation und um die neue Ökologie als um die Kreation der Komponenten 2 (Handhabbarkeit) und 3 (Sinnhaftigkeit) der Salutogenese, die unter der

Prämisse einer neuen Perspektive auf den menschlichen Ursprung und seine Entwicklung und einer Bewusstheit über eine geteilte Zukunft (202) stehen, wie im Folgenden dargestellt wird.

Die Kreation von Handhabbarkeit in der Enzyklika

In der Enzyklika werden konkrete Hinweise zur Handhabung der Situation und zur Einleitung eines Wandels gegeben. So wird beispielsweise aufgezeigt (Kapitel 1 und 2), dass die »Heilung des Bruches« mit der Schöpfung und dem Schöpfer durch die Herstellung harmonischer und friedvoller Beziehungen erfolgen könne(66). Das Haus soll »bebaut« und »beschützt« werden (67) und die Menschen sollen ihre Seelenstärke, besonders in »schlechten Zeiten«, wieder erlangen und eine gesunde Spiritualität leben (73). Weiterhin soll Gott als Vater anerkannt und die eigenen Grenzen erlebt (73), ein Ort der Erinnerung zur Identitätsrekonstruktion aufgesucht (84), die Natur empfunden und bestaunt (85) werden. Gott soll in ihr erkannt werden (99) und der Mensch soll sich in der Welt kundtun (85), die ökologischen Tugenden sollen gestärkt (88), der eigene Platz soll gefunden und die Plätze anderer sollen anerkannt werden (88).

In Kapitel 3 heißt es, dass der Gang verlangsamt (114), der Lebenssinn erfragt (113), die Natur durch menschliche Beziehungen geheilt (119) und neue Perspektiven eingenommen werden sollen (113), um Handhabarkeit zu kreieren und *Coping* zu ermöglichen. Zudem solle das detaillierte Wissen nicht nur funktional genutzt, sondern holistisch eingebettet werden (111). Schließlich muss das Leben grundsätzlich angenommen werden, damit der Mensch ökologisch und ganzheitlich handeln kann (120).

In Kapitel 4 geht es zudem um die Wichtigkeit der Pflege kultureller Reichtümer (143) und die Anwendung der Perspektive der Rechte der Völker (144). Die Untersuchung des Lebensraumes für die Menschen soll dazu führen, die Lebensqualität zu verbessern (147) und die Umweltreize zu reduzieren, um eine integrierte und glückliche Identität aufzubauen (147), verantwortlich zu handeln (161), Solidarität zu zeigen (158), die eigene Natur zu erfassen (155) und Liebe als Ressource zu erkennen (149).

In Kapitel 5 und 6 werden besonders viele Hinweise zur Wahrnehmung der möglichen Ressourcen und ihrem Einsatz gegeben: Der Dialog mit anderen kann zur Überwindung der Selbstzerstörung beitragen (163) und ein neues internationales *Leadership* schaffen (164). Es werden zudem konkrete Hinweise zur Umsetzung von ökologischen Vereinbarungen auf allen Ebenen gegeben (167).

Gebete für den positiven Fortschritt dienen grundlegend der Handhabbarkeit der Situation (169). Weiterhin helfen ethische, individuelle Entscheidungen, beispielsweise beim Einkauf, die Umwelt zu schützen (172). Weiterhin können lokale und nationale Programme ins Leben gerufen (176) und Menschen in NGOs, Kommunen und Verbänden aktiv werden (179, 180). Der Papst gibt konkrete Orientierungen für eine salutogene Handhabung unter Einbeziehung der »Vermeidung einer magischen Auffassung des Marktes« (190), der Ausrichtung der Kreativität auf ökologische Werte (191), der Neudefinition von Fortschritt (194), des Glaubens (200) und der Anerkennung der Religion als Interpretationsschablone (199) und als Dialogpartner (201).

Mit Blick auf die ökologische Erziehung und Spiritualität (Kapitel 6) gibt es dann Hinweise auf Ressourcen, die zur Handhabung und Gesundheit beitragen können, wie die Ausübung von Achtsamkeit (208), oder die Definition des Kaufens als ein moralischer Akt (206), das Erfahren der Selbsttranszendenz (208), die Umwelterziehung zur ökologischen Ethik (210), der Glaube, dass die neuen Handlungen die Welt verändern können (211) und zu einem erfüllten Leben durch Musik, Gebet, Begegnung und Gefallen an den Dingen führen können (223). Ein bewusstes Leben in der Gegenwart (226) und die Wiederentdeckung Gottes (225) in allen Dingen (234), das Danksagen (227), das Erfahren der universellen Geschwisterlichkeit (228), das Ausleben des Ruhetages für alle Lebewesen (237) und das Bewundern der Geheimnisse des Universums (243) tragen zu der Neuentdeckung der eigenen Fähigkeiten und Ressourcen im Sinne einer angemessenen Handhabbarkeit von Möglichkeiten und Handeln bei.

Mit diesen konkreten Hinweisen trägt die Enzyklika dazu bei, die Fähigkeit einer Person und die ihr zur Verfügung stehenden Ressourcen wahrzunehmen, zu erkennen und entsprechend der Situation im Sinne des Kohärenzgefühls einzusetzen und somit den schwierigen Herausforderungen optimal zu begegnen und *Coping* zu erleben.

Sinnhaftigkeit als motivationale Komponente in der Enzyklika

Schließlich nimmt die Sinnhaftigkeit, als dritte Komponente des Kohärenzgefühls, eine besondere Stellung in der Enzyklika ein:

Kapitel 1 stellt die Sinnhaftigkeit des derzeitigen menschlichen Handelns infrage, während Kapitel 2 auf verschiedene Sinnhaftigkeiten im menschlichen Leben hinweist. So ist beispielsweise die Sinnhaftigkeit der Glaubensgemeinschaft an die Werte einer ökologischen Gemeinschaft geknüpft (64), die eine gesunde Kohärenz ausbilden sollte (65). Diese Kohärenz dient dem Aufbau sinnvoller triadischer Beziehungen zwischen Gott, dem/der Nächsten und der Erde (66), um diese zu beschützen und zu fördern (67). Der Sinn des Lebens liegt in der Konstruktion der Seelenstärke (73), der Ausbildung einer gesunden Spiritualität (73) und in dem Sich-Kundtun in der Welt (84), in der Verbundenheit mit allen Menschen und Lebewesen (91) und ihren Grenzen (89). Zudem macht es Sinn, die Gegenwart zu erfahren und die Natur als einen Ort Gottes zu erleben (86), wobei der Sinn sowohl in der Erkenntnis der göttlichen Botschaft (97) als auch in der Sinnhaftigkeit der handwerklichen, gestalterischen Arbeit liegt (98).

Ein höherer Lebenssinn wird in Kapitel 3 erwähnt, der in der ganzheitlichen Entwicklung und der sozialen Inklusion liegt (109) und den Glauben an eine glückliche Zukunft ausmacht (113). Diese Zukunft ist zudem bedingt durch die glücklichen Beziehungen zwischen Mensch und Umwelt, die als dynamisch und partizipativ anerkannt werden müssen, um Sinn zu machen (143). Gleichzeitig soll der Mensch »der Schönheit dienen« (150) und im Sinne Gottes handeln. Ist dies der Fall, so erfährt der Mensch Sinn und erlebt dabei Zugehörigkeit, Verwurzelung, das Gefühl »zu Hause sein«, sinnhafte Kohärenz und »Wir-Gefühl[e]« (151).

Eine zentrale Rolle spielt zudem die Sinnhaftigkeit der Arbeit, auf die ein jeder Recht und zu dem ein jeder Zugang haben sollte (127). Diese Einstellungen des Papstes knüpfen an die Würde des Menschen an (128).

Schließlich stehen am Ende das Erreichen der eigenen Vollendung (156) und die Gerechtigkeit für die Folgegenerationen (159) im Mittelpunkt des Interesses. Ziel soll es sein, eine Welt zu hinterlassen, die tragenden Sinn und Werte beinhaltet, die einen kohärenten Lebenssinn ermöglichen (160) und gleichzeitig den Sinn des eigenen Lebensweges aufzeigen (160). Diese sinnhaften Konstruktionen tragen letztlich zur Erschaffung einer postmodernen Menschheit bei, die einen neuen humanistischen Lebensweg (213) und Lebenstiefe (212) durch die (innere) ökologische Umkehr (217) erfahren kann.

Mit diesem neuen Bewusstsein entsteht also eine neue Sinnstiftung, die durch das Erleben der Welt als ein Geschenk Gottes an die Weltgemeinschaft (221) ermöglicht wird und die einen prophetischen und komplementären Lebensstil verfolgt (222). Die Sinnhaftigkeit entsteht durch erlebten (inneren) Frieden, der Pflege der Umwelt, der Harmonie, des Staunens und der Achtsamkeit (231), die es zulassen, der Schönheit Gottes zu begegnen und die Suche nach Gott zum Lebenssinn zu machen (244).

Im Sinne der drei Komponenten des Kohärenzgefühls – Verstehbarkeit, Handhabbarkeit und Sinnhaftigkeit – können die Brüche mit Gott und der Natur wieder geheilt werden. Diese Heilung geschieht vorwiegend über die (Wieder-)Herstellung der Harmonie, durch ein neues Verständnis, das (Wieder-)Erfahren der eigenen Ressourcen und die (Wieder-)Entdeckung des Lebenssinnes.

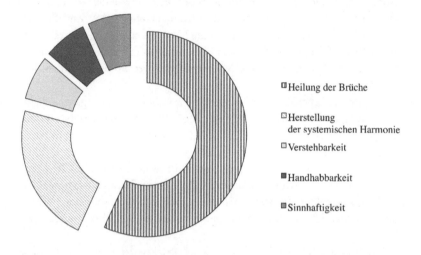

Abb. 3: Heilung und Kohärenzgefühl

Reflektion und Fazit zur Salutogenese in der Enzyklika

Abschließend lässt sich feststellen, dass die Enzyklika einen wichtigen Beitrag zur Entstehung und Förderung von Gesundheit darstellen kann. Die Inhalte sind für viele Menschen sicherlich bekannt, bleiben jedoch eventuell in der Schnelllebigkeit des alltäglichen Lebens unbeachtet. Gesundheit in der Enzyklika wird hergeleitet von einer ökologisch-spirituellen Wertebasis und gefestigt im Konzept der holistischen Ökologie (161).

Der gesundheitliche Aspekt der Enzyklika besteht nicht nur in der Beschreibung der vernichtenden derzeitigen Situation, welche die Gesundheit beeinträchtigen kann, sondern in der ausführlichen Darstellung einer möglichen Zukunft, die unter anderem auch das Kohärenzgefühl verbessern kann. Das Thema offenbart sich weiterhin in der konkreten und praktischen Beschreibung von Handhabbarkeit und Ressourcenaktivierung auf individueller, organisationaler, regionaler und globaler Ebene. Schließlich gebraucht der Papst die Komponente der Sinnhaftigkeit als den grundlegenden Schlüssel zur Förderung von Gesundheit: einerseits zur Entstehung von Gesundheit im Sinne des Konzeptes der Salutogenese, andererseits zur Umsetzung eines ganzheitlichen Ökologiekonzeptes jenseits von Technokratie und Konsumdenken.

Die salutogen-orientierten Aussagen der Enzyklika können für die Schaffung und Erhaltung von Gesundheit relevant sein und Menschen religions- und kulturübergreifend verbinden, da sie humanistisch, ganzheitlich und systemisch ansetzen. Dabei wird ein Diskurs angeregt, der intra- und interpersonell, aber auch gesamtgesellschaftlich geführt werden sollte, nicht zuletzt um das individuelle und kollektive Kohärenzgefühl zu stärken. Anknüpfend an die Enzyklika des Papstes könnte eine konstruktive, dialogische Auseinandersetzung bezüglich eines salutogenen Lebensstils im Spannungsfeld von Gott, Natur, Mensch und Gesellschaft neu angestoßen und weitergeführt werden.

Literatur

Antonovsky, A. (1979). *Health, stress and coping.* San Francisco: Jossey-Bass.
Antonovsky, A. (1987). *Unravelling the mystery of health: How people manage stress and stay well.* San Francisco: Jossey-Bass.
Mayer, C.-H. (2011). *The meaning of sense of coherence in transcultural management.* Münster: Waxmann.
Mayer, C.-H. & Krause, C. (Hrsg.)(2012). *Exploring mental health: theoretical and empirical discourses on salutogenesis.* Lengerich: Pabst Publishers.
Papst Franziskus (2015). Pressemitteilung. In ebd., *Öko-Enzyklika. Laudato Si. Über die Sorge für das gemeinsame Haus.* Vatican: Liberia Editrice Vaticana.
Singer, S. & Brähler, E. (2007). *Die »Sense of Coherence Scale«. Testhandbuch zur deutschen Version.* Göttingen: Vandenhoeck & Ruprecht.

... die unsere Kinder nicht mehr sehen können, verloren für immer

Transfer

Nachhaltige regionale Transformation und räumliche Gerechtigkeit

Ulf Hahne

Papst Franziskus bringt in seiner Enzyklika *Laudato Si'* seine tiefe »Sorge für das gemeinsame Haus« zum Ausdruck und lädt zum Dialog über die künftige Gestaltung des Planeten ein. Mit all seinem Gewicht bereichert der Papst damit die vielfältigen wissenschaftlichen und politischen Warnungen vor einer unbedachten weiteren Belastung der planetarischen Planken der Erde. Der Papst bleibt nicht bei einer kritischen Diagnose stehen, sondern fordert die Menschen dazu auf, den »unverantwortlichen Gebrauch und Missbrauch« (2) der Güter der Erde zu beenden. Der Papst möchte nicht weniger als eine neue »Phase stärkerer Bewusstheit« einleiten – mit steigender Sensibilität für die Umwelt, die Pflege der Natur und ehrlicher »Besorgnis um das, was mit unserem Planeten geschieht« (19).

Die Enzyklika ist kein wissenschaftlich argumentierendes Werk, sondern ein aus religiöser und ethischer Sicht verfasstes Lehrschreiben. Sollen Wissenschaftler darauf antworten und die Argumente des Papstes debattieren? Der Papst selbst fordert dazu auf, denn nur so können »Wissenschaft und Religion, die sich von unterschiedlichen Ansätzen aus der Realität nähern, in einen intensiven und für beide Teile produktiven Dialog treten« (62).

Mit der Enzyklika regt der Papst an, »nach einem anderen Verständnis von Wirtschaft und Fortschritt zu suchen« (16). Er stellt sich damit mitten in die aktuellen Debatten um die Folgen von Industrialisierung und Globalisierung, Klimawandel, Beschleunigung, zunehmender Unsicherheit und virulenten Krisen. Welche Lösungen hat er anzubieten? Der Papst verlangt ein Umsteuern auf allen Handlungsebenen – vom Individuum bis zur internationalen Politik. In seinen Ausführungen konzentriert sich der Papst neben der Forderung nach individueller Verantwortung meist auf die globale Ebene, verweist aber auch darauf, dass die globalen Probleme des postindustriellen Zeitalters nicht nur Anstrengungen auf internationaler Ebene erfordern, sondern auch auf lokaler und regionaler Ebene.

Für Ansätze auf der lokalen und regionalen Ebene finden sich vereinzelte Hinweise, denen im Folgenden aus Sicht der Stadt- und Regionalentwicklung genauer nachgegangen werden soll. So betont der Papst beispielsweise die transformative Bedeutung von Kooperativen für die Nutzung erneuerbarer Energien, von lokalen Selbstversorgungsinitiativen, von Gemeinschaften von Kleinproduzenten und Kleinbauern. Seine Technik- und Kapitalismuskritik mündet damit in Vorstellungen, die in der jüngeren Transformations- und Postwachstumsdebatte eine hohe Prominenz erreicht haben und aus Sicht der Stadt- und Regionalentwicklung zu diskutieren sind. Kann die lokale und regionale Ebene Beiträge für die »Suche nach einer nachhaltigen und ganzheitlichen Entwicklung« (13, passim) liefern und sind diese kleinräumigen Lösungen aus ethischer Sicht gerechte Beiträge zur »großen Transformation«?

Multiple Krise und Anthropozentrismuskritik des Papstes

In der Analyse der ökologischen und sozialen Krisen des Planeten und der Kritik der gegenwärtigen Mensch-Natur-Verhältnisse finden sich erstaunliche Parallelen zur aktuellen wissenschaftlichen Debatte um die multiple(n) Krise(n) der Gegenwart (Brand, 2010). Man mag dies als wenig spektakulär und nicht neu abtun, doch nimmt der Papst sowohl in der Analyse und Kritik der herrschenden Verhältnisse als auch bei den Handlungsansätzen eine äußerst engagierte und in Teilen radikale Haltung ein. So versteht der Papst die Vielfalt der aktuellen Krisen als *eine* zusammenhängende sozialökologische Krise, die neben der ökologischen Dimension auch Fragen der ökonomischen Ausbeutung der Ressourcen, der politischen Steuerungsfähigkeit und – vom Papst besonders betont – der sozialen Gerechtigkeit umfasst: »Es gibt nicht zwei Krisen nebeneinander, eine der Umwelt und eine der Gesellschaft, sondern eine einzige und komplexe sozioökologische Krise« (139).

Zwar benutzt der Papst den in jüngeren Zeitanalysen intensiv diskutierten neuen Epochenbegriff des *Anthropozän* nicht, doch benennt er in seinem ersten Kapitel »Was unserem Haus widerfährt« »die ständige Beschleunigung in den Veränderungen der Menschheit und des Planeten« (18) als etwas »noch nie Dagewesenes für die Geschichte der Menschheit« (17). Ähnlich sprechen auch die Zeitanalysten des Anthropozäns von der fortschreitenden Industrialisierung als einer Epoche, in welcher der Mensch durch sein Handeln (und Unterlassen) in immer stärkerem Maße in geophysikalische Abläufe der Erde eingreift. Die Beeinflussung der Umwelt durch menschliche Eingriffe hat Dimensionen angenommen, welche die Lebensbedingungen auf der Erde erheblich beeinflussen und Rückwirkungen auf natürliche Systeme haben, deren Folgen unwiderruflich sind.

In der Anthropozän-Debatte scheiden sich die Geister am Punkt der künftigen Beeinflussbarkeit des Planeten. Als wirkmächtiger Teil des Systems könne der Mensch die Umweltbedingungen etwa durch »Geo-Engineering« (Crutzen) zunehmend mitgestalten, behaupten die technischen Optimisten; der Mensch könne gar die Rolle eines »Weltgärtners« (Leinfelder) übernehmen. Der Papst dagegen stellt sich auf die Seite der Kritiker, die dem Menschen eine Mitverantwortlichkeit für die Zukunftsgestaltung zuweisen, aber vor dem »promotheischen Traum der Herrschaft über die Welt« (116) warnen. In der Kritik an der »Verherrlichung der Technokratie« (118) trifft sich der Papst auch mit Wissenschaftlern, die das »Wissen des Nichtwissens« (z. B. Manemann) als Kern verantwortlichen Handelns ausmachen und den technischen Optimisten die Ignoranz der Erkenntnis vorhalten, dass das Wissen um das Nicht-Gewusste in der Wissensgesellschaft ständig zunimmt.

Der Papst benennt Klimawandel, Umweltverschmutzung und den Verlust der biologischen Vielfalt als zentrale Themen des gegenwärtigen Zeitalters und beklagt die »Verletzungen der Umwelt« und die Verschlechterung der menschlichen Lebensqualität. Dieses Thema der Verletzlichkeit findet sich ähnlich auch in den aktuellen Diskussionen um die Problematik von Anthropozän und Nachhaltigkeit. So spricht Mauch (2014) vom Zeitalter der »Vulnerabilität« und weist darauf hin, dass der Mensch selbst zum Faktor der Katastrophen geworden ist, weil er mit seinen Handlungen die Verletzlichkeit des Planeten noch erhöht hat. Auch der Papst sieht den Menschen mit seinem Handeln in der Verantwortung für den derzeitig kritischen Zustand von Umwelt und sozialen Lebensbedingungen:

> »Es kam schon immer vor, dass der Mensch in die Natur eingegriffen hat. Aber für lange Zeit lag das Merkmal darin, zu begleiten, sich den von den Dingen selbst angebotenen Möglichkeiten zu fügen. Es ging darum, zu empfangen, was die Wirklichkeit der Natur von sich aus anbietet, gleichsam die Hand reichend. Jetzt hingegen ist das Interesse darauf ausgerichtet, alles, was irgend möglich ist, aus den Dingen zu gewinnen durch den Eingriff des Menschen, der dazu neigt, die Wirklichkeit dessen, was er vor sich hat, zu ignorieren oder zu vergessen« (106).

Als Ursache macht er den »modernen Anthropozentrismus« aus, der sich in Umweltverschmutzung, Individualismus, Konsumismus und Wegwerfkultur nicht nur zulasten der globalen Umweltbedingungen zeigt, sondern der auch zu einem räumlichen Muster von Ressourcenverbrauch und Verteilung der Umweltlasten auf Entwicklungsländer und spezifisch benachteiligte Regionen geführt hat. Der Papst kritisiert eine oberflächliche Ökologie, die zu Vermeidungshandeln und Abwarten neigt. »Viele von denen, die mehr Ressourcen und ökonomische oder politische Macht besitzen, scheinen sich vor allem darauf zu konzentrieren, die Probleme zu verschleiern oder ihre Symptome zu verbergen« (26). Und weiter: »Diese ausweichende Haltung dient uns, unseren Lebensstil und unsere Produktions- und Konsumgewohnheiten beizubehalten« (59). Der Papst sieht auch dies als Krisenphänomen an und fordert dazu auf, »nach einem anderen Verständnis von Wirtschaft und Fortschritt zu suchen« und die herrschende Wegwerfkultur zu ändern zugunsten eines »neuen Lebensstils« (16).

Raumnutzungsmuster und funktionale Ursachen

Der Papst beklagt die weltweite soziale Ungerechtigkeit und verortet in zunächst simplifizierender Verallgemeinerung die Verursacher der ökologischen Schulden im globalen Norden und die Leidtragenden der Umwelt- und Ressourcenausbeutung im globalen Süden. Sodann stellt er die ökologische Schuld in den »Zusammenhang mit Ungleichgewichten im Handel und deren Konsequenzen im ökologischen Bereich« und fordert eine »Ethik der internationalen Beziehungen« (51). In Nähe zu Denkern des Postkolonialismus konstatiert er:

> »Die Erwärmung, die durch den enormen Konsum einiger reicher Länder verursacht wird, hat Auswirkungen in den ärmsten Zonen der Erde [...]. Dazu kommen die Schäden, die durch die Exportierung fester und flüssiger toxischer Abfälle in die Entwicklungsländer und durch die umweltschädigende Aktivität von Unternehmen verursacht werden, die in den weniger entwickelten Ländern tun, was sie in den Ländern, die ihnen das Kapital bringen, nicht tun können« (52).

Neben der geopolitischen Dichotomie finden sich in der Enzyklika auch zahlreiche Stellen mit differenzierterer Argumentation, welche auf räumliche Disparitäten auch innerhalb von Ländern (176), zwischen Stadt und Land (45) und innerhalb von Städten (134) hinweisen. »Darum können die mit der Umwelt und der Wirtschaftsentwicklung verbundenen Fragen nicht mehr nur von den Unterschieden unter den Ländern her aufgerollt werden, sondern erfordern die Beachtung der nationalen und lokalen politischen Programme« (176). Der Papst konkretisiert an diesen und weiteren Stellen die aus den ökonomischen und politischen Machtverhältnissen resultierenden Unterschiede in den lokalen Lebensbedingungen.

Zu den funktionalen Ursachen der sozialen, sich auch räumlich niederschlagenden Disparitäten äußert sich der Papst an verschiedenen Stellen der Enzyklika. So übt er massive Kritik am herrschenden »techno-ökonomischen Paradigma« (53) und dessen Globalisierung (Überschrift vor 106), an der Konditionierung der Lebensstile durch den Konsumismus (107), an den kurzfristigen Nutzenüberlegungen, die nur unmittelbaren individuellen Interessen dienen (122, passim), und an dem Wirken einer wenig regulierten Marktwirtschaft (123), die zur Machtentfaltung des Kapitals und der internationalen Tätigkeit großer Unternehmen (38, passim) führe. Auf der politischen Seite fehle es an wirksamen Regulativen: »Auffallend ist die Schwäche der internationalen politischen Reaktion. Die Unterwerfung der Politik unter die Technologie und das Finanzwesen zeigt sich in der Erfolglosigkeit der Weltgipfel über Umweltfragen« (54). Mit seiner Kritik liegt der Papst nahe bei den verschiedenen Studien zu den Grenzen des Wachstums, die vom Club of Rome (Meadows, 1972) über Fred Hirsch zu den sozialen Grenzen des Wachstums (1980) bis zu den jüngeren Diskussionen um »Wohlstand ohne Wachstum« von Tim Jackson oder Meinhard Miegel reichen.

Der Papst fügt dieser Kritikrichtung das jüngere Thema der Finanzialisierung hinzu. Er äußert, dass das Ausmaß menschlichen Eingreifens in Natur und Umwelt »häufig im Dienst der Finanzen und des Konsumismus« (34) stünde, und beklagt »die Unterwerfung der Politik unter die Technologie und das Finanzwesen« (54) sowie die »absolute Herrschaft der Finanzen« (189; im Kontext der Finanzkrise). Zwar geht der Papst nicht präziser auf systemische Ursachen und zentrale Akteure ein, weist aber verschiedentlich auch auf die lokalen Konsequenzen hin. Er benennt die Eigentumsverhältnisse als Hindernis für die Befriedigung der Lebensbedürfnisse vieler im globalen Süden (52), er konstatiert das »allmähliche Verschwinden der kleinen Produzenten« (134), kritisiert die Größe von Unternehmen (31, passim) und weist auf die Kurzzeitperspektive und mangelnde ganzheitliche Sicht der derzeitigen Rechnungslegung hin: »Die Ressourcen der Erde werden auch geplündert durch ein Verständnis der Wirtschaft und der kommerziellen und produktiven Tätigkeit, das ausschließlich das unmittelbare Ergebnis im Auge hat« (32).

Ulf Hahne

Aspekte räumlicher Disparitäten

Die Enzyklika enthält zahlreiche Hinweise auf räumlich unterschiedliche Umwelt- und Lebensbedingungen. So werden benannt: industrialisierter Norden versus Entwicklungsländer, arme und reiche Länder und Regionen, wasserreiche und wasserarme Regionen. Der Papst weist auf die räumlich und sozial differierende Betroffenheit bei Naturkatastrophen, aber auch »in Gesellschafts- oder sogar Finanzkrisen« (61) hin.

Mit diversen Beispielen benennt er die räumliche Anfälligkeit konkret, etwa durch den Anstieg des Meeresspiegels, welcher Küsten und folglich auch einen großen Teil der Megastädte betrifft. Er erwähnt unter anderem:

➢ ungesunde Lebensbedingungen in Städten mit großen Umweltproblemen (44)
➢ Exklusion von Bürgern durch Privatisierung von ländlichen und städtischen Zonen (45, 49, 151)
➢ Desintegration von Städten (49)
➢ Elendssiedlungen (134)
➢ die Entwurzelung in großen Städten (149)
➢ verschmutzte Vorstädte und gefährliche Massenbehausungen (152)
➢ problematische Quartiere (152)
➢ Wohnungsnot (152)
➢ Gebiete, die unter Nichtbeachtung leiden und »wo wesentliche Dienstleistungen nicht hingelangen« (154)
➢ Dörfer ohne Leben (51)

Mit diesen zahlreichen Hinweisen auf lokale und regionale Problemsituationen betont der Papst die räumliche Dimension sozialer Disparitäten. Diese räumlichen Disparitäten, insbesondere die Verschlechterung der Lebensbedingungen in verschiedensten Regionen der Welt, betrachtet der Papst als Grund für zunehmende Fluchtbewegungen in der Welt (25) und schreibt: »Es gibt Regionen, die bereits in besonderer Gefahr sind« (61). Damit stellt sich der Papst klar auf die Seite derer, welche die Förderung bedürftiger, wirtschaftsschwacher sowie klimafolgengefährdeter Regionen befürworten. Diese Position richtet sich gegen all die, welche derzeit einer Abschaffung der Kohäsionspolitik (u. a. in der Europäischen Union) oder der Aufgabe des in Deutschland geltenden Raumordnungsziels der »Gleichwertigkeit der Lebensverhältnisse« das Wort reden (vgl. dazu Hahne & Stielike, 2013). Sein Plädoyer für den Abbau von Ungerechtigkeiten basiert auf einer klaren ethischen Haltung.

Die ethische Haltung

Der Papst fordert in seiner Umweltenzyklika Gerechtigkeit gegenüber Natur und Umwelt ebenso wie gegenüber den Armen (49). Seine Analyse der *einen* Krise setzt sich fort:

> »Wir kommen jedoch heute nicht umhin anzuerkennen, dass ein wirklich ökologischer Ansatz sich immer in einen sozialen Ansatz verwandelt, der die Gerechtigkeit in die Umweltdiskussionen aufnehmen muss, um die Klage der Armen ebenso zu hören wie die Klage der Erde« (49).

Daher mahnt er die gerechte Teilhabe aller an (10), die gerechte Bedürfnisbefriedigung für die gegenwärtigen und die kommenden Generationen (53) und die Achtung des »Eigenwerts eines jeden Geschöpfes« (16). Damit meint er explizit nicht nur die Menschen, sondern auch alle anderen Lebewesen auf dem Planeten – er nimmt damit sowohl eine intergenerative als auch eine interspeziesistische Position ein und setzt so seine Anthropozentrismus-Kritik konsequent fort. Erkennbar wird die ethische Position des Papstes: Er erteilt dem Utilitarismus eine Absage und stellt die Entfaltung der individuellen Fähigkeiten in den Vordergrund, um an der Bewahrung der Schöpfung mitzuarbeiten – »ein jeder von seiner Kultur, seiner Erfahrung, seinen Initiativen und seinen Fähigkeiten aus« (14).

Eine solche Haltung, welche die »besondere Würde der Person« (154) und die grundlegenden Menschenrechte als Ausgangspunkt wählt, knüpft an jüngere philosophische Diskussion der Gerechtigkeitsethik an und man kann sie durchaus als neoaristotelisch im Sinne des Fähigkeitenansatzes von Nussbaum (2014) und Sen (2010) bezeichnen. Der Papst fordert nicht nur ein gutes Leben für die Begüterten, sondern das Gemeinwohl für alle (156ff.) und damit auch eine gerechte Teilhabe für die Armen und Benachteiligten. Der Papst tritt für eine neue *Kulturökologie* ein, welche die jeweiligen lokalen Kontexte unter Beteiligung der lokalen Bewohner und Akteure sowie ihrer Lebenswirklichkeiten und Traditionen achtet und berücksichtigt (143–146).

Rein technische Lösungen und einheitliche gesetzliche Regelungen ohne Anpassung an die sozialen und kulturellen regionalen Bedingungen sind aus Sicht des Papstes ungeeignet, die Vielschichtigkeit der örtlichen Problematiken zu lösen. Hier nimmt der Papst eine klare Bottum-up-Perspektive ein:

> »Es ist nötig, sich die Perspektive der Rechte der Völker und der Kulturen anzueignen, und auf diese Weise zu verstehen, dass die Entwicklung einer sozialen Gruppe

einen historischen Prozess im Innern eines bestimmten kulturellen Zusammenhangs voraussetzt und dabei verlangt, dass die lokalen sozialen Akteure ausgehend von ihrer eigenen Kultur ständig ihren zentralen Part übernehmen. Nicht einmal den Grundbegriff der Lebensqualität kann man vorschreiben, sondern muss ihn aus dem Innern der Welt der Symbole und Gewohnheiten, die einer bestimmten Menschengruppe eigen sind, verstehen« (144).

Große Transformation und kleine Transformationen

Vor diesem ethischen Hintergrund lässt sich verstehen, dass der Papst zur Lösung der *einen* Krise für eine Art Mehrebenenstrategie eintritt: Einerseits sei ein

»weltweiter Konsens unerlässlich, der zum Beispiel dazu führt, eine nachhaltige und vielgestaltige Landwirtschaft zu planen, erneuerbare und möglichst umweltfreundliche Energieformen zu entwickeln, eine größere Energieeffizienz zu fördern, eine angemessenere Verwaltung der Ressourcen aus Wald und Meer voranzutreiben und allen den Zugang zu Trinkwasser zu sichern« (164).

Damit stellt der Papst sich auf die Seite derer, die einen »Gesellschaftsvertrag für die große Transformation« (WBGU, 2011) fordern.

Andererseits weiß er: »An einheitliche Lösungsvorschläge ist nicht zu denken, denn jedes Land oder jede Region hat spezifische Probleme und Grenzen« (180). Daher befürwortet er neben den nötigen großen Anstrengungen auch die Verbesserung der lokalen und regionalen Lebensbedingungen durch kleinräumige Handlungsansätze; er leitet diesen Gedanken mit einem Beispiel ein:

»An einigen Orten werden Kooperativen für die Nutzung erneuerbarer Energien entwickelt, welche die lokale Selbstversorgung einschließlich des Verkaufs der überschüssigen Produktion ermöglichen. Dieses einfache Beispiel zeigt: Während die existierende Weltordnung sich als unfähig erweist, Verantwortungen zu übernehmen, kann die örtliche Instanz einen Unterschied machen. Denn dort können sich in der Weise, wie man an das denkt, was man seinen Kindern und Enkeln hinterlässt, eine größere Verantwortlichkeit, ein starker Gemeinschaftssinn, eine besondere Fähigkeit zur Umsicht, eine großherzigere Kreativität und eine herzliche Liebe für das eigene Land bilden« (179).

Somit bildet sich auch in der Enzyklika die Notwendigkeit ab, auf allen institutionellen und räumlichen Ebenen der »Krise entgegenzutreten« (53). Der Papst fordert eine neue Humanökologie und eine neue Kultur, »die Bedürfnisse der gegenwärtigen Generationen unter Einbeziehung aller zu berücksichtigen, ohne die kommenden Generationen zu beeinträchtigen. Es wird unerlässlich, ein Rechtssystem zu schaffen, das unüberwindliche Grenzen enthält und den Schutz der Ökosysteme gewährleistet« (54). Doch es reicht eben aus Sicht des Papstes nicht aus, einen großen Weltvertrag anzustreben und nach einem Konsens über viele gesellschaftliche Gruppierungen, Staaten und Organisationen hinweg zu suchen. Was sofort nötig und möglich ist, sollte auch getan und gefordert werden.

Die Bedeutung der lokalen Ebene, die im Gutachten um die Große Transformation nur randständig als einer der Pioniere des transformativen Wandels in eine postfossile Moderne benannt wurde, hat im Gutachten 2016 des Wissenschaftlichen Beirats der Bundesregierung Globale Umweltveränderungen (WBGU) erstmals eine prominente Rolle eingenommen, indem dort die »transformative Kraft der Städte« betrachtet wird (WBGU, 2016). Die Bedeutung der Städte, in denen seit Anfang dieses Jahrhunderts mehr als die Hälfte der Menschheit wohnt und in vier Jahrzehnten nach Schätzungen etwa vier Fünftel der Menschen leben wird, ist für eine große Transformation ein zentraler Ansatzpunkt. Der Papst nimmt in der Enzyklika eine ähnliche Position ein, ergänzt aber zu Recht die Bedeutung der ländlichen Räume und ihrer Siedlungen, die er häufig als lobende Beispiele verständiger Lebensführung hervorhebt. Auch wenn diese Polarisierung nicht differenziert genug erscheint, so trifft der Papst mit der Hervorhebung der ländlichen Räume einen wichtigen Punkt in der aktuellen Urbanismusdebatte: Ohne eine Politik der Stärkung ländlicher Regionen wird die Migration angeheizt und die Stadtproblematik im 21. Jahrhundert nochmals verschärft.

Stadt und Land als Motoren sozialer und ökologischer Innovation

Stadt und Land sind Treiber der ökologischen und sozialen Probleme des Planeten. Der Papst macht dies an verschiedenen Stellen deutlich, von der Umweltschädigung durch Industrie, Ressourcenverbrauch und Verkehr über die sozialökologischen Probleme durch das »unwirtschaftliche Gefüge der Stadt« (44) bis hin – als beispielhafte Symptome in ländlichen Räumen – zur Degradation der Böden, unsachgemäßen Landwirtschaft und Abholzung der Wälder (23).

Zum anderen sieht der Papst aber auch die innovative und transformative Kraft der städtischen und ländlichen Gemeinschaften als Hoffnungsträger für die Transformation. Die von ihm gewählten positiven Transformationsbeispiele sind, seinem bereits erwähnten Bias folgend, häufig im ländlichen Kontext angesiedelt. So schreibt er über die »Kooperativen für die Nutzung erneuerbarer Energien«, hebt die Bedeutung der »lokalen Selbstversorgung einschließlich des Verkaufs der überschüssigen Produktion« (179) hervor oder spricht von den positiven Beispielen der »Gemeinschaften von Kleinproduzenten« (112) und der »kleinbäuerlichen Systeme« (129).

Nach seiner radikalen Marktkritik am zweifelhaften Wirken der »unsichtbaren Hand« (123), an multinationalen Großunternehmen (51) oder an der Tendenz zur Oligopolbildung (134) fordert der Papst in seiner Agenda dazu auf, »Maßnahmen zu ergreifen, um die Kleinproduzenten und die Produktionsvielfalt klar und nachdrücklich zu unterstützen« (129). Als Gegenbild zu den rein interessenorientiert handelnden Unternehmen (127) rückt er nun die positive Rolle kreativer Unternehmen in den Vordergrund:

> »Die Unternehmertätigkeit, die eine edle Berufung darstellt und darauf ausgerichtet ist, Wohlstand zu erzeugen und die Welt für alle zu verbessern, kann eine sehr fruchtbringende Art und Weise sein, die Region zu fördern, in der sie ihre Betriebe errichtet, vor allem wenn sie versteht, dass die Schaffung von Arbeitsplätzen ein unausweichlicher Teil ihres Dienstes am Gemeinwohl ist« (129).

Innovationsmotoren für den Wandel macht der Papst damit sowohl bei den Produzenten als auch bei den Konsumenten aus. Als organisatorische Innovation hebt er die Rolle von Kooperationen hervor. Mit seiner Betonung von Kleinunternehmen, bedürfnisorientierter Produktion, suffizienten und einfachen Lebensstilen finden sich in der Enzyklika weitere Hinweise auf Debatten, die derzeit im wissenschaftlichen Bereich um »Degrowth« geführt werden. Im deutschsprachigen Raum wird diese Suche nach postfossilen nachhaltigen Entwicklungspfaden häufig unter dem irreführenden Begriff des »Postwachstums« (Paech, 2012) geführt. Jedoch geht es nicht um Stagnation im Sinne des Endes von Wachstum und Innovation, sondern gerade um Impulse zur Entfaltung einer ökologisch, ökonomisch und sozial nachhaltigen Ökonomie – und diese benötigt technische, ökonomische und soziale Innovationen und wird eigene neue Wachstumsfelder entfalten.

Auf kleinräumiger Ebene entstehen derzeit zahlreiche bekannte (Douthwaite & Diefenbacher, 1998) und viele neue pragmatische, kleinskalige Transformationsansätze, welche die schon heute bestehenden Spielräume zur Gestaltung einer postfossilen Gesellschaft nutzen und auf die Vielfalt lokaler und regionaler Initiativen setzen. Die Ansätze reichen von innovativen Energiegenossenschaften über neue Stoffstrom- und Wertschöpfungsverflechtungen bis hin zu Elementen einer Gemeinwohlökonomie, wie sie etwa in Tauschringen, Repair-Cafés, Sozialen Kaufhäusern, Leihsystemen, Stadtgärten etc. zu finden sind. Diese Ansätze beinhalten kollektive Formen der Produktions- und Leistungserstellung, Sharing Economy und Formen gegenseitiger Hilfe und Kooperation, alternative Arten der Leistungsverrechnung, neue Formen des Wohnens und der Kapitalgenerierung bis hin zu Unternehmensgründungen mit sozialen und nachhaltigen Zielsetzungen.

Bedeutung der Stadtplanung

Unterstützt werden diese Initiativen nicht nur durch veränderte Einstellungen zu Produktion, Konsum und Gemeinschaft, sondern auch durch die Bereitstellung von Coworking-Spaces und die Förderung von Reallaboren als Experimentierstätten des Wandels. Damit kommt den lokalen Unterstützungsinstitutionen wie der Wirtschaftsförderung und der Stadtplanung besondere Bedeutung zu. In der Tat widmet der Papst sogar einen ganzen Abschnitt der Bedeutung der lokalen Planung und Stadtentwicklung:

»Wenn man von der Wechselwirkung zwischen dem Raum und dem menschlichen Verhalten ausgeht, benötigen diejenigen, die Gebäude, Stadtviertel, öffentliche Räume und Städte planen, den Beitrag verschiedener Fachgebiete, die es ermöglichen, die Vorgänge, die Symbolwelt und das Verhalten der Menschen zu verstehen. Es genügt nicht, die Schönheit in der Gestaltung anzustreben, weil es noch wertvoller ist, einer anderen Art von Schönheit zu dienen: der Lebensqualität der Menschen, ihrer Anpassung an die Umwelt, der Begegnung und der gegenseitigen Hilfe. Auch aus diesem Grund ist es so wichtig, dass die Ansichten der betroffenen Bevölkerung immer die Analysen der Städteplanung ergänzen« (150).

Fachlich ist hier bemerkenswert, dass – neben der Betonung von Partizipationsansätzen – auf die Bedeutung der jeweiligen örtlichen Spezifika besonders abgehoben wird. Auch wenn kritisiert werden kann, dass in der »Wechselwirkung zwischen Raum und menschlichem Verhalten« die Vorstellung eines Raumcontainers aufleuchtet, so finden sich in der jüngeren Stadtforschung immer mehr Ansätze, die auf die besondere »Eigenart« oder auch »Eigenlogik« des kulturellen, sozialen und ökonomischen Phänomens der je spezifischen Städte eingehen.

Plötzlich ist die moderne Stadt nicht mehr nur ein ubiquitär austauschbares Funktionsgebilde, sondern ein sich ständig wandelndes System mit Geschichte, Traditionen, Beharrungstendenzen und Veränderungsimpulsen. Da der Papst in seiner Enzyklika gerade auf die Bedeutung der kulturellen Eigenarten (143) hingewiesen hat, wäre es wert, dies im Europäischen Kulturerbejahr 2018 verstärkt aufzugreifen.

Pfadwechsel, Resilienz und Ressourcenmacht

Der vom Papst eingeforderte »Kurswechsel« (53) bedarf abschließend noch der Diskussion im Kontext der Krisendiagnostik und der Gerechtigkeit. Die multiple Krise wirft die Frage nach den jeweiligen Fähigkeiten auf, sich den veränderten Umwelt- und Wirtschaftsbedingungen anzupassen. Mit regionaler Resilienz (Hahne & Kegler, 2016) ist die Widerstands- und Anpassungsfähigkeit von Städten und Regionen bei plötzlich auftretenden oder sich schleichend entfaltenden Krisen gemeint. Plötzlich auftretende Krisen sind zum Beispiel die Folgen von Extremwetterereignissen oder ökonomische Krisen – hierzu der Papst: »Man hat die Lektionen der weltweiten Finanzkrise nicht gelernt, und nur sehr langsam lernt man die Lektionen der Umweltschädigung« (109). Schleichende Krisen sind solche Krisen, welche auf längere Sicht wirksam und daher meist am Anfang unterschätzt werden, Beispiele hierfür sind Klimawandel und demografischer Wandel. Gegen beide Formen von Krisen müssen sich Regionen wappnen. Regionen stellen deshalb eine wichtige Umsetzungsebene der Transformation dar, weil sie als dezentrale Systeme eine größere Stabilität und Resilienz gegenüber Krisen aufweisen als zentrale Systeme – und insofern auch einen besseren Beitrag zum Frieden liefern als Macht- und Ressourcenmonopole.

Doch Regionen sind nicht autonom, sondern müssen in ethischer Verantwortung für das Ganze handeln. Resilienzanstrengungen werden ressourcenreichen Regionen leichter gelingen als ressourcenarmen Regionen. Und so verschärft die postfossile Transformation möglicherweise die Spaltung zwischen Inseln des Reichtums und Verarmungsregionen. Denn Regionen verfügen nicht über dieselbe Ressourcenausstattung, über die gleiche Verfügbarkeit nutzbaren Landes oder gleich gut geeignete Lernsysteme für die Transformation. All dies stellt die Frage einer gerechten Entwicklung neu. Der Papst nimmt die Herrscher über die Ressourcenmacht in die Verantwortung für die Zukunftsgestaltung: »Viele von denen, die mehr Ressourcen und ökonomische oder politische Macht besitzen, scheinen sich vor allem darauf zu konzentrieren, die Probleme zu verschleiern oder ihre Symptome zu verbergen, und sie versuchen nur, einige negative Auswirkungen des Klimawandels zu reduzieren« (26). Notwendig ist eine neue Verantwortungsethik: »Eine von der Ethik abgekoppelte Technik [wird] schwerlich in der Lage sein, ihre Macht selbst zu beschränken« (136). »Wir erinnern an das Prinzip der Subsidiarität, das [...] von dem, der mehr Macht besitzt, mehr Verantwortlichkeit für das Gemeinwohl fordert« (196).

Der Papst mahnt einen grundlegenden Wandel an: »Das Problem ist, dass wir noch nicht über die Kultur verfügen, die es braucht, um dieser Krise entgegenzutreten. Es ist notwendig, *Leaderships* zu bilden, die Wege aufzeigen, indem sie versuchen, die Bedürfnisse der gegenwärtigen Generationen unter Einbeziehung aller zu berücksichtigen, ohne die kommenden Generationen zu beeinträchtigen« (53).

Fazit

Papst Franziskus mahnt in seiner Umweltenzyklika einen transformativen Kurswechsel an. Dieser Pfadwechsel erfordert nicht nur Handlungsanstrengungen auf internationaler Ebene, sondern auch auf allen subsidiären Ebenen. Der Vorteil der hier betrachteten lokalen und regionalen Ebene liegt in dem unmittelbaren Beginn des Umsteuerns, der Möglichkeit, die Menschen mit ihren Ideen und ihrer lokalen Identität mitzunehmen und die spezifischen lokalen Besonderheiten und Eigenarten zu berücksichtigen.

Entsprechend sind die Menschen vor Ort zu befähigen, ihre je spezifischen Beiträge zur Lösung der multiplen Krise auf lokaler Ebene zu entfalten wie – mit Blick auf die Gerechtigkeitsproblematik – auch auf globaler Ebene zu leisten. Studien und Politiken der Stadt- und Regionalentwicklung beginnen erst, die zahlreichen Ansätze vor Ort konstruktiv zu unterstützen. Das Dialogangebot des Papstes ist dankbar und produktiv aufzunehmen.

Literatur

Brand, U. (2010). Die multiple Krise. Dynamik und Zusammenhang der Krisendimensionen, Anforderungen an politische Institutionen und Chancen progressiver Politik. In U. Hahne (Hrsg.), *Globale Krise und regionale Nachhaltigkeit* (S. 9–28). Detmold: Rohn.
Crutzen, P.J. (2002). Geology of Mankind. *Nature, 415,* 23.
Douthwaite, R. & Diefenbacher, H. (1998). *Jenseits der Globalisierung. Handbuch für lokales Wirtschaften.* Mainz: Grünewald.
Hahne, U. (Hrsg.). (2014). *Transformation der Gesellschaft für eine resiliente Stadt- und Regionalentwicklung. Ansatzpunkte und Handlungsperspektiven für die regionale Arena.* Detmold: Rohn.
Hahne, U. & Kegler, H. (Hrsg.). (2016). *Resilienz. Stadt und Region – Reallabore der resilienzorientierten Transformation* (Buchreihe »Stadtentwicklung«, Bd. 1). Frankfurt a.M.: Peter Lang.
Hahne, U. & Stielike, J.M. (2013). Gleichwertigkeit der Lebensverhältnisse. Zum Wandel der Normierung räumlicher Gerechtigkeit in der Bundesrepublik Deutschland und der Europäischen Union. *ethik und gesellschaft, 1,* 1–39. http://dx.doi.org/10.18156/eug-1-2013-art-3 (02.11.2016).
Hirsch, F. (1980). *Die sozialen Grenzen des Wachstums. Eine ökonomische Analyse der Wachstumskrise.* Reinbek: Rowohlt.
Jackson, T. (2011). *Wohlstand ohne Wachstum. Leben und Wirtschaft in einer endlichen Welt.* München: oekom.
Leinfelder, R. (2013, 10. 01.). Wir Weltgärtner. Interview. *Die Zeit.*
Manemann, J. (2014). *Kritik des Anthropozäns. Plädoyer für eine neue Humanökologie.* Bielefeld: Transcript.
Mauch, C. (2014). *Mensch und Umwelt. Nachhaltigkeit aus historischer Perspektive.* München: oekom.
Meadows, D. & Meadows, D. (1972). *Die Grenzen des Wachstums. Ein Bericht des Club of Rome zur Lage der Menschheit.* Stuttgart: Deutsche Verlags-Anstalt.
Miegel, M. (2010). *Exit. Wachstum ohne Wachstum.* Berlin: Propyläen.
Nussbaum, M.C. (2014). *Die Grenzen der Gerechtigkeit. Behinderung, Nationalität und Spezieszugehörigkeit.* Frankfurt a.M.: Suhrkamp.
Paech, N. (2012). *Befreiung vom Überfluss: auf dem Weg in die Postwachstumsökonomie.* München: oekom.
Sen, A. (2010). *Die Idee der Gerechtigkeit.* München: Beck.
Wissenschaftlicher Beirat Globale Umweltveränderungen (WBGU). (2011). *Welt im Wandel. Gesellschaftsvertrag für eine Große Transformation* http://www.wbgu.de/fileadmin/templates/dateien/veroeffentlichungen/hauptgutachten/jg2011/wbgu_jg2011.pdf (01.11.2016).
Wissenschaftlicher Beirat Globale Umweltveränderungen (WBGU). (2016). *Der Umzug der Menschheit. Die transformative Kraft der Städte.* Berlin.
http://www.wbgu.de/fileadmin/templates/dateien/veroeffentlichungen/hauptgutachten/hg2016/wbgu_hg2016.pdf (01.11.2016).

Lernen, Wissen, Handeln –
Globale Lösungen beginnen lokal

Dietmar Kress

Wir wissen es: Weltweit stehen wir vor komplexen Herausforderungen. 65 Millionen Menschen befinden sich auf der Flucht, asymmetrische Kriege und Terrorismus wüten. Wo wirtschaftliche Ungleichheit und Armut steigen, gehen damit sozialer Unfriede, Arbeitslosigkeit und Perspektivlosigkeit einher. Der Klimawandel (23–25), Artensterben und Umweltverschmutzung belasten weltweit zukünftige Generationen (32–34).

Aber: All diese Gründe werden ebenso als Vorwand genommen, sich nur noch um sich selbst zu kümmern und »das Morgen« zu verdrängen.

Eine besondere Debattenzuspitzung auf die Themen Umwelt und Gerechtigkeit, Ökonomie, Gemeinwohl und Selbstverantwortung (138–162) regt die Papstenzyklika *Laudato Si'* an. Wohltuend praxis- und politikorientiert, kritisiert der Papst darin die Dominanz der Finanzwirtschaft gegenüber der Politik und die ölbasierte Weltwirtschaft sowie den persönlichen Konsumismus der Menschen.

Nachfolgend wird versucht, die zentralen Ableitungen der Enzyklika anhand kurz angerissener Problembeschreibungen aus der Sicht einer Nichtregierungsorganisation mit Handlungsmöglichkeiten anzureichern. Es soll deutlich gemacht werden, dass nicht staatliches Handeln und Konsumentenverhalten jeweils für sich alleine Veränderungen herbeiführen können, sondern nur im Verbund miteinander und mit deutlicher Paradigmenverschiebung weg vom Wachstumsprimat hin zu zugleich enger nachhaltiger Wirtschaftsweise und Technikentwicklung.

Non-Governmental Organizations (NGOs) haben in den Debatten durch ihre Unabhängigkeit eine besondere Stellung in politischen und sozialen Prozessen der Gesellschaft. Je nach ökonomischen, sozialen, kulturellen und ökologischen

Grundbedingungen in einem Land sind NGOs in der grundständigen Entwicklung zur Durchsetzung von Menschenrechten, Naturrecht oder Meinungsfreiheit tätig. Oder sie beteiligen sich initiativ an der Entwicklung, Finanzierung und Umsetzung spezifischer Visionen und Projekte, um Regierungsstrukturen zu fördern und zu unterstützen. Insofern bietet die Enzyklika *Laudato Si'* einen Resonanzboden auch für NGOs und deren Unterstützer.

Kein Menschenrechtsvertrag sieht eine saubere Umwelt vor

Kein einziger verbindlicher UNO-Menschenrechtsvertrag sieht ein spezifisches Recht auf eine saubere Umwelt vor (Humanrights, 2013). Bei der Implementierung eines internationalen Umweltschutzübereinkommens in nationales Recht müsste gelten: Wenn ein Staat seiner Implementierungspflicht nicht auch im ökologischen Sinne nachkommt und dadurch die Verwirklichung eines ökologischen Menschenrechts behindert, müssen sich seine Bürger hierüber vor einem internationalen Menschenrechtsorgan beklagen können, was bisher nicht möglich ist. In diesem Falle geriete der säumige Staat – auch auf internationaler Ebene – erheblich unter Druck. Jede weitere Ökologisierung des Menschenrechtsschutzes hätte demnach zur Folge, dass das Umweltvölkerrecht an praktischer Durchschlagskraft hinzugewänne. Eine solche Entwicklung missfällt aber den Staaten. Natürlich ist eine humanistische und naturphilosophisch begründete Politik der gerechten Verteilung, der Menschenrechte und balancierter Entwicklungschancen nicht im Interesse vieler multinationaler Konzerne und autokratischer Eliten. Deren Macht und Reichtum hängt von der grenzenlosen und hemmungslosen Ausbeutung von Menschen und Natur ab. Sie bestimmen die Preise ebenso wie die Länge der Gefängnisaufenthalte.

Die Länder, die Meinungsfreiheit, Pressefreiheit, Religionsfreiheit und Demonstrationsfreiheit gewähren, werden weniger anstatt mehr. Nun könnte man argumentieren, dass auch autoritäre Herrschaft ökologische Prinzipien durchsetzen könne. Nur sind mit der Verschlechterung der Umweltbedingungen die Verschlechterungen der menschlichen und ethischen Bedingungen eng verbunden, so die Enzyklika (56). Und sie wirken zumeist umgekehrt proportional. Folglich muss der gesamte ökologische Ansatz eine soziale und menschenrechtliche Perspektive einbeziehen, welche die Grundrechte derer berücksichtigt, die am meisten übergangen werden (93).

Bevölkerungswachstum ist das zentrale Problem des 21. Jahrhunderts

In Afrika leben mehr als 1 Milliarde Menschen südlich der Sahara, um 2050 werden es 2 Milliarden Menschen sein. In Asien leben derzeit rund 4 Milliarden Menschen, im Jahr 2050 werden es etwa 5,2 Milliarden sein.

Nur etwa 20 Prozent der Menschen der Subsahara haben einen fest entlohnten Job und es mangelt insbesondere an Bildungsmöglichkeiten. Nur jeder Siebte hat Zugang zum Stromnetz. Viel diskutiert wird deshalb der Ausbau der Kernenergie, die Holz- und Kohleverbrennung und der Uranabbau. Immer noch viel zu wenig wird der Aufbau regenerativer Energien diskutiert und gefördert, obwohl er billiger und gesünder wäre, viel weniger Folgeprobleme erzeugt und nachhaltige Arbeitsplätze schaffen würde.

Trotz vieler Abkommen schreitet die Umweltzerstörung voran

Weltweite Abkommen versuchen seit mehr als 40 Jahren die weltumspannenden Umweltprobleme zu lösen. Trotzdem schreitet der Klimawandel voran, es sterben immer mehr Tierarten aus, die Meere werden geplündert und die Böden veröden.

Der Papst kritisiert die Schwäche der internationalen Politik, während die Wirtschaftsmächte fortfahren, »das aktuelle weltweite System zu rechtfertigen, in dem eine Spekulation und Streben nach finanziellem Ertrag vorherrschen, die dazu neigen, den gesamten Kontext wie auch die Wirkungen auf die Menschenwürde und die Umwelt zu ignorieren« (56). Die sehr unterschiedlichen Auffassungen der weltumspannenden Organisationen UNEP, Weltbank, IWF oder OECD in Sachen Umwelt, Umweltsteuern und Kosten des Klimawandels machen es den Nationalstaaten leicht, sich nicht an die globalen Umweltabkommen zu halten. Zumal es kaum Sanktionsinstrumente für diese gibt. Würde man national in den OECD-Ländern, auch in Deutschland, den Mut aufbringen, dem Staatshaushalt einen echten Haushalt mit allen Subventionen klimaschädlicher Industrie anzuhängen, wären wir einen riesen Schritt weiter.

Klimaschädliche Emissionen sind in Wirklichkeit unterschlagene Kosten der Güter- und Dienstleistungen, die über die komplexen globalen Konsumketten ausgetauscht werden (Stiglitz, 2016). Diese sozialen Kosten von Produktion und Transport sind versteckte Subventionen für Unternehmen, die die Atmosphäre verschmutzen. Firmen müssen nicht für ihre Umweltkosten zahlen. Aber an diesem heißen Eisen will sich kein Finanzminister die Finger verbrennen.

Es gibt auch einige positive Daten. In den letzten zehn Jahren hat die Waldfläche in Deutschland um rund 50.000 Hektar zugenommen, auch in den USA gibt es eine Zunahme durch geringeren Einschlag. Die Abkommen zur Antarktis haben einen jahrzehntelangen Schutz garantiert und die Auseinandersetzungen um die Genehmigungen der Ausbeutung der Öl-, Gas- und Fischvorkommen in der Arktisregion ist in vollem Gange. Alles dies sind gute Zeichen, das Engagement der Gesellschaft und das Ringen um Abkommen erfolgreich sein können.

Zudem hat der geringe Ölpreis 2016 zu einer Verringerung der Fördermenge geführt, nur gleichzeitig nicht zur Verringerung klimaschädlicher Gase durch Ölverbrennung (52).

Die Stimmung scheint schlecht zu sein

Die allgemeine Stimmung scheint schlecht zu sein, die repräsentative Demokratie scheint sich in einer Krise zu befinden. Aufmärsche und Wahlerfolge national Gesinnter erreichen weitreichende Aufmerksamkeit. Die Verunsicherung ist bei vielen Menschen groß, denn viele in Europa erleben die Gegenwart als eine Kette von Einschränkungen der nationalen Souveränität, von Kriegen, Fluchtbewegungen, Währungsunsicherheit, digitaler Entgrenzung und Unwägbarkeiten durch die Globalisierung. Polarisierende Anti-Mainstreamparteien mobilisieren quer durch alle Schichten Koalitionen der Angst – dem Killervirus für die Gemeinschaft (Korte, 2016).

Ähnliche Phänomene der angstbesetzen und national aufgeladenen Polarisierung erleben die USA, deren konservative, oppositionelle Hardliner im Kongress während der Obama-Ära eine reine Obstruktionspolitik betrieben (Krugman, 2016) – dies, obwohl sich dort die Arbeitslosenquote von 2010 bis 2016 halbiert hat, Millionen Menschen erstmals krankenversichert sind und die Wirtschaft einigermaßen solide läuft.

In dieser Gemengelage wird auf die Verfassung als Grundpfeiler verwiesen. Auch dieser Grundpfeiler befindet sich in einem Spannungsverhältnis mit der Demokratie an sich, zwischen liberalen Rechten und Kollektivinteressen. Es wird von illiberaler Demokratie gesprochen, in der autokratische Herrscher mit Mehrheiten ausgestattet werden von Menschen, bei denen sich in den letzten Jahrzehnten Frust und Vernachlässigung aufgestaut haben (Leggewie, 2015).

Sozialpsychologisch erklärbar ist die Frage vieler Menschen, warum sie sich für Klimaschutz einsetzen und zum Beispiel auf den nächsten Billigflug verzichten sollten. Man könne doch selbst nichts dafür, dass es die Klimaprobleme gibt, die vor 50 Jahren begonnen haben und deren Auswirkungen man in 50 Jahren selbst nicht mehr erleben werde (Welzer, 2008). Warum sollte man sich dann in der eigenen Konsumweise einschränken, der Flieger fliegt ja sowieso, ob man drin sitzt oder nicht.

Es gibt kein Lebens- und Politikmodell für alle (180). Das haben die Auseinandersetzungen der Systeme im 20. Jahrhundert gezeigt. Die Welt scheint im 21. Jahrhundert nicht besser geworden zu sein. Wir haben eine gnadenlose Deregulierung erlebt, die zusammenfällt mit den autokratischen Tendenzen in Schein- und Teildemokratien, die eine nationalpatriotische Alleinherrschaft auf Zeit mit Fassaden liberaler Verfassungen versehen; oder diese sogar offen angreifen, wie etwa in Polen, Ungarn, Indien, Russland und der Türkei (Schloemann, 2016). Wir erleben aber auf der anderen Seite seit der ersten großen Weltumweltkonferenz 1992 in Rio de Janeiro die vieltausendfache Entstehung globaler Organisationen (167). Dort wurden die Menschen in aller Welt aufgerufen, ihre nicht-nachhaltigen Konsummuster zu verändern (22). Wenn man so will, wurde Ökologie auf einen einfachen Nenner gebracht: weniger konsumieren. Was nur leider dem menschlichen Instinkt des Erschaffens entgegensteht.

Was einen so ratlos macht, ist die Ungleichzeitigkeit der Entwicklungen: von Libertinage und Repression, der Entgrenzung und Wiedereingrenzung, von Fortschritt und Rückschlag (Bloch, 1978). Dabei schaffen wir es nicht, einen gemeinsamen Konsens für das Gemeinwohl der Welt zu finden. Deshalb ist es auch mitunter leicht für einen Staat, als einer unter vielen, internationale Abkommen zu unterzeichnen, um sich anschließend nicht daran zu halten oder zumindest all die Ausreden zu benennen, die es ihnen dann doch nicht ermöglicht, an Klimaschutzabkommen, an Waldschutzabkommen, an Abrüstungsabkommen oder der Einhaltung der allgemeinen Menschenrechte teilzunehmen (177). Und weshalb tun Staaten das? Weil sie es können.

Nicht alles kann gesetzlich geregelt werden

Selbst die besten globalen Abkommen haben nur geringe Wirkung, wenn die Staaten, aber auch deren Bürger nicht mitmachen. Das Betretungsverbot für ungenehmigte Besuche der Antarktis ist leicht durchzusetzen. Das Gebiet ist generell sehr schwer zu erreichen und wenn, dann nur für sehr viel Geld. Die Arktis ist da schon einfacher zu besuchen. Schiffstourismus durch schmelzende Eiskappen und Hubschrauberflüge machen doch einiges möglich.

Zunächst war es ein regionales Thema der fünf Anrainerstaaten der Arktis, wenn Ölkonzerne wie Shell und Gazprom versuchen, mit der Genehmigung amerikanischer und russischer Behörden in der Arktis nach Öl und Gas zu bohren. Auch militärstrategisch sind schnelle Durchfahrtswege und Militärbasen im Nordmeer attraktiv.

Die Auswirkungen der Industrialisierung und geostrategischer Vorbereitungen vormals geschützter Gebiete machen sich nicht bloß regional bemerkbar. Kommt es zur Ölkatastrophe oder zu einem weiteren Anstieg der Temperaturen durch Ölverbrennung haben regionale Einzelentscheidungen auch internationale Auswirkungen. Die Temperatur steigt, die Meere werden wärmer, die Eiskappen schmelzen von unten ab, Wasser verdunstet, kalte und warme Luftmassen prallen aufeinander und der nächste Tornado verwüstet Landstriche, in denen die Menschen nicht vom Gewinn der Öl-, Kohle- und Gasverkäufe profitieren.

Genauso verhält es sich mit der Überfischung der Meere durch fahrende Fischfabriken, die auf Kosten der kleinen Fischer und ihrer Familien wirtschaften (40–41). Deren Überleben hängt ursächlich von immer kleiner werdenden Fängen, weniger Einkommen und geringeren Möglichkeiten landnahen Fischfangs ab. Dadurch erhöht sich die Landflucht aus angestammten Regionen in die Fremde und hinein in die großen Flüchtlingsströme. Wieder wird aus einem regionalen Ausbeutungsakt auf hoher, ungeschützter See ein globales, komplexes Thema.

Natürlich werden die Probleme als immer komplexer wahrgenommen. Und doch ist diese tatsächlich vorhandene Komplexität der Probleme, wie beschrieben, immer nach einem etwa gleichen Strickmuster angelegt.

Durch politische Prozesse, an denen in rechtsstaatlichen Gemeinschaften die Menschen teilnehmen können, wird in Gesetzesänderungen und Umweltabkommen eingegriffen. Strafveränderung allein stiftet aber nur scheinbar Sicherheit. Sie reicht nicht aus, wenn sie sich an einer Wachstumslogik der Reichen orientiert, also darin, die Gewinne der sowieso schon Reichen zu vergrößern. Und wenn die einzelnen Menschen, die es könnten, nicht mitmachen oder keine Möglichkeiten und Anreize finden, ihre Lebensverhältnisse durch nachhaltige Lebensstile zu verbessern (günstiger grüner Strom, bezahlbares Bahnfahren), nützen die besten Appelle wenig.

Doch was ist zu tun: Flüchten oder Standhalten, wie Horst-Eberhard Richter einst fragte?

Zusätzlich zur Komplexität von Problemlagen trägt die Vielzahl der schlechten Nachrichten zur Überforderung bei. Wenn man schon nicht abstumpft, zieht man sich wenigstens einen Schutzmantel gegen die nächste furchtbare Nachricht über.

Für den Umweltschutz scheint das Gleiche zu gelten wie für den Staat: Der freie und säkularisierte Staat geht von Voraussetzungen aus, die er selbst nicht garantieren kann. Dieser vielzitierte Satz von Ernst-Wolfgang Böckenförde[1] ist gleichsam die Aufforderung an die vom Gemeinwesen partizipierenden Menschen, sich für dessen Erhalt und Weiterentwicklung einzusetzen, damit möglichst viele Mitglieder genauso zufrieden sind, wie sie es selbst auch sein wollen. Oder anders gesagt: Der demokratische, freie und aufgeklärte Staat überlebt nur durch und mit seinen Mitgliedern. Sich gegen patriarchalische, fundamentalistische und unsichere Strömungen einzusetzen ist nicht allein Aufgabe des Staates, sondern auch die seiner Bürger.

Zerstören ist einfach (Brexit, Nationalismus, Ausländerhass), Aufbauen ist viel schwieriger (Freiheit, Sicherheit, Gemeinschaft). Natürlich helfen Gesetze beispielsweise beim Erhalt der Grundrechte. Die Gesetze sind aber nicht statisch, denn das Wesen der Rechtsprechung ist ihre Durchsetzung ebenso wie ihre Weiterentwicklung. Viele Umweltgesetze haben Zwangscharakter und basieren auf langen Debatten und Druckaufbau seitens der Zivilgesellschaft (z. B. zu den Themen Saurer Regen, Atomkraft, Chlorierte Kohlenwasserstoffe). Umweltgesetze sind wie andere Gesetze notwendig, wenn sich die Gemeinschaft oder Unternehmen nicht an unverbindliche Abmachungen halten möchten.

Jeder Einzelne kann demnach gemäß seinen individuellen Fähigkeiten handeln, insbesondere im öffentlichen Raum (Arendt, 2002). Aufgrund der vorherrschenden Wirtschaftsweise und der globalen Möglichkeiten kann zwar »Nicht-Konsum« nicht per Dekret verordnet werden. Zumal es weltweit riesige Ungleichgewichte bei den Konsummöglichkeiten selbst gibt. 3 Milliarden Menschen in Dörfern und ländlichen Regionen haben ungleich schwierigere Zugangsbedingungen zu Basiskonsumgütern. Hingegen verlagern sich Macht, Politik, Entwicklung und Konsum immer mehr in die städtischen Metropolen. Wer könnte denn, und wenn dann wem, Konsum per Gesetz verbieten?

Jedoch ist Verzicht allein schwer durchzusetzen und löst nie alle Umweltprobleme. Es muss technologisch möglich werden, sich umweltgerecht zu verhalten

---

1 »Der freiheitliche, säkularisierte Staat lebt von Voraussetzungen, die er selbst nicht garantieren kann. Das ist das große Wagnis, das er, um der Freiheit willen, eingegangen ist« (Böckenförde, 1976, S. 60).

(191). Die technischen Rahmenbedingungen für die Einzelnen müssen geschaffen werden, so geschehen etwa im Mai 2016, als in Deutschland an einigen Tagen fast der gesamte verbrauchte Strom aus regenerativen Quellen stammte.
Staaten und Individuen sind gleichzeitig aufgefordert, im Sinne einer gerechteren Welt zu handeln (193). Die große Herausforderung für Staaten ist es, die Balance zwischen Gesetzgebung und Verteilung zu finden, weshalb ein grundlegendes Umdenken gegenüber gewinnmaximierter Ökonomie auf Kosten anderer (Menschen und Umwelt) unumgänglich ist. Steuern sind dafür ein Hebel. Eine ökologische Steuerreform ist unerlässlich und die Debatte um die Erbschafts- und Vermögenssteuer muss dringend weitergeführt werden, insbesondere der sozialen Gerechtigkeit halber.

Alternatives Wirtschaften ist möglich

Die Politik darf sich nicht der Wirtschaft unterwerfen und diese darf sich nicht dem Diktat und dem effizienzorientierten Paradigma der Technokratie unterwerfen. Im Hinblick auf das Gemeinwohl besteht für uns heute die dringende Notwendigkeit, dass Politik und Wirtschaft sich im Dialog entschieden in den Dienst des Lebens stellen, so schreibt es der Papst in *Laudato Si'* (189). In einer ganzheitlichen Ökologie des Alltagslebens, die Umwelt-, Wirtschafts-, Kultur- und Sozialökologie umfasst, entfalte das Prinzip des Gemeinwohls eine generationsübergreifende Gerechtigkeit, so der Papst.

Die großen politischen Systemfragen sind seit einigen Jahren anderen Gerechtigkeitsfragen gewichen. Doch sind die großen politischen Verbünde UNO oder EU ziemlich hilflos bei der Entwicklung realer Wirtschafts- und Sicherheitsalternativen (175). Beim Umweltschutz sind bereits nationale Programme in Richtlinien auf EU-Ebene und transnationale Programme aufgegangen, die es jetzt ermöglichen, einseitigen Ressourcenverbrauch oder Klimawandel als Gemeinschaftsaufgabe zu bearbeiten. Bei globalen ökonomischen Problemlagen ist außer Bankenrettung und Spardiktaten wenig in Sicht. Gepredigt werden von der Politik lediglich regionale Handelsabkommen, obschon es Regeln der World Trade Organisation (WTO) gibt.

Im Moment bleibt festzuhalten, dass in ökonomischer Hinsicht ein eigenstaatlicher Umgang im Sinne »gerechter Lösungen« am ehesten Erfolg hat. In Mauritius, Botswana, Ruanda, Kenia, Tansania, Uganda, Sierra Leone oder Mosambik steigt das BSP jährlich um 4 Prozent, die Entwicklung geht dort, wenn auch schrittweise, hin zu demokratischeren Strukturen. Billionen Dollar wurden vom Westen in Entwicklungshilfe investiert, jedoch habe sich – so schreibt Easterly – die Situation in vielen Ländern nicht verbessert (Easterly, 2014 [2006]). Erst langsam wird umgedacht. Wo Hilfsgelder und Einnahmen nicht mehr durch Militärregime in Bürgerkriege umgeleitet werden, kann Armutsbekämpfung und Bildung zu besseren und gerechteren Lebensbedingungen führen. In einer gerechteren Welt, die im aufgeklärten Westen in Reden immer eingefordert wird, muss man sich schon fragen lassen, wie ungerecht sich unser Lebensstil auf die Menschen in den Dürregebieten als Folge des Klimawandels auswirkt.

Es gibt eine Vielzahl von Ansätzen in afrikanischen Ländern, die auf Bildung, kleinkreditgeförderte Selbständigkeit oder Fair Trade-Kooperativen setzen. Sie entgehen damit dem Kreislauf von Entwicklungsabhängigkeiten und Unterlegenheitsgefühlen. Die kooperative Form der nachhaltigen Bildung und der nachhaltigen Wirtschaft bietet in Ländern mit einigermaßen gesicherten Rechtssystemen eine Vielzahl an Möglichkeiten. Eine *Impact Education* verbindet Bildung mit Unternehmertum, um sinnvolle Arbeit, umweltschonende Verwertung der Ressourcen im Ursprungsland und Wachstum im Sinne der Gemeinwohlorientierung zu entwickeln. Diese Art von Bildung und Wirtschaften ist deutlich unabhängiger von Abhängigkeitsverhältnissen, etwa externer Entwicklungshilfe, und gibt den Menschen gleichzeitig ihre Würde zurück. Staatliche Förderprogramme für diese Art des Lernens und Verarbeitens vor Ort sind sehr wohl erfolgreich, wie in Äthiopien, Kamerun, Botswana oder Uganda zu sehen ist.

Auch im Hinblick auf diesen praktischen Ansatz wird man in der Enzyklika *Laudato Si'* auf der Theorieebene fündig, wenn Umwelt-, Wirtschafts-, Sozial- und Kulturökologie zusammengeführt werden. So gebe es nicht zwei Krisen nebeneinander, eine der Umwelt und eine der Gesellschaft, sondern eine einzige und komplexe sozioökologische Krise (139). Die Wege zur Lösung erfordern – so der Papst – einen ganzheitlichen Zugang, um die Armut zu bekämpfen, den Ausgeschlossenen ihre Würde zurückzugeben und sich zugleich um die Natur zu kümmern.

Ein Angebot auf der Ebene von Firmen und Kommunen bietet hier das Konzept der Gemeinwohlökonomie (Felber, 2014). Sie bezieht in ihre Bilanz die Werte Menschenwürde, Solidarität, ökologische Nachhaltigkeit, Soziale Gerechtigkeit und Demokratische Mitbestimmung mit ein. Ebenso, wie es im Grundgesetz Artikel 14 nachzulesen ist: Eigentum verpflichtet. Sein Gebrauch soll zugleich dem Wohle der Allgemeinheit dienen.

Der Papst schlägt in die gleiche Kerbe. Es genüge, sich die Wirklichkeit anzuschauen, um zu verstehen, dass diese Option heute ein grundlegender ethischer Anspruch für eine effektive Verwirklichung des Gemeinwohls ist (189–190).

Angesichts eines unverantwortlichen Wachstums und unersättlichen Konsums (während anderen ein menschenwürdiges Leben noch nicht möglich ist) ist die Stunde gekommen, in einigen Teilen der Welt eine gewisse Rezession zu akzeptieren und Hilfestellungen zu leisten, damit in anderen Teilen ein gesunder Aufschwung stattfinden kann.

Die soziale Dividende für gerechtes Wirtschaftswachstum sichert Wohlstand für Viele und nicht bloß für wenige Eliten (172). Die nachhaltige Umweltdividende ist, dass der Wohlstand nicht mehr vom Naturverbrauch entkoppelt wird.

Es geht um mehr, als die technischen Lösungen für erneuerbare Energien und Elektroautos zu entwickeln. Das ist vergleichsweise leicht durchzusetzen, denn schließlich verdient man gut damit. Verständnis und Mitgefühl, den Wert des Erhalts natürlicher Lebensgrundlagen anzuerkennen und die allgemeingültige Logik des Wachstums durch Gerechtigkeit zu ersetzen, sind Ansätze, die sich bei vielen Menschen, aus welchen Gründen auch immer, wieder durchzusetzen scheinen.

Wirksam mitwirken

Für die Einzelnen, denen die Zukunft in ihrem Umfeld am Herzen liegt, ist die Erkenntnis ein Genuss, dass gemeinschaftliches und eigenes, nachhaltiges Handeln Freunde und Freude macht. Mag sein, dass die meisten Meinungsumfragen die These bestätigen, dass der »effektive Egoismus« des Menschen größer ist als der »effektive Altruismus«. Jedoch verzeichnen andererseits viele Vereine und Gruppierungen Zulauf. So ist etwa die Zahl der ehrenamtlich Engagierten von 2000 bis 2014 um rund 15 Prozent auf über 30 Millionen Menschen in Deutschland gestiegen (BMFSJ, 2016). Dort, wo man selbstwirksam tätig werden kann, gibt es eine Begeisterung für die Sache. In lokalen Zusammenhängen gelingt das am besten. Kleine Gruppen, Vereine, Studenteninitiativen oder Bürgerinitiativen, offline oder in sozialen Netzwerken organisiert sind sehr geeignet, um etwas zu erreichen. In großen Gruppen, Parteien oder Nicht-Regierungsorganisationen lässt sich viel bewegen.

Das eigene und gemeinschaftliche Tun ist wichtig und kann vieles verändern. Von wenigen Pionieren ausgehend kann im Schneeballsystem die kritische Masse von 30 Prozent erreicht werden, die nahezu immer als Interessengemeinschaft Veränderungen durchsetzen kann. Immer waren es die 10, 20 oder 30 Prozent der jungen, heute auch oft älteren Menschen, die Veränderungen ins Rollen brachten und bringen. Ob das kleine Einheiten an Schulen oder Hochschulen sind oder Widerstandskämpfer; oder Innovationskräfte in Politik, Betrieben, NGOs oder Bürgerinitiativen: Der Rest der Menschen geht mit, weil er mitgehen muss, wenn eine Initiative oder Erneuerung beschlossene Sache ist (wie gesagt, nicht immer nur durch Gesetzesänderungen).

Sicherlich ist der eigene Lebensstil an politische Prozesse gekoppelt. Stehen sich Altruismus und Egoismus unversöhnlich gegenüber, kann keine von der Mehrheit einer Gesellschaft als gerecht empfundene Verteilung des Wohlstands und der Naturgüter stattfinden. In den reichen Regionen der Welt schlingern viele zwischen gelernten Selbstverwirklichungssehnsüchten und gewünschten Solidarisierungsmaßnahmen mit den armen Regionen und Schichten.[2] Es fehlt »eine Idee des vernünftigen Ganzen« (Bude, 2016), mit der sich mit »sortierter Skepsis« in der Unsicherheit zwischen kritischen Ansätzen des Antikapitalismus und generellem Systemfatalismus zurechtkommen lässt.

Die Selbstwirksamkeit des eigenen Handelns ist ein mitentscheidender methodischer Hebel, um die sozialen, ökologischen und ökonomischen Ziele einer gerechten und nachhaltigen Welt zu erreichen. Die eigene private Initiative zu Hause oder die lokale Initiative leistet genauso einen Beitrag zur Entwicklung des Gemeinwohls und des Umweltschutzes wie dessen Weiterentwicklung in der Politik und Wirtschaft. Egoismus und Altruismus sind dann kein Gegensatzpaar mehr, sondern Sinn und Antrieb eigenen Handelns. Dafür braucht es Vorbilder und Geschichten, die zur Nachahmung und Anpassung animieren (wie etwa Marie Bohlen: »Let's make a green peace«).[3]

»Bildung für eine nachhaltige Entwicklung« sollte die Losung für eine globale Entwicklung werden. Gemeint ist eine Bildung, die Menschen zu zukunftsfähigem Denken und Handeln befähigt. Als eines der UNO-Ziele ist diese Bildung Bindeglied zwischen Flüchtlings- und Umweltpolitik, die in Schulen, Hochschulen und in der Ausbildung Leitlinie sein soll. Gefragt wird: Wie be-

---

2   Übrigens spenden ärmere Menschen proportional zum Einkommen mehr als Reiche, wie die Universität Berkeley (Paulus, 2011) 2011 veröffentlicht hat. Ärmere müssten mehr an Solidarität und Hilfe glauben, sie seien großzügiger und erkennen besser, wie es anderen geht.

3   Die Entwicklungshilfezahlungen der Bundesregierung sind ein eher schlechtes Beispiel. Deutschland schafft es wieder nicht das globale Ziel – 0,7 Prozent des Bruttonationaleinkommens für Entwicklungshilfe bereit zu stellen – zu erreichen. (2015: 0,38 Prozent). Aber wir haben es in Deutschland geschafft, das drittgrößte Rüstungsexportland der Welt zu werden.

einflussen meine Entscheidungen und technischen Entwicklungen Menschen nachfolgender Generationen oder in anderen Erdteilen? Welche Auswirkungen können Alltagshandlungen nach sich ziehen, etwa wie ich konsumiere, welche Fortbewegungsmittel ich nutze oder welche und wie viel Energie ich verbrauche? Welche globalen Mechanismen führen zu Konflikten, Terror und Flucht?

Religion könnte eine Vorbildfunktion übernehmen. Seit 2005 plädiert Jürgen Habermas für die Akzeptanz von Religionen als Sinnressource der Demokratie (Habermas, 2005). Der Philosoph fordert, die demokratische Öffentlichkeit müsse auch für religiöse Beiträge offen bleiben und dürfe sich nicht von diesen Ressourcen der Identitäts- und Sinnstiftung abschneiden: Eine Religion also, die gleichsam aus der Tradition heraus sinnstiftend und in der Moderne liberalisierend wirken muss. Sie sei gegen jeglichen Radikalismus sichtbar und biete gleichzeitig eindeutig praktische und wirksame Handlungsempfehlungen für Mitgefühl, Überleben, Sicherheit und Gerechtigkeit. Auf moralischer Ebene ist dieser Aufforderung nicht zu wiedersprechen, wenn da nicht die vielen (historischen) Unterdrückungs- und Gewaltgeschichten im Namen der Kirche wären und die für viele Menschen fragwürdige Praxis der staatlich organisierten Kirchensteuer.

Inhaltlich gibt es schon heute eine Annäherung zwischen den Anliegen der Religionsgemeinschaften und den NGOs. Agenden für Umwelt und Politik werden zunehmend gemeinsam verfolgt Insbesondere besteht Einigkeit darüber, sich in gesellschaftliche Prozesse einzumischen und diese voran zu treiben.

Literatur

Arendt, A. (2002). *Vita activa oder Vom tätigen Leben*. München/Zürich: Piper.
Bloch, E. (1978 [1974]) Über Ungleichzeitigkeit, Provinz und Propaganda. In ders., *Gesamtausgabe. Ergänzungsband: Tendenz – Latenz – Utopie*. Frankfurt a.M.: Suhrkamp.
Böckenförde, E.-W. (1976). *Staat, Gesellschaft, Freiheit*. Frankfurt a.M.: Suhrkamp.
Bude, H. (2016). *Das Gefühl der Welt*. Hanser: Berlin.
Bundesministerium für Familie, Senioren, Frauen und Jugend (2016). *Freiwilliges Engagement in Deutschland – Der Deutsche Freiwilligensurvey*. Berlin: Springer VS.
Easterly, W. (2014 [2006]). *Wir retten die Welt zu Tode: Für ein professionelleres Management im Kampf gegen die Armut*. Frankfurt a.M.: Fischer.
Felber, C. (2014). *Die Gemeinwohl-Ökonomie*. Wien: Paul Zsolnay Verlag.
Habermas, J. (2005). Religion in der Öffentlichkeit. Kognitive Voraussetzungen für den »öffentlichen Vernunftgebrauch« religiöser und säkularer Bürger. In ders., *Zwischen Naturalismus und Religion*. Frankfurt a.M.: Suhrkamp.
Humanrights.ch. (2013). www.humanrights.ch/de/internationale-menschenrechte/nachrichten/menschenrechtsrat/umweltschutz-perspektive-menschenrechte (18.11.2016).

Korte, K.-R. (2016). Die Landtagswahlen waren ein Fest der Demokratie. www.focus.de/politik/experten/korte/gastbeitrag-von-karl-rudolf-korte-die-landtagswahlen-waren-ein-fest-der-demokratie (18.11.2016).

Krugman, P. Die USA sind heute in gewisser Hinsicht ein gescheiterter Staat. www.sueddeutsche.de/geld/nobelpreistraeger-paul-krugman-die-usa-sind-heute-in-gewisser-hinsicht-ein-gescheiterter-staat (21.11.2016).

Leggewie, C. (2015). Populisten verstehen. Ein Versuch zur Politik der Gefühle. In K.-R. Korte (Hrsg.), *Emotionen und Politik* (S. 137–154). Baden-Baden: Nomos.

Paulus, J. (2011, 10.11.). Die kleinen Leute spenden mehr. http://www.fr-online.de/wissenschaft/studie-zur-spendenbereitschaft-die-kleinen-leute-spenden-mehr,1472788,11130090.html (21.11.2016).

Richter, H.-E. (2012 [1976]). Flüchten oder Standhalten. Gießen: Psychosozial-Verlag.

Schloemann, J. (2016). Wie man mit der AfD nicht umgehen sollte. www.sueddeutsche.de/kultur/rhetorik-vollpfosten-und-abgehaengte (18.11.2016).

Stiglitz, J. E. (2016). Mit TTIP zerstören Merkel und Obama ihr eigenes Werk. www.sueddeutsche.de/politik/aussenansicht-sie-zerstoeren-ihr-eigenes-werk (21.04.2016).

Welzer, H. (2008). Nur ein neuer Lebensstil kann Klimakriege verhindern. www.tagesschau.de/ausland/klimakriege (21.11.2016).

Da alle Geschöpfe miteinander verbunden sind, muss jedes mit Liebe und Bewunderung gewürdigt werden

Unternehmerische Berichterstattung mit dem Nachhaltigkeitskodex

Von der gemeinsamen, aber geteilten Verantwortung für eine nachhaltige Wirtschaftsweise

Yvonne Zwick

Ein Transparenzstandard, sein Absender und seine Ziele

Nachhaltigkeit ist in Politik und Wirtschaft ein wohlklingendes Wort und immer mehr Unternehmen nutzen es, um sich oder die Produkte und Dienstleistungen im Wettbewerb zu unterscheiden. Doch gibt es bis dato keine allgemeingültige Festlegung, welche Themen den Kanon von Nachhaltigkeit ausmachen. Das führt zu einer vielfältigen Kommunikationspraxis, vielfältigen Bewertungs- und Beurteilungsgrundlagen und damit zu Verwirrung bei BerichterstatterInnen sowie an diesen Informationen Interessierten gleichermaßen (vgl. Bundesministerium für Arbeit und Soziales, 2010, S. 35).

Kodifizierung liegt nahe, soll Nachhaltigkeit zu einem belastbaren Differenzierungsmerkmal werden. Das Interesse an Standardisierung wächst nicht zuletzt aufseiten der Unternehmen, um Nachhaltigkeit zu einer wirkungsvollen Wert- und damit Werteorientierung zu machen und so die Basis für einen Wettbewerb um zukunftsorientierte Produktlösungen und Dienstleistungen sowie konkrete Honorierung über den Markt zu fördern.

Globale Probleme, wie sie auch die Enzyklika *Laudato Si'* von Papst Franziskus skizziert, fordern geballte Anstrengungen und Nachhaltigkeitsstrategien (4, 25f.). In Unternehmen bedeutet das, je nach Geschäftsfall das Management auf Zukunft hin zu orientieren und im Kern so zu verändern, dass es Lösungen schafft, statt Probleme zu verschärfen: Klimawandel und die steigende Zahl von extremen Wetterereignissen, steigende Energie- und Rohstoffpreise, der demografische Wandel mit unterschiedlicher Ausprägung im nationalen und internationalen Kontext, die unterschiedlichen Lebensbedingungen auf der ganzen Welt.

Um ein förderliches Umfeld hierfür zu schaffen, gilt es, zunächst anzuerkennen,

»dass wir noch nicht über die Kultur verfügen, die es braucht, um dieser Krise entgegenzutreten. Es ist notwendig, leaderships zu bilden, die Wege aufzeigen, indem sie versuchen, die Bedürfnisse der gegenwärtigen Generationen unter Einbeziehung aller zu berücksichtigen, ohne die kommenden Generationen zu beeinträchtigen. Es wird unerlässlich, ein Rechtssystem zu schaffen, das unüberwindliche Grenzen enthält und den Schutz der Ökosysteme gewährleistet« (53).

Eine Kultur der Transparenz und des Leadership sucht der Rat für Nachhaltige Entwicklung (RNE) mit seiner Datenbank zum Nachhaltigkeitskodex zu schaffen. Sie schafft eine allgemein zugängliche Informationsbasis und damit ein Bewusstsein für die unterschiedlichen Ausgangspunkte der verschiedenen Unternehmen für die Befassung mit Nachhaltigkeit und macht zugleich heute bereits existierende unternehmerische Lösungsansätze sichtbar. Insofern ist das ein Ermächtigungsinstrument für – im Prinzip – alle Akteure in Wirtschaft, Politik und Gesellschaft und ermutigt, bereits heute aktiv zu werden (56–59).

Zukunftsorientiertes unternehmerisches Handeln soll durch Marktanreize und politische Anerkennung belohnt und damit letzten Endes ein breiter Schub für nachhaltiges Wirtschaften ausgelöst werden. Ein Argument im Dialog mit Unternehmen ist: Je länger Unternehmen auf steigende Rohstoffpreise und Risiken in sogenannten »weichen« Themen wie Menschenrechten warten, umso mehr steigt der Handlungsdruck.

Der Nachhaltigkeitsrat hat deshalb den Deutschen Nachhaltigkeitskodex (DNK) entwickelt. Er wird allen Unternehmen und Organisationen zur freiwilligen Anwendung empfohlen. Er strukturiert Nachhaltigkeitsinformationen auf eine Weise, die in ihrem Ansatz geeignet ist, die Bewertungskriterien an den Finanzmärkten zu verändern (189, 193ff.).

Der Nachhaltigkeitskodex wurde nach seiner Verabschiedung im November 2011 als Projekt des RNE etabliert. Der DNK wird von der Geschäftsstelle organisiert. Das Gremium verfolgt mit dem DNK das Ziel, innerhalb normativer Festlegungen, die er in politischen Empfehlungen und Grundsatzpapieren vornimmt, den Prozesscharakter von Nachhaltigkeit sichtbar zu machen (Zwick & Loew, 2016, S. 322). Empfehlungen des Rates können als Orientierung dienen, werden aber nicht im Instrument selbst als performative Ziele integriert. Der DNK und seine Transparenzanforderungen bleiben neutral. Er trägt so den unterschiedlichen Ausgangspunkten für die Befassung mit Nachhaltigkeitsthemen qua Unternehmenszweck und -größe, Standort, Wirkungsradien und Einflussmöglichkeiten Rechnung. Dies stärkt den einladenden Charakter der Initiative und ermöglicht Unternehmen, ihre Auffassung von sowie ihre Beiträge zu einer nachhaltigen Entwicklung zu beschreiben. Die Berichte zum DNK konkretisieren den vielschichtigen Begriff der Nachhaltigkeit, legen vielfältige Konzepte und Ansätze offen und bereichern den gesellschaftlichen Diskurs.

Der RNE macht Entsprechenserklärungen zum standardisierten Referenzrahmen in einer Datenbank zentral verfügbar. Die kostenlos zugängliche Plattform stärkt den wettbewerblichen Vergleich der Marktteilnehmer untereinander sowie durch Dritte und stärkt letztlich die Honorierung über den Markt selbst. Der direkte Vergleich eröffnet Lernmöglichkeiten für Anwender und spornt zugleich an, Informationsqualität, Ziele und performative Anstrengungen stetig weiterzuentwickeln.

Im politischen Diskurs und der parlamentarischen Beratung wird immer wieder festgestellt, dass Investoren und Konsumenten gleichermaßen erwarten, dass Unternehmen ökologische und soziale Faktoren bei ihren Tätigkeiten berücksichtigen. Eine gute Unternehmensführung wird in der allgemeinen Öffentlichkeit insbesondere bei »Made in Germany« als selbstverständlich vorausgesetzt (vgl. Bertelsmann Stiftung, 2016, S. 9).

Auch im internationalen Kontext gewinnt unternehmerische Nachhaltigkeit zunehmend an Bedeutung und dies könnte eine Basis sein, auf der im Zusammenhang der Diskussionen um nachhaltiges Wirtschaften *(Green Economy)*, ausgehend von einem realistischen Bild glaubwürdiger Unternehmenspraxis, ein Beitrag zu einem international tragfähigen Konsens über die Kernthemen der Nachhaltigkeit geleistet werden kann (vgl. Zwick, 2014, S. 242). Die Erfahrungen in der praktischen Anwendung des Transparenzstandards teilt der RNE bereitwillig mit seinen Partnern und der interessierten Öffentlichkeit in Deutschland und weltweit, um die Diskussion über marktgängige Berichtsformate und unternehmerische Beiträge zu einer nachhaltigen Entwicklung zu befördern. Er bietet das Instrument auch auf internationaler Ebene zur praktischen Anwendung an.

Der Deutsche Nachhaltigkeitskodex – Ein Referenzrahmen für Nachhaltigkeit

Der RNE hat gemeinsam mit Vertretern des Finanzmarktes und von Unternehmen den Sachverhalt fehlender Vergleichbarkeit und Standardisierung aufgegriffen und versucht, mit dem Deutschen Nachhaltigkeitskodex (DNK) diese Lücke zu füllen. Dieser global anwendungsfähige Transparenzstandard zielt auf Anwendung durch die Akteure und auf Wirkung am Markt selbst. Er wurde im November 2011 vom Rat als Empfehlung an Unternehmen, Zivilgesellschaft und Politik beschlossen (vgl. Rat für Nachhaltige Entwicklung, 2016, S. 7).

Zielgruppen und Ziele des DNK

Ziel des RNE ist es, Nachhaltigkeitsleistungen von Unternehmen mit einer höheren Verbindlichkeit transparent und vergleichbar zu machen sowie die Basis für die Umsetzung von Nachhaltigkeit zu verbreitern. Durch die Anwendung des DNK ergibt sich eine Reihe potenzieller Wirkungen. Ökonomische Stakeholder wie Investoren und Finanzanalysten beziehen die Informationen in einer standardisierten Form in ihre Analyse ein. Markineffizienzen, etwa die Über- bzw. Unterbewertung von Unternehmenswerten, können dadurch verringert und die Kapitalallokation optimiert werden. Durch eine erhöhte Transparenz werden somit Chancen und Risiken für Unternehmen besser erkennbar und vergleichbar. Ebenfalls kann so erreicht werden, dass der Wettbewerb und damit die Differenzierung am Markt durch Innovationen für eine nachhaltige Entwicklung gefördert werden. Für Unternehmen mit etabliertem Nachhaltigkeitsmanagement können durch die Offenlegung von Prozessen, Zielsetzungen und Zielerreichungsgraden Wettbewerbsvorteile generiert werden (vgl. Bertelsmann Stiftung, 2016, S. 5). Stetig steigende Transaktionskosten durch divergierende Anforderungen von Rating-Agenturen, Investoren, Analysten und sonstigen Initiativen können durch standardisierte Inhalte und Indikatoren eingedämmt werden (vgl. Zwick, 2014, S. 244f.).

Gleichzeitig werden Gestaltungsspielräume für die Unternehmen und die Möglichkeit zur Differenzierung am Markt durch freiwillige Branchenergänzungen gewahrt, mit denen spezifische Detailinformationen in Entsprechenserklärungen zum DNK integriert werden können. Die Anforderungen lassen mit dem *Comply-or-explain*-Ansatz graduelle Erfüllung und Erklärung bei Nicht-Offenlegung aus verschiedenen Gründen zu. Auch für mittelständische Unternehmen kann der DNK als Einstieg in die strategische Nachhaltigkeitskommunikation genutzt werden, etwa indem in der Wertschöpfungskette die Nachhaltigkeit als Zulieferer gegenüber großen Unternehmen und globalen Marken dokumentiert wird, die ebenfalls steigendes Interesse an Nachhaltigkeitsinformationen bekunden (vgl. Bertelsmann Stiftung, 2016, S. 8).

Ein wesentliches Element ist, dass der Nachhaltigkeitskodex an bestehende, einschlägige internationale allgemeine Standards wie den Global Compact der Vereinten Nationen, die Leitsätze für multinationale Konzerne und gängige Berichterstattungsstandards für Nachhaltigkeitsberichte (z. B. Global Reporting Initiative) anknüpft. Der bestehende Markt nachhaltiger Investments mit den spezifischen Anforderungen und der methodischen Bewertungstiefe wird ergänzt um ein standardisiertes Instrument für die bislang kaum an Nachhaltigkeit orientierten

Kapitalmarktteilnehmer, die laut Auskunft des Forums Nachhaltige Geldanlagen trotz erfreulicher Zuwächse nachhaltiger Investments immer noch 97,3 Prozent des investierten Kapitals im deutschen Markt repräsentieren (vgl. Forum Nachhaltige Geldanlagen, 2016, S. 14). Es wäre erfreulich, wenn noch mehr institutionelle Investoren aus den Bereichen der Kirchen, aber auch ChristInnen selbst im Sinne der Enzyklika und ihres Selbstverständnisses ihre Möglichkeiten zur Gestaltung des Finanzmarktes nutzen und zu TreiberInnen dieses Marktsegmentes würden.

Anreize zur Kodexerfüllung liegen bis dato in erster Linie in der politischen Anerkennung. Der RNE zielt mit seinem Engagement jedoch mittelfristig auf Honorierung über den Markt, zum Beispiel durch leichteren Zugang zu Aufträgen und Kapital, Aufnahme in Aktienindizes, Vereinfachung der Auswahl von Lieferanten. Der DNK soll bei der individuellen Bewertung von langfristig orientiertem Handeln und den damit verbundenen unternehmerischen Chancen und Risiken unterstützen. Neben ökonomischen Argumenten setzt er auf die Überzeugungskraft im direkten Dialog mit UnternehmerInnen, um sie von der Sinnhaftigkeit des Projektes Nachhaltigkeit zu überzeugen.

Nach Auffassung des Rates ist es sinnvoll, wenn auch die öffentliche Hand als eigenständiger Akteur Anreize setzt, den Markt für nachhaltige Geldanlagen in Deutschland weiterzuentwickeln, etwa indem die Gemeinwohlorientierung in der öffentlichen Altersvorsorge sowie in Rückstellungen des Bundes für Pensionen gestärkt und dabei der DNK genutzt wird. Die Standardisierung kann dazu führen, dass Nachhaltigkeit auch in anderen Anlageklassen, zum Beispiel in Unternehmensanleihen, aber auch im Kreditgeschäft als Bewertungskriterium an Bedeutung gewinnt. Durch die steigende Bedeutung des passiven Fondsmanagements wird es für Unternehmen wichtiger, in verschiedenen Indizes vertreten zu sein. Hier kann der DNK als ergänzendes Auswahlkriterium für Indexanbieter dienen (vgl. Zwick, 2014, S. 245).

In einer auf Nachhaltigkeit orientierten Beschaffung von Unternehmen und der öffentlichen Hand kann die Erfüllung des DNK zum Auswahlkriterium für Vertragspartner werden. Eine höhere Sensibilisierung der Konsumenten für Produkte und Dienstleistungen nachhaltiger Unternehmen ist möglich. Die Praxis deutscher Unternehmen, die am Standort Deutschland teils qua höherer Regulierung, aber auch qua höherer Selbstbindung bereits heute höheren Nachhaltigkeitsanforderungen genügen, kann zur Messlatte nachhaltigen Wirtschaftens weltweit werden – und im globalen Vergleich von anderen lernen, die besser sind. Höhere Transparenz, höhere gesetzliche Anforderungen und eine ambitionierte Standardisierung könnten endlich den Wettbewerb um die besten Nachhaltigkeitslösungen am globalen Markt in Gang setzen.

Geltungsbereich

Der DNK wird Unternehmen jeder Größe und Rechtsform, allen Organisationen, Stiftungen, NGOs, Gewerkschaften, Universitäten, Wissenschaftsorganisationen und Medien zur Anwendung im Sinne der freiwilligen Selbstauskunft empfohlen. Öffentliche Unternehmen, insbesondere mit Beteiligung des Bundes, wurden von der Bundesregierung wiederholt aufgefordert, als Vorreiterunternehmen den DNK anzuwenden.

Anwendung

Als Einstiegslevel im Sinne der Selbstauskunft verlangt der DNK keine externe Überprüfung, um eine verlässliche Basis bei der Auswahl von Geschäftspartnern und Lieferanten darzustellen. Um die Wirksamkeit und Verlässlichkeit für Kapitalmärkte zu erhöhen, wird die Glaubwürdigkeit der Entsprechenserklärung durch ein Testat unabhängiger Dritter im Sinne der *Limited Assurance* erreicht.

Die Unternehmen erklären für das jeweilige Kodexkriterium entweder die Übereinstimmung *(comply)* oder die Begründung der Abweichung *(explain)*. Verweise auf Informationen in anderen Berichtsformaten sind möglich und werden im Sinne einer Erklärung gewertet, weil die Informationen damit nicht der direkten Begutachtung durch Dritte zur Verfügung stehen.

Die Entsprechenserklärung kann mithilfe der kostenlosen DNK-Datenbank vorbereitet werden (www.deutscher-nachhaltigkeitskodex.de). Nach der formalen Prüfung durch die Geschäftsstelle des Nachhaltigkeitsrates wird sie in der DNK-Datenbank sowie wahlweise auf der Webseite der Unternehmen, im Geschäftsbericht und, soweit vorhanden, in einem eigenständigen oder integrierten Nachhaltigkeitsbericht veröffentlicht. Der RNE stellt den Unternehmen für die öffentliche Kommunikation ein Signet zur Verfügung.

Mithilfe einer Auswahl von Leistungsindikatoren qualifizieren Unternehmen die Befassung mit den Anforderungen des DNK. Welches Indikatorenset herangezogen wird, legt das Unternehmen abhängig vom verwendeten Berichtsstandard und der angesprochenen Zielgruppe fest. Die Indikatoren sind monothematisch gefasst, sodass NutzerInnen eigenständig und abhängig vom konkreten Geschäftsfall Bezüge herstellen können.

Darüber hinausgehende Gestaltungsspielräume ergeben sich durch branchenspezifische Ergänzungen. Verbände der Wohnungswirtschaft (GdW/AGW), der

Sparkassen- und Giroverbände (DSGV), der Ernährungsindustrie sowie der Abfallwirtschaft unter der Ägide des Verbandes kommunaler Unternehmen haben bereits eigene Leitfäden entwickelt. Ein DNK für Hochschulen und Wissenschaftsbetriebe wird seit Mitte 2016 erprobt. Er untersucht das Nachhaltigkeitsmanagement der Hochschulen sowie inwieweit Nachhaltigkeitsthemen in Forschung und Lehre Eingang finden (für weitere Informationen vgl. etwa Verband Kommunaler Unternehmen e. V., 2016).

Gehen alle Bereiche Hand in Hand, Strategie, Management und Kerngeschäft einer Institution, schließt sich der Kreis der Glaubwürdigkeit.

Inhalt und Anforderungen des DNK

Der DNK umfasst die Kapitel Strategie, Prozessmanagement, Umwelt und Gesellschaft (vgl. Bassen et al., 2006, S. 6ff.).

Im Kapitel »Strategie« wird erfasst, wie sich das Unternehmen strategisch hinsichtlich der eigenen Nachhaltigkeit positioniert. Zudem wird erfasst, wie Nachhaltigkeit in die Wertschöpfungskette integriert ist und welche Nachhaltigkeitsziele in der Wertschöpfungskette und für die verschiedenen Märkte formuliert wurden. Auf Kriterien Bezug nehmende Beispielaufzählungen für Standards, Verweise etc. werden im Glossar erläutert.

Neben der strategischen Verankerung von Nachhaltigkeitsaspekten spielt die Implementierung in den verschiedenen Prozessebenen des Unternehmens eine wesentliche Rolle. Deswegen wird im Kapitel »Prozessmanagement« erfasst, welche Regeln und Prozesse das Unternehmen implementiert hat. Hierzu zählt neben den Besonderheiten aus Funktionsbereichen (z. B. Einkauf, Produktion, Forschung) die Berücksichtigung im Risikomanagement und in der internen Unternehmenssteuerung. Dies ist erforderlich, da Nachhaltigkeit in die Managementsysteme integriert werden sollte, wenn es materiell für den Unternehmenserfolg ist (vgl. Zwick, 2014, S. 246). Aufbauend auf den Kurzberichten zu Strategie und Prozessmanagement werden im DNK die inhaltlichen Fragen zu den Themen Umwelt, Gesellschaft und Unternehmensführung *(Governance)* adressiert.

Neben Kurzberichten zu den Kriterien werden ergänzend quantitative Informationen durch Leistungsindikatoren abgefragt, mit deren Hilfe individuelle Szenarien und Bewertungen vorgenommen werden können.

Yvonne Zwick

Die zwanzig Kriterien des Deutschen Nachhaltigkeitskodex (DNK)

Kriterien 1–4 zu Strategie

Strategische Analyse und Maßnahmen
Kriterium 1: Das Unternehmen legt offen, wie es für seine wesentlichen Aktivitäten die Chancen und Risiken im Hinblick auf eine nachhaltige Entwicklung analysiert. Das Unternehmen erläutert, welche konkreten Maßnahmen es ergreift, um im Einklang mit den wesentlichen und anerkannten branchenspezifischen, nationalen und internationalen Standards zu operieren.

Wesentlichkeit
Kriterium 2: Das Unternehmen legt offen, welche Aspekte der Nachhaltigkeit einen wesentlichen Einfluss auf die Geschäftstätigkeit haben und wie es diese in der Strategie berücksichtigt und systematisch adressiert.

Ziele
Kriterium 3: Das Unternehmen legt offen, welche qualitativen und/oder quantitativen sowie zeitlich definierten Nachhaltigkeitsziele gesetzt und operationalisiert werden und wie deren Erreichungsgrad kontrolliert wird.

Tiefe der Wertschöpfungskette
Kriterium 4: Das Unternehmen gibt an, welche Bedeutung Aspekte der Nachhaltigkeit für die Wertschöpfung haben und bis zu welcher Tiefe seiner Wertschöpfungskette Nachhaltigkeitskriterien überprüft werden.

Kriterien 5–10 zu Prozessmanagement

Verantwortung
Kriterium 5: Die Verantwortlichkeiten in der Unternehmensführung für Nachhaltigkeit werden offengelegt.

Regeln und Prozesse
Kriterium 6: Das Unternehmen legt offen, wie die Nachhaltigkeitsstrategie durch Regeln und Prozesse im operativen Geschäft implementiert wird.

Kontrolle

Kriterium 7: Das Unternehmen legt offen, wie und welche Leistungsindikatoren zur Nachhaltigkeit in der regelmäßigen internen Planung und Kontrolle genutzt werden. Es legt dar, wie geeignete Prozesse Zuverlässigkeit, Vergleichbarkeit und Konsistenz der Daten zur internen Steuerung und externen Kommunikation sichern.

Anreizsysteme

Kriterium 8: Das Unternehmen legt offen, wie sich die Zielvereinbarungen und Vergütungen für Führungskräfte und Mitarbeiter auch am Erreichen von Nachhaltigkeitszielen und an der langfristigen Wertschöpfung orientieren. Es wird offengelegt, inwiefern die Erreichung dieser Ziele Teil der Evaluation der obersten Führungsebene (Vorstand/Geschäftsführung) durch das Kontrollorgan (Aufsichtsrat/Beirat) ist.

Beteiligung von Anspruchsgruppen

Kriterium 9: Das Unternehmen legt offen, wie gesellschaftliche und wirtschaftlich relevante Anspruchsgruppen identifiziert und in den Nachhaltigkeitsprozess integriert werden. Es legt offen, ob und wie ein kontinuierlicher Dialog mit ihnen gepflegt und seine Ergebnisse in den Nachhaltigkeitsprozess integriert werden.

Innovations- und Produktmanagement

Kriterium 10: Das Unternehmen legt offen, wie es durch geeignete Prozesse dazu beiträgt, dass Innovationen bei Produkten und Dienstleistungen die Nachhaltigkeit bei der eigenen Ressourcennutzung und bei Nutzern verbessern. Ebenso wird für die wesentlichen Produkte und Dienstleistungen dargelegt, ob und wie deren aktuelle und zukünftige Wirkung in der Wertschöpfungskette und im Produktlebenszyklus bewertet wird.

Kriterien 11–13 zu Umwelt

Inanspruchnahme von natürlichen Ressourcen

Kriterium 11: Das Unternehmen legt offen, in welchem Umfang natürliche Ressourcen für die Geschäftstätigkeit in Anspruch genommen werden. Infrage kommen hier Materialien sowie der Input und Output von Wasser, Boden, Abfall, Energie, Fläche, Biodiversität sowie Emissionen für den Lebenszyklus von Produkten und Dienstleistungen.

Ressourcenmanagement
Kriterium 12: Das Unternehmen legt offen, welche qualitativen und quantitativen Ziele es sich für seine Ressourceneffizienz, den Einsatz erneuerbarer Energien, die Steigerung der Rohstoffproduktivität und die Verringerung der Inanspruchnahme von Ökosystemdienstleistungen gesetzt hat und wie diese erfüllt wurden bzw. in Zukunft erfüllt werden sollen.

Klimarelevante Emissionen
Kriterium 13: Das Unternehmen legt die Treibhausgas(THG)-Emissionen entsprechend dem *Greenhouse Gas (GHG) Protocol* oder darauf basierenden Standards offen und gibt seine selbst gesetzten Ziele zur Reduktion der Emissionen an.

Kriterien 14–20 zu Gesellschaft

Arbeitnehmerrechte
Kriterium 14: Das Unternehmen berichtet, wie es national und international anerkannte Standards zu Arbeitnehmerrechten einhält sowie die Beteiligung der Mitarbeiterinnen und Mitarbeiter am Nachhaltigkeitsmanagement des Unternehmens fördert.

Chancengerechtigkeit
Kriterium 15: Das Unternehmen legt offen, wie es national und international Prozesse implementiert und welche Ziele es hat, um Chancengerechtigkeit und Vielfalt *(Diversity)*, Arbeitssicherheit und Gesundheitsschutz, Integration von Migranten und Menschen mit Behinderung, angemessene Bezahlung sowie Vereinbarung von Familie und Beruf zu fördern.

Qualifizierung
Kriterium 16: Das Unternehmen legt offen, welche Ziele es gesetzt und welche Maßnahmen es ergriffen hat, um die Beschäftigungsfähigkeit, das heißt, die Fähigkeit zur Teilhabe an der Arbeits- und Berufswelt aller Mitarbeiterinnen und Mitarbeiter zu fördern und im Hinblick auf die demografische Entwicklung anzupassen.

Menschenrechte
Kriterium 17: Das Unternehmen legt offen, welche Maßnahmen für die Lieferkette ergriffen werden, um zu erreichen, dass Menschenrechte weltweit geachtet und Zwangs- und Kinderarbeit sowie jegliche Form der Ausbeutung verhindert werden.

Gemeinwesen
Kriterium 18: Das Unternehmen legt offen, wie es zum Gemeinwesen in den Regionen beiträgt, in denen es wesentliche Geschäftstätigkeiten ausübt.

Politische Einflussnahme
Kriterium 19: Alle wesentlichen Eingaben bei Gesetzgebungsverfahren, alle Einträge in Lobbylisten, alle wesentlichen Zahlungen von Mitgliedsbeiträgen, alle Zuwendungen an Regierungen sowie alle Spenden an Parteien und Politiker sollen nach Ländern differenziert offengelegt werden.

Gesetzes- und richtlinienkonformes Verhalten
Kriterium 20: Das Unternehmen legt offen, welche Maßnahmen, Standards, Systeme und Prozesse zur Vermeidung von rechtswidrigem Verhalten und insbesondere von Korruption existieren und wie sie geprüft werden. Es stellt dar, wie Korruption und andere Gesetzesverstöße im Unternehmen verhindert, aufgedeckt und sanktioniert werden.

Bewertung des DNK

Der Nachhaltigkeitskodex ist ein politisch anerkanntes Instrument. Die EU-Kommission, die Bundesregierung und andere Akteure haben ihn wiederholt als einen positiven Beitrag zum nachhaltigen Wirtschaften bezeichnet (vgl. Bertelsmann Stiftung, 2016, S. 10). Im Beteiligungsbericht des Bundes macht die Bundesregierung fortan sichtbar, welche Unternehmen mit Beteiligung des Bundes den DNK anwenden. Das Instrument wird von politischen Akteuren begrüßt und unterstützt, was zu einer bemerkenswerten Resonanz in einer gewissen Fachöffentlichkeit sorgt. Das erleichtert die Arbeit des Nachhaltigkeitsrates hinsichtlich der Einführung des Instrumentes, ist aber zugleich Ansporn, den Nachhaltigkeitskodex weiterzuentwickeln und Unternehmen dauerhaft vom Sinn der Initiative zu überzeugen. Dies wird nur gelingen, wenn auch aufseiten der allgemeinen Öffentlichkeit sowie des Marktes selbst die Akzeptanz für diese Informationen steigt und in die Bewertung der unternehmerischen Leistungen und Beiträge zu einer nachhaltigen Entwicklung Eingang findet.

Der Nachhaltigkeitskodex ist durch und durch ein politisches Projekt. Entwickelt wurde er im Dialog, ins Leben gerufen gegen manchen Widerstand und dennoch mausert er sich zu einer überzeugenden Initiative. Das mag am Absender liegen, doch vermutlich liegt es noch mehr an der Idee: unsere Art

zu Wirtschaften komplett umzukrempeln und die alten Bewertungen dessen, was unternehmerischen Erfolg ausmacht, zu ergänzen um so schwer zu fassende weiche Leistungsfaktoren, die (uns) Menschen allen so am Herzen liegen: Chancengerechtigkeit, Respekt, Menschenwürde für alle und ein gutes Leben, das notwendigerweise eine intakte Umwelt mit einschließt.
Wider eine Wirtschaft, die Menschen bricht. Für eine Wirtschaft, die Gemeinschaft erzeugt.

Literatur

Bassen, A., Meyer, K. & Schlange, J. (2006). The Influence of Corporate Responsibility on the Cost of Capital: An Empirical Analysis. Working Paper. http://ssrn.com/abstract=984406 (08.11.2016).

Bertelsmann Stiftung (2016). *Leitfaden zum Deutschen Nachhaltigkeitskodex – Orientierungshilfe für mittelständische Unternehmen.* Gütersloh: Bertelsmann.

Bundesministerium für Arbeit und Soziales (2010). *Nationale Strategie zur gesellschaftlichen Verantwortung von Unternehmen (Corporate Social Responsibility – CSR). Aktionsplan CSR der Bundesregierung.* Berlin: BMAS.

Forum Nachhaltige Geldanlagen (2016). *Marktbericht Nachhaltige Geldanlagen 2016 – Deutschland, Österreich und die Schweiz.* Berlin: FNG.

Rat für Nachhaltige Entwicklung (2016). *Der Deutsche Nachhaltigkeitskodex. Maßstab für nachhaltiges Wirtschaften.* Berlin: RNE.

Verband Kommunaler Unternehmen e.V. (2016). Kommunale Unternehmen: Erfolg mit gesellschaftlichem Engagement. www.vku.de/index.php?eID=tx_nawsecuredl&u=0&g=0&t=1472830835&hash=b63fcca5816ac5bfd640355f788d03284e7a5324&file=filead min/media/Dokumente/Oeffentlichkeitsarbeit_Presse/Publikationen/2013/VKU_CSR-Engagement_Leitfaden.pdf (08.11.2016)

Zwick, Y. & Loew, T. (2016). Der Deutsche Nachhaltigkeitskodex – Strukturgeber für die Nachhaltigkeitsberichterstattung und das Nachhaltigkeitsmanagement. In R. Friedel & E.A. Spindler (Hrsg.), *Zertifizierung als Erfolgsfaktor: Nachhaltiges Wirtschaften mit Vertrauen und Transparenz* (S. 321–333). Wiesbaden: Springer.

Zwick, Y. (2014). Rat für Nachhaltige Entwicklung: Der Deutsche Nachhaltigkeitskodex. In M. D'heur (Hrsg.), *CSR und Value Chain Management* (S. 241–256). Berlin/Heidelberg: Springer.

Das Haus ist mehr als die Summe seiner Zimmer

Chancen und Beitrag eines kollaborativen Ansatzes

Martina Eick

Einleitung und Übersicht

Der Papst schildert nach intensivem Austausch mit WissenschaftlerInnen vieler Disziplinen die vielfältigen Beschädigungen und Bedrohungen unseres Planeten, unseres Hauses, eindrücklich und schonungslos. Pointiert legt er den Finger in die Wunden und ruft alle Menschen zum Dialog auf, was ein wenig an die Weltbürgerbewegung des WBGU erinnert. Der Papst erschöpft sich dabei nicht im Aufruf zum Dialog, er lebt ihn auch, nicht zuletzt im Mai 2016 bei einem Treffen mit zwölf Youtubern mit jeweils großer Internetgefolgschaft, wie *L'Osservatore Romano* am 17. Juni 2016 unter der Überschrift »Dialog ist ein Gewinn für alle – Kommunikationsunterricht im Vatikan« berichtete. Solche päpstlichen Initiativen kann man auch unter Aufbau brückenbildenden Sozialkapitals für einen gesamtgesellschaftlich gestalteten und getragenen Hausumbau verbuchen. Alle beteiligen und allen gerecht werden, das ist der hehre Anspruch.

Der hehre Anspruch globaler Gerechtigkeit im ganzen Haus ist indes nicht mit Kompensationsmechanismen und Ablasshandel zu verwirklichen. Es ist eben nicht so, dass Naturausbeutung hier mit Baumpflanzung dort auszugleichen wäre. Die Ökosysteme funktionieren nicht wie ein beliebiger Naturgüterverschiebebahnhof. Ökosystemdienstleistungen sind in systemarer Gänze mehr als die Summe der Einzelfunktionen. Dieser Denkansatz steht auch hinter der Idee von naturräumlichen Schutzzonen und wird vom Papst gewürdigt (37). Regional zerstörte Kreisläufe und Dysfunktionalitäten sind nicht reparierbar durch Renaturierung andernorts. Im Gegenteil, denn ob die in der Ferne gut gemeinte, großherzige Maßnahme tatsächlich in das dortige Naturgleichgewicht und Ökosystem passt oder schlimmstenfalls gar zusätzlich zu dortigen Regionalschäden führt, ist oft erst langfristig oder gar erst zu spät erkennbar. Wachsames Beobachten, kollaboratives, auch experimentelles Handeln vor Ort im Sinne starker Nachhaltigkeit, für die in *Laudato Si'* zweifelsfrei plädiert wird, versucht dieser Artikel zu plausibilisieren. Er verweist außerdem auf die Kraft des Erzählens und Visionierens.

Zählen und Kollabieren oder Erzählen und Kollaborieren

Spätestens seit dem Erdgipfel in Rio 1992 unter dem nach wie vor trefflichen Motto »lokal handeln – global denken« und der Agenda 21 mit all den Beteiligungs- und Teilhabeaspekten sowie der in letzter Zeit wieder aufkeimenden Gemeinwohlbetonung ist der aristotelische systemare statt der rein summare Blick auf das Ganze, auf das Haus, als Fundament starker Nachhaltigkeit in vielen Referenzdokumenten fixiert. Worte und Taten stehen allerdings nach wie vor in einem eklatanten Missverhältnis. Der Papst beklagt den fehlenden Kurswechsel und die Schwäche der Reaktionen (53): »Das Problem ist, dass wir noch nicht über die Kultur verfügen, die es braucht, um dieser Krise entgegenzutreten.« Und manche Tat kann das Missverhältnis zusätzlich verstärken; so zum Beispiel die Freihandelsabkommen mit verheerenden Klauseln wie der Ratchet-Klausel, die Rekommunalisierung untersagt, das heißt, Privatisierungen von Daseinsvor- und -versorgern wären irreversibel. Oder die Standstill-Klausel, die das Anheben sozialökologischer und gesundheitlicher Standards verbietet. Unterm Strich sind diese manchen lokalen Kollaps in Kauf nehmenden Freihandelsabkommen weit weg von kollaborativ auszuhandelnden Fairhandelsabkommen und ebenso weit weg vom risikosystemaren Blick auf das Haus. Auch die sogenannte regulatorische Kooperation in den Freihandelsabkommen lässt keine Kooperation im eigentlichen Sinne erwarten, denn sie besagt lediglich, dass nationale Gesetze vor Einbringung ins Parlament von speziellen Regulierungsbehörden in Kooperation mit Unternehmensrepräsentanten diskutiert werden sollen. Eine gesamtgesellschaftliche Perspektive wird bei dieser Kooperation wegreguliert. Dialogformate, die das Gemeinwohl, das ganze Haus, die planetaren Grenzen, die Nord-Süd-Fairness glaubwürdig aufgreifen, sehen gewiss anders aus. Diese regulatorische Kooperation ist keine konziliare, ist kein gemeinsames Unterwegssein auf der gleichen Straße, aber genau das ist der Bedeutungskern von Begriffen wie Synode und Konzil. *Was unserem Haus widerfährt*, wie die Menschheit ohne Verständigung über den gemeinsamen, an Gemeinwohl und Lebensqualität für alle ausgerichteten Weg zumindest Teilkollapsen immer näher kommt, leuchtet der Papst hell und klar aus (17ff.).

Vom konziliaren Prozess zur Bewahrung der Schöpfung lassen sich Entwicklungslinien ziehen bis zu *Laudato Si'*, parallel laufen die Linien der UN von Stockholm über die BNE-Dekade bis zu den SDGs sowie wiederum parallel die Wissenschaftsstränge zum Beispiel des WBGU (Große Transformation, Weltbürgerbewegung) und des IPCC. Unzählige Gutachten, Erklärungen, Vereinbarungen, Abschlussdokumente hochrangiger Gipfel, balsamige Sonntagsreden werden torpediert von subkutaner, massiver Lobbyarbeit und von Absprachen aus autistischer Club-Governance (G7, G8, G 20, TTIP-Hinterzimmer) mit unverkennbaren Entpolitisierungs- und Entdemokratisierungstendenzen. Die Sehnsucht nach gemeinsamer Verantwortungsarchitektur mit entschlossenem, mutigem Handeln gemäß vorliegender Erkenntnisse wächst. Manche dieser Parallelwelten münden gar in Paralleljustizen mit Sonder- und Schiedsgerichten und dadurch strukturellen Rechtsprivilegien. Das Haus besteht eher aus Zimmerfluchten und Tresorräumen denn aus Gemeinschaftsräumen, sprich es fehlt an Salons für Zusammenführung und an Resonanzräumen für nicht regulierte Kollaboration. *Laudato Si'* unternimmt einen bemerkenswerten Anlauf zu einem solchen Dialograum für alle Menschen, ein Haus mit anderem Grundriss und mit weitem Ausblick (14, 60).

Zur guten wissenschaftlichen Praxis gehört das Evaluieren. Das Marktsegment Evaluation wächst, wir evaluieren zwar zunehmend, aber immer nur einzelne Forschungsprojekte, einzelne politische Prozesse und Initiativen und stellen zumeist fest, dass sie ihre jeweiligen, eigenen Einzelziele in ihren jeweiligen Wirkungskreisen mehr oder weniger vollumfänglich erfüllt haben; aber kümmern wir uns um Durchschlagskraft, um Wechselwirkungen, um beabsichtigte und vor allem unbeabsichtigte Systemresonanzen, die schnell aus dem Vorsorge- ein Nachsorgeprinzip werden lassen? Der Papst befürwortet das Prinzip der Vorbeugung und die entsprechende Beweislastführung (186). Leuchten nicht die Leuchttürme der vorschriftsmäßig trefflich evaluierten Projekte nur, weil die Fläche noch immer dunkel ist? Diesem sogenannten Mikro-Makro-Paradox ist nicht zu begegnen mit rein quantitativem Mehr vom Bisherigen im überkommenen Baustil, sondern durch neue Qualitäten, Lösungszugänge und Entscheidungsräume, um im Architekturbild zu bleiben.

Heute zählt und misst, rankt und quotet man alles, aber dieses mathematische Denken und Bewerten greift zu kurz, um das Ganze, das Haus, zu begreifen. Hinzu kommt, dass das Weltenantlitz immer auch von dem bestimmt ist, was zu vermeiden gewesen wäre, den Zahlen- und Messwertwerken müssen also einige Unbekannte in die Gleichungen und Achsen geschleust werden. Und im Heisenberg'schen Sinne heißt Verstehen nun einmal nicht (Voraus-)Berechnen, Extrapolieren von zukünftigen Zuständen, denn das umfasst immer nur einen

Teil, auch additiv mehrere bis je nach Forschungsintensität auch sehr viele Teile und Ausschnitte, aber nicht das Ganze und schon gar nicht das unter und hinter dem Ganzen liegende System. Ausschnitte zerschneiden das Gesamtgefüge so wie Straßen Lebensräume und funktionierende Ökosysteme. Auch Einstein wusste, dass nicht alles Wichtige gemessen werden kann und andererseits nicht alles Messbare wichtig ist.

Um künftige Gesamtbilder vorstellbar zu machen, sind Visionen, gemeinsam im Dialog zusammengefügt, weit hilfreicher und katalysierender als Extrapolierungen und sektorale Prognostik. Nur so können sich Alternativen mit Gesamtschaucharakter herauskristallisieren, Potenzialentfaltung rückt in das Zentrum der Betrachtung statt einer womöglich demotivierenden, Potenzial lähmenden, hinzunehmenden Zustandsinformation. Vision hat etwas mit Sehen und Wahrnehmen gemein, es werden folglich unsere Sinne angesprochen, andere, tiefere Rezeptoren stimuliert als beim rationalen Rechenvorgang. Visionieren kann religiöse und spirituelle Momente integrieren, kann verheißend sein für das Individuum, die Gesellschaft, die Politik. Visionen, Utopien und Narrative zu ökologisch und sozial gerechten Welten sollten weder Zahlenfanatikern noch technikbeseelten Menschen und den an permanenten Technikinnovationen gut verdienenden Marketingabteilungen großer Konzerne überlassen werden (194), auch wenn diese neben exponentiellem Denken auch sehr gut in Heilsbringersprache geschult sind und als Zukunftsdesigner technische, visionäre Segnung lobpreisen. Die Speerspitze dieser Kohorte bildet vermutlich die sogenannte Singularitätsbewegung, die sich als posthuman versteht und dem Moment entgegenfiebert, da die künstliche über die menschliche Intelligenz obsiegt und die Steuerung unseres gemeinsamen Hauses allein, singulär verantwortlich übernimmt. IT-Systemdienstleistungen statt Ökosystemdienstleistungen als neue Verheißung?! Die Bibel ist ein Narrativ-Fundus aus der Human-Ära.

Wir müssen also nicht krampfhaft und sensationsgetrieben neue Erzählungen erfinden, es gibt ausreichend Narrative, zum Beispiel in der Bibel, in der Welt der Sagen und Fabeln, in den Schriften anderer Religionsgemeinschaften; hier brauchen wir Aggiornamento (Deverbativ von *aggiornare*: heutig gestalten, modernisieren, dem Tag angemessen machen) im Lesen und Verstehen der Texte, um zum Aggiornamento des gesellschaftlichen und politischen Handels zu kommen. Aggiornamento meint nicht Erneuerung durch ständig Neues, es meint Erneuerung im Sinne von heutig Werden, Transfer von Bewährtem und Traditionellem, von Vergessenem, wie dem Wissen indigener Völker in die heutige Welt, allerdings nicht im romantisierend verklärten *Landlust*-Stil, sondern im Angesicht der Krisenphänomene.

Am nächsten liegt das eigene Haus

Die Experimentierräume liegen vermutlich im lokalen und regionalen Bereich und nach gesammelten Erfahrungen bei diesen Bewährungsproben vor Ort (176, 179) können sie unter Beachtung von Subsidiarität und sinnvollen Dezentralisierungspotenzialen ausgeweitet werden bis zur Global Governance für das ganze Haus. Ausgehend von der beobachtbaren Konjunktur des Lokalen (Kirche in Bewegung, 2015) gewinnt der unmittelbare lokale Gestaltungsraum an Bedeutung bzw. gewinnt diese zurück. Der Bund weist den Kommunen regelmäßig neue Aufgaben zu oder reicht eigene Zuständigkeiten weiter. Kirche wiederum ist trotz manch unbesetztem Pfarrhaus immer noch sehr flächendeckend im Raum vertreten, ist sehr nah dran an Missständen und lokalen Initiativen zu deren Behebung. Kirchen haben somit situative Optionen, Teil der Zivilgesellschaft und des lokalen Engagements und Experiments zu werden.

Wandel beginnt stets im Experimentellen, im Unperfekten. Fragmentierung, Sektoralisierung und Detailversessenheit stehen häufig im Widerspruch zu systemisch-integrativen und kollaborativen Ansätzen, schlimmstenfalls blockieren sie sich und damit auch jeden Wandel. Handeln trotz Unsicherheiten ist nichts für Kleinmütige, aber Umbruchszeiten, gar große Transformationen sind eben keine Zeiten des Kleinmuts, sondern Zeiten des Wagemuts, der kühnen, schonungslosen Dialoge und Debatten, der Verantwortungsübernahme statt der Ausflüchte. Zu eben diesen ehrlichen Dialogen und analytischer Klarheit zum derzeitigen Zustand des Hauses und entsprechender Sanierungs- und Umbaumaßnahmen ruft der Papst auf, und zwar doppelt codiert, wissenschaftlich wie biblisch.

Kirche und Gemeinden speisen seit je den Gerechtigkeitsaspekt ergänzend zur ökologischen Dimension in die nachhaltige Entwicklung ein. Ungerechtigkeitsthemen bilden häufig den Erzählkern in biblischen und anderen religiösen Texten, also diesseitige Missstände, die angeprangert werden mit der Botschaft, dies zu erkennen und solidarisch zu handeln im Hier und Jetzt. Diese solidarische Lebens- und Wirtschaftsweise fängt am eigenen Lebensort an, wo Überblick und Einfluss noch nicht aus der Hand gegeben sind oder zurückgewonnen werden können, gegebenenfalls auch auf Druck der Bevölkerung (179): »Wenn die Bürger die nationale, regionale und kommunale politische Macht nicht kontrollieren, ist auch keine Kontrolle der Umweltschäden möglich.« Der Papst sieht aber auch die Chance, den Handlungsraum zu erweitern durch kommunale Verbünde (ebd.). Wie das WBGU-Gutachten zur transformativen Kraft der Städte, das im dort vorgestellten normativen Kompass die Eigenart der Städte als eine von drei entscheidenden Wertedimensionen charakterisiert, schließt auch der

Papst Einheitslösungen aus (180). In dieser Enzyklika-Textsequenz werden auch kommunale Suffizienzpolitik (»kommunalpolitisches Handeln auf Mäßigung des Konsums ausrichten«) sowie Erzeugergemeinschaften (»Formen der Zusammenarbeit oder der gemeinschaftlichen Organisation erleichtern, welche die Interessen der kleinen Erzeuger schützen und die örtlichen Ökosysteme vor der Plünderung bewahren«) positiv thematisiert. Ohne viel Fantasie lässt sich aus diesen Worten die Notwendigkeit zum Erhalt oder zur Wiederherstellung regionaler Wirtschaftskreisläufe und Wertschöpfungsketten herauslesen. Von den kommunalen Verbünden lassen sich über verschiedene räumliche Zwischendimensionen bis hin zu interkontinentalen Kooperationen die systemaren Wirkgefüge vergrößern und verdichten bis hin zum eingangs erwähnten Motto von Rio.

Schlussbetrachtung

Zukunft und Ankunft sind wortstammverwandt, beides geht auf das Verb *kommen* zurück. Es liegt dem Papst am Herzen, dass die BewohnerInnen des Hauses zusammenkommen und gemeinsam reflektieren, wie sie und künftige Generationen in einem guten Haus ankommen können, in dem Gemeinwohl und Gemeinsinn zählen. Dieser Dialoganstoß ist bei Weitem nicht die erste kirchliche Initiative zu einem weltweiten Konsultationsprozess; man erinnere sich nur an 2006 Porto Alegre, der AGAPE-Aufruf für eine »Alternative Globalisierung im Dienst der Menschen und der Erde«. Die Kirche denkt in biblischen Zeiträumen, die Politik maximal in Legislaturtakten. Wir sehnen uns nach Entschleunigung, gründen entsprechende Netzwerke wie zum Beispiel *Slow Cities*, aber die Zeit drängt uns zu entschlossenem Handeln und Umkehren. Hier kontext- und zuversichtskompetent eine Balance zu finden, um sich nicht in der binären Falle des Wandels *by design or desaster* wiederzufinden, bleibt unsere gemeinsame und vordringliche Aufgabe. Obschon der Papst eindrücklich den Zustand unseres Planeten als einen durch steigenden Missbrauch ausgeplünderten statt als einen durch maßvollen Nießbrauch gehegten beschreibt, verfällt er nicht in einen resignativen Ton, sondern ermutigt, ja drängt auf beherztes Handeln trotz mancher Wissenslücke. Die Wege lernt man bekanntlich, indem man sie beschreitet. Auch die Politik beschreitet den einen oder anderen neuen Weg. So ermutigt zum Beispiel das BMZ in der Zukunftscharta (Abschnitt 06 zur kulturellen und religiösen Vielfalt) zu Plattformen für interreligiöse Dialoge, startete angesichts der existenziellen globalen Herausforderungen das Sektorvorhaben »Werte, Religionen und Entwicklung« und attestiert sich selbst im März 2015, die Potenziale der Religionen in der Entwicklungszusammenarbeit bisher kaum systematisch betrachtet zu haben. *Laudato Si'* ist sicher ein guter Wegbegleiter und Referenzpunkt für die vielfältigen Aufbrüche.

Literatur

Bals, C. (2016). *Eine gelungene Provokation für eine pluralistische Weltgesellschaft. Die Enzyklika Laudato Si' – eine Magna Charta der integralen Ökologie als Reaktion auf den suizidalen Kurs der Menschheit*. Bonn: Germanwatch e.V. https://germanwatch.org/de/download/14160.pdf (09.11.2016).

BMZ (2015). Zukunftscharta Eine Welt – Unsere Verantwortung. http://www.bmz.de/de/mediathek/publikationen/reihen/infobroschueren_flyer/infobroschueren/Materialie250_zukunftscharta.pdf (09.11.2016).

Forschungsstätte der evangelischen Studiengemeinschaft e.V. (2015). Kooperieren – aber wie? Nachhaltigkeit in Kirchen, Religionsgemeinschaften und Kommunen. https://www.netzwerk21kongress.de/papers/uba_leitfaden_bf.pdf (09.11.2016).

Kessler, W. & Schrom, M. (2015). Worauf es jetzt ankommt. Ein klimagrechtes Wirtschaften und Leben setzt fünf grundlegende Veränderungen voraus. *Publik-Forum, 17*(2015), 14–16.

Kirchen in Bewegung (2015). *Forschungsjournal Soziale Bewegungen. Analysen zu Demokratie und Zivilgesellschaft, 28*(1).

Kowarik, I., Bartz, R. & Brenck, M. (Hrsg.). (2016). *Ökosystemdienstleistungen in der Stadt. Naturkapital Deutschland – TEEB DE*. Berlin/Leipzig. http://www.naturkapital-teeb.de/fileadmin/Downloads/Projekteigene_Publikationen/TEEB_Broschueren/TEEB_DE_Stadtbericht_Langfassung.pdf (09.11.2016).

Stiftung Mitarbeit (Hrsg.). (2015, 03.06.). Zivilgesellschaftliche Potenziale – Warum die Kirchen einen wichtigen Beitrag zur Zivilgesellschaft leisten. *eNewsletter Wegweiser Bürgergesellschaft, 10*(2015). http://www.buergergesellschaft.de/fileadmin/pdf/gastbeitrag_beitrag_schendel_150603.pdf (09.11.2016).

WBGU (2014). Sondergutachten. Klimaschutz als Weltbürgerbewegung. Berlin. http://www.wbgu.de/fileadmin/templates/dateien/veroeffentlichungen/sondergutachten/sn2014/wbgu_sg2014.pdf (09.11.2016).

WBGU (2016). Der Umzug der Menschheit: Die transformative Kraft der Städte. Berlin. http://www.wbgu.de/fileadmin/templates/dateien/veroeffentlichungen/hauptgutachten/hg2016/Kurzfassung_Urbanisierung_DT_1.pdf (09.11.2016).

Wittmer, H. & Gundimeda, H. (Hrsg.). (2013). *TEEB – Die Ökonomie von Ökosystemen und Biodiversität für kommunale und regionale Entscheidungsträger*. Bonn. http://doc.teebweb.org/wp-content/uploads/2014/09/TEEB_furlokaleund-regional_entscheidungstager_2014.pdf (09.11.2016).

Gutes Essen für Alle

Das globalisierte Ernährungssystem gerechter machen

Anja Mertineit

Die landwirtschaftliche Produktivität ist in den letzten Jahrzehnten stark gestiegen, rein rechnerisch reicht die Nahrungsmenge für alle Menschen, und der Weltmarkt für Agrargüter bringt die Vielfalt der Nahrungsmittel ganzjährig auf unsere Teller. Diese Erfolge können aber nicht darüber hinwegtäuschen, dass unser globalisiertes und von großen Konzernen der Ernährungsindustrie beherrschtes System darin versagt, allen Menschen auf dieser Erde den Zugang zu gesunder, ausreichender und kulturell angemessener Ernährung zu sichern, wie es im international vereinbarten Sozialpakt als unveräußerliches Menschenrecht jedem Menschen zusteht. Denn Hunger und Unterernährung, Übergewicht und ernährungsbedingte Wohlstandskrankheiten, Land Grabbing und Essensverschwendung sind nur einige Aspekte, die zeigen, dass etwas entschieden schiefläuft in unserem Ernährungssystem.

Misereor prangert diese Missstände nachdrücklich und kontinuierlich an. Umweltschäden und Armut im ländlichen Raum sind Auswüchse eines Ernährungssystems, das an Profitinteressen und nicht an den Bedürfnissen der Menschen ausgerichtet ist. Die Enzyklika *Laudato Si'* kommt deshalb zur richtigen Zeit!

Ernährungswende erforderlich!

Das bischöfliche Hilfswerk für Entwicklungszusammenarbeit Misereor, das vor fast 60 Jahren als Kampagne gegen Hunger und Krankheit in der Welt gegründet wurde, engagiert sich weltweit für ein gerechtes, zukunftsfähiges Ernährungssystem und kommt gemeinsam mit Partnerorganisationen zu dem Schluss: Jeder Mensch hat ein Recht auf gutes Essen! Eine ausreichende und gute Ernährung für alle braucht Vielfalt, vom Acker bis auf den Teller. Misereor fördert und fordert deshalb ein Ernährungssystem, das die bäuerliche Landwirtschaft stärkt, die Umwelt schützt, Vielfalt erhält und die Rechte armer KonsumentInnen in den Mittelpunkt stellt.

Mit der Enzyklika *Laudato Si'* erfahren diese Forderungen nun Rückenwind, denn der Papst lässt in seinem Schreiben eine Kritik am herrschenden Agrarmodell und den Konsummustern mitschwingen, weil diese sowohl die Umwelt als auch die marginalisierten Menschen, die von der Landwirtschaft leben, schädigen. Er traut Gemeinschaften von Kleinproduzenten zu, bessere Produktionssysteme und damit mehr Lebensqualität und Gemeinwohl zu schaffen (112).

Ein Blick auf einige Aspekte des hoch komplexen Ernährungssystems soll helfen, Strategien und Maßnahmen für ein gerechteres Ernährungssystem zu finden.

Essen – Vom Kulturgut zur Mangelware?

Das gemeinsame Essen ist überall auf der Welt ein wichtiger Bestandteil der Kultur – Nahrungsmittel sind nicht nur Mittel, um zu überleben. Das Festmahl ist geradezu der Mittelpunkt einer jeden Feier, und auch im christlichen Glauben sind Symbole, Gebete und Rituale rund um die gemeinsame Mahlzeit von zentraler Bedeutung – das Abendmahl, das tägliche Tischgebet vor der Mahlzeit, das Erntedankfest. Für traditionelle ländliche Gemeinschaften ist die gute bäuerliche Ernte gleichbedeutend mit einer gesicherten Ernährung – einem Jahr ohne Hunger.

Das heutige System von Anbau, Verarbeitung, Handel und Zubereitung von Nahrungsmitteln, aber auch das Essen selbst ist in industrialisierten und städtischen Kontexten weit von den Ursprüngen entfernt, vielleicht ganz besonders in Deutschland. Fast Food und Convenience-Food stehen sinnbildlich für eine Kultur, in der Essen schnell und bequem sein muss. Oft sind die Zutaten der in hohem Maße verarbeiteten Lebensmitteln nicht mehr bekannt, KonsumentInnen wissen in der Regel nicht, wie und wo die Nahrungspflanzen gewachsen sind. Vor allem in Deutschland scheint es den KonsumentInnen darauf anzukommen, möglichst wenig Geld für Lebensmittel zu bezahlen. Der Anteil an den Haushaltsausgaben liegt bei unter 14 Prozent. Auch die Struktur der landwirtschaftlichen Produktion hat sich sehr verändert.

Die Vielzahl der Bauernbetriebe und derjenigen, die durch Verarbeitung und Handel ihren Unterhalt verdienen, verlieren ihre Marktanteile an eine Handvoll großer, im industriellen Stil arbeitenden Landwirtschaftsunternehmungen und einer hoch konzentrierten Agro- und Ernährungsindustrie mit wenigen

Konzernen, die den Saatgutmarkt, die Produktion hoch verarbeiteter Lebensmittel und den Handel kontrollieren. So verfügen zehn multinationale Konzerne über 75 Prozent der Marktanteile für Saatgut, und nur vier Unternehmen über 75 Prozent des Handels (Erklärung von Bern, 2014). Das »Höfesterben« und ein unglaublich geringer Milchpreis in Deutschland sind Auswüchse einer Entwicklung, die eine zum regionalen gesellschaftlichen Leben gehörende vielfältige Landwirtschaft durch globalisierte Produktionsformen ersetzt. Heute gibt es nur noch 280.800 landwirtschaftliche Betriebe in ganz Deutschland (Statistisches Bundesamt, 2016). Die Arbeitsgemeinschaft Bäuerliche Landwirtschaft (ABL) erklärt in einer Pressemitteilung, dass 2015 allein 3.200 landwirtschaftliche Betriebe ihre Milchviehhaltung aufgegeben haben.

Zulasten der Gesundheit

Aus Sicht der KonsumentInnen erscheint es auf den ersten Blick beruhigend, nicht mehr vom Wetter und einer guten Ernte abhängig zu sein und im Supermarkt immer billig einkaufen zu können, die Wahl zu haben zwischen Produkten unterschiedlicher Hersteller und mit unterschiedlichen Geschmacksrichtungen. Jedoch geht der Wandel des Ernährungssystems nicht nur zulasten der KleinproduzentInnen, sondern auch der Gesundheit der Menschen. Diabetes, Herzinfarkte und Übergewicht sind maßgeblich durch falsches und übermäßiges Essen in Verbindung mit Bewegungsmangel verursacht. Die Zahl der fettleibigen und fehlernährten Menschen wird weltweit auf zwei Milliarden geschätzt. Deshalb setzen sich immer mehr Menschen auch in Deutschland mit gesunder Ernährung auseinander, entscheiden sich für Biolebensmittel, kaufen Kochbücher und sehen sich Kochsendungen an.

Hunger – Der große Skandal

Gleichzeitig haben ca. 800 Millionen Menschen laut der Ernährungs- und Landwirtschaftsorganisation der Vereinten Nationen (Food and Agriculture Organization of the United Nations, FAO) (2015) nicht ihr »tägliches Brot«: Hunger und Unterernährung sind trotz weltweiter Programme und Politiken zur Hungerbekämpfung immer noch weitverbreitet. Den bereits erwähnten zwei Milliarden überernährten Menschen stehen zwei Milliarden Menschen gegenüber, die am sogenannte »versteckten Hunger« leiden. Das heißt, sie haben nicht die für ein gesundes Leben nötige Versorgung mit Vitaminen und Spurenelementen. Vor allem für Kinder bedeutet Mangelernährung, dass sie für ihre gesamte Zukunft gezeichnet sind und große Schwierigkeiten haben werden, aus dem Teufelskreis von Armut, Krankheit und Mangel auszubrechen. In Südasien betrifft dies drei von zehn Kindern (FAO, 2015).

Eine Frage der Gerechtigkeit

Paradoxerweise ist der Hunger vor allem dort zu finden, wo die Nahrung produziert wird: Denn es sind die Familien der Kleinbauern und Landpächter, der Landarbeitenden und der in den Waldregionen lebenden indigenen Gruppen, die besonders von Hunger und Armut betroffen sind.

Laut FAO (2015) würde die landwirtschaftliche Produktion ausreichen, um alle Menschen der Welt zu ernähren. Es stehen durchschnittlich jedem Menschen pro Tag 2.891 Kilokalorien zur Verfügung. Hunger ist deshalb kein Mengenproblem, dem durch eine weitere Steigerung der Produktion beizukommen ist. Hunger ist ein Verteilungs- und Zugangsproblem und damit das Ergebnis politischer Entscheidungen. 36 Prozent der weltweiten Getreideproduktion werden zu Futtermitteln verarbeitet (FAO, 2015). Mais und Palmöl stehen beispielhaft für die Produktion von Agroenergie in Flächenkonkurrenz zur Nahrungsmittelproduktion. Vor diesem Hintergrund wird klar, wie die Frage »Tank, Trog oder Teller?« auf globaler Ebene gewichtet wird: Für Hungerbekämpfung fehlt es an politischem Willen, und deshalb ist Hunger nicht unausweichlich, sondern ungerecht.

Ungerecht ist zum Beispiel die Verteilung des Ackerbodens. Die von Hunger betroffenen Haushalte leben oft von kleinsten Landflächen, denn weltweit besitzen nur vier Prozent der Landeigentümer die Hälfte der Ackerflächen, während ca. 90 Prozent der bäuerlichen Betriebe mit durchschnittlich weniger als zwei Hektar Land auskommen müssen oder Land pachten müssen (FAO, 2015), dies oft in Trockengebieten oder an Berghängen. Ungerecht ist auch die Wasserverteilung. Kleinstbetrieben fehlen nicht nur Bewässerungsmöglichkeiten, sondern ihnen wird in vielen Regionen das Wasser geradezu abgegraben, zum Beispiel durch die Coca Cola-Werke in Südindien, die in Plastikflaschen abgefülltes Wasser verkaufen. Diese höchst ungleiche Ressourcenverteilung spitzt sich immer weiter zu. Wasser wird durch die zunehmende Verschmutzung, den Klimawandel und die voranschreitende Wüstenbildung immer kostbarer. Aber auch die Konzentrationsprozesse des wertvollen Ackerlandes nehmen rasant zu.

Das Informationsnetzwerk GRAIN hat für seine kritische Auseinandersetzung mit dem Thema Land Grabbing 2011 den alternativen Nobelpreis, den Right Livelihood Award, bekommen. Die Rede ist vom großflächigen Landkauf durch Unternehmen, die teilweise mit Regierungsbeteiligung vonstattengeht. Oft sind es Investorengruppen, die nach dem Zerplatzen der Immobilienblase und wegen der Finanzmarktkrise Ziele für ihre Investitionen suchen. Land Grabbing erfolgt meist in asiatischen und afrikanischen Ländern wie zum Beispiel in Kambodscha und Äthiopien, deren Bevölkerung arm ist, keine gesicherten Landrechte besitzt und deren Regierungen korrumpierbar sind. Versprochene positive Effekte für die lokale Bevölkerung wie beispielsweise Anreize für die ländliche Entwicklung, die Schaffung von Arbeitsplätzen oder die Steigerung des lokalen Nahrungsmittelangebots bleiben aus.

Der Wert des Essens

Hunger und Mangelernährung genau wie Fettleibigkeit und Fehlernährung sind die Auswirkungen eines globalen Ernährungssystems, für das nicht Ernährungssicherheit und Gesundheit im Mittelpunkt zu stehen scheinen, sondern Profitinteressen. Die Nahrungsmittel sind vom Kulturgut zur reinen Ware degradiert, deren Wert missachtet wird, denn wir leisten uns eine Wegwerfkultur, die angesichts der weltweiten Hungersituation unerträglich ist. Zwischen 30 und 40 Prozent der erzeugten Lebensmittel werden weggeworfen (WWF, 2015). In reicheren Ländern und in reichen Haushalten ist ein Großteil des Essens »für den Eimer«. Obst und Gemüse, das nicht mehr perfekt aussieht, Mindesthaltbarkeitsdaten, die gutes Essen aus dem Verkehr ziehen, aber auch Verschwendung, weil Restaurants und Bäckereien ihre Überschüsse ebenso wegwerfen wie viele Privathaushalte – all dies zeugt von mangelnder Ehrfurcht vor dem Essen.

Zu diesem Thema äußert sich auch der Papst in der Enzyklika *Laudato Si'* sehr deutlich: Dieses fehlgeleitete Ernährungssystem schaffe nicht nur durch seine Produktionsweise Umweltprobleme und erzeuge Lebensmittel minderer Qualität (194). »Außerdem wissen wir, dass etwa ein Drittel der produzierten Lebensmittel verschwendet wird, und dass ›Nahrung, die weggeworfen wird, gleichsam vom Tisch des Armen [...] geraubt wird‹« (50). Die Enzyklika beleuchtet die strukturellen Probleme des Ernährungssystems aus ethischen Gesichtspunkten: Sie arbeitet heraus, dass es Diebstahl an den Hungrigen ist, wie wir den Umgang mit dem Essen organisieren.

Anja Mertineit

Zweifelhafte Weichenstellungen in der Landwirtschaft

Die Grundlage des Ernährungssystems ist die landwirtschaftliche Produktion. Um die sehr komplexe Problematik besser zu verstehen, lohnt es sich, einen Blick auf die Landwirtschaftsförderung zu werfen. Im Gegensatz zur hochproduktiven Landwirtschaft im globalen Norden mit hohen Investitionen in Betriebsmittel, Maschinen und Saatgut, hat die Landwirtschaft im globalen Süden den Ruf, unproduktiv und ineffizient zu sein. Tatsächlich hat die Vielzahl der Klein- bis Kleinstbetriebe oft Schwierigkeiten, sich von ihren Flächen zu ernähren. Ihre Felder sind einfach zu klein, oder die Böden sind weniger fruchtbar, sie haben keine Bewässerungsmöglichkeiten, wenige Reserven, mit Trockenperioden fertig zu werden. Es ist ein Zeichen ihrer Anpassungsfähigkeit und Kreativität, dass sie unter diesen Bedingungen überhaupt wirtschaften können.

Tatsächlich ist der Hauptgrund für die geringe Produktivität allerdings die für sie nachteilige Landwirtschaftspolitik ihrer Regierungen, die den staatlichen Beratungsdiensten vorgibt, die Kleinbauernbetriebe zu einer »modernen« Art der Landwirtschaft zu führen, in der Hochertragssorten, kombiniert mit synthetisch hergestellten Düngemitteln, zu satten Erträgen führen sollen – so die Versprechungen der Agrarindustrie. Diese Anbauweise setzt allerdings optimale Wachstumsbedingungen, ausreichend Wasser sowie Investitionen in Saatgut, Düngemittel und Pestizide voraus. In der Realität der kleinbäuerlichen Bedingungen kann sie allerdings nicht halten, was sie verspricht. In Asien ist diese Entwicklung als »Grüne Revolution« bekannt und zum Beispiel in den Philippinen, wo fast alle Kleinbauernbetriebe ihre traditionellen Wirtschaftsweisen aufgegeben haben, sind Hunger und Mangel immer noch weit verbreitet. Die Lage der KleinproduzentInnen ist desolat: Sie können das Risiko der kostenintensiven Produktion nicht tragen, denn wenn es zum Beispiel durch ungünstige Wetterverhältnisse zu Ernteausfällen kommt, bleiben die Bauernfamilien auf ihren hohen Ausgaben sitzen, und nur die Agroindustrie hat verdient. Mehrere solcher Ereignisse hintereinander führen zu Verschuldung und zwingen die Familien, die Landwirtschaft aufzugeben. Viele verlassen auf der Suche nach Arbeit ihre Heimat, weil ihre Regierungen keine Hilfsprogramme für diese schlechten Jahre bereitstellen.

Produktion für den Markt oder für den eigenen Teller?

Es gibt nur sehr wenige Länder auf der Welt, in denen die Versorgung der eigenen Bevölkerung an erster Stelle steht, denn meist versprechen Exportmärkte größere

Gewinne. Die Versprechungen, aus der Landwirtschaft gute Einkommen zu erzielen, überzeugen vor allem die betriebsführenden Männer, sich auf sogenannte Cash Crops für den Markt zu fokussieren, und die Produktion von Nahrungsmitteln für die Eigenversorgung wird ganz oder größtenteils aufgegeben. Ein aktuelles Beispiel dafür liefert Indien, wo die zwei schweren Dürrejahre 2014 und 2015 die landwirtschaftliche Produktion extrem eingeschränkt und viele Betriebe in den Bankrott getrieben haben. (SSP, 2016) Der indische Bundesstaat Maharashtra ist schon seit Jahren für die hohe Zahl an Bauernselbstmorden bekannt, weil hochverschuldete Bauern keinen anderen Ausweg aus ihrer Situation sehen, als sich mit Pestiziden selbst umzubringen. Die Regierung hat hier, wie in fast allen anderen Ländern, Produkte mit gutem Marktwert, sogenannte Cash Crops wie Soja und Zuckerrohr gefördert, die hohe Investitionen und viel Wasser benötigen. Eine am Weltmarkt ausgerichtete Produktion macht die Familien abhängig von den stark schwankenden Preisen, birgt ein hohes Verschuldungsrisiko, schwächt ihre Selbstversorgung mit Nahrungsmitteln und leistet damit Hunger und Unterernährung Vorschub. Die Misereor-Partnerorganisation Swayam Shikshan Prayog (SSP) in Indien hat reagiert, indem sie Frauen dabei unterstützt hat, mit ihren Männern um ein Stückchen Land für den Anbau von Gemüse und Hülsenfrüchten zu verhandeln. Damit konnten sie ihren Familien beweisen, dass die Produktion vielfältiger Nahrungsmittel mit ökologischen Methoden gute Einkommen und eine bessere Ernährungslage ermöglicht.

Ernährung und Klimawandel – Eng verbunden

Die Landwirtschaft ist vom Wetter abhängig und so ist es nicht verwunderlich, dass der Klimawandel sich direkt auf die Erträge auswirkt. Der Weltklimarat IPCC beschrieb schon 2007 einen erwarteten Rückgang der Getreideerträge bis 2050 in Südasien von 30 Prozent. Er sagte voraus, dass sich die Anbauperioden verschieben und die Wasserressourcen knapper werden.

Eine Landwirtschaft, die auf Agrochemikalien und Hochertragssaatgut setzt, bringt für die Umwelt verheerende Auswirkungen mit sich und verliert gleichzeitig ihre Anpassungsfähigkeit. Die Fruchtbarkeit der Böden, die organisches Material als »Futter« für die Bodenorganismen braucht, nimmt ab, die Bodenstruktur zerfällt, Erosion tut ihr Übriges. Chemische Pestizide und Düngemittel, unsachgemäß angewendet, schaden Mensch und Umwelt. Die Lebensbedingungen für eine breite Artenvielfalt sind in Monokulturen nicht mehr gegeben, und die biologische Vielfalt, auch der landwirtschaftlichen Nutzpflanzen und der

Nutztiere, nimmt stetig ab. Um mit den im globale Süden schon sehr spürbaren Folgen des Klimawandels besser umgehen zu können, braucht es dagegen eine möglichst breit aufgestellte Wirtschaftsweise, die gewährleistet, dass auch in Katastrophenjahren nicht alles verloren geht. Die Bauernorganisation Masipag in den Philippinen, ein wichtiger Kooperationspartner von Misereor, setzt dies konsequent in die Praxis um. Durch die Züchtung eines breiten Sortenspektrums können Masipag-Betriebe mehrere Sorten Reis gleichzeitig anbauen, die jeweils eine breite genetische Basis haben, sodass es immer Pflanzen gibt, die trotz Überschwemmung, Trockenheit oder Salzwassereintrag überleben können, und es fast nie einen Totalausfall der Ernte gibt. Mit zahlreichen Gemüsen, Obstsorten, Fischteichen, Hühnern und vielem mehr finden die Bauern und Bäuerinnen immer etwas, das sie auf dem Markt verkaufen können, und weil sie ihren Dünger selbst herstellen und das Saatgut der Gemeinschaft gehört, müssen sie auch keine Schulden für die Betriebsmittel machen.

Die Klimasünden des Ernährungssystems gehen leider weit über die Umweltschäden durch die falsche Art der Landwirtschaft hinaus. Ca. 30 Prozent der weltweiten CO_2-Emissionen stammen aus der Landwirtschaft und der Umwandlung von Wald, Weiden und Moorland in Ackerflächen (IPCC, 2007). Darüber hinaus sind der Maschineneinsatz, die langen Transportwege, die Weiterverarbeitung, das Verpackungsmaterial und letztlich die Fahrt zum Supermarkt mit dem Privatwagen für weitere Emissionen verantwortlich. Die Supermarktketten verpacken Bioprodukte fast immer in Plastik, und Obst und Gemüse werden ganzjährig angeboten und haben einen schweren Emissionsrucksack.

Laudato Si' –
Der Zusammenhang zwischen Umwelt, Armut und Hunger

Schon die Bibel benennt Hunger als eine der großen Menschheitsplagen und fordert die Gläubigen dazu auf, ihr Brot mit den Notleidenden zu teilen (LThK, 1996). In der *Pastoralkonstitution über die Kirche in der Welt von heute* formuliert das II. Vatikanische Konzil 1965 den Skandal des Hungers: »Noch niemals verfügte die Welt über soviel Reichtum [...] und doch leidet noch ein ungeheurer Teil der Bewohner unserer Erde Hunger und Not [...]. Die vom Hunger heimgesuchten Völker fordern Rechenschaft von den reicheren Völkern.« Die Einzelnen und die Institutionen sind aufgefordert, zu reagieren und ihre Güter zu teilen (GS, 1965). *Laudato Si'* wurde nun von Papst Franziskus aus Sorge um das gemeinsame Haus geschrieben, und wenn er die Skandalisierung des Hungers an anderer Stelle, zum Beispiel in seinen Reden vor der Welternährungsorganisation FAO im November 2014 in Rom, auch expliziter fasst, stellt die Enzyklika die Auswirkungen einer umweltzerstörenden Art der Landwirtschaft an vielen Stellen eindrücklich dar, so zum Beispiel die Gewässerverschmutzung (29) und den Rückgang der biologischen Vielfalt (32) durch Raubbau und Monokultur. Auch die Gründe dafür werden benannt: Das global herrschende Agrarmodell hat zu einer Konzentration der Macht über Produktionsmittel, vor allem über Land und Saatgut geführt (134). Es verdrängt kleinbäuerliche Familienbetriebe von den Märkten (129) und setzt mit zunehmendem Land Grabbing (146) den Untergang bäuerlich geprägter Landwirtschaft fort. Dies ist das Ergebnis einer Wirtschaftsweise, die von Gewinnmaximierung und Konsum geprägt ist und zu Zerstörung führt. Der Text macht unzweifelhaft deutlich, dass viele Arme, deren Lebensunterhalt von der Landwirtschaft abhängt, direkt von den Auswirkungen der Klimaerwärmung und der Umweltzerstörung betroffen und damit in ihrer Existenz bedroht sind (z. B. 25, 48).

Diese zunächst auf den globalen Süden gerichtete Beobachtung ist aber auch auf Deutschland übertragbar, denn auch hier fühlen sich die verbliebenden bäuerlichen Betriebe durch ständig sinkende Erzeugerpreise und die »Wachse oder Weiche«-Zwänge unter großem Existenzdruck.

Zukunftsfähig: Nachhaltige, bäuerliche Landwirtschaft für Ernährungssicherung und Vielfalt

In diesem Kontext stehen viele kleinbäuerliche Betriebe in allen Teilen der Welt heute mit ihrem Beispiel dafür, dass es Alternativen gibt, und beweisen, dass eine standortangepasste, diversifizierte und nachhaltige Landwirtschaft auch unter schwierigen Umweltbedingungen sehr produktiv sein kann. Tatsächlich liefern die rund 570 Millionen bäuerlichen Familienbetriebe rund 80 Prozent der Nahrungsmittel (FAO, 2015). Der Beitrag für die Ernährung ist noch viel höher, wenn die Selbstversorgung dieser Bauernfamilien eingerechnet wird. Darüber hinaus versorgen sich 1,6 Milliarden. Menschen mit Nahrung aus den Wäldern, und 830 Millionen Tierhalter- und 100 Millionen Fischerfamilien sowie die KleingärtnerInnen in Städten (mit 800 Millionen Gärten) liefern ihren Beitrag zur Ernährung (ETC Group, 2009).

Misereor-Partnerorganisationen zeigen mit vielen Projektbeispielen, wie innovativ und erfolgreich Bauerngemeinschaften sein können. Die Bauern und Bäuerinnen verfolgen in dem Wissen, gänzlich von den Naturressourcen, besonders von einem fruchtbaren Boden, abhängig zu sein, eine möglichst nachhaltige Wirtschaftsweise und passen sich innovativ an die Naturgegebenheiten an. Sie fühlen sich ihrer Gemeinschaft zugehörig und verantwortlich und handeln solidarisch. Die Betriebe nutzen örtliche Dienstleistungen und bieten Arbeitsplätze. Im Gegensatz zur Agrarindustrie gibt die bäuerliche Landwirtschaft Impulse für die ländliche Entwicklung.

Trotz dieser gesellschaftlich wichtigen Funktionen wird diese Art der Landwirtschaft nur sehr punktuell gefördert und unterstützt. In der augenscheinlich von den Interessen der Agroindustrie beherrschten Debatte um die richtige Art der Landwirtschaft bezieht die Enzyklika deshalb eindeutig Position, die Misereor seit Jahrzehnten vertritt: Sie spricht sich für die Förderung einer diversifizierten, nachhaltigen Landwirtschaft aus (z.B 129). Eine wichtige Voraussetzung dafür ist der Zugang zu Ressourcen (Land, Saatgut, produktive Ressourcen) mit der Aufgabe, »das Gleichgewicht und die Gerechtigkeit in den Beziehungen des Menschen zu den anderen und zu dem Land, in dem er lebte, und das er bewirtschaftete, sicherzustellen« (71).

Interessen hinter dem Ernährungssystem

Aber: Die Agrar- und Ernährungsindustrie würde von dieser Form der Landwirtschaft nicht profitieren, weil sie in den agrarökologisch wirtschaftenden Kleinbetrieben keine Kunden für ihr Hybridsaatgut und ihre Agrochemikalien findet. Auch sind es die Großbetriebe, die ihr in großen Mengen zu niedrigsten Preisen die billigen Rohstoffe liefern, aus denen die verarbeitenden Ernährungskonzerne ihre Fertigprodukte herstellen. Diese enthalten meist viel Zucker, gesättigte Fette, Salz und Zusatzstoffe, und entsprechen nicht den Anforderungen für eine vielfältige, gesunde Ernährung.

Der frühere Sonderberichterstatter für das Recht auf Nahrung der Vereinten Nationen, Olivier de Schutter, hat diesen Zusammenhang in seinem Bericht zum Recht auf Nahrung vor dem Menschenrechtsausschuss der Vereinten Nationen im Dezember 2011 explizit ausgeführt. Eine jahrelange Konzentration auf die Produktion von Kohlenhydraten hat zu einem Anstieg in der Produktion geführt, sodass die Preise sanken und billige Rohstoffe für die verarbeitende Industrie verfügbar waren. Dies hat nicht das Hungerproblem gelöst, aber eine Nahrungsmittelindustrie befördert, die der Gesundheit abträgliche Lebensmittel billig anbieten kann, billiger als Obst und Gemüse. Billig produziertes Getreide und Soja ermöglichen auch erst eine Fleischindustrie, die Fleisch extrem billig auf den Markt bringt, mit allen Folgen für das Tierwohl, die Gesundheit der KonsumentInnen und das Klima. Diese Ernährungsindustrie muss nicht für die Kosten aufkommen, die ihre Produkte verursachen, wie etwa Umweltschäden oder Krankheiten. De Schutter schlägt deshalb unter anderem vor, Zucker und Fett zu besteuern. Während die Politik in Europa sich nicht dazu durchringen kann, zumindest die Information über die hochverarbeiteten Lebensmittel gut lesbar auf den Verpackungen zugänglich zu machen, gibt es in anderen Ländern wie zum Beispiel Indien schon interessante Initiativen: in Junkfood-Verbot an Schulen im indischen Bundesstaat Delhi (CSE, 2016) oder eine Fettsteuer im indischen Kerala (The Times of India, 2016).

Auch die Enzyklika verweist auf die eigentlich gebotene Berechnung der wirtschaftlichen und sozialen, heute weitgehend externalisierten Kosten für die Benutzung der allgemeinen Umweltressourcen (195), um die wahren Kosten des herrschenden Agrarsystems kenntlich zu machen. Darüber hinaus finden sich in der Enzyklika folgerichtig unter den Leitlinien für Orientierung und Handlung auch Forderungen nach einer globalen Politik, die eine nachhaltige und vielgestaltige Landwirtschaft unterstützt (164, 180), die Konzernmacht kontrolliert (134) und zu einem gesellschaftlichen Dialog über die Art der Landwirtschaft, hier vor allem der Gentechnik, auffordert (135).

Die Frage des Gemeinwohls

Ein wichtiger Aspekt, der durch die Enzyklika in die aktuelle Diskussion über das Ernährungssystem eingebracht wird, ist die Frage nach dem allgemeinen Gut. Es wird daran erinnert, »dass die Erde im Wesentlichen ein gemeinsames Erbe ist, dessen Früchte allen zugutekommen müssen« (93). *Laudato Si'* bezieht Position gegen die Privatisierung von Wasser (30), für das Recht der Bauern auf ein angemessenes Stück Land (94) und für die Rückbesinnung auf eine Landwirtschaft, die im Dienste der Menschen steht und nicht nur auf Profit ausgerichtet ist – Forderungen, für die Misereor-Partnerorganisationen in Asien, Afrika und Lateinamerika gemeinsam mit ihren lokalen Partnergemeinschaften vehement eintreten.

Ein am Gemeinwohl ausgerichtetes Ernährungssystem würde viele Prinzipien aushebeln, die unser derzeitiges System kennzeichnen, und ermöglichen, dass Land und Wasser gerecht verteilt, Saatgut und Wissen frei zugänglich, Profitinteressen nicht mehr Existenzen zerstören und Hunger befördern würden. Geld, das derzeit für die Aufrechterhaltung dieses Systems verschwendet wird, würde in die Stärkung von Initiativen, für Forschung und Entwicklung im Sinne der Menschheit investiert werden können.

Die Ernährungswende einleiten – Nicht reden, handeln!

Angesichts der vielen Herausforderungen, die ein gerechtes, vielfältiges und zukunftsfähiges Ernährungssystem noch verhindern, scheint es gerade in einem Land wie Deutschland überraschend einfach zu sein, ganz individuell an dieser Vision mitzuarbeiten. Schon jetzt zeigt die Ernährungsindustrie, wie abhängig sie von ihrer Kundschaft ist. Sie reagiert auf den wachsenden Unmut der KonsumentInnen und bedient die Nachfrage nach besserem Essen. Bio, Fairer Handel, und Regionalität sind neue Werbebotschaften, mit denen die Konzerne ihr Image aufpolieren, und es gibt groß angelegte Kampagnen für Nachhaltigkeit. Aber für die Ernährungswende ist mehr nötig, als nur beim Discounter bewusster einzukaufen.

Dafür gibt es in Deutschland schon viele Ansätze. Die Solidarische Landwirtschaft zeigt beispielhaft, wie Menschen von Konsumenten zu Ko-Produzenten werden, weil sie wissen wollen, wie ihre Nahrungsmittel produziert werden, und die bereit sind, für den Nahrungserwerb wieder Zeit zu investieren. Sie unterstützen beispielsweise gemeinsam einen Bauernbetrieb (oder mehrere), mit dem sie die Anbauplanung durchsprechen und dann für einen festgesetzten Beitrag die Ernte teilen. Damit ist ein Bauer aus dem »Wachse oder Weiche«-Zwang befreit, und eine Gruppe von Leuten gut versorgt. Auch die sogenannten Food-Kooperativen bieten Alternativen, wenn verantwortungsvolle KonsumentInnen sich organisieren, mit verschiedenen lokalen Produzenten Lieferbeziehungen aushandeln und sich so sehr preiswert gut versorgen können. All diese Initiativen stärken auch die Gemeinschaft und erfüllen nicht nur Konsumwünsche, sondern das Bedürfnis nach sozialem Miteinander. So bieten bunte städtische Gärten mitten im Großstadtdschungel Raum für das gemeinschaftliche Erlebnis, wachsen zu lassen und zu ernten.

Auch innerhalb des Handelssystems lassen sich mit wenig Aufwand verbundene alternative Wege finden. Einige KonsumentInnen beziehen saisonale Biokisten, bestellen Fleisch alter Haustierrassen über das Internet direkt beim Erzeuger, kaufen in kleinen unabhängigen Läden und direkt beim Bauern ein und wählen regionale und saisonale Produkte und fair gehandelte Lebensmittel. Sie verwenden wieder mehr frische Lebensmittel und nutzen jede Möglichkeit, sich aus den globalisierten Konsumzwängen zu befreien. Damit ist nicht nur den

KonsumentInnen geholfen, es werden auch viele Einkommensmöglichkeiten in Produktion, Verarbeitung und Handel wieder neu geschaffen. Die Ernährungswende wird also schon an vielen Stellen sichtbar.

Mit Solidarität den Hunger bekämpfen

Mit dem Verzicht darauf, immer alles schnell und billig auf dem Teller zu haben, ist auch ein großer Gewinn an Esskultur und gutem Gewissen verbunden. Wir haben es durch unsere Kaufentscheidungen tatsächlich in der Hand, wie viel Fläche für die Produktion unserer Nahrung wir im globalen Süden beanspruchen und wie viel Land Grabbing und unfaire Arbeitsbedingungen wir verantworten wollen. Alternative Konsumideen, Essenretter-Initiativen, gesunde Ernährung und Wiederentdecken von traditionellen Rezepten sind außerdem neue Leitbilder, die wir einer wachsenden Mittelschicht in Ländern des Südens anbieten können. Zurzeit geht der Trend auch im globalen Süden noch Richtung Fast Food und Supermärkte, und dadurch wird die Lebensgrundlage von Millionen von Kleinbauernbetrieben und StraßenhändlerInnen zerstört. Trotzdem entwickeln sich zum Beispiel in Indien erste Anzeichen einer solidarischen Landwirtschaft und in Brasilien bilden sich Gruppen verantwortlicher KonsumentInnen. Sie können ein vielerorts noch funktionsfähiges landwirtschaftliches System stärken, das kleinteilig und nachhaltig wirtschaftet und die landwirtschaftliche Vielfalt in die Zukunft rettet.

Der Systemwechsel liegt natürlich nicht allein in der Verantwortung der Einzelnen. Wir brauchen politische Rahmenbedingungen, die nachhaltige regionale Systeme mit Anreizen stärken und Ausbeutung, Umweltzerstörung und Gesundheitsfolgen mit Steuern und Auflagen bestrafen. Die Handelspolitik muss sich dem Gemeinwohl verpflichten und darf nicht mehr Subventionen anbieten, damit zum Beispiel Milchpulverexporte aus der EU die kleinen Milchbetriebe in Burkina Faso zerstören. Verbraucherschutz sowie Information und Aufklärung müssen über die Interessen der Ernährungsindustrie gestellt werden. Hier ist dann doch wieder jede/r Einzelne gefragt, weil wir bereit sein müssen, uns Gedanken zu machen, Mehrkosten zu tragen und unsere gewählten politischen VertreterInnen und Parteien in die Pflicht zu nehmen. Ein wegweisender Ansatz, gute Rahmenbedingungen für gerechte, nachhaltige kommunale Lebensmittelversorgung zu schaffen, sind die Ernährungsräte. Viele Akteure und Akteurinnen aus der Landwirtschaft, Lebensmittelverarbeitung, Gastronomie, Vereinen und der Stadtverwaltung entwickeln gemeinsam Konzepte für Ernährungspolitik, wie es der Kölner Ernährungsrat als einer der ersten in Deutschland umsetzt (Misereor, 2016).

Die internationale Bauernbewegung La Via Campesina hat mit dem Begriff der Ernährungssouveränität ein Konzept entwickelt, das ein demokratisches, ökologisches und faires Gegenmodell aufzeigt und Regierungen dazu auffordert, den Bauernbetrieben und auch den KonsumentInnen die Kontrolle darüber zurückzugeben, was wie produziert und mit wem gehandelt wird. In der weltweit immer stärker werdenden Nyeleni-Bewegung wird dieses Konzept mit Leben gefüllt (Nyeleni, 2007).

Ernährungswende – Sich leisten wollen und können!

Aber mit welchen Kosten ist die Ernährungswende verbunden und ist sie für die ärmeren Bevölkerungsteile überhaupt möglich? In einer Welt, in der Lebensmittel billig angeboten werden, weil sie auf Umweltschädigung, Hungerlöhnen und Subventionen beruhen, bedeutet die Ernährungswende »Schluss mit Billig«. Aber sind Hartz-IV-Empfänger nicht auf Niedrigstpreise bei Discountern angewiesen, um über die Runden zu kommen? Und wer kann sich noch jeden Tag Fleisch leisten, wenn Tiere artgerecht gehalten werden? Dass wir uns solchen Fragen stellen müssen, zeigt im Grunde schon, wie fehlgeleitet unser Ernährungssystem ist. Unser Anliegen sollte sein, auch Menschen, die von staatlicher Unterstützung leben, eine gute und gesunde Ernährung zu ermöglichen. Die Steuergelder sollten in die Stärkung der Ernährungswende fließen, dann muss Frische und Bio nicht mehr teurer sein. Das derzeitige System mit Steuermitteln zu erhalten, bedeutet nicht nur, einer ungesunden Ernährung Vorschub zu leisten, sondern auch vielen ProduzentInnen die Lebensgrundlage zu nehmen. Es bietet schlichtweg keine Lösungen für die Zukunft. Ein breit angelegter, gesellschaftlicher Dialog darüber, wie ein demokratisches neues Ernährungssystem aussehen kann, würde dagegen sicher auch viele neue Ideen wachsen lassen, wie gutes Essen für Alle möglich wird. Essen ist nicht nur eine Frage des Lifestyles, sondern auch ein politisches Statement!

Jede/r Einzelne und die Weltgemeinschaft insgesamt sind aufgefordert, ihr Ernährungsverhalten auch mit Blick auf die Folgen für nachfolgende Generationen zu hinterfragen. Dies ist auch die Botschaft von *Laudato Si'*: aus Sorge um das gemeinsame Hause und alle seine BewohnerInnen Bequemlichkeit und Eigeninteressen ein bisschen zurückstellen und im Sinne des Gemeinwohls dafür offen sein, welche neuen Gewinne und welche Befriedigung es bringt, sich mit Empathie und Tatkraft für eine bessere Welt einzusetzen.

Literatur

AbL (2016). AbL, Aktion Agrar und Attac fordern Politik, Molkereien und Handel auf: Höfesterben stoppen und Perspektiven eröffnen. http://www.abl-ev.de/presse/details/article (03.11.2016).
CSE (2016). CSE welcomes Delhi Government move to ask schools to consider banning junk foods and create awareness about its ill-effects. http://cseindia.org/content/cse-welcomes-delhi-government-move-ask-schools-consider-banning-junk-foods-and-create-awaren (03.11.2016).
de Schutter, O. (2011). Report submitted by the Special Rapporteur on the right to food. http://www.ohchr.org/Documents/HRBodies/HRCouncil/RegularSession/Session19/A-HRC-19-59_en.pdf (03.11.2016).
Erklärung von Bern (EvB). (2014). AGROPOLY. Wenige Konzerne beherrschen die weltweite Lebensmittelproduktion. http://www.zukunftsstiftung-landwirtschaft.de/media/Dokumente_ZSL_Links/Broschueren_ZSL/EvB_Agropoly_D_1-12_v02.pdf (03.11.2016).
ETC Group (2009). Who will feed us? http://www.etcgroup.org/content/who-will-feed-us-0 (03.11.2016).
FAO, IFAD & WFP (2015). The State of Food Insecurity in the World 2015. http://www.fao.org/3/a-i4646e.pdf (03.11.2016).
FAO (2016) *Meeting the 2015 international hunger targets: taking stock of uneven progress.* http://www.fao.org/hunger/en/ (03.11.2016).
Hunger (1996). In *Lexikon für Theologie und Kirche (LThK)*.
II. Vatikanisches Konzil (1965). *Gaudium et Spes.* http://www.vatican.va/archive/hist_councils/ii_vatican_council/documents/vat-ii_const_19651207_gaudium-et-spes_ge.html (03.11.2016).
IPCC (2007). Fifth Assessment Report: Climate Change 2007. https://www.ipcc.ch/report/ar4/ (03.11.2016).
Misereor (2016). Ernährungsräte – so regional is(s)t Deutschlands Zukunft. https://www.misereor.de/fileadmin/publikationen/publikation-gute-ernaehrung-kennt-keine-grenzen.pdf (03.11.2016).
Nyeleni (2007). Declaration of Nyeleni. https://nyeleni.org/spip.php?page=forum&lang=en (03.11.2016)
Papst Franziskus (2014). Visit To FAO On The Occasion Of The 2nd International Conference On Nutrition Address Of His Holiness Pope Francis. https://w2.vatican.va/content/francesco/en/speeches/2014/november/documents/papa-francesco_20141102_visita-fao.html (03.11.2016).
SSP (2016). Standing up to drought. https://social.shorthand.com/sspindia/uyK11eyqkc/standing-up-to-drought (03.11.2016).
Statistisches Bundesamt. Betriebsgrößenstruktur landwirtschaftlicher Betriebe nach Bundesländern. https://www.destatis.de/DE/ZahlenFakten/Wirtschaftsbereiche/LandForstwirtschaftFischerei/LandwirtschaftlicheBetriebe/Tabellen/BetriebsgroessenstrukturLandwirtschaftlicheBetriebe.html (03.11.2016).
The Right Livelihood Award (2011). http://www.rightlivelihoodaward.org/laureates/grain/ (03.11.2016).
The Times of India (2016). Sugar – the new smoking. http://blogs.timesofindia.indiatimes.com/ruminations/sugar-the-new-smoking-keralas-fat-tax-is-a-start-towards-reversing-indias-status-as-the-worlds-diabetes-central/ (03.11.2016).
WWF (2015). Vom Acker bis zum Verbraucher, Ausmaß und Umwelteffekte der Lebensmittelverschwendung in Deutschland. https://www.wwf.de/fileadmin/fm-wwf/Publikationen-PDF/WWF_Studie_Das_grosse_Wegschmeissen.pdf (03.11.2016).

Wichtige Organisationen

Misereor (2016). https://www.misereor.de/informieren/hunger (03.11.2016).
GRAIN (2016). https://www.grain.org (03.11.2016).
MASIPAG (2016). http://masipag.org (03.11.2016)
SSP (2016). http://www.sspindia.org (03.11.2016).

Autorinnen und Autoren

Christoph Bals ist politischer Geschäftsführer bei Germanwatch e.V. Arbeitsschwerpunkte: Umwelt und Gerechtigkeit, nationale und internationale Klimapolitik, ökologische und soziale Verantwortung des Finanzmarktes.
Kontakt: bals@germanwatch.org

Uwe Battenberg, Prof., ist Professor für Malerei und arbeitet als Hochschullehrer an der Alanus Hochschule für Kunst und Gesellschaft, Alfter, Bonn. Arbeitsschwerpunkte: Freie Malerei, Grafik und Fotografie.
Kontakt: u.battenberg@gmx.de // www.u-battenberg.de

Manfred Becker, Univ.-Prof. Dr., ist Universitätsprofessor für BWL, Emeritus der Martin-Luther-Universität Halle-Wittenberg und Wissenschaftlicher Leiter der eo ipso personal- und organisationsberatung GmbH Mainz. Arbeitsschwerpunkte: Personalwirtschaft, Organisation, Führung, Werte- und Kulturmanagement, Digitale Transformation.
Kontakt: manfred.becker@eoipso-beratung.de

Wolfgang Beutin, PD Dr. phil, ist Privatdozent an der Universität Bremen und Schriftsteller. Arbeitsschwerpunkte: Vormärz (Willibald Alexis; Heine), Reformationsliteratur; erotische Literatur und Psychoanalyse sowie Sprachkritik (v.a. Karl Kraus).
Kontakt: huw.beutin@web.de

Andreas Beyer, Prof. Dr. rer. nat., ist Diplombiologe und Hochschullehrer an der Westfälischen Hochschule Gelsenkirchen Bocholt Recklinghausen

(Studiengang Molekulare Biologie). Arbeitsschwerpunkte: Hochschullehre Molekular Biologie (Bachelor, Master). Daneben publizistische Tätigkeit in der Erwachsenenbildung.
Kontakt: Andreas.Beyer@W-Hs.de

Hartmut Böhme, Prof. Dr. phil., ist emeritierter Hochschullehrer. Arbeitsschwerpunkte: Natur- und Körpergeschichte, historische Anthropologie, Kultur- und Kunstgeschichte.
Kontakt: hhboehme@gmx.de

Martina Eick ist wissenschaftliche Mitarbeiterin im Umweltbundesamt und forscht zu Partizipation, Transformation, Interreligiösität/Interkulturalität und begleitet in der angewandten Forschung Projekte zur Lokalen Agenda, zum Rioprozess und zur Bildung für nachhaltige Entwicklung.
Kontakt: martina.eick@posteo.de

Wolfgang George, Prof. Dr. phil., ist Diplompsychologe und arbeitet am Medizinischen Seminar George, Gießen. Arbeitsschwerpunkte: Unabhängige, werteorientierte Beratungen und Projektentwicklung, Versorgungsforschung.
Kontakt: george@andramedos-net.de

Armin Grunwald, Prof. Dr. rer. nat., ist Leiter des Instituts für Technikfolgenabschätzung und Systemanalyse (ITAS) am Karlsruher Institut für Technologie (KIT). Arbeitsschwerpunkte: Theorie und Praxis der Nachhaltigkeit, Ethik der Technik, Methoden und Konzepte der Technikfolgenabschätzung.
Kontakt: armin.grunwald@kit.edu

Ulf Hahne, Prof. Dr. sc. pol., ist Universitätsprofessor für Ökonomie der Stadt- und Regionalentwicklung im Fachbereich Architektur, Stadtplanung, Landschaftsplanung der Universität Kassel. Arbeitsschwerpunkte: Transformation lokaler und regionaler Ökonomien, Nachhaltigkeit und Resilienz in der Stadt- und Regionalentwicklung, räumliche Gerechtigkeit.
Kontakt: hahne@uni-kassel.de

Thomas Hauf, Prof. i.R. Dr. rer. nat., ist Diplom-Physiker und Universitätsprofessor für Meteorologie an der Leibniz Universität Hannover. Arbeitsschwerpunkte: Wettereinfluss auf den Luftverkehr, allgemeine Klimafragen.
Kontakt: hauf@muk.uni-hannover.de

Hans Peter Klein, Prof. Dr. rer. nat., lehrt Didaktik der Biowissenschaften an der Goethe Universität in Frankfurt und gehört mit zu den profiliertesten Kritikern der Bildungsentwicklungen im deutschen Bildungswesen seit PISA und Bologna unter dem Diktat der Ökonomisierung der Bildung. Er ist Präsident der Gesellschaft für Didaktik der Biowissenschaften und Mitbegründer und Geschäftsführer der Gesellschaft für Bildung und Wissen.
Kontakt: h.p.klein@bio.uni-frankfurt.de

Dietmar Kress, Dr. phil., ist Diplompädagoge und arbeitet für Greenpeace Deutschland. Arbeitsschwerpunkte: Bildung für nachhaltige Entwicklung, Umweltkampagnen, internationale Ehrenamtsarbeit.
Kontakt: Dietmar.Kress@greenpeace.de

Claude-Hélène Mayer, PD Dr. habil., PhD (Psychologie), PhD (Management), ist Privatdozentin am Institut für therapeutische Kommunikation und Sprachgebrauch an der Europa Universität Viadrina in Frankfurt (Oder) und Research Associate an der Rhodes University, Grahamstown, South Africa. Arbeitsschwerpunkte: Gesundheit in Führung und Organisation, Frauen in Führungspositionen, Interkulturelles Konfliktmanagement und Mediation.
Kontakt: www.interkulturelle-mediation.de //www.pctm.de

Anja Mertineit ist Referentin für Ländliche Entwicklung bei Misereor. Arbeitsschwerpunkte: Beratung und Qualitätssicherung zu nachhaltiger ländlicher Entwicklung, Ernährungssouveränität, Anpassung an den Klimawandel, Stärkung lokal getragener Veränderungsprozesse.
Kontakt: anja.mertineit@misereor.de

Elmar Nass, Prof. Dr. theol., Dr. soc. phil. habil, ist Ordentlicher Hochschulprofessor und katholischer Priester an der Wilhelm Löhe Hochschule Fürth. Arbeitsschwerpunkte: Lehre und Forschungen zu Sozialer Marktwirtschaft, Wirtschafts- und Unternehmensethik, Sprachfähigkeit christlicher Sozialethik.
Kontakt: elmar.nass@wlh-fuerth.de

Michael Opielka, Prof. Dr. habil., Dipl. Päd., arbeitet als Hochschullehrer an der Ernst-Abbe-Hochschule Jena (Fachbereich Sozialwesen – Professur für Sozialpolitik) und am ISÖ – Institut für Sozialökologie, Siegburg.
Kontakt: michael.opielka@isoe.org

Fritz Reheis, Prof. Dr., ist Hochschullehrer (als Akademischer Direktor i. R.) an der Universität Bamberg und Lehrbeauftragter am LS für Allgemeine Pädagogik. Arbeitsschwerpunkte: Bildung für Nachhaltige Entwicklung, Nachhaltige Entwicklung, Ökologie der Zeit und Zeitpolitik.
Kontakt: fritz.reheis@t-online.de // www.fritz-reheis.de

Peter Rödler, Prof. Dr., ist Professor für Schulpädagogik/Allgemeine Didaktik – Heterogenität, Differenzierung sowie Gründer und Leiter des Instituts für Wissensmedien (IWM) Koblenz. Arbeitsschwerpunkte: Anthropologische, erkenntnistheoretische und methodische Grundlagen einer ausnahmslos Allgemeinen Pädagogik und Didaktik, Sprache als relationaler, bio-semiotischer Kulturraum (Peirce), Dialog (Buber), Konstruktivismus (Maturana), Autismus, Grundlagen der Arbeit mit nicht-sprechenden Menschen.
Kontakt: proedler@uni-koblenz.de

Christine Rösch, Dr. sc. agr., ist Leiterin des Forschungsbereichs Nachhaltigkeit und Umwelt am Institut für Technikfolgenabschätzung und Systemanalyse (ITAS) am Karlsruher Institut für Technologie (KIT). Arbeitsschwerpunkte: Theorie und Praxis der Bioökonomie, Methoden und Konzepte der Nachhaltigkeitsbewertung.
Kontakt: christine.roesch@kit.edu

Johannes Schmidt, Prof. Dr., ist Professor für Volkswirtschaftslehre und arbeitet an der Hochschule Karlsruhe – Technik und Wirtschaft, Fakultät für Wirtschaftswissenschaften. Arbeitsschwerpunkte: Makroökonomik, Geldtheorie und -politik, Geschichte der Wirtschaftswissenschaften.
Kontakt: johannes.schmidt@hs-karlsruhe.de

Andreas Suchanek, Prof. Dr., ist Professor für Wirtschaftsethik an der HHL – Leipzig Graduate School of Management und Vorstandsmitglied im Wittenberg-Zentrum für Globale Ethik. Arbeitsschwerpunkte: Wirtschafts- und Unternehmensethik, Unternehmensverantwortung, Vertrauen.
Kontakt: andreas.suchanek@hhl.de

Georg Toepfer, PD Dr., ist Biologe und Philosoph und arbeitet am Zentrum für Literatur- und Kulturforschung in Berlin. Arbeitsschwerpunkte: Philosophie der Biologie, Geschichte und Theorie biologischer Grundbegriffe, Grenzdiskurse zwischen den Natur- und Kulturwissenschaften.
Kontakt: toepfer@zfl-berlin.org

Martin Visbeck, Prof. Dr., ist Physikalischer Ozeanograf und arbeitet am GEOMAR Helmholtz-Zentrum für Ozeanforschung Kiel und an der Christian-Albrechts Universität zu Kiel. Arbeitsschwerpunkte: Ozeanforschung – Ozeanbeobachtung, Rolle des Ozeans im Klimageschehen, integrative Ozean- und Nachhaltigkeitsforschung.
Kontakt: mvisbeck@geomar.de

Yvonne Zwick ist Diplomtheologin und wissenschaftliche Referentin und arbeitet in der Geschäftsstelle des Rates für Nachhaltige Entwicklung (RNE). Arbeitsschwerpunkte: nachhaltiges Wirtschaften, nachhaltiger Konsum und Lebensstile, nachhaltige Investments.
Kontakt: yvonne.zwick@nachhaltigkeitsrat.de

Harold F. Searles
Die Welt der Dinge
Die Bedeutung der nichtmenschlichen Umwelt
für die seelische Entwicklung

November 2016 · 318 Seiten · Broschur
ISBN 978-3-8379-2614-9

»Ich werde nicht versuchen, die Frage nach der Rolle der nichtmenschlichen Umgebung für unser Leben endgültig zu beantworten, aber ich möchte versuchen, sie so unvoreingenommen und umfassend wie möglich dem neugierigen und suchenden Blick zu öffnen.«
Harold F. Searles

Die Welt der Dinge hat eine grundsätzliche Funktion in der seelischen Entwicklung jedes Menschen. Ausgehend von dieser Annahme entwickelt Harold F. Searles (1918 2015) die These, dass zur menschlichen Reife der Ursprung aus der nichtmenschlichen Welt und die eigenen nichtmenschlichen Anteile anerkannt werden müssen, um sich von ihr distanzieren und bedeutungsvoll mit ihr in Beziehung treten zu können. Von besonderem Belang ist sie in der stationären Behandlung psychisch kranker Menschen.

Searles Theorie der Psychodynamik der nichtmenschlichen Umwelt wird mit der vorliegenden Übersetzung erstmals der deutschen Leserschaft zugänglich gemacht. Hinsichtlich des Verfallenseins der westlichen Kultur an die Dinge erhält sie hier zudem eine kulturkritische Wendung, die sie aufgrund des Eindringens der digitalen Geräte in die gesamte Lebenswelt heute aktueller denn je erscheinen lässt. Schließlich enthält das vorliegende Buch den Ansatz einer psychoanalytischen Anthropologie.